No. 1.

Expédié un Brevet d'invention le 27 Juillet 1791.

Sire

Envoyé au Departement de Paris Le 4 Aout 1791

Le Sieur Louis François Ollivier manufacturier de fayance a Paris Rue de La Roquette faubourg St antoine a L'honneur D'exposer a Votre Majesté, que desirant Jouir des Droits de Propriété assurés par la Loy du Sept Janvier 1791 aux auteurs de Decouvertes et inventions de tout Genre d'industrie, Il demande en consequence un Brevet d'invention qui Durera L'espace de Quinze années pour fabriquer, Vendre et debiter Exclusivement Dans tout Le Royaume, Les objets Suivans dont Il a declaré être L'inventeur Savoir.

1° La terre noire a l'imitation de celle des anglois —

2° La terre Bambou aussi a l'imitation des anglois le Sieur le Sieur Lequelle Il a trouvé l'art d'adobpter des camées.

3° Le moyen de faire des camées en porcelaine de differentes couleurs egalement imitées des anglois

4° L'art de perfectionner la fabrication des poeles de fayance en y adaptant dessus les couleurs les plus belles qui les rendent semblables a la belle porcelaine.

Des brevets et des marques

Alain Beltran
Sophie Chauveau
Gabriel Galvez-Behar

Des brevets et des marques

Une histoire de la propriété industrielle

Fayard

Cet ouvrage a été réalisé en collaboration
avec l'Institut national de la propriété industrielle,
à l'occasion de son 50e anniversaire.

INPI
INSTITUT
NATIONAL DE
LA PROPRIETE
INDUSTRIELLE

Préface

Jean-Louis Beffa

C'est un plaisir pour le Président de la Compagnie de Saint-Gobain de préfacer la toute première histoire de la propriété industrielle, qui manquait dans le panorama des recherches françaises d'histoire économique. Saint-Gobain fournit en effet un des exemples les plus anciens dans le genre : en 1688, les Lettres patentes créant une Compagnie des grandes glaces pour l'exploitation d'un nouveau procédé, la coulée du verre en table, constituaient tout autant un brevet d'invention qu'un privilège royal usuel. Les limites des dimensions des glaces commercialisables entre la première manufacture de 1665 et celle de 1688 étaient même explicitement fixées. Grâce à ce monopole légal et technique, on observe ainsi l'un des plus anciens exemples d'effet de structuration du marché dans la France et l'Europe du XVIIIe siècle. L'invention de la glace coulée signifie très vite la disparition de Venise comme acteur significatif. Espionné, imité ou contrefait empiriquement, le procédé de fabrication est resté pour la Manufacture française une arme de conquête du marché intérieur et des marchés étrangers jusqu'aux années 1780.

L'innovation moteur du progrès : cette question est ancienne pour les industriels, avant même l'apparition des dispositifs législatifs et réglementaires qui nous sont familiers aujourd'hui. Les pages qui suivent retracent la genèse historique de la démarche qui a sous-tendu l'élaboration des divers dispositifs nationaux et internationaux. Je m'en tiendrai pour ma part au thème de la propriété industrielle plutôt qu'à celui des marques : c'est l'expérience d'un producteur de biens intermédiaires et de produits semi-finis qui inspire en effet les quelques réflexions qui suivent, rapportées à un contexte international et concurrentiel.

On constatera d'abord que l'importance et les enjeux que représente la propriété industrielle diffèrent selon les métiers, les cultures et les pays. Certains métiers, comme la banque, ne sont pas directement tributaires du dispositif de brevetabilité quand, au contraire, d'autres, telle l'industrie pharmaceutique, en dépendent presque entièrement et, pourrait-on dire, consubstantiellement. La variété des attitudes selon les cultures et les pays doit également être intégrée par les industriels comme une contrainte de base. Malgré des convergences ou des stades d'évolution parallèles au fil du temps, la pratique nous apprend à faire façon, ainsi, du contraste entre le monde des États-Unis d'Amérique et le monde européen. Là où les premiers privilégient le brevet au premier inventeur, le vieux continent prend en compte, lui, le premier déposant. Un groupe qui, tel Saint-Gobain, fait 24 % de son chiffre d'affaires aux États-Unis peut témoigner, par exemple, des difficultés rencontrées lorsque l'on cherche à y faire reconnaître des brevets non américains. On devinera aisément l'enjeu de cet effort. Autre donne, autre modèle au Japon : la pratique de dépôt d'un grand nombre de brevets annexes autour du brevet fondamental, qui peut constituer un véritable maquis défensif.

L'industrie se doit donc d'être particulièrement attentive aux tendances actuelles en matière de propriété industrielle, aux problèmes qu'elles soulèvent, aux réponses qu'il faut savoir apporter en termes d'efficacité. Des remarques précédentes il s'ensuit, d'abord, qu'au-delà de la protection industrielle stricto sensu *il faut penser l'utilisation stratégique des brevets par rapport aux évolutions culturelles, présentes ou à venir, des différents pays. C'est un des aspects du devoir de veille. Mais soyons bien conscients que la tendance générale est désormais celle d'une multiplication des prises de brevets, y compris pour les installations industrielles, les procédés et les produits, et ce par réflexe de protection maximale. Cette pratique nous renvoie très concrètement aux limites du genre : l'Office européen des brevets est-il, par exemple, en mesure de traiter les quelque 150 000 demandes qui sont déposées chaque année auprès de lui ? Car s'il est clair que, dans la bataille technologique de la mondialisation, la prise de brevet devient un élément déterminant, ne nous cachons pas pour autant qu'il reste à résoudre un problème de simplification des procédures. J'ajouterai à cet objectif son corollaire, celui de la diminution des coûts en Europe qui pénalisent actuellement ce continent par rapport aux États-Unis.*

Quels sont aujourd'hui les enjeux ? Il en est d'ordre pratique, d'autres d'ordre plus général. Du point de vue d'un industriel, la connaissance et la maîtrise du système font difficulté en raison de l'abondance des demandes, de l'hétérogénéité des régimes, auxquels s'ajoute de surcroît un écart dommageable entre le droit et la pratique, qu'il faudra bien réduire un jour. La question de la durée des brevets doit également faire l'objet d'un réexamen approfondi si l'on veut maintenir un système de compétition et d'initiative relativement ouvert.

Se posent aussi des questions de principe face auxquelles les attitudes respectives sont, là encore, variables. Je pense en particulier au sujet délicat de la protection des découvertes scientifiques issues du monde académique. Faut-il méditer la voie américaine, avant et après le Bay-Dole Act qui a enfin autorisé la prise de brevet par les universités, ou bien développer la pratique des partenariats telle qu'elle a cours en France, par exemple dans les unités mixtes CNRS/industrie? Le système français me paraît être sur la bonne voie, dans la mesure où les recherches en partenariat permettent le passage de la science appliquée aux utilisations industrielles tout en assurant aux inventeurs la reconnaissance et la rémunération qu'ils sont en droit d'attendre. La pratique des unités mixtes n'est, en outre, pas stérilisante : l'industriel reste certes propriétaire des résultats, mais le CNRS garde la possibilité d'utiliser les inventions dans d'autres domaines que celui d'origine. Ne nous dissimulons pas cependant que le système pèche souvent par l'absence de suivi efficace.

Parmi les sujets pendants, enfin, la question de la brevetabilité ou non des logiciels informatiques, qui suscite une hostilité au principe même de brevetabilité, arguments à l'appui, nous renvoie curieusement – on le découvre dans le corps de l'ouvrage – aux querelles théoriques du XIXe siècle sur le brevet perçu comme un obstacle à la liberté d'entreprendre. Dans ce domaine aussi l'Histoire se répète. Saura-t-elle faire entendre sa voix avec les autres sciences humaines dans un autre débat, plus important encore, car relevant de l'éthique, celui de la brevetabilité du génome humain? Puisse cette synthèse très passionnante nous aider aussi à y réfléchir.

Voiture publique dite Célérifère de Jean Henri Siévrac.
Brevet du 4 juin 1817.

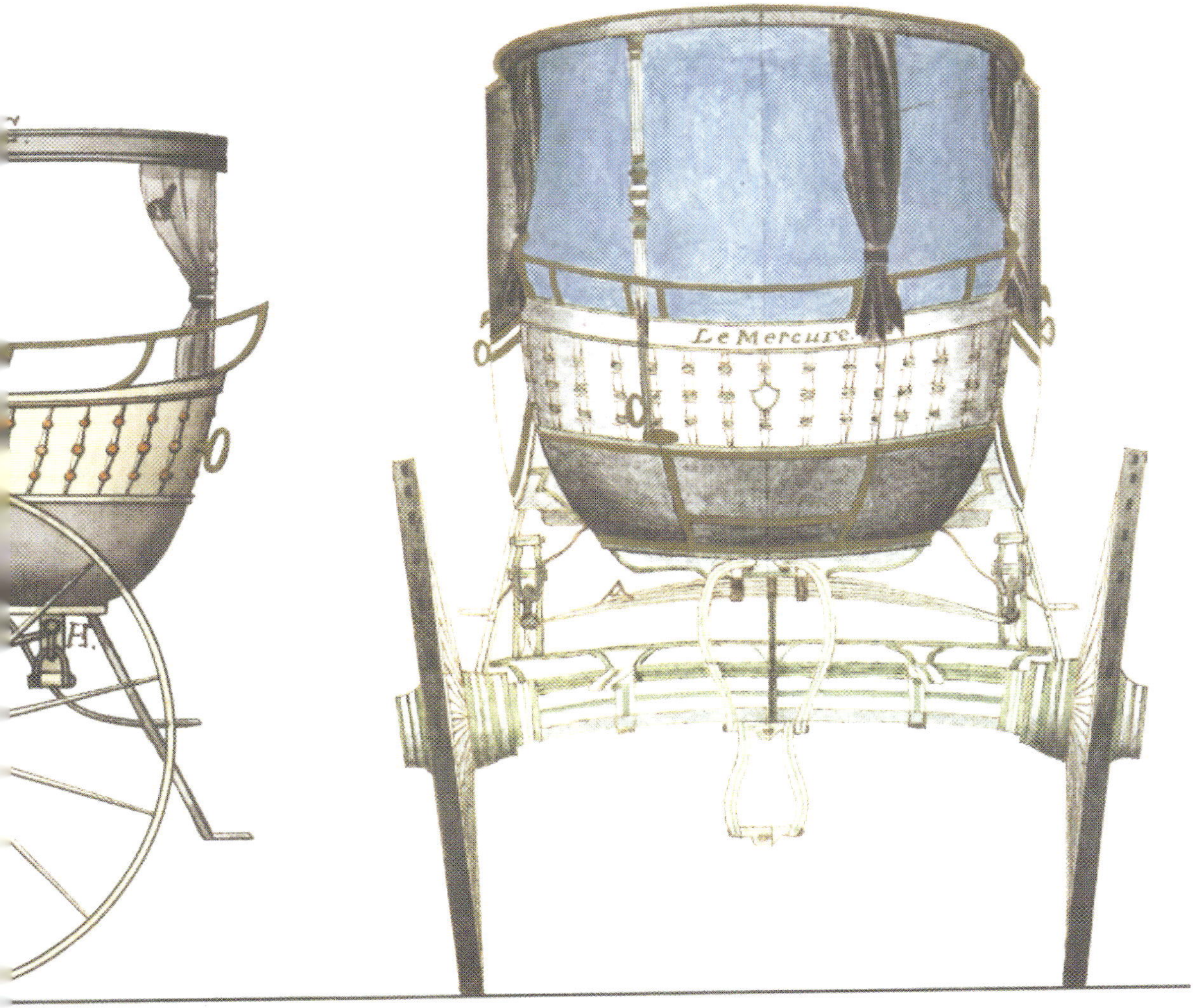
Le Mercure.

Introduction

La propriété industrielle est une notion bien familière aux juristes et aux entrepreneurs depuis le XIXe siècle. Sans doute le grand public connaît-il moins ce qu'elle recèle. Pourtant, qu'il s'agisse des brevets, des marques ou des dessins et modèles, chacun croise au quotidien ses différentes composantes. Par ailleurs, la propriété industrielle fait partie intégrante d'un autre concept global, la propriété intellectuelle, qu'il conviendra de définir hier et aujourd'hui. Comprendre la propriété industrielle, c'est appréhender l'effort incessant de création de l'homme en société dans une tension continue avec la revendication de propriété, légitimée et limitée par le droit. C'est également aborder la quête de notoriété et le sceau de l'authenticité que les entreprises recherchent depuis longtemps comme gage de succès. Mais la protection assurée par les textes n'a jamais été l'assurance de la réussite, seulement un moyen nécessaire. Le brevet comme la marque (et les dessins et modèles) se trouvent donc dépendre en amont de la loi et en aval du marché. L'un et l'autre sont indispensables : la législation parce qu'elle éloigne la contrefaçon et toute forme de détournement ; le marché parce que seuls l'industrie, les consommateurs ou la conjoncture sanctionnent économiquement l'invention ou le produit commercial. En définitive, la propriété industrielle a modifié notre monde matériel, notre façon de penser et de travailler. Elle n'a cessé de s'adapter à un monde sans frontières – ce qui ne veut pas dire sans lois –, aux technologies conquérantes et renouvelées, à la concurrence toujours âpre mais loyale. C'est pourquoi nous aborderons la propriété industrielle dans sa globalité et dans sa diversité.

Comprendre l'évolution des brevets et des marques impose un détour par l'histoire puisqu'ils prennent leurs racines au moins sous l'Ancien Régime. C'est aussi croiser les spécificités nationales pour mieux saisir pourquoi et comment – et dans quelles limites – des accords internationaux ont été et sont nécessaires. Une histoire ni linéaire ni unanimiste puisqu'elle fera entrer en ligne de compte les rapports de force, les incompréhensions mais aussi la nécessaire adaptation des lois sans laquelle aucune société ne peut se développer en harmonie. Une évolution qui doit beaucoup à l'histoire des techniques, à l'économie, au droit, à la personnalité des créateurs comme aux attentes des consommateurs. Pour ce travail, il est possible de s'appuyer sur des travaux historiques, des thèses de droit, des souvenirs qu'il est important de faire connaître au grand public. Il sera aussi nécessaire de souligner que certaines questions s'inscrivent dans la durée, les récurrences n'impliquant ni absolue similitude ni application des mêmes méthodes. Toute question historique doit être située dans son contexte intellectuel et matériel si l'on souhaite éviter l'anachronisme et, pourquoi pas, en tirer quelques enseignements pour aujourd'hui ou pour demain. Les réflexions d'hier sur la propriété, les limites du brevetable, les règlements internationaux, la protection contre la contrefaçon, etc., ont des échos instructifs pour les débats actuels. Notre ouvrage a donc l'ambition d'éviter la thèse universitaire d'un côté et la saga lyrique des inventions et des marques de l'autre. Il se veut scientifique mais aussi problématique, ouvert aux questions d'aujourd'hui dans la mesure où elles s'inscrivent dans une évolution parfois longue. Il reste que bien des points méritent encore des recherches : notre ouvrage ne peut être que la synthèse plus ou moins complète de l'état des connaissances du moment. En fait, nous espérons que sa lecture suscitera des curiosités puis de nouvelles enquêtes, d'autres articles et ouvrages. Tant il est vrai qu'un essai comme celui-ci a vocation à être complété – sinon contesté – le plus vite possible.

Le plan retenu, s'il est thématique, s'inscrit malgré tout dans une évolution chronologique : les premiers chapitres vont chercher leurs racines loin dans le temps, les derniers débouchent sur les débats actuels. La première partie – « Le cadre légal » – montre comment se sont mises en place les institutions nationales puis internationales sur les brevets, permettant, dans une chronologie particulière, de souligner les spécificités nationales et la difficulté de l'unité d'action. La législation sur les marques emprunte une temporalité différente mais non moins instructive. La deuxième partie – « Pratiques et usages de la propriété industrielle » – met l'accent sur les questions socio-économiques : le rôle des politiques publiques qui, face à l'innovation, ont agi de façon souvent volontariste par des canaux assez différents selon les époques ; l'inventeur, personnalité à cerner au-delà des mythes habituellement exposés ; la stratégie des entreprises, que ce soit pour la promotion des brevets ou la défense des marques. La troisième partie – « Débats et controverses autour de la propriété industrielle » – ouvre naturellement sur les débats d'hier et d'aujourd'hui car, depuis deux siècles, la propriété industrielle n'a jamais été une question tranchée. Elle soulève trop de questions fondamentales pour ne pas être un enjeu décisif. On abordera ainsi la question récurrente du monopole et de l'utilité des brevets, les différends juridiques que la législation n'a pu éviter mais qui sont révélateurs de vrais enjeux de société, la difficile protection des marques, toujours à recommencer, les rapports internationaux autour de la propriété internationale (accords commerciaux, transferts de technologie).

Nous souhaiterions enfin que la lecture de notre travail se fasse à plusieurs niveaux. Globalement, si le lecteur désire appréhender une question qui est complexe par nature. « À la billebaude », selon les centres d'intérêt de chacun : en ce sens, chaque chapitre peut se lire individuellement car tous recouvrent une question de fond. Nous espérons aussi que l'iconographie légendée ajoutera un troisième niveau de lecture, différent mais complémentaire du texte. Il reste enfin à souligner que ce travail passionnant ne s'est pas fait sans aide. Nous voulons donc très sincèrement remercier l'ensemble du personnel de l'Institut national de la propriété industrielle. Nous citerons en particulier son directeur général, M. Daniel Hangard, qui, à l'occasion du cinquantenaire de l'institut qu'il dirige, a souhaité voir publier cet essai historique, élément de réflexion pour tous ceux qui s'intéressent à la propriété industrielle ; Mme Véronique Saint Olive, déléguée à la communication de l'INPI, qui a été la cheville ouvrière du projet et dont nous avons plaisir à louer l'efficacité souriante et la diplomatie sans faille ; MM. Dominique Deberdt et Jean-Philippe Müller, ainsi que l'ensemble du comité de lecture ; le service de la documentation, qui nous a largement ouvert sa précieuse bibliothèque. D'autre part, différentes personnalités ont bien voulu nous accorder un entretien pour nous indiquer la position des entreprises sur la question de la propriété industrielle. Enfin, plusieurs collègues, à commencer par le professeur François Caron, nous ont fait bénéficier de leurs réflexions. Que tous en soient ici remerciés. Il reste que nous avons pris beaucoup de contentement à explorer un sujet finalement peu connu et que nous espérons que le lecteur retrouvera et partagera au fil des pages le plaisir que nous avons éprouvé à écrire ce livre.

Première partie

Le cadre légal

L'approche initiale se doit de définir la genèse du cadre légal qui a servi au développement des brevets depuis plus de deux siècles, ainsi qu'à celui des marques et des modèles – genèse qui signifie que tout ne s'est pas joué en 1791, par exemple. Un regard sur l'Ancien Régime, ses intentions, ses succès et ses blocages demeure indispensable. De même, la comparaison entre pays – disons surtout entre grandes nations industrielles – doit souligner les originalités nationales, qui n'excluent pas le rapprochement entre des familles de pensée assez proches.

La France, en particulier, permet un long regard rétrospectif, même si l'on ne peut négliger des textes précurseurs comme celui de Venise en 1474. Le privilège royal domine les XVIe et XVIIe siècles avec un essor particulier sous Louis XIV (le colbertisme). Mais, dès le siècle suivant, le débat s'accélère à propos du monopole, terme honni par les Lumières. C'est de cette expérience déjà longue que se nourrissent les débats révolutionnaires qui donnent naissance à la loi de 1791 où l'accent est mis sur la propriété. Même revue en 1844, la loi française garde longtemps une réelle spécificité qui ne s'estompe que dans les années 1960. Ce cheminement français contraste avec l'expérience anglaise, la plus ancienne, nourrie de l'aspect contentieux de la

Common Law. Admiré, le *Statute of monopolies* n'est cependant pas exempt de rigidités. Les États-Unis, dont la loi sur les brevets est contemporaine de l'exemple français, ont plutôt mis l'accent sur la défense de l'inventeur, porteur de l'esprit d'entreprise et donc du progrès de la société. Les pays plus récemment industrialisés se sont inspirés des exemples précédents en les adaptant à leurs conditions de développement socioculturel. Le résultat fut souvent remarquable. Quant aux pays communistes, ils ont emprunté une autre voie puisque la propriété individuelle ne pouvait être la base de leur raisonnement

Cette diversité des approches nationales fit figure d'obstacle à la diffusion et à la comparaison des inventions dès les années 1870. Faute d'un brevet international, il apparut nécessaire d'internationaliser la législation sur les brevets, ce qui fut en grande partie réalisé à partir de 1883 à Paris. Depuis lors, les efforts d'unification au niveau mondial se sont poursuivis sous l'égide de l'OMPI (Organisation mondiale de la propriété intellectuelle) ou par le fait d'accords importants (PCT). Des efforts régionaux, par exemple au niveau de la CEE-UE, sont notables, même s'ils restent inégaux.

Enfin, la législation sur les marques, dessins et modèles ne recoupe pas exactement les étapes décrites précédemment pour le brevet. Souci très ancien, la marque doit se défendre de la contrefaçon et exige une protection légale. En France comme à l'étranger, le cadre officiel se précise dans la seconde moitié du XIXe siècle. C'est aussi au cours de cette période que les premiers textes internationaux commencent à prendre en compte le domaine de la marque. Les dessins et modèles voient, quant à eux, leur histoire hésiter entre les aspects industriels et artistiques, mais ils finissent par se rattacher au seul domaine de la propriété industrielle.

L'Académie des sciences et des beaux-arts.
Gravure de Gottfried Stein.

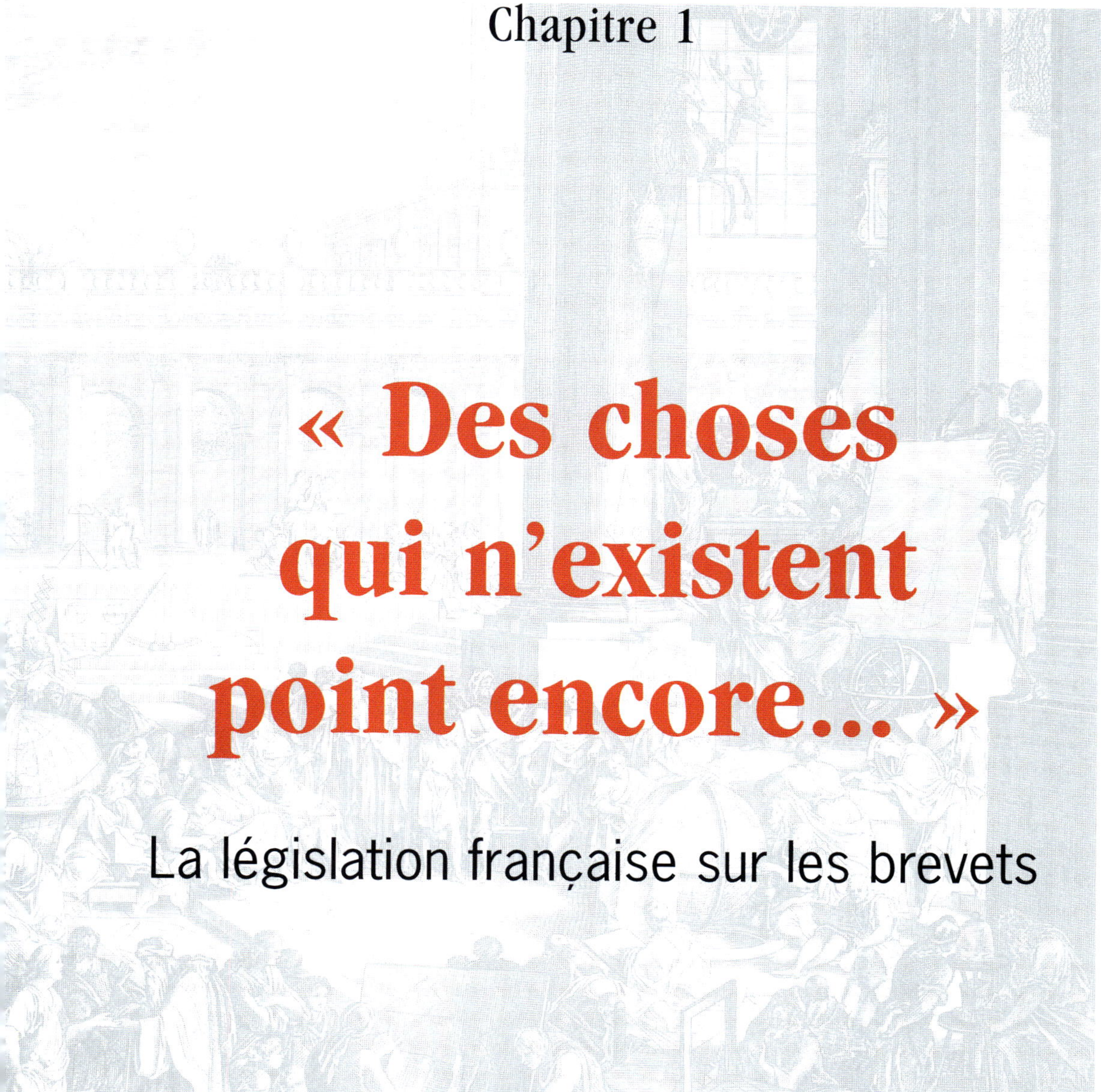

Chapitre 1

« Des choses qui n'existent point encore... »

La législation française sur les brevets

La grande histoire véritable est celle des inventions,
ce sont elles qui provoquent l'histoire, sur le fond des données
statistiques, biologiques et géographiques.

Raymond Queneau,
Bâtons, chiffres et lettres, Lectures pour un front,
Gallimard (12 janvier 1945)

À partir de l'héritage d'Ancien Régime qui est loin d'être négligeable, la législation française sur les brevets se concrétise par la loi de 1791, un des premiers textes du monde développé sur ce sujet, pratiquement contemporain de celui des États-Unis. Par la suite, des compléments sont apportés en 1844 à ce texte fondateur mais, pour plus d'un siècle, la législation française sur les brevets garde ses traits spécifiques, en particulier l'absence d'examen préalable. Dans un contexte récent, la loi française doit au contraire intégrer des ajustements pour être compatible avec l'esprit de la législation européenne et le contexte d'internationalisation.

Des origines à la fin de l'Ancien Régime

Naissance de la propriété intellectuelle

L'exercice qui consiste à trouver les origines d'une réalité complexe comme celle du brevet s'avère périlleux. On peut toujours opposer à l'auteur telle ou telle antécédence. Il est donc nécessaire – même si l'on frise l'anachronisme – de partir d'une définition assez contemporaine du brevet – nouveauté, protection limitée dans le temps, sanctions liées à la transgression des règles – pour ne pas trop s'égarer dans de multiples concepts précurseurs. La première approche pourrait être l'émergence du concept de propriété intellectuelle[1] qui se développe bien avant les monopoles limités dans le temps, qu'ils se nomment privilèges ou brevets. Dès le Ve siècle avant Jésus-Christ, on rencontre chez Xénophane l'idée que le progrès viendrait de la recherche de ce qui n'est pas encore montré aux mortels. Plus tard, Philon d'Alexandrie base les progrès de l'invention sur une expérimentation continue. Les Romains (Vitruve ou Pline), quant à eux, insistent sur la dette envers les anciens auteurs, ce qui conduit à condamner le vol ou le détournement d'ouvrages. Du point de vue de l'organisation des savoirs professionnels, et en particulier des secrets de métiers, les spécialistes de l'Antiquité pencheraient pour une transmission au sein des familles d'artisans, mais les indices manquent. De même, il ne semble pas que les corporations romaines *(conlegia, collegia)* aient eu un rôle économique et technique semblable à leurs homologues du Moyen Âge.

C'est plutôt au cours de la période médiévale que Pamela O. Long voit émerger des attitudes de « propriété intellectuelle » en liaison avec les phénomènes d'urbanisation qui permettent aux corporations de s'affirmer à partir du milieu du XIIIe siècle. En promouvant des attitudes de possession envers des propriétés intangibles – la connaissance des métiers et des processus se distinguant des produits matériels –, les corporations développent de fait le concept de propriété intellectuelle. Les verriers de Venise en donnent un exemple avec l'obligation qu'ils ont de ne pas quitter la commune sous peine d'amendes et d'expulsion hors de leur corporation. Le maintien du secret de fabrication est au cœur de ces obligations. Car une grande partie des connaissances de l'époque médiévale n'est pas destinée à être diffusée ou, en tout cas, ne doit être diffusée que dans des cercles étroits. Les secrets de fabrication, de savoir-faire font la réputation des grands spécialistes. Ainsi, le célèbre Gutenberg possède trois « secrets », dont le plus fameux *(ars artificialiter scribendi)* lui apporte la renommée.

Portrait de Gutenberg par Thevet.

Les premiers véritables privilèges apparaissent vers la même époque, souvent pour l'exploitation du sous-sol. Le privilège minier suppose dans l'Europe médiévale des exemptions de taxes et des droits d'usage mais, en même temps, il écarte les entreprises concurrentes de l'exploitation de minerais souvent stratégiques (or, argent, cuivre). « Malgré leurs difficultés d'interprétation, ces textes miniers, contrats ou concessions, sont une des sources les plus uniformes à travers l'Europe ancienne pour une histoire de l'entreprise privilégiée, puisque l'on y retrouve plusieurs traits du privilège d'invention de l'époque moderne : la requête de l'impétrant, l'appréciation implicite ou explicite de l'intérêt public, le droit exclusif d'exploitation, délimité dans l'espace et limité dans le temps, l'exclusivité disparaissant avec la suspension de l'exercice[2]. » Le privilège médiéval ne peut cependant être réduit au seul domaine minier : Philippe Braunstein, historien médiéviste spécialiste de l'histoire des techniques, cite le cas d'un Aquitain, Bonafusus, qui obtient d'Édouard III (roi d'Angleterre entre 1327 et 1377) un privilège de quinze ans dans le domaine de la teinture des draps.

Venise où tout commence

Si les villes ont joué un rôle moteur au Moyen Âge (bien qu'elles ne représentent qu'une faible part de la population), certaines cités s'ouvrent à l'« économie-monde », pour reprendre l'expression de Fernand Braudel. La géographie de l'innovation et des privilèges souligne le dynamisme de quelques régions, en particulier l'Italie. Plusieurs privilèges sont accordés à Florence pour la construction du dôme de la cathédrale, par exemple à Brunelleschi (1377-1446), qui perfectionne un navire pour tirer des charges sur l'Arno. Mais c'est à Venise qu'il revient de poser un jalon essentiel dans l'histoire des

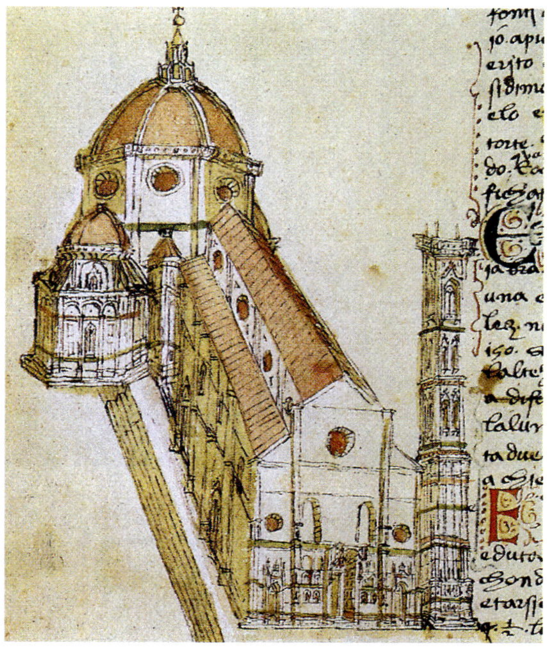

Cathédrale Sainte Marie des Fleurs à Florence, manuscrit Rustici.

brevets. La Sérénissime République conjugue alors la toute-puissance de l'État, la diversité des activités industrielles, l'ouverture au monde connu et l'importance du marché intérieur. Tous les éléments indispensables au développement de l'activité créatrice sont réunis. Il n'est donc pas étonnant que ce soit Venise qui promulgue en 1474 le texte véritablement initiateur de la législation sur les brevets, où publication et protection des inventions sont clairement associées. Votée à une large majorité, la loi vénitienne promulgue :

« Il est donc décidé que toute personne désirant réaliser dans cette ville une création inédite peut communiquer son projet aux Proviseurs de la Commune, à partir du moment où l'invention est portée à un point de perfection tel qu'elle puisse être aussitôt mise en pratique. [...] Dans toute l'étendue de notre territoire, il est interdit à un tiers pendant une période de dix ans, sans l'accord et la licence de l'inventeur, de construire toute réalisation qui corresponde au susdit projet ou qui l'imite, faute de quoi l'inventeur serait habilité à traduire cette personne devant l'un de nos conseils, qui pourra lui imposer une amende de cent ducats et fera aussitôt détruire cette réalisation[3]. »

Venise officialise ainsi une politique déjà ancienne qui a permis d'attirer les meilleurs artisans dans des domaines aussi variés et stratégiques que l'orfèvrerie, le textile ou l'imprimerie. Certains y ont acquis la nationalité vénitienne. Le succès du texte de 1474 est réel et permet à Venise de s'affirmer comme un lieu d'attraction des meilleurs cerveaux. Si 21 privilèges sont accordés à Venise entre 1474 et 1500, le nombre atteint 423 pour la seconde moitié du XVIe siècle.

Le secret en question

La Renaissance qui s'épanouit dans l'Italie des XIV-XVe siècles et transforme l'Europe au XVIe siècle met en avant le génie individuel et, par voie de conséquence, ouvre le débat sur l'antériorité des découvertes. Certains esprits remettent alors en question le secret qui domine les pratiques professionnelles. L'Italien de Sienne Vannoccio Biringuccio (1480-ca 1538) se fait le défenseur de l'ouverture des savoirs dans un ouvrage posthume (1540) intitulé *Pirotechnia*. S'opposant à la tradition alchimique, il montre pourquoi il veut diffuser le savoir : « je l'ai fait volontairement afin que vous puissiez acquérir plus de connaissance et parce que je suis certain qu'une nouvelle information donne toujours naissance dans l'esprit des hommes à de nouvelles découvertes[4] ». Il s'oppose aux publications d'écrits peu convaincants sous des noms d'emprunt ou sous le couvert d'auteurs célèbres. Biringuccio montre d'ailleurs comment il a acquis certains « secrets » (en les payant...) et donne la première description, semble-t-il, du principe de l'amalgame qui permet d'obtenir de l'or ou de l'argent à l'aide du mercure. Cela lui coûte une bague d'une valeur de 25 ducats et la promesse de reverser le huitième des gains qu'il pourrait tirer de cette méthode. Au tournant du siècle, bien d'autres auteurs se font les défenseurs de l'ouverture des connaissances, de la précision du vocabulaire. Ces exigences sont révélatrices de la façon de penser des hommes de la Renaissance, phénomène facilité par les nouvelles formes de diffusion du savoir, en particulier l'imprimerie.

Le temps des privilèges

Le royaume de France connaît une évolution semblable au reste de l'Europe qui le porte à prêter un grand intérêt aux techniques nouvelles. L'avance des Italiens dans les domaines mécaniques, artisanaux ou textiles explique la politique qui consiste à introduire des méthodes inconnues en France au moyen de privilèges accordés aux hommes de l'art transalpins. L'un des premiers privilèges connus se rapporte donc logiquement à l'introduction de techniques étrangères : Thesco Multio, en 1551, est naturalisé, anobli, reçoit des privilèges par les lettres patentes du 15 juin « avec permission de faire pendant dix ans toutes espèces de verrerie à la façon de Venise ». Le Parlement de Paris réduit cependant ce privilège à cinq ans. Mais l'invention proprement dite n'est pas absente. Le premier privilège exclusif accordé à Abel Foullon en 1551 (le 7 juin, moins d'une semaine avant Multio) porte bien sur l'invention de caractères typographiques spéciaux. Dès le règne d'Henri II (1547-1559), la publication des inventions privilégiées s'impose afin de les rendre publiques à l'expiration du monopole. Le poids de l'autorité centrale serait une caractéristique que la France aurait reprise de la Sérénissime République : « le modèle italien s'enracine et se développe ; le lien entre technique et politique y sera étroit[5] », affirme Liliane Hilaire-Pérez.

Un ancêtre du brevet ?

Ces premiers privilèges ont plus d'un point de ressemblance avec les brevets, comme l'a souligné Jacques Isoré. On y rencontre expressément :

– la nouveauté (en 1660, François Maillet obtient un privilège de trente ans, « pourvu toutefois que ledict secret et machine soient de son invention et qu'il n'y ai eu cy devant d'autres establissemens de pareilles machines à peine de nullité desdictes lettres[6] ») ;

– la restriction à un usage industriel (souvent associé à des économies de matériaux) ;

– la possibilité d'appliquer les inventions à tout le royaume ;

– la durée moyenne de 20 ans ;

– la punition des contrefaçons, etc.

Ces privilèges peuvent en général être transmis aux ayants droit. Ils donnent aussi lieu à des transactions financières à l'amiable en cas d'application par autrui. Le juge peut aussi intervenir pour fixer ou limiter un arrangement monétaire. À l'inverse, il est peu fréquent de trouver mention de l'obligation d'exploiter l'invention dans un laps de temps défini et les préoccupations économiques sont rarement évoquées.

Après les guerres de religion qui affaiblissent le pouvoir royal dans la seconde moitié du XVIe siècle, les Bourbons affirment les principes de la monarchie absolue. En économie, à l'instar des écrits de Jean Bodin, se développent les vues mercantilistes qui valorisent le commerce et l'accumulation de richesses, en particulier de l'or, au moyen de l'exportation de produits élaborés et en limitant les importations. Le développement de ces doctrines et la réaffirmation du pouvoir royal peuvent faire comprendre la décision de 1602, sous l'impulsion de B. Laffemas (auteur dès 1596 d'un *Règlement général pour dresser les manufactures en ce royaume*), d'instaurer une commission destinée à juger les inventions. Le mercantilisme doit se comprendre à l'échelle d'un État qui a fort besoin d'argent, en particulier pour faire la guerre, et se soucie d'encourager l'industrie, ce qui implique, sur des marchés extérieurs, d'en contrôler assez étroitement la qualité. Dans ce dernier but, les règlements sur la fabrique, le contrôle des jurandes (ou corporations), l'intervention directe de l'État par des soutiens financiers ou l'octroi de privilèges font partie de l'arsenal que l'on a coutume de baptiser « colbertisme », du nom du ministre du Roi-Soleil. Terme chargé de lourds reproches aujourd'hui, le colbertisme est directement issu du mercantilisme. Toutefois, l'entreprise à privilège, même protégée et subventionnée (en général grâce à des exemptions fiscales ou un monopole de fabrication limité dans le temps ou l'espace), est gérée par un entrepreneur privé qui assume le risque propre à son activité. De plus, Colbert ne voit pas ces avantages comme des rentes à vie puisqu'il écrit aux échevins de Lyon : « Les habitants de cette ville feraient bien de considérer les faveurs dont leur industrie est l'objet comme des béquilles à l'aide desquelles ils devraient se mettre en mesure de marcher le plus tôt possible, et que mon intention est de leur retirer ensuite[7]. » Les intendants et surtout les inspecteurs des manufactures – créés en 1669, ils sont au nombre de trente-huit à la mort de Louis XIV en 1715 – complètent l'arsenal du pouvoir central dans le domaine commercial. Le rôle des seconds est allé « vers des fonctions plus incitatives et moins répressives[8] ».

Louis XIV visitant les manufactures des Gobelins, tapisserie de la série *L'Histoire du Roi* d'après Charles Le Brun.

Un processus complexe

Le privilège reste une prérogative royale et relève d'une politique d'État[9]. Il est accordé par un arrêt du Conseil, comprend une description sommaire de l'invention. Le Parlement de Paris doit aussi enregistrer le document, ce qui peut lui donner le moyen de s'opposer aux décisions royales. De même les corporations peuvent faire appel soit auprès du roi soit auprès du Parlement de Paris pour s'opposer à un privilège. En effet, dans une certaine mesure, les privilèges protègent les inventeurs des règlements des corporations qui bloqueraient toute innovation. Quand le Parlement est saisi par une corporation, il fait appel à une commission d'experts, ce qui s'avère en fait le premier examen préalable dans l'histoire des brevets français. L'Académie des sciences, fondée par Colbert en 1666, est également très concernée par les aspects technologiques, au moins depuis 1675 lorsque Charles Perrault[10] apporte à la Compagnie l'ordre du roi du 16 juin « d'examiner les moyens de faire un traité de mécanique avec une description exacte de toutes les machines utiles à tous les arts et métiers, dont on se sert à présent en France et en toute l'Europe[11] ». L'Académie des sciences peut donner son avis, servir d'expert pour le Parlement de Paris et réduire la tendance au secret de la part des artisans. L'aboutissement de ce processus est le règlement de 1699 qui donne à l'Académie des sciences le rôle de juge officiel des inventions soumises au pouvoir : « l'Académie examinera, si le roi l'ordonne, toutes les machines pour lesquelles on sollicitera des privilèges auprès de sa Majesté ; elle certifiera si elles sont nouvelles et utiles, et les inventeurs de celles qui seront approuvées seront tenus de lui en laisser un modèle » (article 31). Le double critère d'utilité et de nouveauté permet de sanctionner d'une façon large. L'Académie assure en conséquence une certaine publicité aux inventions à privilège et institue un dépôt à l'Observatoire de Paris. Une nouvelle institution joue enfin un rôle essentiel au début du XVIIIe siècle dans l'encadrement de l'innovation et la délivrance des monopoles. Le Bureau du commerce, fondé en 1722, traite les requêtes des inventeurs et engage des scientifiques pour examiner les inventions à partir des années 1730. Même si son rôle est consultatif, son intervention reste essentielle. C'est lui en effet qui rassemble les pétitions d'inventeurs, les analyse, dresse les procès-verbaux et prépare des projets d'arrêt du Conseil royal. La décision finale est entre les mains du contrôleur général des finances qui informe le Conseil royal, le souverain prenant l'arrêt ultime.

Le XVIIIe siècle est le théâtre de changements notables dans la façon dont la société française considère la question du privilège. L'exclusivité, dans une période où la liberté de commercer s'impose comme un dogme, se voit régulièrement condamnée et critiquée, dès le début du XVIIIe siècle en réalité. Pierre de Boisguilbert évoque avant 1703 un ordre économique naturel qui, s'il est laissé libre, tend spontanément vers l'équilibre, et J.-F. Melon affirme en 1735 que « le commerce ne demande que liberté et protection ». Le privilège exclusif n'en disparaît pas pour autant. Selon Liliane Hilaire-Pérez, 136 demandes d'exclusivité interviennent avant 1749. Dans cette première moitié du XVIIIe siècle, « les privilèges d'inventions participent de transactions complexes et sont rarement réclamés par des hommes de l'art, sauf métiers du luxe, mais plutôt par des affairistes, souvent partenaires de compagnies à base familiale[12] ». La spéculation est donc souvent à la base des demandes de monopoles. Mais un privilège sur deux est accordé, ce qui relativise le discours ambiant marqué par l'hostilité aux monopoles.

Le credo libéral s'affirme dans les années 1750-1770. Il dénonce la promotion des privilèges exclusifs et autres monopoles, vus comme des freins à l'innovation et au mouvement. L'article « privilège exclusif » de l'*Encyclopédie* de Diderot et d'Alembert se termine par ce souhait : « Les privilèges exclusifs de toute espèce seraient réduits aux seuls établissements qui, par la nature de leur objet et par la grandeur nécessaire à ces établissements, seraient au-dessus des forces des simples particuliers, et auraient surtout pour objet des choses de luxe et non d'absolue nécessité[13]. » Les corporations sont également l'objet de critiques renouvelées et manquent de disparaître en 1776. On leur reproche de freiner l'innovation au bénéfice de la routine, ce qui aurait contribué à plusieurs départs d'inventeurs vers l'étranger[14]. Le Bureau du commerce joue un rôle essentiel dans ce mouvement des idées, et tout particulièrement certains intendants du commerce soucieux de la promotion des réformes libérales, à l'instar de Daniel Trudaine, fort favorable aux méthodes d'outre-Manche. L'invention, vue comme un moteur de la réforme, doit être jaugée par des techniciens spécialisés et des responsables politiques. La législation française renforce en conséquence le poids de la preuve, mettant l'accent sur « le droit positif et le prestige de l'expertise[15] ». Il faut sans doute y voir une réaction aux spéculations de la première moitié du XVIIIe siècle, ainsi qu'un souci qu'on pourrait qualifier de moderne de distinguer les innovations véritablement bénéfiques pour la société. Les gratifications et les primes à la diffusion ainsi que les privilèges simples sont préférés aux anciens monopoles.

Un texte fondateur : 1762

C'est dans cet esprit que les réformateurs du Bureau du commerce et les inventeurs aboutissent à un compromis : la déclaration royale de 1762 *concernant les privilèges en fait de commerce*. Le préambule de ce texte dénonce la « concurrence sans émulation » qui sévissait jusque-là. En conséquence, le privilège est limité à quinze ans (les privilèges illimités sont donc supprimés mais leur poids

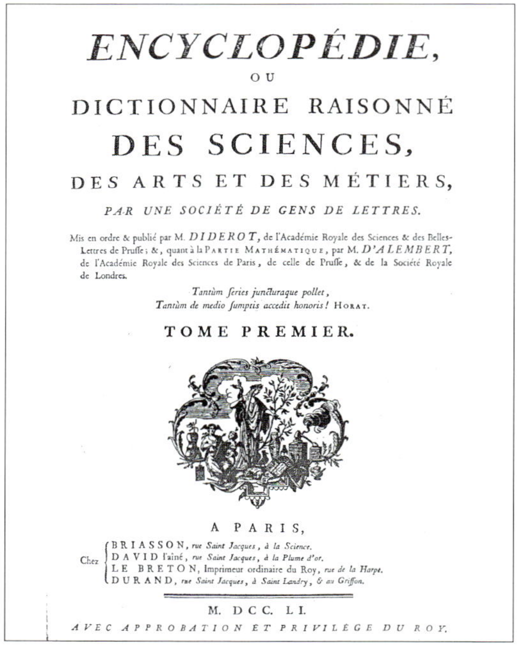

ENCYCLOPÉDIE,
OU
DICTIONNAIRE RAISONNÉ
DES SCIENCES,
DES ARTS ET DES MÉTIERS,
PAR UNE SOCIÉTÉ DE GENS DE LETTRES.
Mis en ordre & publié par M. *DIDEROT*, de l'Académie Royale des Sciences & des Belles-Lettres de Prusse; &, quant à la PARTIE MATHÉMATIQUE, par M. *D'ALEMBERT*, de l'Académie Royale des Sciences de Paris, de celle de Prusse, & de la Société Royale de Londres.
Tantùm series juncturaque pollet,
Tantùm de medio sumptis accedit honoris! HORAT.
TOME PREMIER.

A PARIS,
Chez BRIASSON, *rue Saint Jacques, à la Science.*
DAVID l'aîné, *rue Saint Jacques, à la Plume d'or.*
LE BRETON, Imprimeur ordinaire du Roy, *rue de la Harpe.*
DURAND, *rue Saint Jacques, à Saint Landry, & au Griffon.*
M. DCC. LI.
AVEC APPROBATION ET PRIVILÉGE DU ROY.

Page de titre de l'*Encyclopédie*.

réel a sûrement été exagéré) tandis que la transmission aux héritiers est soumise à vérification (ces derniers doivent faire preuve de leurs connaissances techniques, ce qui limite le passage patrimonial des anciennes lettres patentes). La mise en œuvre de l'invention

Première lecture chez Me Geoffrin de *L'Orphelin* de Voltaire par Lemmonier.

doit intervenir dans l'année qui suit l'obtention du privilège. La promotion des hommes de talent, utiles à la société, reconnus par des experts dûment mandatés et par une monarchie éclairée : telle est la philosophie qui sous-tend le texte de 1762. Toutefois, la diffusion de l'information reste limitée au niveau du bailliage. La logique du texte réformateur n'est pas encore complètement détachée du mercantilisme (aire géographique limitée et primat de l'innovation industrielle sur l'invention proprement dite). Malgré tout, Jacques Isoré estime que ce texte « établit la transition entre le régime juridique purement coutumier et le régime réglementaire qui s'établit par la suite[16] ».

La recevabilité des inventions dépend en définitive de plusieurs institutions, ce qui rend le processus assez complexe. D'une part, l'Académie des sciences se défie quelque peu des inventeurs dans la mesure où ils peuvent écorner leur statut de savant. Forte de sa position inexpugnable, l'Académie des sciences doit plutôt être tournée. C'est l'une des fonctions de la Maison du Roi ou des sociétés d'encouragement (comme l'éphémère société libre d'émulation de l'abbé Baudeau). Le Bureau du commerce, quant à lui, se trouve *de facto* en rivalité avec l'Académie des sciences. Il devient courant de demander l'avis de cette dernière avant celui du Bureau du commerce. Mais les deux entités jugent selon des critères différents et, surtout, le recours à l'examen préalable devenant presque systématique, les avis des scientifiques vont contre le secret des inventions. Sur le plan local enfin, les intendants et les inspecteurs des manufactures jouent un rôle important. Les premiers sont les informateurs du Bureau du commerce pour la province. Ces institutions nationales ou locales disposent de fonds – issus de taxes sur le commerce – qui leur permettent d'aider directement les inventeurs. Par ce biais, les élites locales soutiennent également l'innovation, par de multiples canaux, y compris d'ailleurs les corporations.

La dernière décennie du règne de Louis XVI est marquée par la prééminence des porteurs de capitaux, dont l'action est encouragée par la royauté elle-même. Le privilège exclusif, autrefois critiqué, est remis au goût du jour en tant qu'élément déterminant du dynamisme économique puisqu'il assure les investisseurs de la durée et de la stabilité du marché (surtout dans le cas de grosses machines). En conséquence, l'Académie privilégie le critère de novation plutôt que celui d'utilité, tandis que le Bureau du commerce demande des descriptions *a posteriori,* le jugement sur l'invention étant confié *de facto* aux utilisateurs et investisseurs. À la fin des années 1780, il apparaît de plus en plus nettement que le marché – c'est-à-dire le succès commercial – peut être un excellent juge. La demande des consommateurs devient un critère majeur pour autoriser un privilège. Pourtant, le vœu de ne pas sacrifier l'invention aux seuls caprices du marché est manifeste dans les dernières années du XVIIIe siècle. Le souci de faire connaître l'invention est une des réponses à l'affairisme ambiant. Ainsi peut-on comprendre l'exposition des maquettes des inventions retenues par l'administration à l'hôtel de Mortagne en 1783 (la vision des objets techniques nouveaux s'avérant au moins aussi efficace que la description à partir de textes qui n'étaient pas toujours faciles d'accès). « Entre 1783 et 1791, sur 185 modèles qui entrent au dépôt de Mortagne, un tiers est construit sur place d'après des plans fournis par des inventeurs, et surtout d'après les grandes publications techniques : *Description des arts et métiers, Encyclopédie* et travaux de la *Society of arts*[17]. » Au printemps 1789, l'intendant du commerce Jean-François Tolozan présente un rapport sur quelques aspects du système des brevets anglais. Certaines propositions, comme l'interdiction des sociétés par actions pour gérer les monopoles d'invention afin de protéger les inventeurs contre les appétits des capitalistes, se retrouveront dans la législation de 1791. Le dernier siècle de l'Ancien Régime apparaît donc comme un laboratoire d'essais pour une gestion juste et efficace de l'invention. L'exemple anglais est souvent prôné mais ne peut être complètement appliqué au vu des caractéristiques du royaume français.

Invention, propriété et contrat social : les lois majeures (1791, 1844)

Il a été écrit que la législation révolutionnaire sur les brevets marquait une étape fondatrice. Si on ne peut le nier, il est tout aussi exact d'affirmer, comme on l'a vu, que, pour la question des brevets comme sur bien des points, la Révolution française ne construit pas à partir d'une *tabula rasa*. Cependant, la fin d'un ordre, celui de l'Ancien Régime et de ses privilèges, impose une législation nationale, égalitaire, favorable aux individus comme à la collectivité. La Révolution française, d'essence essentiellement bourgeoise, met la propriété au premier rang des droits de l'homme : « propriétaire, aucun tyran n'asservira jamais plus le citoyen actif ; l'égalité, la liberté, l'indépendance même, ne sont jamais que des états indissolublement liés à la qualité de propriétaire[18] », soutenait Volney. Il est pourtant nécessaire de limiter le droit de propriété pour ne pas tomber dans les excès de l'individualisme et de l'égoïsme : l'utilité publique serait cette limite.

Les réflexions du chevalier de Boufflers

La nuit du 4 août 1789 – celle de l'abolition des privilèges féodaux – ne concerne pas les « privilèges » d'invention, mais le mot est suffisamment honni pour que la situation n'en reste pas là. Pendant plus d'un an, malgré tout, un certain flou s'installe. Des pétitions d'inventeurs, s'appuyant sur des initiatives locales comme celle de la chambre de commerce de Normandie, demandent que l'on adopte le système anglais. La Déclaration des droits de l'homme et du citoyen montre les principes à suivre : la liberté, bien entendu, l'égalité et la propriété (les droits des auteurs et artistes sont reconnus depuis 1777). La synthèse nécessaire entre la liberté

Le chevalier de Boufflers.

individuelle et les besoins de la nation n'est pas une tâche aisée. L'Assemblée désigne donc un homme d'esprit, député de la noblesse du bailliage de Nancy, pour prendre en charge le rapport sur la nouvelle loi concernant les brevets : le chevalier de Boufflers[19]. Ce dernier présente son rapport à la séance du 30 décembre 1790.

Le chevalier de Boufflers affirme dès le début de son rapport le caractère incessible de la pensée : « l'arbre qui naît dans un champ n'appartient pas aussi incontestablement au maître de ce champ que l'idée qui vient dans l'esprit d'un homme n'appartient à son auteur ». La future loi doit aussi concrétiser le libre contrat entre l'individu et la société : on retrouve ici les principes de la Déclaration des droits de l'homme, même si le chevalier de Boufflers ne s'étend pas sur les limites nécessaires à ladite liberté. Après ces principes généraux, la loi est également justifiée par « l'émigration de plusieurs artistes distingués » et le passage « à l'étranger d'un grand nombre d'inventions nouvelles ». Mais quel cadre choisir? Habilement, le rapporteur écarte le souvenir des privilèges anciens « dont le nom est devenu odieux » et insiste sur la différence qui existe entre « la protection assurée à tout inventeur et la prédilection accordée à tout autre privilégié ». Il dresse un portrait – destiné à un certain avenir – de l'inventeur désemparé, découragé et presque humilié par la bureaucratie. La France est dépassée par l'industrie anglaise, voilà bien le résultat des anciennes façons (« tout s'avilit ici par la routine ; là, tout se régénère par l'invention »). Dans le sillage de Voltaire et de Montesquieu, Boufflers insiste sur la supériorité des lois anglaises, ce qui n'implique pas l'infériorité du génie français. Passant sous silence les aspects les plus contradictoires du texte, Boufflers réussit en définitive une habile synthèse.

Première loi, premier brevet

Le préambule de la loi sur les brevets du 7 janvier 1791 rattache la propriété intellectuelle à une propriété foncière : « Ce serait attaquer les droits de l'Homme dans leur essence que de ne pas regarder une découverte industrielle comme la propriété de son auteur. » L'invention est définie comme « tout moyen d'ajouter à quelque fabrication que ce puisse être un nouveau genre de perfection ». Pour le reste, la loi ne prévoit pas d'examen préalable, propose trois durées (5, 10 ou 15 ans, sauf le cas d'un brevet importé où la durée de la protection en France coïncide avec la durée de protection restant à courir dans le pays d'origine), stipule la déchéance de l'inventeur si celui-ci dépose ultérieurement un brevet dans un pays étranger pour la même invention. Mettre l'importateur d'un brevet sur le même plan qu'un inventeur est en fait une entorse aux principes égalitaires. Sans doute a-t-on considéré cet usage comme le meilleur moyen pour rattraper l'Angleterre sans être envahi par les inventions britanniques. Le mercantilisme et l'esprit des privilèges anciens n'ont donc pas tout à fait disparu. Les autres cas de déchéance sont liés à la dissimulation des moyens de réalisation, à l'antécédence d'une invention déjà publiée, à la non-application après un délai de deux ans. La totalité du territoire, enfin, est ouverte à l'inventeur qui désire appliquer son brevet.

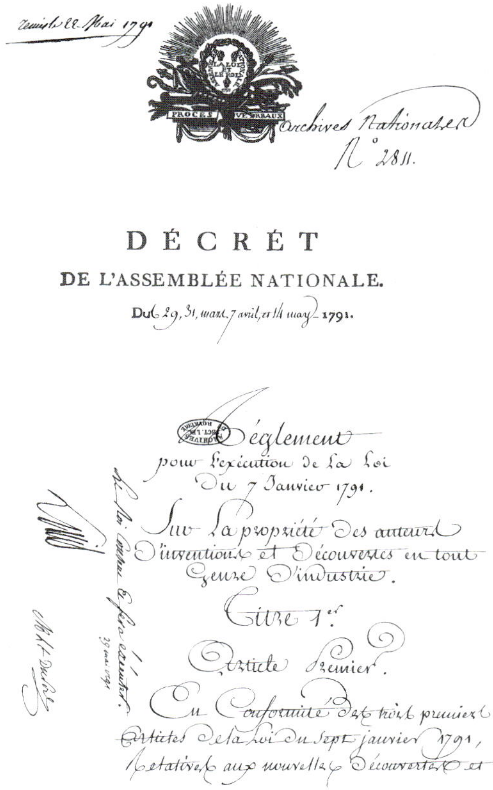

Première...

Le premier brevet français est en date du 27 juillet 1791. « Louis par la grâce de Dieu et par la loi constitutionnelle de l'État Roi des Français », Louis XVI en un mot, accorde au sieur Louis François Ollivier, citoyen de Paris, inventeur, un brevet de quinze années pour les objets suivants : « la terre noire à l'imitation de celle des Anglais », mais aussi de la « terre bambou sur laquelle il applique des camées », des « poêles de fayence », « la terre blanche à l'instar de celle d'Angleterre », etc. – tous principes dont il se présente comme l'inventeur. Dans les mois qui suivent, une nécessaire distinction lexicale s'impose. En effet, la loi du 7 janvier 1791 ne parle que de patentes. Comme le mot est également utilisé par le décret d'Allarde supprimant jurandes et maîtrises, l'article 1 du décret de l'Assemblée nationale en date du 25 mai 1791 précise qu'« il sera délivré sur une simple requête du Roi, et sans examen

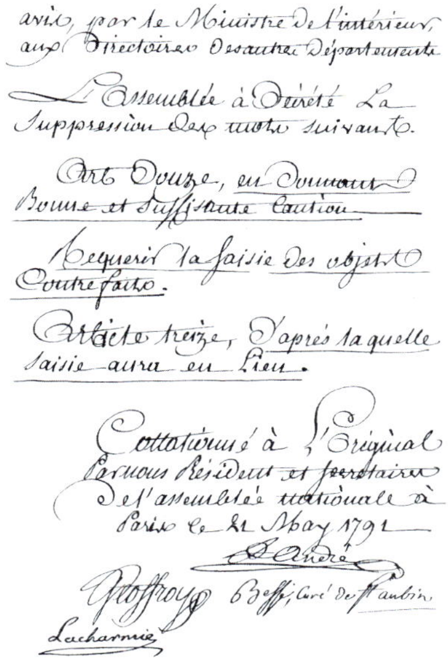
avis, par le Ministre de l'intérieur, aux Directoires des autres Départements.

L'Assemblée a Décrété La Suppression des mots suivants.

Art. Douze, en donnant Bonne et suffisante Caution

Requérir la saisie des objets Contrefaits.

Article treize, D'après laquelle saisie aura eu Lieu.

Collationné à l'Original par nous Président et secrétaires de l'assemblée nationale à Paris le 21 May 1791

B. André

Geoffroy

Lacharmie

...et dernière page du décret de 1791.

préalable, des patentes nationales, sous la dénomination de brevet d'invention ». Un directoire des brevets d'invention, établi à Paris et sous l'autorité du ministre de l'Intérieur, est institué peu après. La Constitution de l'an III, dans son article 357, confirme les textes précédents : « la loi doit pourvoir à la récompense des inventeurs ou au maintien de la propriété exclusive de leurs découvertes ou de leurs productions ».

L'ajustement de 1844

La loi de 1791 sur les brevets traverse les nombreux changements de régime que la France connaît avec la Révolution, l'Empire, la Restauration et la Monarchie de Juillet. Elle sert de modèle dans de nombreux pays que la France inspire ou occupe. Toutefois, l'extension du commerce et l'élargissement des horizons économiques soulignent quelques faiblesses de la loi révolutionnaire. La nouvelle pensée économique, celle de Saint-Simon et de Jean-Baptiste Say, met l'accent sur les valeurs industrielles et non plus sur les vertus du propriétaire foncier. Dès 1828, la question d'une réforme du texte se pose. Autant que la justice à rendre à chaque inventeur, il est nécessaire de « rivaliser avec les autres peuples et de soutenir la concurrence de ses voisins[20] ». Ce n'est qu'en 1844 que la loi est remaniée. Le nouveau texte donne une définition plus vaste de la notion d'invention : « l'invention de nouveaux produits industriels ; l'invention de nouveaux moyens ou l'application nouvelle de moyens connus, pour l'obtention d'un résultat ou d'un produit industriel ». Son esprit général est sans doute moins individualiste et plus industriel : « la loi de 1844 est moins attachée que celle de 1791 au droit de propriété de l'inventeur[21] » car on lui substitue un plus modeste droit d'exclusivité. Le brevet d'importation est supprimé, « cette prime étrange accordée à une simple pérégrination industrielle[22] », car, s'il pouvait se justifier dans une période de fermeture des frontières, il devient désormais une entrave au commerce. Une taxe plus modérée est établie, la publicité réalisée dès le paiement de la deuxième annuité. Un des changements importants réside dans le principe de réciprocité entre inventeurs français et étrangers et, dès 1843-1844, les rapporteurs évoquent « un droit international » qui ne peut que se développer. Désormais tout inventeur breveté en France a la faculté de prendre un brevet pour le même objet à l'étranger. Pourtant, sur la plupart des points, la législation de

1844 reste fidèle à l'esprit de 1791. Elle lui fournit « une consécration nouvelle[23] » et donne pour un siècle un aspect original à la loi française sur les brevets.

Les spécificités de la législation française sur les brevets

Le domaine du brevetable

Le critère majeur du brevetable doit être une invention nouvelle, c'est-à-dire n'avoir jamais reçu, en France ou à l'étranger, une publicité suffisante pour pouvoir être exécutée. Le droit du brevet commence donc où finit la découverte simplement théorique. Les commentateurs de la loi de 1844 ne cessent de le rappeler : « la loi ne demande à un inventeur qu'un objet utile à l'industrie, quelque faible que soit d'ailleurs son utilité[24] ». Le terme d'industrie, même pris au sens large, possède quand même ses limites. En mars 1844, un système d'embaumement par injection est déclaré non brevetable « à raison même du sujet, le corps humain ne pouvant, soit avant, soit après le décès, être réputé marchandise et rangé dans la classe des objets d'industrie, quelque latitude qu'on veuille donner aux mots marchandise, industrie[25] ». De même, en 1830, une méthode de lecture jugée « intellectuelle » n'est pas incluse dans l'étendue de la loi sur les brevets car éloignée des « arts industriels et mécaniques ». Une méthode de calligraphie reçoit le même sort en 1837. En revanche, un des premiers brevets déposés (27 décembre 1791) porte sur l'art logographique « ou l'art d'écrire en toutes lettres aussi vite que la parole ». Sont également écartées du domaine brevetable les découvertes intellectuelles, c'est-à-dire les inventions qui se rapportent à la science et à l'intelligence : « la société les paye en gloire et en renom et elle distribue aux inventeurs ces brevets d'immortalité qui font les Galilée, les Newton, les Lavoisier, les Volta[26] ». À l'origine, la loi de 1791 n'écarte pas les médicaments

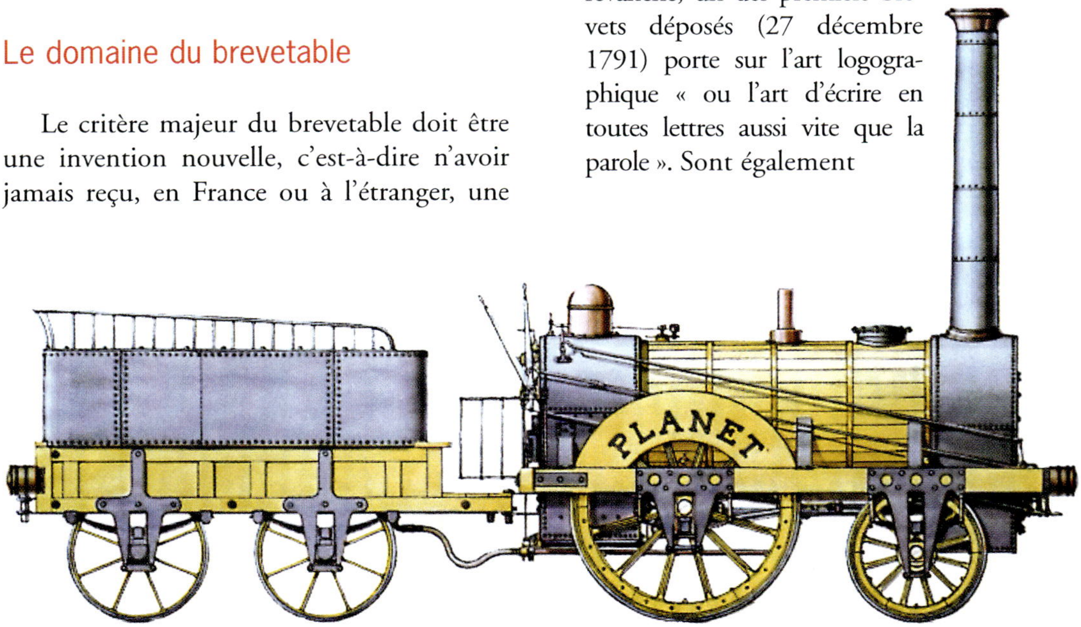

La locomotive « Planète », 1830.

du domaine brevetable, mais les textes suivants reviennent sur ce point. La crainte du charlatanisme et le souci du bien public motivent ce revirement. La loi du 21 germinal an XI stipule d'abord que « nul autre qu'un pharmacien ne peut préparer, vendre ou débiter aucun médicament » et qu'il ne peut « vendre de remèdes secrets ». En 1810, l'empereur Napoléon Ier supprime les permissions accordées aux inventeurs ou propriétaires de remèdes secrets, c'est-à-dire aux auteurs qui veulent tenir secrète la composition d'un médicament. La jurisprudence montre que la délivrance d'un brevet – même si ce dernier contient la description complète du médicament – ne fait pas perdre le caractère légal de remède secret et donc qu'il tombe sous le coup de la loi de 1810. En réalité, la situation reste assez confuse : « un grand nombre de brevets ont été et sont encore tous les jours accordés pour des compositions pharmaceutiques. En cela, l'autorité croit devoir obéir aux prescriptions fâcheuses et certainement bien rigoureuses pour elle résultant du principe de propriété consacré par les lois du 7 janvier et du 25 mai 1791 qu'elle considère comme ne lui permettant point de refuser des brevets dans aucun cas. Toutefois, avant de les délivrer, elle a soin de consulter l'Académie de médecine pour savoir si la composition peut être nuisible ou dangereuse. Si l'Académie la déclare telle, on en prévient l'inventeur ; si celui-ci persiste, on lui donne son brevet, mais on a la précaution d'avertir le Ministère public pour qu'il forme une demande en nullité de ce même brevet et qu'il en poursuive l'exploitation[27] ». Le débat est relancé en 1844 à l'occasion du « toilettage » de la loi de 1791. Certains juristes, comme Étienne Blanc, considèrent cette mesure comme une « monstrueuse injustice ». D'autres font remarquer que des remèdes comme le sulfate de quinine ne méritent pas l'opprobre qui frappe globalement le domaine pharmaceutique. Il est malgré tout décidé de rendre plus cohérente l'action des pouvoirs publics en écartant simplement de la loi les médicaments : « les compositions pharmaceutiques ou remèdes de toute espèce ne sont pas susceptibles d'être brevetés ».

Médicament soignant le coryza,
publicité inspirée de *L'Angélus* de J.-F. Millet.

La situation a été plus claire à propos des combinaisons financières ; dans un premier temps, elles sont admises et 14 brevets sont déposés (tontines, assurances, remboursement des droits féodaux). Poissault par exemple obtient un brevet pour « l'établissement de bureaux d'échange d'assignats, avec garantie et provision[28] ». Dans une période de forte spéculation, toutes les dérives restent possibles. Aussi, la loi du 20 septembre 1792, estimant que le crédit de l'État est en jeu, supprime les brevets déjà déposés et interdit à l'avenir les combinaisons financières. La loi de 1844 reprend l'antienne en dénonçant les risques de fraude.

Restent les inventions dangereuses pour l'ordre ou la sécurité publics que l'article 30 retire du domaine brevetable. Les commentaires des juristes du XIXe siècle aboutissent à la faible portée pratique de ce paragraphe, car c'est bien l'utilisation et non l'invention qui est condamnable (l'exemple donné étant celui d'un explosif). La citation suivante montre le même embarras : « en ce qui touche les inventions contraires aux mœurs, on cite le cas d'un brevet pris pour un appareil reproduisant, d'une manière plus ou moins exacte d'ailleurs, un instrument répandu, prétend-on, au Moyen Âge, une ceinture de chasteté. Mais peut-on dire que l'invention d'un tel objet soit contraire aux bonnes mœurs ? Ne peut-il pas les servir ? Ne peut-il pas être appliqué pour empêcher les attouchements vicieux de l'enfance[29] ? » (une des obsessions du XIXe siècle...).

« Un vice radical » ?

La loi de 1791 manifeste son objectif de liberté en prenant l'activité inventive dans un sens très large : « tout moyen d'ajouter à quelque fabrication que ce puisse être un nouveau genre de perfection sera considéré comme une invention » hors les changements de forme, de proportion et les ornements. Ce principe est vivement critiqué, en particulier par Chaptal[30] dans son ouvrage sur l'industrie française. L'auteur voit dans les certificats d'addition « le vice radical de la loi de 1791 ». Les inventeurs s'épuisent en procès ruineux : « C'est ainsi qu'on a vu de nos jours, Argand, inventeur des lampes à courant d'air, et Edouard Adam, créateur d'un appareil admi-

Jean-Antoine Chaptal par Bouchet.

rable pour distiller les vins, défendre vainement, pendant de longues années, leurs droits de propriété devant les tribunaux, et périr presque dans la misère, après avoir enrichi et illustré leur pays[31]. » Balzac, plus tard (1843), s'en fait encore l'écho lorsqu'il écrit dans *Les Illusions perdues* : « la plaie des inventeurs en France est le brevet de perfectionnement ; un homme passe dix ans de sa vie à chercher un secret d'industrie, une machine, une découverte quelconque. Il prend un brevet, il se croit maître de sa chose, il est suivi par un concurrent qui, s'il n'a pas tout prévu, lui perfectionne son invention par une vis, et la lui ôte ainsi des mains ». Les textes ultérieurs (1844, 1902) protègent un peu mieux le breveté, qui peut pendant deux ans déposer un certificat d'addition et a priorité sur ceux qui pendant la même période désirent faire de même.

L'absence d'examen préalable

Le chevalier de Boufflers avait trouvé des arguments ingénieux pour justifier l'absence d'examen préalable. D'une part, il avait dressé le tableau sombre des inventeurs d'Ancien Régime obligés de se plier au bon vouloir de censeurs peu amènes (« ce mémoire [...], on le reçoit d'un air importuné, on le parcourt d'un air distrait, on le rend d'un air dédaigneux »). Boufflers ajoutait que la tâche de ces examinateurs relevait de l'impossible : « Qu'est-ce que des censeurs en pareille matière ? C'est un tribunal qui juge des choses qui n'existent point encore, et qui, à son gré, leur permet ou leur défend de naître [...]. L'esprit de la loi est d'abandonner l'homme à son propre examen, et de ne point appeler le jugement d'autrui sur ce qui pourrait bien être impossible à juger... Vous voulez un contradicteur ; je vous en offre deux, dont l'un est plus éclairé que vous ne pensez, et l'autre est infaillible, l'intérêt et l'expérience. » Tout n'est pas tranché puisque, en 1798 (14 pluviôse an VI-2 janvier 1798), un rapport devant le Conseil des Cinq-Cents propose de soumettre les brevets à un examen par un jury de trois personnes. Mais l'auteur, François Eude, dans un second rapport du 12 fructidor an VI, réussit à affirmer l'opposé de ce qu'il venait de condamner... Le premier consul Napoléon Bonaparte s'emporte un peu plus tard contre une demande de brevet portant sur une attraction foraine. En conséquence, il est décidé que « le Gouvernement, en accordant un brevet d'invention sans examen préalable, n'entend garantir en aucune manière ni la priorité, ni le mérite, ni le succès d'une invention » (5 vendémiaire an IX). Pour longtemps, les brevets français sont accompagnés de la mention « Sans garantie du gouvernement » (S.G.D.G.). Le même texte de l'an IX (1801) précise encore une fois la différence entre le privilège et le brevet d'invention puisqu'une certaine confusion continue de régner dans les esprits : le brevet n'est pas une faveur de l'État mais la simple reconnaissance d'une propriété. La loi de 1844 précise à son tour que « les brevets seront délivrés sans examen préalable, aux risques et périls du demandeur, et sans garantie, soit de la réalité, soit de la nouveauté ou du mérite de l'invention, soit de la fidélité ou de l'exactitude de la description[32] ».

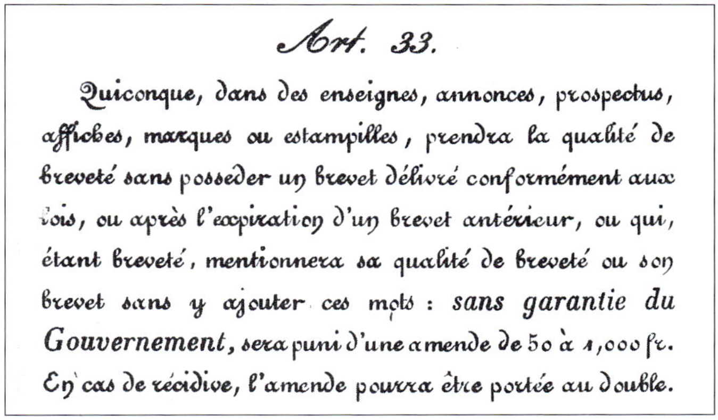
Art. 33.

Quiconque, dans des enseignes, annonces, prospectus, affiches, marques ou estampilles, prendra la qualité de breveté sans posséder un brevet délivré conformément aux lois, ou après l'expiration d'un brevet antérieur, ou qui, étant breveté, mentionnera sa qualité de breveté ou son brevet sans y ajouter ces mots : *sans garantie du Gouvernement*, sera puni d'une amende de 50 à 1,000 fr. En cas de récidive, l'amende pourra être portée au double.

Pendant longtemps, la mention S.G.D.G. a été obligatoire.

En conséquence, la plus importante spécificité du brevet français réside dans l'absence d'examen préalable. La démarche se résume à un certificat de dépôt qui ne présume en rien de la qualité de l'invention. La preuve de la viabilité du processus reste à fournir sur le marché. Certes, la France n'est pas isolée et, en Europe, dans la première moitié du XIXe siècle, seules la Belgique, la Hollande, la Prusse et la Sardaigne pratiquent un examen préalable. Il n'en reste pas moins que le brevet français du XIXe siècle est à l'origine d'une certaine forme de quiproquo : « S'il m'était permis, déclarait un congressiste en 1878, d'émettre un vœu, je voudrais que les mots de patente et brevet fussent complètement effacés de nos lois car ces mots jettent dans le public un certain effroi, emportent malgré tout l'idée d'une certaine garantie et font croire à des droits qui n'existent pas... C'est là qu'on trouvera le véritable remède contre les inventions illusoires et contre ce qu'on appelle les brevets-réclames. » Les défenseurs de la loi française peuvent argumenter en s'appuyant sur l'exemple d'inventions de premier plan qui n'ont pas été reconnues (Bessemer ou Giffard) ou sur le cas du Patentamt prussien « considéré comme le plus sérieux des offices dans lesquels se pratique l'examen préalable [qui] voit environ la moitié des brevets par lui délivrés être frappés de nullité par les décisions judiciaires[33] ». Enfin, l'examen préalable s'avère une source de lenteur qui peut jouer contre l'inventeur.

L'adaptation à un monde internationalisé

De l'ONPI à l'INPI

La loi de 1844 confie au Conservatoire national des arts et métiers la réception et la conservation des brevets arrivés à expiration. Puis, en 1882, un Bureau de la propriété industrielle est installé dans les bâtiments du ministère du Commerce et de l'Industrie, rue de Varenne, afin de se charger des brevets en cours. Au tournant du siècle, ce schéma paraît pesant. « L'organisation du service de la propriété industrielle qui était resté ce qu'il était en 1882, alors que tout se développait autour de lui, ne répondait plus en France aux besoins constatés de l'industrie et du commerce et il devenait de jour en jour plus urgent de l'améliorer et de le compléter en créant à Paris, dans le quartier des affaires, un Office national des brevets d'invention et des marques de fabrique[34]. » Le parcours de l'apprenti-inventeur n'est en effet pas simple : il commence par se rendre au Conservatoire national des arts et métiers (recherche d'antériorité), puis rue de Varenne (brevets en cours) avant de passer par la recette centrale et la préfecture de la Seine. À ces raisons intérieures, il faut ajouter la nécessité pour la France de se plier aux règlements internatio-

Alexandre Millerand (1859-1943)*.

naux dans le domaine des brevets (convention internationale de Paris de 1883) puisque chacun des contractants s'est engagé « à établir un service spécial de la propriété industrielle et un dépôt central pour la communication au public des brevets d'invention, des dessins et modèles industriels et des marques de fabrique ou de commerce ». Un début d'unification oblige la France à agir comme le font depuis un certain temps plusieurs grandes puissances étrangères.

Le début du siècle voit ainsi la création de

l'Office national de la propriété industrielle (ONPI) qui a pour but de centraliser l'ensemble des questions ayant trait aux brevets, marques et dessins. À l'origine de cette création, on trouve un ancien avocat du barreau de Paris, Alexandre Millerand. Sa stratégie s'inscrit dans un renforcement de la politique sociale et économique de l'État. Le Conservatoire national des arts et métiers (CNAM) se propose pour accueillir le nouvel Office, empruntant l'argent nécessaire pour agrandir ses locaux et s'appuyant sur l'aide de la chambre de commerce de Paris. Ce n'était que justice puisque le CNAM avait recueilli les premiers brevets et assuré leur publication. L'ONPI est créé par la loi du 9 juillet 1901 et prend son nom définitif le 31 mai suivant. Mais, en dépit de son nom, il n'a pas de personnalité juridique. Les choses changent après la Première Guerre mondiale, période où l'État s'investit plus étroitement dans les mécanismes industriels. L'Office national de la propriété industrielle (loi du 24 octobre 1919) est investi de la personnalité civile et de l'autonomie financière. Toujours dépendant du ministère du Commerce et de l'Industrie, il est dirigé par un directeur d'administration centrale. L'Office s'installe fin 1919 au 26 bis de la rue de Leningrad, dans l'ancien couvent de la congrégation des oblats de Marie Immaculée dont les locaux ont connu des locataires bien différents (hôtel Windsor, journal *Continental Daily Mail*). Les textes suivants

La galerie des Machines au Conservatoire des arts et métiers, en 1880, dessin de Nielsen.

confortent le rôle stratégique de l'ONPI dans le domaine de la propriété industrielle.

Cependant, la Seconde Guerre mondiale modifie les données. L'ONPI est supprimé en mars 1939 dans un souci d'allègement des structures gouvernementales. Il n'est plus qu'un service dépendant du ministère du Commerce. À l'inverse, le secrétariat d'État à la Production industrielle vient reprendre une partie des activités du ministère du Commerce. En son sein est créé le 9 mai 1941 un Office national de la propriété industrielle, mais le flou perdure jusqu'après-guerre entre l'Office et le service. C'est la raison pour laquelle la loi du 19 avril 1951 crée un Institut national de la propriété industrielle sur le modèle de 1919. J.-C. Combaldieu, qui retrace cet historique administratif[35], cite le ministre de l'Industrie, Jean-Marie Louvel, déclarant que l'Office doit être « géré selon des méthodes se rapprochant du commerce et de l'industrie et non pas suivant des méthodes administratives, trop rigides pour donner, dans une telle matière, de bons résultats ». L'autonomie juridique et financière est un facteur de cette réussite, de même que la totale symbiose entre le service de la propriété industrielle du ministère et l'INPI. En novembre 1987, le service de la propriété industrielle disparaît au profit du seul INPI.

Le tournant des années 1960

La loi de 1844, qui reprenait l'essentiel de l'héritage révolutionnaire, traverse le siècle sans grand changement. Trois articles sont modifiés en 1902 (11, 24 et 32) mais ne changent guère l'esprit du texte général. À l'inverse, le caractère industriel des produits pharmaceutiques[36] bouscule les restrictions initiales qui retiraient ces derniers du domaine de la loi. D'une part, la jurisprudence du XXe siècle distingue les produits pharmaceutiques considérés comme non brevetables des procédés de préparation qui sont brevetables. La loi du 27 janvier 1944 confirme cette jurisprudence en modifiant l'article 3 de la loi de 1844 : l'interdiction de breveter ne s'étend pas aux procédés de préparation. En 1953, une « commission des licences spéciales » veille à ce que les produits pharmaceutiques pour lesquels sont délivrés des brevets de fabrication ne soient pas mis à la disposition du public en quantité ou qualité insuffisantes ou à des prix trop élevés.

Les années 1960 amorcent un tournant important sur l'ensemble des questions liées aux brevets. D'une part, à l'occasion de l'extension de la brevetabilité aux médicaments, le décret du 31 mai 1960 établit un « brevet spécial de médicament » qui comporte un avis documentaire « relevé de l'état de la technique pertinent par rapport à l'invention de médicament considérée[37] ». L'année suivante, selon A. Hermitte, le « droit d'obtention végétal » montre que les esprits ont évolué par rapport au début du XXe siècle où la logique de propriété l'emportait : « c'est la première fois que l'autolimitation qui résultait de l'idée de propriété fit défaut[38] ». Puis, devant les retards pris dans l'adoption du brevet européen qui prévoit un examen préalable, il devient manifeste que la loi française doit s'adapter. C'est le cas en 1968 avec la loi du 2 janvier qui porte sur tous les brevets et supprime la législation sur le Brevet Spécial de Médicament (seule peut être brevetable la première application d'un produit comme médicament). Un avis documentaire est désormais nécessaire pour l'ensemble des brevets. L'activité inventive est ajoutée comme critère de brevetabilité aux concepts précédents de nouveauté et d'application industrielle.

Dix ans plus tard, une nouvelle loi parachève le tournant pris dans les années 1960. Désormais, il est nécessaire de raisonner de façon plus large : « Quand les conventions internationales [de Bruxelles et Luxembourg] furent adoptées, elles mirent en évidence certaines insuffisances ou contradictions de la loi française de 1968 qui, si elle avait rompu délibérément avec le libéralisme, longtemps d'ailleurs efficace, de la loi de 1844 et qu'avait complété une savante jurisprudence, n'était plus adaptée aux dispositions régissant le droit du brevet européen dans le cadre duquel la législation française se devait de pouvoir s'insérer[39]. » En conséquence, la loi du 13 juillet 1978 se donne clairement pour objectif d'harmoniser la loi française avec les accords internationaux signés sur les brevets. Elle exige aussi une nouveauté *absolue* pour l'invention, le brevet doit être « susceptible d'application industrielle » et la loi prévoit un cadre juridique destiné à mieux respecter les droits des « salariés-inventeurs ». La législation française sur les brevets entre alors dans un nouvel espace juridique « dont les législations nationales ne sont plus maîtresses que partiellement et dont l'application est progressivement repoussée, en France notamment, par celle des conventions internationales[40] ».

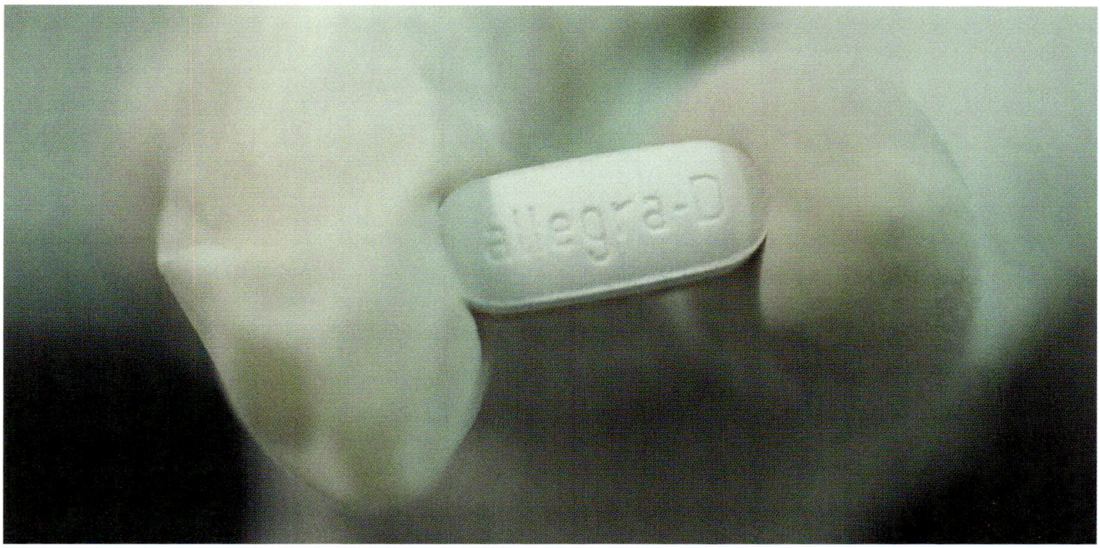

Médicament Allegra, Aventis

1. Pamela O. Long, « Invention, Authorship, Intellectual Property, and the Origin of Patents : Notes toward a Conceptual History », *Technology and Culture,* octobre 1991, volume 32, n° 4, p. 846-884.
2. Philippe Braunstein, « À l'origine des privilèges d'invention aux XIVe et XVe siècles », CNRS-IHMC et Paris IV-CRHI, *Les brevets, leur utilisation en histoire des techniques et de l'économie,* Paris, CNRS, 1984, p. 55.
3. P. Braunstein, « À l'origine... », *op. cit.,* p. 59-60.
4. Pamela O. Long, « The Openess of Knowledge : an Ideal and its Context in 16th Century Writings on Mining and Metallurgy », *Technology and Culture,* avril 1991, volume 32, n° 2, p. 333.
5. Liliane Hilaire-Pérez, *L'Invention technique au siècle des Lumières,* Paris, Albin Michel, 2000, p. 39.
6. Jacques Isoré, « De l'existence des brevets d'invention en droit français avant 1791 », *Revue historique de droit français et étranger,* 4-16, 1937, p. 106.
7. Alain Guéry, « Industrie et colbertisme : origines de la forme française de la politique industrielle ? », *Histoire Économie Société,* troisième trimestre 1989, p. 304.
8. Philippe Minard, « L'inspection des manufactures et la réglementation industrielle à la fin du XVIIIe siècle », *in* Alain Plessis (dir.), *Naissance des libertés économiques (le décret d'Allarde et la loi Le Chapelier),* Paris, IDHI, 1993, p. 55.
9. Liliane Hilaire-Pérez, « Invention and the State in 18th Century France », *Technology and Culture,* octobre 1991, 32-4, The University of Chicago Press, p. 915 *et sq.*
10. Le célèbre auteur de contes était un protégé de Colbert.
11. Arthur Birembaut, « Les caractères originaux de l'Académie Royale des Sciences de 1666 à 1698 », *Actes du 100e Congrès national des sociétés savantes,* Paris, 1975, Bibliothèque nationale, 1976, p. 14.
12. Liliane Hilaire-Pérez, *L'invention technique..., op. cit.,* p. 115.
13. Cité par F. Savignon, « La Révolution française et les brevets d'invention », *La Propriété industrielle,* Genève, n° 11, novembre 1989, p. 416.
14. On peut citer le cas du Lyonnais Argand en 1784, inventeur d'un éclairage amélioré.
15. Liliane Hilaire-Pérez, *L'invention technique..., op. cit.,* p. 315.
16. J. Isoré, *op. cit.,* p. 130.
17. *Ibid.,* p. 575.
18. M.A. Hermitte, « Deux siècles d'évolution des droits intellectuels : du modèle de la propriété foncière au modèle du marché », *Les brevets, leur utilisation..., op. cit.,* p. 22.
19. Stanislas Jean de Boufflers (1738-1815) avait été gouverneur du Sénégal. Il était membre de l'Académie française.
20. Rapport fait à la Chambre des pairs de France par le marquis de Barthélémy, 20 mars 1843.
21. Institut national de la propriété industrielle, *175e anniversaire : le brevet de 1791,* préface de F. Savignon, 1966, p. 16.
22. Huard et Pelletier, *Répertoire de législation et de jurisprudence en matière de brevets d'invention,* Paris, 1885, p. 183-184.
23. Préambule du projet de loi présenté par le ministre de l'Agriculture et du Commerce le 17 avril 1843.
24. Étienne Blanc, *L'inventeur breveté,* Paris, De Cosse, 1852, p. 430-431
25. *Ibid.,* p. 467.
26. Exposé des motifs de la loi de 1844.
27. Rapport du marquis de Barthélémy, 20 mars 1843, cité par J.-J.B.C. Dujeux, *Recueil des lois et des réglements en vigueur sur les brevets d'invention chez les différents peuples, précédé des rapports qui ont déterminé la législation française,* Bruxelles, Weissenbuch père, 1846, p. 241-242.
28. Yves Jeanclos, « Les brevets d'invention en France à l'époque révolutionnaire : recherches sur l'objet brevetable », in *Mélanges offerts à Jean-Jacques Burst,* Paris, Litec, 1997, p. 26.
29. Ferdinand Mainié, *Nouveau traité des brevets d'invention,* Paris, Chevallier-Marescq, deux tomes, 1896, p. 220-221.
30. Jean-Antoine Chaptal (1756-1832), chimiste, industriel et homme politique.
31. J.-A. Chaptal, *De l'industrie françoise,* Paris, Antoine-Auguste Renouard, 1819, tome II, p. 377-378.
32. Article 11, paragraphe 1 de la loi du 5 juillet 1844.
33. Georges Lainel, *Nouveau manuel pratique des brevets d'invention,* Paris, Berger-Levrault, 1905, p. 31.
34. Projet de loi du 9 juillet 1901 cité par Georges Lainel, *op. cit.,* p. 12.
35. J.-C. Combaldieu, « L'organisation administrative de la propriété industrielle en France au cours du XXe siècle », in *Mélanges dédiés à Paul Mathély,* 1990, p. 121-124.

36. M. de Haas, « Originalité de l'invention pharmaceutique », *Mélanges en l'honneur de Daniel Bastian,* Paris, Librairies techniques, 1974, tome II, p. 237 *et sq.*
37. Yves Plasseraud et François Savignon, *L'État et l'invention, histoire des brevets,* Paris, La Documentation française, 1986, p. 100.
38. A. Hermitte, *op. cit.*, p. 29.
39. André Françon (dir.), *Journée d'étude relative à la loi du 13 juillet 1978 sur les brevets d'invention,* Paris, Économica, 1979, p. 14 (intervention de P. Marcilhacy).
40. Jean Foyer, « Conclusion : avenir et finalité du droit des brevets », *Mélanges offerts à Jean-Jacques Burst, op. cit.*, p. XIII.

* Alexandre Millerand (1859-1943), député de la Seine à la Chambre des députés, socialiste indépendant depuis 1889. Ministre du Commerce, de l'Industrie et des Postes dans le cabinet Waldeck-Rousseau (1899-1902), il est à l'origine de la Direction du Travail et de la Prévoyance sociale. Il réduit en 1900 la journée de travail de 11 à 10 heures. Sa participation à ce ministère provoqua une scission entre la gauche guesdiste et blanquiste d'une part et les socialistes participationnistes d'autre part. Millerand joua un rôle politique de premier plan jusqu'aux années 1920 : élu président de la République en 1920, il démissionna quatre ans plus tard.

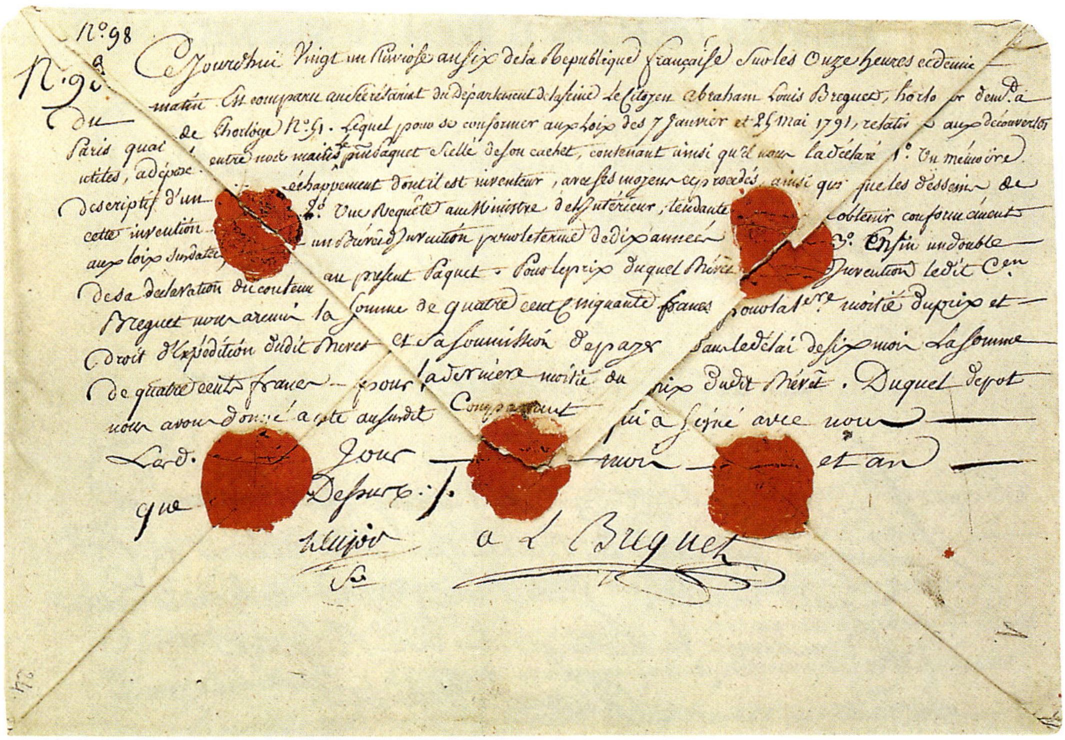
N° 98
Aujourd'hui Vingt un Pluviose an six de la Republique française sur les Onze heures et demie
matin Est comparu au secrétariat du département de la seine le Citoyen Abraham Louis Breguet, horlo[ger] dem[euran]t à
Paris quai de l'horloge N° 51. Lequel pour se conformer aux loix des 7 janvier et 25 mai 1791, relatives aux découvertes
entre nos mains un paquet scellé de son cachet, contenant ainsi qu'il nous la déclaré 1°. Un mémoire
échappement dont il est inventeur, avec ses moyens et procédés, ainsi que les dessins de
2°. Une Requête au Ministre de l'Intérieur, tendante à obtenir conformément
un Brevet d'invention pour le terme de dix années
3°. Enfin un double
au present Paquet. Pour le prix duquel Brevet d'invention ledit C[itoye]n
Breguet nous a remis la somme de quatre cent cinquante francs pour la 1ère moitié du prix et
droit d'expédition dudit Brevet et sa soumission de payer dans le délai de six mois la somme
de quatre cents francs pour la dernière moitié du prix dudit Brevet. Duquel depot
nous avons donné acte audit Comparant qui a signé avec nous
Lesd. jour mois et an
que dessus.
A. L. Breguet

Brevet d'invention d'Abraham Louis Breguet pris le 9 mars 1798.

Brevet d'invention délivré le 30 septembre 1869, aux sieurs Martin et Le Guay, pour « un moyen de construction d'un tunnel destiné à relier les deux rives d'un fleuve ou d'un bras de mer, et spécialement à la traversée de la Manche en chemin de fer ».

Chapitre 2

Pratiques étrangères des brevets

Diversité et caractéristiques des législations nationales

The works of founders of states, law-givers, tyrant-destroyers and heroes cover but narrow spaces, and endure but for a limited time; while the work of the inventor, though of less pomp, is felt everywhere and lasts forever.

Francis Bacon[1]

L'on cite souvent, comme premier exemple d'un « brevet » ou tout au moins de la trace la plus ancienne de la protection d'une invention, l'anecdote citée par Athénée dans son *Banquet des sophistes* où l'historien Phylarchos raconte que, vers

Coupe athénienne, VIe siècle avant J.-C.

500 avant J.-C., la ville de Sybaris (colonie grecque du sud de l'Italie), connue pour son goût du plaisir, avait décidée qu'une nouvelle recette de cuisine ne pourrait être imitée pendant l'espace d'un an. Si l'on désire comprendre les évolutions ultérieures qui mènent aux grandes législations modernes, outre celle de la France précédemment évoquée, le passage par l'Angleterre s'impose. Ce pays inspire en partie la législation française sur les brevets et elle influence directement son ancienne colonie d'Amérique du Nord. Les États-Unis se dotent en effet, dès 1790, donc quelques mois avant la France, d'une législation originale sur la protection de l'invention. Les autres puissances montantes de la fin du XIXe siècle, l'Allemagne et le Japon choisissent ultérieurement des modus operandi destinés à les faire rejoindre au plus vite le peloton des grandes nations industrielles. Toutefois, même si l'encadrement légal des brevets accompagne le premier développement industriel du début du XIXe siècle, le mouvement n'est pas uniforme. Certains pays ont à un moment renoncé à se doter d'une loi sur les inventions, comme les Pays-Bas et la Suisse. Malgré tout, à la fin du XIXe siècle, toutes les nations développées connaissent des lois sur les brevets même si les différences entre pays demeurent sensibles. Enfin, au XXe siècle, l'URSS, phare du communisme, établit des règles originales puisque l'individu doit se plier aux intérêts collectifs, ce qui suppose de réinterpréter la notion de propriété industrielle.

L'Angleterre, terre pionnière

Le pays de la *Common Law*

Le droit anglais porte en lui des spécificités très importantes et son influence s'est étendue bien au-delà des frontières d'origine du fait des nombreux pays qui ont connu la tradition britannique. L'extension progressive de la compétence des juridictions royales donne naissance à une loi commune *(Common Law)*. Son essence est fort différente du droit romain : « le droit apparaît bien plutôt en Angleterre comme étant fait de procédures. Il est par essence contentieux, bien plutôt qu'ordonnateur comme on le conçoit dans les pays du continent européen[2] ». C'est un droit en cours de construction, d'une approche plus empirique que normative. La jurisprudence y joue un rôle essentiel au contraire de la loi *(Statute)* qui s'est longtemps bornée à corriger le corps jurisprudentiel constitué par la *Common Law.* La règle du précédent est donc essentielle dans un pays qui n'a pas de code écrit. Cependant, le précédent ne conduit pas à l'immobilisme, en particulier lorsque le juge estime qu'une distinction peut être faite entre le cas déjà observé et le cas en examen.

La reine Élisabeth Ire.

Selon la règle ancienne de la *Common Law,* il entre dans les prérogatives du souverain anglais d'attribuer une partie du domaine public à une personne privée, à charge pour celle-ci de l'exploiter pour le plus grand profit du bien commun. C'est ainsi que des articles manufacturés non produits dans le royaume (« *nor before known or worked in the realm* ») peuvent faire l'objet de privilèges royaux. Cette concession est rendue publique par des lettres royales (*litterae patentes* : lettres ouvertes qui s'opposent aux lettres de « cachet ») avec le sceau royal qui désigne le bénéficiaire[3]. Le système se pervertit en réalité car le roi en profite pour remplir les caisses de l'État en donnant des privilèges à des personnes commercialisant des produits communs (Élisabeth Ire accorde ainsi à un de ses favoris le commerce du sel... qui augmente dès lors de 1 100 %). En 1603, un procès se déroule à Londres à propos de lettres patentes accordées pour des jeux de cartes (Darcy v. Allen) : le tribunal en profite pour rappeler la loi fondamentale d'attribution des monopoles par le roi[4].

Le *Statute of monopolies*

Quelque temps après, le Parlement en 1624 vote le *Statute of monopolies.* Le « *Statute* » est une loi écrite qui s'oppose à la *Common Law,* non codifiée. Il ne crée pas de nouveaux droits mais interdit la délivrance de monopoles par la couronne sauf pour « *any manner of new manufacture* » et sous certaines conditions. Cette définition issue du *Statute of monopolies* se rencontre pour définir l'objet d'un brevet jusqu'au XXe siècle, même après les réformes de 1883, 1907, 1932... Le *Statute* lui-même ne comprend qu'une dizaine de lignes. La durée d'un brevet est de quatorze ans, soit deux fois le délai d'apprentissage en vigueur en Angleterre[5]. L'inventeur joue, pour reprendre l'expression de Paul Roubier, le rôle de maître d'apprentissage de la nation. Toutes les lettres patentes précédentes sont abrogées sauf pour les « *first and true inventors* ». La nouveauté des lettres patentes est à l'image de l'expansion continue de la *Common Law* : il s'agit de l'application au niveau local du principe d'introduction (*invenire* en latin) par le génie ou l'importation de principes nouveaux. Le *Statute of monopolies* n'est pas une rupture mais affirme bien haut le poids de la *Common Law* et donne un recours légal aux plaignants, principe essentiel du droit anglais. Son succès est réel : 33 lettres patentes sont accordées en 1617-1629 ; 75 en 1630-1639.

En Angleterre, l'inventeur reçoit donc un droit positif, celui d'utiliser son invention tandis qu'aux États-Unis ce dernier a le droit d'exclure les autres pour protéger le fruit de sa recherche. Il est clair que la décision de donner un brevet ressort en Grande-Bretagne d'un privilège royal et non d'un droit[6]. La différence avec les Français n'a pas besoin d'être soulignée. Une autre distinction entre Français et Anglais réside dans les liens entre espace public et inventeur comme le souligne Liliane Hilaire-Pérez : « en Angleterre, l'existence et la valeur du monopole d'invention sont placées sous la responsabilité individuelle de l'inventeur et dépendent de son aptitude au réseau, de ses compétences à arbitrer les conflits et à combiner les ressources institutionnelles. L'inventeur doit construire le crédit de son titre exclusif et partant la valeur de l'invention, dans un espace public investi d'une certaine autonomie[7] ». En France, l'espace public est quant à lui bien occupé par la puissance royale qui donne l'autorité et la légitimité. De l'autre côté de la Manche, les inventeurs peuvent faire appel au Parlement soit pour un prix soit pour une prolongation de leur privilège (cas de James Watt). Le XVIIIe siècle voit plusieurs innovations juridiques qui toutes vont dans le sens d'une plus grande responsabilité de l'inventeur comme le serment ou la *specification* (description systématique à partir de 1734). Cependant, l'inventeur anglais doit affronter une forte concurrence et, dans bien des cas, des procès ont lieu pour bien affirmer la valeur du brevet. Ceux qui profitent de revenus confortables, savent activer des réseaux d'influence, s'ils connaissent la procédure, l'emportent alors sur les inventeurs amateurs.

La machine de Watt.

Pendant longtemps, l'importation d'une découverte fut assimilée à une découverte puisque le but était d'amener de nouvelles industries dans le royaume (grâce à une lecture positive du *Statute,* il n'était pas utile d'introduire le brevet d'importation). Le brevet anglais qui porte sur quatorze ans peut connaître une possible extension sur dix ans. Le breveté anglais n'a pas non plus un monopole absolu puisque, s'il ne peut satisfaire une demande publique sans bonne raison invocable, son brevet peut être annulé. Il existe enfin un brevet additionnel. Le rôle du Patent Office consiste, en cas de litige, non pas à déterminer qui est le véritable inventeur, mais à récompenser celui qui, parmi ses rivaux, a déposé le premier.

Où la tradition montre ses limites

La continuité anglaise dans le domaine des brevets n'est pas allée sans contestations. Entre 1828 et 1835, une campagne réformatrice fait quelque bruit. Quelques années plus tard, Charles Dickens s'en fait l'écho en écrivant et en décrivant les malheurs d'un pauvre inventeur dans une brève nouvelle intitulée *Poor Man's Tale of a Patent* (1850). Il y dénonce le poids des tracasseries administratives que doivent vaincre les inventeurs anglais. On y voit un homme simple s'échinant à construire une maquette et quand il veut breveter son invention, il perd son argent et son temps en visites répétées et en taxes diverses envers des personnes aux titres médiévaux et aux fonctions imprécises (« le Deputy Chaff-wax[8] est-il un homme ? » se demande le pauvre inventeur…). En 1852, Londres modifie finalement sa loi sur les brevets en diminuant les taxes et, surtout, en étendant à l'Écosse et à l'Irlande la portée d'un brevet pris en Angleterre. La publicité autour du brevet est élargie grâce à la publication dans un journal spécifique afin de permettre une opposition dans les vingt et un jours. L'autre aspect du débat qui touche la question des brevets en Angleterre est celle de l'atteinte à la liberté d'entreprendre du fait de l'existence d'un monopole. Certains pays commerçants comme la Suisse ou les Pays-Bas préfèrent en conséquence se passer d'une telle législation. Ils y renoncent progressivement à la suite d'un débat – évoqué plus loin – qui prend toute son ampleur au cœur du XIXe siècle. En définitive, le modèle britannique, « mélange original d'archaïsme formaliste et de sens pratique[9] », ne peut être exporté, tellement il est lié au génie du pays. Mais tous les pays avancés se sont penchés sur la législation anglaise.

Charles Dickens.

Les États-Unis : l'invention au cœur du système

Historiquement, la naissance de la législation sur les brevets aux États-Unis est tout à fait contemporaine de l'exemple français. Cependant, des différences notables entre les deux pays peuvent être soulignées, ne serait-ce que, dans le cas américain, l'apport fondamental de l'ancien colonisateur britannique.

Des colonies inventives

L'Amérique anglaise est héritière tout naturellement des principes de la *Common Law* et des lettres patentes. Dès le milieu du XVIIe siècle, on trouve trace de droits exclusifs donnés dans le Massachusetts : en

1641 à Samuel Winslow pour un procédé sur le sel (le privilège court pour dix ans si l'inventeur l'établit dans l'année qui suit l'obtention) et plus tard à un inventeur du nom de Joseph Jenks Senior pour le perfectionnement de moulins à eau et la fabrication de faux et autres objets tranchants (1646). Le privilège est alors fixé à quatorze ans. La

Le repas des moissonneurs (détail : le faucheur), Brueghel le Jeune.

durée de ces derniers est très variable et semble dépendante de la valeur accordée à l'invention : dans la colonie du Massachusetts, les durées oscillent entre sept ans et la vie de l'inventeur, la plus grande fréquence étant de dix ans[10]. En 1655, le même Joseph Jenks obtient un autre privilège de sept ans pour une faux perfectionnée, c'est-à-dire plus légère. En 1715, pour la première fois semble-t-il, un résident de la Nouvelle-Angleterre obtient un brevet anglais (d'ailleurs au nom de la femme de l'inventeur, Sybilla Masters, ce qui est sans doute également une première). L'inventivité est donc bien présente dans les anciennes colonies britanniques d'Amérique, en Nouvelle-Angleterre en général et dans le Connecticut en particulier qui établit une loi dès 1672 sur les inventions. Il serait même tentant de lier le désir d'innovation très tôt manifesté avec la volonté d'indépendance qui anime les treize colonies dès le milieu du XVIIIe siècle.

Cet esprit inventif se tourne contre les Britanniques lors de la guerre d'Indépendance. C'est ainsi que David Bushnell propose une « tortue », sorte de sous-marin destiné à déposer des charges explosives sur la coque des navires de Sa Majesté. Le Connecticut lui vote des crédits pour améliorer son invention mais ses tentatives dans le port de New York restent vaines car les navires britanniques sont protégés par du cuivre contre les attaques des vers... Au-delà de l'anecdote, il est visible que dès l'origine, les jeunes États-Unis manifestent au plus haut niveau le souci de promouvoir l'invention et les arts utiles (*useful arts*). Faiblement peuplés (4 millions d'habitants), les États-Unis doivent dominer un territoire qui s'agrandit rapidement. L'inventivité, la recherche de la productivité les poussent à des solutions différentes de celles de la Vieille Europe.

Au cœur de la Constitution

Dès août 1787, lors de la convention de Philadelphie pour l'établissement d'une constitution, le souci de promouvoir « le progrès des sciences et des arts utiles » en protégeant les écrits des auteurs et les découvertes fait partie des soucis exprimés par les membres du Congrès. James Madison – l'un des pères de la Nation – et Charles Pinckney soumettent deux propositions en faveur du droit des inventeurs qui doit être reconnu au même titre que celui des écrivains. Le 5 septembre, une proposition de loi est votée en ce sens (elle est reprise dans l'article premier, section VIII, paragraphe 8 de la Constitution). Il importe en effet de trouver assez vite un statut pour ces inventeurs qui déjà pressent le gouvernement, à l'aide de pétitions, pour qu'on reconnaisse leurs droits. Le 8 janvier 1790, George Washington dans son message sur l'état de l'Union pour la seconde session du premier Congrès souligne l'intérêt de la question. Le pouvoir législatif montre une grande diligence par la suite puisque, le 10 avril 1790, le premier statut sur les brevets est signé par le président des États-Unis (qui ne sont alors que douze États puisque le Rhode Island ne ratifie la Constitution qu'à la fin de mai).

Thomas Jefferson.

À vrai dire, ce premier texte, assez court (sept articles), ne crée pas un Patent Office mais les demandeurs sont soumis à l'avis de trois hauts personnages « *commissioners for the promotion of useful arts* » : le secrétaire d'État Thomas Jefferson (lui-même auteur de nombreuses inventions non brevetées dont une chaise réversible, une charrue améliorée, un pédomètre…) ; le secrétaire à la Guerre Henry Knox et l'*attorney general* Edmund Randolph. Le demandeur qui est présumé être le *first and true inventor* doit joindre une *specification* qui comporte une description écrite de l'invention, en général des dessins techniques et un modèle le plus exact possible si la nature de l'invention s'y prête. La description et le modèle doivent être suffisamment explicites pour permettre à un ouvrier qualifié (*skilled workman*) de faire et d'utiliser l'invention. La durée du brevet est toujours de quatorze ans comme en Angleterre mais l'importateur n'est pas considéré comme un inventeur. La signature du président des États-Unis et de l'*attorney general* authentifient le brevet. Il s'agit d'une loi fédérale qui s'impose à tous les États (à la différence des marques). Et le déposant déclare sous serment qu'il est bien l'inventeur, afin de rendre plus difficile tout abus de confiance. Le coût du brevet s'avère très bas, de l'ordre de quatre à cinq dollars et il faut environ un an et demi pour son obtention.

Il existe des différences fondamentales de philosophie entre les pensées américaine et française sur les brevets. Si le chevalier de Boufflers, comme on l'a vu, met en avant le principe de propriété, Jefferson dans une lettre à McPherson argumente différemment : « les inventions ne peuvent être par nature un objet de propriété. La société peut concéder un droit exclusif sur les fruits qui en résultent, pour encourager les hommes dans la recherche d'idées pouvant être de quelque utilité, mais que la société concède ou non un tel droit dépend de son bon vouloir, sans que quiconque puisse revendiquer ou s'en plaindre ». Car, selon Jefferson, les œuvres de l'esprit se partagent : « celui qui reçoit de moi une idée, reçoit un savoir sans affaiblir le mien ; comme celui qui allume sa chandelle à la mienne reçoit la lumière sans atténuer la mienne[11] ». C'est Jefferson également qui souhaite des brevets de haut niveau pour éviter les détails sans importance et les *frivolous devices*.

Une vue du port de Boston au XVIIIe siècle.

Le premier brevet américain est en date du 31 juillet 1790 pour un procédé chimique dû à Samuel Hopkins (longtemps vu comme originaire du Vermont mais en réalité habitant de Philadelphie[12]) destiné à fabriquer de la potasse (donc un modèle n'est pas nécessaire). Cependant, du fait de l'incendie du 15 décembre 1836 qui ravage les archives du Patent Office (et environ un millier de maquettes), bien des points restent à jamais obscurs à propos de ces premiers brevets. On sait cependant que la première année seulement 3 brevets sont délivrés, puis 33 et 11 les années suivantes. Sans doute à cause du grand nombre de textes rejetés mais aussi du fait que les trois commissaires ont bien des tâches à remplir en dehors de l'examen des brevets, seulement 55 brevets sont acceptés entre 1790 et 1793. En fait, les Américains doivent inventer un système de sélection et progressivement édicter des règles d'usage. Ainsi, dès février 1791, quatre plaignants revendiquent un brevet pour un bateau à vapeur : chacun obtient un brevet et la question de l'antériorité est laissée ouverte. Toutefois, l'examen préalable au plus haut niveau ne donne pas satisfaction tant la charge de travail devient lourde pour les trois commissaires, tentés par une politique conservatrice d'autant qu'il n'existe pas de possibilité d'appel. Dès 1793, le système est réformé.

L'auteur du brevet américain n° 6649 : Abraham Lincoln.

Un système presque stable depuis 1836

Personne n'est vraiment satisfait du fonctionnement de la délivrance des brevets, jugée trop lente, trop sévère mais aussi trop lourde pour les trois hauts personnages qui en ont la responsabilité. Une nouvelle loi en 1793 substitue au système d'examen un simple système d'enregistrement. Le Patent Board est dissous : l'octroi des brevets passe au seul Secrétaire d'État. En 1810, le Patent Office s'installe dans un ancien hôtel de Washington (le Blodgett, du nom de son premier propriétaire). La guerre de 1812 entre Anglais et Américains est marquée d'abord par l'incendie de la ville de York (Toronto) par les Américains. L'ancien colonisateur envoie en représailles une armée sur Washington (1814). La ville ne peut être défendue et quelques hommes courageux réussissent à sauver l'essentiel des documents déposés dans le Patent Office. Restent les maquettes, trop volumineuses pour être déplacées. C'est ici qu'entre dans l'histoire le docteur Thornton. S'apercevant que les Anglais commencent à incendier tous les édifices publics de la capitale américaine, il galope jusqu'à Washington et fait remarquer à l'officier anglais chargé de brûler l'hôtel Blodgett que les maquettes n'appartiennent pas aux États-Unis mais à l'humanité tout entière et que la condamnation universelle qui pèsera sur l'officier britannique sera à l'aune de la honte qui frappe les Turcs pour avoir détruit la bibliothèque d'Alexandrie... En conséquence, l'hôtel Blodgett sera un des rares établissements intacts après le raid britannique. Il existe une version moins épique de cet épisode où un orage exceptionnel fait fuir les assaillants, éteint les foyers allumés et soulève le toit du Patent Office au passage... Toujours est-il que pendant près d'un an, le Congrès doit s'abriter dans l'Office des brevets en attendant que la ville des bords du Potomac renaisse de ses cendres. Petite revanche, dès le milieu des années 1830, les responsables de l'US Patent Office soulignent qu'en deux mois ils ont délivré plus de deux cents brevets, soit davantage que les Anglais en une année...

En fait, l'examen préalable des demandes de brevets est rétabli dès 1836. L'Office des brevets est alors une division distincte du Département d'État. Le *Commissioner of Patents* est nommé par le Président et approuvé par le Sénat. La recherche d'antériorité doit être faite pour rendre légale l'obtention du brevet. Les appels sont désormais possibles. La même année, le 15 décembre 1836, un incendie ravage les maquettes et les archives (environ 10 000 brevets sont détruits). Une somme importante est votée pour reconstituer autant que faire se peut les uns et les autres. Pendant la guerre de Sécession, le siège du Patent Office héberge quelque temps des soldats de l'Union qui ne laissent pas les lieux intacts. Puis, Washington se trouvant sur la ligne de front, le même édifice sert d'hôpital. Il est à noter que les confédérés (sudistes) ont eux aussi un Patent Office qui délivre 266 brevets en quatre ans (contre 16051 pour l'Office de Washington[13]). Puis tout rentre dans l'ordre et, en quelques années, l'Office des brevets américain devient (ou redevient) un haut lieu touristique de Washington : on y dénombre en effet plus de 100 000 maquettes exposées dans les années 1870. En 1880, la réalisation de la maquette n'est plus exigée. En 1925, l'Office des brevets passe sous la tutelle du ministère du Commerce.

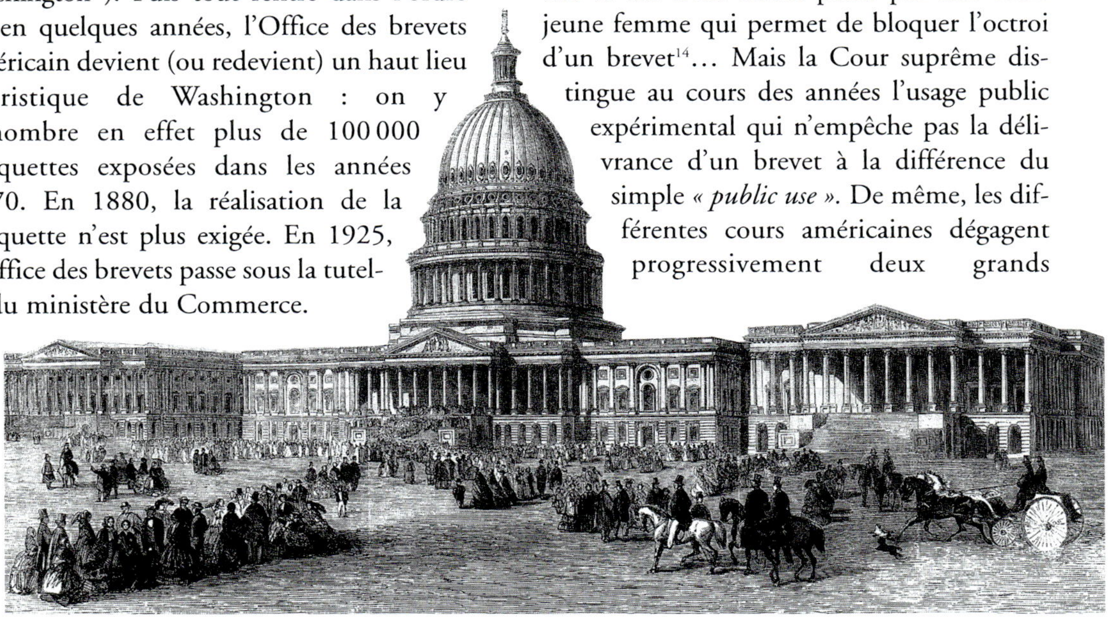

Washington en 1864.

Le brevet redécouvert

Le brevet américain n'a guère changé depuis la loi de 1836. Si la durée initiale du brevet avait été portée à 14 ans, prolongeable à 21 ans, en 1861, un compromis fixe à 17 ans la durée légale, soit en quelque sorte deux fois et demie un apprentissage. Il comporte quatre phases décisives : des « spécifications » ; des dessins si nécessaire ; un serment, une procuration et une pétition ; le paiement des taxes. Les spécifications comportent quelques points essentiels comme des descriptions exactes et surtout les revendications (*claims*) qui soulignent les caractéristiques précises revendiquées comme une invention. L'obtention d'un brevet est liée au fait que l'invention ne doit pas avoir été en usage public ou en vente tout au plus un an avant la date d'application du brevet. Ce règlement n'a pas empêché de nombreux procès. On cite le cas d'un corset porté par une seule jeune femme qui permet de bloquer l'octroi d'un brevet[14]... Mais la Cour suprême distingue au cours des années l'usage public expérimental qui n'empêche pas la délivrance d'un brevet à la différence du simple *« public use »*. De même, les différentes cours américaines dégagent progressivement deux grands concepts définissant l'invention : l'un est subjectif, *« flash of inventive genius »,* l'autre est objectif (l'invention elle-même). Dès 1850, la Cour suprême (Hotchkiss v. Greenwood) distingue le travail d'un habile mécanicien (*« skilful mechanic »*) de celui d'un inventeur. En 1941 (Cuno Case) et 1942, les juges vont plus loin en réaffirmant que l'invention n'est pas le résultat de « l'inévitable progrès d'une industrie à travers essais et erreurs » ou « de l'exercice d'une recherche constante et intelligente d'améliorations ». L'invention n'est pas l'expérience « *step by step* » : l'homme qui trouve l'aiguille ne montre pas plus de « génie » que ceux qui fouillent la botte de foin (1944)[15]. L'année suivante, la Cour suprême revient un peu sur les positions précédemment avancées.

La prise de conscience que les brevets sont une arme stratégique est relativement récente au États-Unis. Pendant une grande partie du XXe siècle, la propriété industrielle n'a joué qu'un rôle minime auprès des entreprises. « Les brevets n'étaient utilisés pour la plus grande part d'entre eux que défensivement. Peu de compagnies – en dehors des secteurs pharmaceutiques, biotechnologiques ou de quelques autres – pensaient les brevets comme atouts stratégiques[16]. » Toute une série de facteurs (économiques, légaux, technologiques) changent la donne dans les années 1980. En 1982 est créé par le Congrès la « Court of Appeals of the Federal Circuit » (CAFC) avec douze juristes spécialisés dans le domaine de la législation des brevets. La CACF est compétente pour la plupart des questions portant sur les brevets. Cette nouvelle institution apporte d'une part une plus grande uniformité (largement nécessaire) dans le domaine de la doctrine et renforce surtout les droits des déposants de brevets et les brevets eux-mêmes. En 1986, un article de la revue *Fortune* sous le titre *The Surprising New Power of Patents* écrit : « Grâce surtout à la nouvelle cour d'appel, les propriétaires de brevets sortent plus souvent vainqueurs face aux contrevenants. Les pénalités ont conduit certains de ces derniers près de la banqueroute. Les compagnies en possession de brevets partent à l'offensive ; les contrevenants feraient mieux d'y penser à deux fois[17]. » Depuis la création de la CAFC, la jurisprudence dans le domaine de la défense des brevets s'est exactement inversée par rapport à la période précédant la création de la nouvelle cour. Avant 1982, les trois quarts des décisions juridiques rejetaient les arguments des possesseurs de brevets qui se défendaient face à des infractions ; aujourd'hui, les tribunaux, à près de 75 %, donnent raison aux défendeurs et sanctionnent beaucoup plus lourdement les contrevenants. Le « Bayh-Dole Act » joue dans le même sens : il permet aux agences fédérales pour la première fois de délivrer des brevets à des centres de recherche fédéraux ou des organismes sans but lucratif. La Cour suprême abandonne en parallèle ses préventions contre les brevets vus comme contraires à la concurrence et en fait peu ou prou des moteurs de l'innovation. Enfin, les lois antitrust se font moins sévères envers les *joint ventures* spécialisées dans les nouvelles technologies. Ce changement de paysage permet aux entreprises américaines de (re)découvrir l'intérêt des brevets, en particulier dans la haute technologie. D'où des offensives de grande ampleur, tant conceptuelles (par exemple en faveur de la brevetabilité des *business methods*) qu'industrielles, comme on le verra plus loin, particulièrement dans les domaines informatiques et biotechnologiques. Toujours est-il que depuis le début des années 1980, la situation a changé du tout au tout, ne serait-ce que par les quantités de brevets en jeu. Les États-Unis déposaient de 40 000 à 60 000 brevets jusqu'au milieu des années 1980 ; trois fois plus aujourd'hui, signe d'une réelle vigueur industrielle, d'une volonté d'hégémonie et de nouvelles stratégies d'entreprises.

Il est possible de laisser le dernier mot à l'un des plus mythiques présidents américains, lui-même breveté pour un système destiné à désensabler les bateaux (déposé le 22 mai 1849), Abraham Lincoln. Il est l'auteur d'une formule lapidaire qui résume assez bien la confiance des États-Unis dans leur législation sur les brevets : « The Patent system added the fuel of interest to the fire of genius. » Cette phrase célèbre, prononcée à Springfield peu de temps avant sa nomination à la présidence, est depuis lors inscrite à l'entrée ouest du bâtiment du Patent Office de Washington. La croyance dans le progrès, dans la Young America, dans l'invention contre la routine n'ont cessé d'être le credo des États-Unis depuis l'origine.

Allemagne et Japon, les puissances industrielles montantes de la fin du XIXe siècle

Les deux nouvelles puissances de la fin du XIXe siècle, le Reich allemand et le Japon de l'ère Meiji (avec les États-Unis bien entendu), méritent de poser la question : leur succès est-il porté par une législation sur les brevets innovante et performante?

L'excellence du brevet prussien et allemand

L'influence du modèle allemand de brevets s'étend sur les Pays-Bas, les pays scandinaves et dans une certaine mesure la Suisse et le Japon. Les différentes entités qui précèdent l'unité allemande se dotent d'une législation sur les brevets dans la première moitié du XIXe siècle : la Prusse dès 1815, puis la Bavière en 1825, le Wurtemberg en 1836... Cette progression est accompagnée et amplifiée par l'unité économique qui précède l'unité politique. Entre 1816 et 1823, la création d'un *Zollverein* prussien donne naissance à une union douanière qui supprime les frontières intérieures et incorpore à l'espace économique prussien les petites principautés enclavées dans le royaume de Prusse. Puis, entre 1828 et 1833, c'est la formation d'un *Zollverein* allemand qui est conclu par des traités entre la Prusse et d'autres États : Hesse-Darmstadt, Hesse-Cassel, Wurtemberg, Bavière, Saxe, un peu plus tard Nassau, Bade et Francfort. Le 1er janvier 1834 commence à fonctionner un marché commun de 25 millions d'hommes, à l'intérieur duquel les marchandises circulent librement, et qui bénéficie, à l'égard des pays étrangers, d'une protection douanière unique. En 1842, un approfondissement de l'union douanière s'étend à la question des brevets ce qui permet d'étendre cette législation aux régions qui n'en avaient pas encore. On sait que l'Empire allemand est proclamé à la suite de la guerre franco-prussienne de 1870-1871. La loi nouvelle sur les brevets prenant en compte l'ensemble du nouvel Empire date du 1er juillet 1877. Elle est précédée d'une enquête ministérielle. En effet, une commission de trente-deux membres représentant les diverses industries, la science économique, la jurisprudence et l'administration, siège en août et septembre 1876. Elle conclut à la nécessité de la protection des inventions; elle exclut du domaine brevetable les objets ou procédés contraires aux lois ou aux bonnes mœurs, les poisons, les substances explosibles, les remèdes secrets, les simples modifications de forme. Le breveté s'il possède le droit exclusif d'exploiter et de commercer « doit être tenu, moyennant indemnité, de laisser exploiter son invention par d'autres industriels sérieux[18] », alors que ce refus paraît contraire à l'ordre public. C'est un des points les plus innovants de la règle allemande des brevets, connue sous le nom de « licence obligatoire ». Anglais (1872) et Suisses (1877) pensent un moment intégrer cette disposition dans leur appareil légal. En fait, les Allemands, tardivement arrivés sur la scène des brevets, tirent les conclusions des expériences des autres grandes nations.

Le brevets d'invention allemands sont délivrés pour une durée de quinze ans portée plus tard à dix-huit ans. Ils sont soumis à examen préalable (avec la possibilité d'appel dans un délai de huit semaines) tant d'un point de vue de la régularité de la demande que de la brevetabilité de l'invention. Pour être brevetable, l'invention doit être nouvelle et susceptible d'exploitation industrielle. La demande de brevet est accompagnée d'une description et d'une revendication en allemand avec les dessins nécessaires. Le brevet est frappé de déchéance en cas de non-exploitation après trois années. De même, le brevet peut être « exproprié pour cause d'utilité publique » lorsqu'il s'agit d'inventions utiles à l'armée. Enfin, on doit aux Allemands une notion nouvelle, celle de « hauteur inventive » *(Erfindungshöhe)* qui écarte du brevet des inventions insuffisamment distinctes des techniques du moment.

Assez rapidement, les Allemands acquièrent une grande réputation en Europe quant à la qualité de leurs brevets : être accepté en Allemagne devient un gage de succès en Europe. Le Patentamt (Office national des brevets) opère en effet une recherche d'antériorité non seulement parmi les brevets allemands mais aussi parmi les pays étrangers et dans une littérature technique variée. C'est une sorte de label de qualité universellement reconnu qui permet d'ouvrir les portes de la plupart des nations industrialisées. Le Patentamt joue également un rôle judiciaire car il sert de cour d'appel pour les actions introduites devant les cours d'appel régionales au nombre de six. L'Office allemand

Berlin, la Maison des brevets.

des brevets, logé « dans un bâtiment édifié en 1905, était situé Gitschinerstrasse, dans le quartier de Kreuzberg. Il abrite avant la guerre 1 700 employés, dont 500 examinateurs. Le budget de l'office est non seulement autonome, mais dégage même un excédent, les taxes payées par les demandeurs couvrant largement les frais de fonctionnement[19] ».

mands. Pour elle « le brevet d'invention a été en Allemagne à la fois un titre qui protège et définit les droits du chercheur, le moteur et la condition du progrès technique mis au service d'une politique d'agression[20] ». Il existe par ailleurs depuis juin 1947 un Institut international des brevets (accords de La Haye) qui regroupe initialement le

Leipzig, fabrique de machines vers 1905.

L'Allemagne retrouve son rang

Pendant la seconde guerre mondiale, 50 000 brevets sont déposés annuellement. Le 8 mai 1945, 180 000 demandes sont en instance. Le Patentamt installé à Berlin ferme au début de 1945. Anglais et Américains sont favorables à la réouverture aussi tôt que possible de l'Office allemand des brevets. La France au contraire marque une nette hostilité à la réapparition des organismes centraux alle-

Benelux et la France. Sa première fonction est la recherche de nouveauté. En conséquence, plutôt que de voir renaître le Patentamt, Paris verrait bien l'Office international de La Haye être seul habilité à pratiquer l'examen préalable. Mais la manœuvre échoue. La France doit céder devant la position ferme des Anglo-Saxons. Un des premiers actes législatifs du gouvernement de Bonn sera donc de transformer les ordonnances en lois fédérales, avec en premier lieu la constitution d'un appareil légal sur la propriété industrielle. Le Patentamt est alors établi et ouvre dans le Deutsches Museum de Munich le 1er octobre 1949. En fait, aucun examen préalable ne peut être effectué jusqu'en 1952. Les événements se régularisent par la suite : la République fédérale allemande (RFA) est invitée à participer au bureau de La Haye en novembre 1949. Il reste cependant aux Allemands à reconstituer les effectifs du Patentamt qui ont diminué de moitié. Les principes de rigueur, même en l'absence d'examen préalable, sont toujours appliqués puisque la première année 130 000 demandes sont examinées mais seulement 2 383 brevets délivrés. Mais la jeune république fédérale ne peut renoncer longtemps « au plus beau fleuron de son droit de propriété industrielle » : dès décembre 1951 le Bundestag vote le rétablissement de l'examen préalable pour le 1er janvier 1952. Dès lors, le système allemand retrouve sa place et n'est pas sans influence sur la création du brevet européen.

Dernier arrivé mais bon élève, le Japon

Inquiet du sort de la Chine, démembrée progressivement par les appétits des puissances occidentales (Break-up of China), le Japon des années 1860 essaie de se doter de structures modernes pour rivaliser au moins avec les techniques des Européens et des Américains. Cette période d'intense modernisation du pays est nommée selon le nom du nouvel empereur, l'ère Meiji. L'appel à l'inventivité n'était rien moins qu'évident puisque pendant la période féodale, le shogunat Tokugawa décourageait les efforts inventifs en interdisant la construction et la vente de nouveaux produits. Une ordonnance appelée Shinkihatto en 1721 interdisait toute innovation. La première loi sur les brevets est donc promulguée en 1871 par le nouveau gouvernement. Cette loi comprend 19 articles, donne priorité au premier inventeur et s'appuie sur un examen préalable (elle s'inspire donc de l'exemple américain). Toutefois, la population nippone ne comprend guère ce nouveau système et la loi est assez vite suspendue. Korekiyo Takahashi[21] dans ses mémoires se souvient des frais de traduction nécessaires pour la recherche de priorité et surtout du peu d'enthousiasme de la population pour le sujet. La seule invention dont on parlait était celle du pousse-pousse... La disparition de la première loi sur les brevets ouvrit le chemin de la contrefaçon ou le retour du secret commercial et industriel. On cite l'exemple d'une machine à filer, complètement japonaise, inventée par T. Fusekumo en 1875, copiée lors d'une exposition et qui ne profita jamais à son inventeur. L'invention d'un tapis de paille par Isozaki avait permis l'exportation vers l'Europe de ce produit. L'industriel japonais qui se méfiait des imitations ne donna son autorisation qu'à des membres de sa famille ou des sourds-muets tandis que la fabrication était circonscrite à une seule préfecture, plus exactement à une prison locale de ladite préfecture.

Une deuxième loi intervint le 18 avril 1885. Cette date est devenue le « jour de l'Invention » (Hatsumei No Hi) au Japon. Cette deuxième mouture s'inspire très directement des lois américaines et françaises. Le ministère de tutelle est celui de l'agriculture et du commerce ; les médicaments sont exclus. Certes, comme aux États-Unis, l'invention va au *first inventor* mais les Japonais reprennent de nombreuses idées de la loi française de 1844 : brevet d'addition, durée de quinze ans maximum, suppression du brevet s'il n'est pas mis en exploitation deux ans après le dépôt ou s'il y a importation de produits couverts par le brevet depuis un pays étranger. Une anecdote est significative. Début 1886, le gouvernement japonais envoie aux États-Unis Korekiyo Takahashi pour étudier le Bureau américain des brevets. Le Japonais est reçu partout et on répond à toutes ses demandes. Un des membres du Patent Office finit par lui demander pourquoi les Japonais veulent avoir leur bureau des brevets. Takahashi répond que c'est l'arrivée du Commodore Perry[22] qui a précipité son pays dans la modernité et que, depuis lors, les Japonais veulent devenir une grande puissance. Ils cherchent donc des modèles. Leur enquête s'est arrêtée sur l'exemple des États-Unis qui ont à peine un siècle : « Qu'est-ce qui fait des États-Unis une grande nation ? Nous avons enquêté et nous avons trouvé que c'étaient les brevets, et nous aurons des brevets[23]. » Le premier brevet japonais est délivré à Z. Hotta pour une peinture antirouille. En un an 425 enregistrements et 99 délivrances inaugurent l'arrivée du Japon sur la scène de l'invention. Toutefois, les ordonnances suivantes restent marquées par une grande méfiance vis-à-vis des étrangers qui n'ont pas de droits reconnus et ne peuvent faire appel.

Des accords bilatéraux, comme celui de 1896 avec l'Allemagne, rapprochent progressivement les points de vue. Finalement, la loi de 1899, sous la pression extérieure, ouvre le brevet japonais aux étrangers ce qui permet au pays du Soleil Levant d'adhérer à l'Union de Paris. Entre 1896 et 1902, 866 brevets étrangers sont enregistrés au Japon, pour plus de la moitié venant des États-Unis suivis de loin par la Grande-Bretagne, l'Allemagne et la France (sur une année, les brevets étrangers ne représentent que 10 % du total des brevets enregistrés au Japon). Le système japonais ne suit plus après la Première Guerre mondiale l'exemple américain (qui s'avère avoir finalement peu d'influence internationale) pour s'inspirer explicitement du modèle allemand : en 1920, les Japonais abandonnent le système de la date d'invention pour ne prendre en compte que la date de dépôt. En 1959 (révision de 1970) Tokyo introduit des réformes qui permettent la conformité du brevet japonais avec les caractéristiques des accords internationaux. C'est aussi en 1959 que le Japon définit l'invention (« création hautement avancée d'idées techniques utilisant des lois naturelles »). Le Japon joue désormais un rôle de premier plan dans l'examen préliminaire international. On sait que le nombre de brevets déposés par le Japon a connu une croissance spectaculaire due en partie à un système d'encouragement global à l'innovation : « un rapport de l'OCDE établi en 1967 a rendu un bel hommage à l'effort de modernisation technique accompli par le nouveau Japon. “Il y a vingt ans, la technologie japonaise ne se comparait à celle des autres pays de l'OCDE que dans un petit nombre de secteurs de la production mais elle a atteint actuellement le même niveau dans la plupart des cas et l'a même dépassé[24].” » Les balances de brevets, lourdement déficitaires pour le Japon jusque dans les années 1960, se sont inversées durablement.

Les brevets japonais sont de quinze ans avec examen préalable, publication des spécifications. Il s'agit d'un système de priorité au dépôt (*first-to-file system*). Une invention n'est pas brevetable (article 29 de la loi japonaise sur les brevets) si elle est connue au Japon ; si elle est publiquement exploitée ;

si elle est décrite dans une publication ; si elle peut être aisément reproduite par un homme de l'art. Les trois critères retenus pour l'invention sont donc la nouveauté, la qualité technique et la facilité de reproduction. En conséquence, « eu égard aux conditions de brevetabilité, les systèmes de brevet allemands et néerlandais [principe de l'examen différé] sont analogues à ceux du Japon[25] ». La nouveauté, la démarche inventive et le progrès technique s'y retrouvent sous la forme de l'idée conceptuelle, la démonstration d'un progrès technique et la hauteur inventive (que l'on rencontre au Japon avec la notion de *easily made* et aux États-Unis avec l'*unobviousness*).

Chemin de fer à Yokohama, estampe japonaise du XIXe siècle.

Depuis l'origine, le système japonais de brevets vise à l'apprentissage des innovations industrielles. L'examen de la validité du brevet s'avère long et son obtention peut être finalement de peu d'utilité pour le breveté dans le mesure où l'industrie a tout le temps de s'inspirer des textes publiés sans tomber sous l'accusation de contrefaçon. L'industrie japonaise utilise le système de brevet surtout dans un sens défensif : « l'idée n'est pas d'obtenir une large protection pour une innovation et de stopper les autres, mais plutôt de couvrir un cas spécifique afin de pouvoir continuer à pratiquer par eux-mêmes les inventions[26] ». En général, les industries japonaises engagent rarement des poursuites entre elles. Chacune se reconnaît dans sa technologie et évite d'utiliser celle des autres, au pire de la modifier. Ce n'est donc pas l'exclusivité qui est recherchée, mais plutôt de préciser ce que fait une industrie et d'encourager les autres à aller plus loin. Les liens très forts entre le gouvernement et l'industrie expliquent les différences avec un pays comme les États-Unis : dans ce dernier, les droits du citoyen (inventeur ou licencié) sont primordiaux ; au Japon, gouvernement et industrie soutiennent de concert le développement industriel. Souvent, les Européens et les Américains dénoncent une attitude discriminatoire de la loi japonaise. En fait, elle s'inscrit dans une tradition où l'individuel et le collectif n'ont pas le même poids. L'invention est une priorité matérialisée par le prestige du Hatsumei Kyokai (Institut japonais pour l'invention et l'innovation[27]).

Les pays communistes

Le tour d'horizon non exhaustif que nous nous proposons (les pays dits du tiers monde mériteraient à eux seuls un examen approfondi) ne peut se passer de l'histoire des régimes communistes, à commencer par le premier d'entre eux, à savoir l'URSS.

Lénine au bord de la Néva par Deviatov.

Une autre philosophie

La Russie impériale connaît, dans le domaine des inventions, un régime de privilèges à l'instar de ce qui existe dans la plupart des pays européens. Reste que peu de privilèges ont été accordés (toutes les demandes entre 1797 et 1811 sont même rejetées). La première loi sur les brevets date en fait de juin 1812 : « mais, peu au courant de l'état des choses de l'industrie, la Russie fixa une taxe élevée, payée en une seule fois, n'accorda qu'une durée qui ne pouvait passer dix ans et décida qu'il y aurait un examen préalable antérieur à la délivrance des brevets qui pouvaient être accordés même à un importateur[28] ». La loi de 1812 couvre pratiquement tout le XIXe siècle, moyennant quelques amendements. Celui du 30 mars 1870 qui transfère du Conseil d'État au ministre des Finances la délivrance des brevets amorce dans ce pays autocratique le passage vers un système éloigné des privilèges impériaux. En 1896, une loi plus complète prend la place de la première et traverse telle quelle la Première Guerre mondiale et la chute du tsarisme. En 1919, le nouveau régime confisque ou nationalise tous les brevets. Lors de la période de relative libéralisation (la Nouvelle économie politique ou NEP), en 1924, une législation voit enfin le jour. Elle s'inspire très largement du modèle allemand. Ce n'est qu'en 1931 qu'apparaît la caractéristique particulière de la législation soviétique des brevets, à savoir les certificats d'auteur. Deux lois essentielles sont apparues en 1941 (loi sur les inventions et les améliorations techniques, 5 mars) et 1942 (instruction du Conseil des commissaires du peuple du 27 novembre), puis une autre en 1959. Mais, depuis 1931, les transformations législatives ne touchent que des points secondaires par rapport au système dual brevet/certificat d'auteur.

Pour rattraper au plus vite son retard sur les nations occidentales, l'Union soviétique étend « le bénéfice des avantages traditionnellement réservés aux seuls inventeurs, aux auteurs de découvertes scientifiques et de perfectionnements techniques non brevetables[29] ». Les auteurs de découvertes reçoivent un diplôme ou des avantages pécuniaires qui s'avèrent une forme de reconnaissance collective de leurs mérites puisque la propriété individuelle de leur invention ne peut être reconnue selon les critères de base du régime marxiste. De son côté, la loi soviétique reconnaît trois catégories brevetables :
– l'invention (*izobretenie*) définie comme une nouvelle solution d'un problème technique ;
– une amélioration technique réalisée par des moyens déjà connus de la science ou de la technologie ;
– une proposition de rationalisation (*ratsionalizatorskoe predlozhenie*) qui ne demande ni nouveaux matériaux ni nouvel équipement. Cette « suggestion » peut être applicable à la production ou à l'organisation et à l'administration. L'invention ou l'amélioration doivent être nouvelles et utiles sur le plan industriel.

Brevet et certificat d'auteur

Deux sortes de brevets coexistent : le brevet à proprement dit et le « certificat d'auteur » (*avtorskoie svidetels'va*). Ce dernier peut être délivré à l'auteur de l'invention ou ses héritiers mais le droit d'exploiter se limite à l'État. Il peut transférer les droits à une agence ou à un ministère, moyennant indemnisation de l'inventeur, si l'intérêt de l'invention est très important. On ne peut dire en réalité que le certificat d'auteur soit une protection de l'invention, sauf en ce qui concerne les avantages matériels et honorifiques procurés à l'inventeur. En théorie, le citoyen soviétique a le choix entre le brevet et le certificat d'auteur mais en réalité la seconde solution est la seule encouragée (par exemple, il n'y a pas de taxes à payer dans le cas des certificats, des charges très lourdes au contraire dans le cas du brevet). Le nombre de brevets reste faible par rapport au nombre de certificats : il était de l'ordre de la dizaine à la fin des années 1950 mais en croissance régulière (109 en 1959). La très grande majorité est obtenue par des étrangers. À l'inverse, ces derniers ne possèdent que très peu de certificats d'auteur.

Les composés chimiques, les médicaments, la nourriture sont écartés du domaine brevetable. Les citoyens soviétiques et les étrangers peuvent demander brevets et certificats d'auteur tandis que les institutions et les entreprises ne peuvent postuler que pour les seconds. Le citoyen soviétique qui désire déposer un brevet ou un certificat doit obtenir l'autorisation du Conseil des ministres. Les organes dirigeants du système soviétique acceptent les brevets après l'avis de l'Office des brevets soviétiques qui dépend du Comité des inventions et découvertes du Conseil des ministres de l'URSS. Cet Office comportait environ 300 personnes au début des années 1960, dont la moitié étaient des ingénieurs-examinateurs. Environ 800 experts à temps partiel peuvent être ajoutés à ce premier effectif[30]. La publication a lieu depuis 1937 dans un bulletin *ad hoc.* Le brevet est ordinairement de quinze ans (dans les années 1960). Il est à noter que la classification des inventions en URSS ressemble de près à son équivalent allemand[31].

Les statistiques des inventions brevetées en URSS après la Seconde Guerre mondiale ne sont guère faciles à contrôler. Il semble qu'au milieu des années 1950, le total varie entre 2500 et 5000 brevets ou certificats d'auteur annuels, ce qui représente une croissance importante due en partie à la simplification administrative des dépôts. Toutefois, il est resté longtemps difficile de connaître à l'étranger la littérature spécialisée dans le domaine des brevets soviétiques : peu d'exemplaires parviennent en Occident et les spécifications sont rarement complètes. Quelques résumés d'inventions soviétiques apparaissent dans les années 1920 et 1930 dans des revues comme *Chemical Abstracts,* souvent de façon lacunaire. Dans les années 1950, même le volumineux journal soviétique qui publie les « abstracts » ne donne aucun renseignement sur les brevets soviétiques. Le système soviétique n'a pas été copié universellement dans la sphère d'influence de Moscou. Certes, on y rencontre souvent le certificat d'auteur mais les traditions nationales sont restées assez vivantes pour entraîner des lectures différentes de celles du « grand frère ».

Certificat provisoire pour la construction du premier navire aérien, Russie, XIXe siècle.

Le tour d'horizon effectué ne peut être complet. On remarque cependant que les grandes nations industrielles ont choisi des solutions différentes et non uniformes dans le temps. Le *first and true inventor* n'est pas devenu une règle universelle. Le certificat d'auteur est resté l'apanage d'un système qui ne pouvait reconnaître les intérêts individuels. Même l'examen préalable ne peut paraître une solution pour tous. En effet, avec l'évolution des techniques, le temps d'examen s'allonge au-delà quelquefois de la durée d'exploitation prévisible, plus courte aujourd'hui du fait du renouvellement incessant des découvertes. Les critères de brevetabilité, les jurisprudences nationales ont dessiné une palette très variée de la réception des inventions. En conséquence, dans un monde plus ouvert, la tâche des particuliers et des entreprises pouvait devenir, sans volonté politique de changer cet état des choses, extrêmement difficile dès qu'il était question de déposer un brevet hors des frontières.

1. Francis Bacon, lord Verulam, 1561-1626, homme politique et philosophe anglais. Il fit de la promotion des sciences une des bases de sa réflexion philosophique. Cité dans le *Journal of Patent and Trademark Office Society* (*JPOS* puis *JPTOS*), 1990.
2. Article « Droit anglais », *Encyclopaedia Universalis*, tome I, p. 1064, 1972.
3. Robert Signore, « Bicentenaire de la loi américaine sur les brevets », Paris, Brevatome, 1990 (article paru dans *Échanges ASPI*, n° 42, 1990).
4. « Where any man, by his own charge or industry, or by his own wit or invention, does bring any new trade into the realm, or any engine tending to the furthermore of a trade that was never used before, and that for the good of the realm, in such cases the King may grant to him, until the subjects may learn the same, in consideration of the good that he does bring to the commonwealth ; otherwise not », cité par W.C. Doge, « The origin, nature and effects of the patents », *Proceedings of the Congress Celebration of the Beginning of the Second Century of the American Patent System*, avril 1881, Commemoration edition, Clark Boardman Company Ltd, New York, 1990, p. 473 *et sq.*
5. Voir Klaus Boehm, *The British Patent System*, Cambridge University Press, 1967, p. 17 *et sq.*
6. John L. Blake, « The British Patent System », *JPOS*, avril 1938, p. 337 *et sq.*
7. Liliane Hilaire-Pérez, *L'Invention technique au siècle des Lumières*, Paris, Albin Michel, 2000, p. 83.
8. Cet office disparaît finalement en 1852 : à l'origine, il s'agissait du responsable de la cire à cacheter les sceaux royaux.
9. Yves Plasseraud et François Savignon, *Paris 1883. Genèse du droit unioniste des brevets*, Paris, Litec, 1980, p. 32.
10. C. Michael White, « Why a seventeen year patent? », *JPOS*, décembre 1956, p. 842.
11. P. J. Federico, « Operation of the Patent Act of 1790 », *JPTOS*, mai 1990, p. 377 (reprise d'un article du même mensuel d'avril 1936).
12. David W. Maxey, « Inventing History : the Holder of the First US Patent », *JPOS*, mars 1998, p. 155 *et sq.*
13. Kenneth W. Dobyns, *The Patent Office Pony. A History of the Early Patent Office*, Fredericksburg (Virginie), Sergeant Kirkland's Museum and Historical Society, 1997, p. 170.

14. Joshua J. Ward, « The United States Patent System », *JPOS*, novembre 1953, p. 816.
15. Floyd L. Vaughan, « Important differences in US and UK Patent Systems », *JPOS*, novembre 1951, p. 781.
16. Kevin G. Rivette, David Kline, *Rembrandts in the attic. Unlocking the hidden value of Patents,* Harvard Business School Press, Boston (Massachusetts, USA), 2000, p. 43.
17. Nancy Perry, *Fortune,* 23 juin 1986, cité par Ronald D. Hantman, *Patent infringement, Journal of Patent and Trademark Office Society,* mai 1990, p. 514-515.
18. E.-O. Lami, *Dictionnaire encyclopédique et biographique de l'industrie et des arts industriels,* Paris, Librairie des dictionnaires, 1883, p. 946, article « Brevet ».
19. M. F. Ludmann-Obier, « Le problème de la propriété industrielle en Allemagne après la Deuxième Guerre mondiale », *Revue d'Allemagne,* janvier-mars 1991, p. 42-43.
20. S. Lefèvre, *Les relations économiques franco-allemandes de 1945 à 1955,* Paris, CHEFF, p. 181 (citation de 1948).
21. Il s'agit du futur premier directeur de l'Office des brevets du Japon : voir Teruo Doi, *The Intellectual Property law in Japan,* Sijthoff and Noordhoff, Pays-Bas et États-Unis, 1980, p. 3.
22. Le Commodore Perry en 1853 et 1854 obtint le premier des traités entre les États-Unis et le Japon.
23. Kenneth W. Dobyns, *The Patent Office Pony, op. cit.,* p. 198-199. Takahashi fut également Premier ministre en 1921 puis a été assassiné en 1936 par un groupe de jeunes officiers.
24. Robert Guillain, *Japon troisième grand,* Paris, Seuil, 1969, p. 127-128.
25. M. Sharp, « Japanese Patent Practice and the Impact thereof upon American Commerce », *JPOS*, novembre 1973, p. 727.
26. S. Helfgott, « Cultural differences between US and Japanese Patent systems », *JPTOS,* mars 1990, p. 235.
27. Y. Plasseraud, F. Savignon, *L'État et l'invention, histoire des brevets,* Paris, La Documentation française, 1986, p. 105.
28. Lami, *op. cit.,* p. 945.
29. Plasseraud et Savignon, *op. cit.,* p. 108.
30. Chiffres tirés d'un article sur le système soviétique de brevets, *JPOS*, janvier 1961, p. 7 *et sq.*
31. M. Hoseh, « Patents of the USSR », *JPOS*, avril 1958, p. 244.

La Chambre de commerce extérieur à Paris, avenue de Friedland.

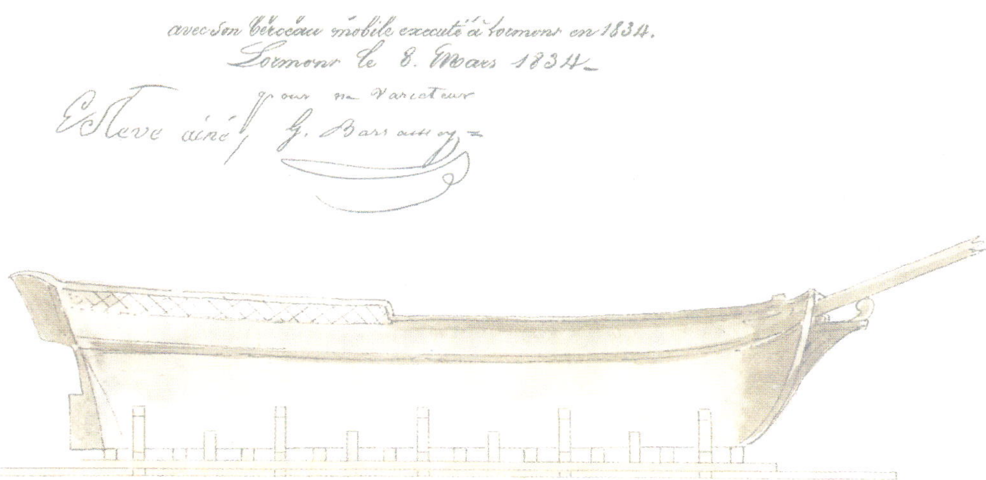

Certicat de demande d'un brevet d'invention, d'importation et de perfectionnement d'un traîneau propre à hâler les navires qui ont besoin de réparation, de messieurs Estève et Barrailley, le 31 juillet 1834.

Chapitre 3

Comment le brevet devint international

La vocation du droit de l'Inventeur est d'être international[1].

Si les législations sur les brevets sont marquées par l'histoire et les traditions culturelles de chaque pays, il apparaît à la fin du XIXe siècle, quand le monde s'ouvre de plus en plus et que la communication devient universelle, que des règlements internationaux, en tout cas les plus universels possible, doivent être envisagés. Unions et accords régionaux se succèdent en conséquence jusqu'à aujourd'hui dans le domaine de la propriété industrielle et intellectuelle en vue d'une plus grande efficacité et de la croissance des échanges. Ces objectifs doivent malgré tout dépasser les intérêts des différentes nations et s'adapter à l'évolution rapide des techniques : il s'agit donc d'une construction continue.

Frégate à voile et à roue, vers 1840. Lithographie de Le Breton.

De Vienne à Paris : harmoniser les législations existantes

Un monde qui s'ouvre

Les moyens de communication transforment et décloisonnent le XIXe siècle. Le chemin de fer, les transports interocéaniques et le télégraphe électrique abolissent les distances. Les idées vont plus vite, elles se brassent, se confrontent. En parallèle, le nombre de brevets déposés augmente très sensiblement à partir du milieu du XIXe siècle. Il n'est donc pas étonnant que l'idée d'exposition universelle apparaisse dans cette même période. Et il est tout aussi logique que les Anglais, nation la plus industriellement avancée, revendiquent et souhaitent diffuser une politique libérale. Certes, quelques-uns discutent de l'utilité des expositions universelles, mais les bons observateurs l'affirment bien haut : « Les expositions internationales ne sont à tout prendre que le libre-échange transporté dans le domaine de la création et de l'invention en matière d'art et d'industrie[2]. » Une prise de conscience générale se manifeste dans les années 1870, celle d'un monde de plus en plus concurrentiel, de plus en plus ouvert, comme l'écrit un auteur allemand en 1876 : « Il y a encore une génération (c'est-à-dire vers 1850), il était rare qu'un État industriel subisse à l'intérieur de ses propres frontières la concurrence d'un État voisin. Il eût semblé inouï, jusqu'à l'Exposition universelle de 1851, qu'un fabricant allemand produisît des outils pour le marché anglais ou des ouvrages en soie pour la vente en France. La protection du brevet était alors aussi limitée que le territoire de la branche d'industrie dans laquelle le brevet avait été délivré. [...] Tout cela est devenu complètement différent et absolument insupportable depuis que les barrières douanières se sont tellement affaissées, depuis que les distances qui séparaient les différents lieux de production se sont tellement raccourcies[3]. » La première Exposition universelle se tient donc à Londres en 1851. Elle donne lieu à la construction d'un bâtiment-manifeste, le Crystal Palace. La France de Napoléon III réplique un peu plus tard en 1855 à Paris. Si ces deux pays trustent les expositions[4], d'autres nations, progressivement, entrent dans le concert : l'Autriche-Hongrie (Vienne, 1873), les États-Unis (Philadelphie, 1876), les Pays-Bas (Amsterdam, 1883), etc. Parallèlement, l'époque est aux congrès internationaux pour unifier des domaines techniques en pleine mutation (l'Union postale universelle en 1874, le Bureau international des poids et mesures en 1875, les unités électriques à l'Exposition internationale d'électricité de Paris en 1881...).

L'exposition de Londres, 1851, le Crystal Palace. Gravure de Dickinson.

Pourtant, le débat entre l'ouverture des frontières et le protectionnisme n'est pas clos. De nombreux pays souhaitent se protéger par des barrières tarifaires, en particulier les puissances montantes comme les États-Unis ou l'Allemagne. Ces nations ne sont pas hostiles à un « protectionnisme éducateur », qui leur permettrait de rattraper les pays les plus avancés en protégeant leur industrie naissante. Le débat avec les libéraux bat son plein pendant une grande partie du XIXe siècle. La question de la protection de la propriété industrielle est au cœur de ces discussions. Après une phase de méfiance contre l'inventeur étranger, les différentes législations se montrent progressivement plus accueillantes. En 1836, aux États-Unis, seules les taxes sont plus importantes pour les étrangers ; en 1861, toute discrimination est supprimée (dans la mesure où les inventeurs américains ne sont pas soumis de leur côté à un régime d'exception). Il faut attendre 1877 pour que la Prusse (devenue Empire allemand) supprime l'obligation faite à un étranger de céder son invention à une personne « ayant droit de bourgeoisie ». L'Autriche et la France ont reconnu les droits des étrangers avant 1850. En fait, seul le Japon fait exception jusqu'à la fin du siècle. En définitive, avant les années 1870, plusieurs législations nationales ont réussi à « préserver les droits de l'inventeur qui a obtenu préalablement un brevet à l'étranger, quelle que soit sa nationalité, et même, selon les lois les plus libérales sur cette question, si la prise de brevet à l'étranger a entraîné la divulgation de l'invention[5] ». Le mouvement général sur la protection de la propriété industrielle s'avère favorable aux exportations de savoir-faire mais il subsiste de nombreuses questions pratiques à résoudre.

Ainsi, les risques d'espionnage et de copie illicite apparaissent comme une crainte majeure des industriels et des commerçants, en particulier dans le cadre des expositions universelles. En effet, dans « les industries de luxe et de goût, certains chefs de maisons – déjà renommés il est vrai et maintes fois récompensés – se tiennent à l'écart des expositions dans la crainte trop souvent justifiée de voir les modèles qu'ils ont créés aussitôt copiés et exploités par des rivaux peu scrupuleux[6] ». Au-delà de la seule sécurité, la multiplicité des juridictions, contradictoires et complexes, rend toute protection des brevets à l'étranger très délicate. Certes, la plupart des pays donnent aux étrangers la possibilité de déposer des brevets mais les conditions ultérieures rendent cette capacité souvent caduque (obligation d'exploiter, délais...). Un pays comme la France interdit au breveté étranger d'importer des produits étrangers qui seraient similaires aux produits couverts par le brevet. Ailleurs – et le cas est fréquent –, le brevet accordé hors des frontières doit respecter le sort du brevet national (durée de vie, déchéance réciproque...). De même, la publication de la demande du brevet d'origine par l'administration d'un État étranger peut être considérée comme un fait de divulgation destructeur de nouveauté (cas de la France, de l'Espagne, de la Suède, de l'Italie)[7]. Dans certains pays, cette publication ne supprime que l'aspect « nouveauté » du brevet. La Grande-Bretagne, à l'inverse, toujours en pointe dans le domaine du libéralisme, estime que cette divulgation n'a aucun effet. À la limite, du fait de la publication à l'étranger, un inventeur peut être dépouillé de son brevet par un tiers peu scrupuleux. Certes, dès la première Exposition universelle (Londres, 1851), le prince Albert évoque un congrès international pour unifier les législations. Une protection spécifique pendant la durée de l'Exposition protège les industriels mais elle reste une mesure d'exception. Quelques traités bilatéraux, les annexes aux accords commerciaux prennent en compte certains aspects de la propriété industrielle mais très peu concernent les brevets. Les seules exceptions demeurent un traité entre l'Autriche, la Hongrie et le Liechtenstein et un autre, conclu en 1881 entre l'Allemagne et l'Autriche.

La reine Victoria et son époux le prince Albert.

Vers l'Union de Paris (1883)

En 1873, c'est donc Vienne, capitale de l'empire d'Autriche-Hongrie, qui doit accueillir le monde de l'industrie et de l'art. Les Français, à peine sortis de leur défaite contre la Prusse – devenue l'Empire allemand –, ont une participation modeste. On remarque, à l'inverse et pour la première fois, une forte présence orientale, symbole de temps nouveaux. De nombreuses délégations étrangères, du fait d'une épidémie qui touche l'Europe centrale et orientale, ne peuvent malgré tout faire le déplacement. Dans le domaine de la propriété industrielle, plusieurs délégations, dont celle des États-Unis, expriment leurs craintes de voir leurs productions insuffisamment protégées par la législation autrichienne. Un article du *Scientific American* dès le 23 décembre 1871 précise que les exposants américains se sentent menacés par les contrefacteurs européens et qu'ils attendent des Autrichiens durant l'Exposition universelle des garanties à l'aune de ce qu'avaient fait auparavant les Français et les Anglais. Les industriels et commerçants d'outre-Atlantique soulignent par exemple que la législation autrichienne demande à ce que les inventions soient mises en activité depuis moins d'un an en Autriche, sous peine d'annulation. L'article du *Scientific American* conclut : « Cela équivalait presque à une prohibition d'exiger que les locomotives de Grande-Bretagne, les instruments télégraphiques des États-Unis ou les tissus imprimés français fussent fabriqués sur le sol autrichien dans l'année de la délivrance du brevet[8]. » Certains gouvernements dénoncent officiellement ces dangers et dissuadent leurs nationaux de se rendre sur les bords du Danube. Mais la virulence américaine se double du témoignage d'industriels d'outre-Atlantique sur la mauvaise protection faite aux États-Unis lors des dernières expositions universelles, pour ne pas parler d'une réelle mauvaise foi continentale... Une loi temporaire pourrait protéger les exposants pendant la durée de l'Exposition mais il devient clair qu'une solution de grande ampleur, par exemple un traité, doit être trouvée.

Pour tenter de résoudre ces questions récurrentes, quelques agents de brevets autrichiens et allemands prennent alors l'initiative de convoquer un congrès international sur la propriété industrielle. L'accueil est assez froid : la France par exemple refuse d'y participer. C'est l'obstination de Carl Pieper qui permet d'éviter l'échec. Il réussit à intéresser à son projet de grands noms de l'industrie – comme les Siemens – et de la jurisprudence internationale. Le congrès a finalement lieu, dirigé par William Siemens de Londres (il rappelle qu'il est parti pour l'Angleterre car ses inventions lui paraissaient mieux protégées dans ce pays), et réunit surtout des représentants germaniques, anglais, néerlandais et suédois. Il s'intéresse uniquement aux brevets et vote le principe : « La protection des inventeurs doit être garantie dans les législations de tous les pays civilisés. » Le congrès émet le vœu d'un accord international sur la protection industrielle et met sur pied un comité exécutif permanent chargé d'organiser les congrès ultérieurs. L'idée sous-jacente reste la nécessité d'un accord international pour désarmer les velléités antibrevets menées par les partisans les plus affirmés du libéralisme. Mais l'élan donné à Vienne est freiné par l'épidémie déjà évoquée, la crise économique internationale qui éclate à partir de 1873, l'absence à la table des négociations de grandes puissances économiques comme la France ou la Russie. Les choses auraient pu en rester là sans l'obstination de Carl Pieper, qui réussit à intéresser le gouvernement français, chargé de la prochaine exposition universelle, à la question de la protection internationale des brevets. C'est à Paris de prendre le relais de Vienne.

L'idée s'avère excellente. Un processus identique à celui de 1873 s'engage dans le cadre de la préparation de l'Exposition universelle de Paris de 1878. Le ministère du Commerce du pays d'accueil accepte d'organiser un congrès sur la propriété industrielle. Dix-huit pays sont représentés tant par leurs gouvernements que par les chambres de commerce et les grandes sociétés industrielles. Alors qu'à Vienne le modèle avec examen préalable semblait rassembler les suffrages, l'action des Français met en avant le droit naturel et l'absence d'examen préalable. La conception du domaine brevetable est assez large puisqu'elle englobe les produits pharmaceutiques et chimiques. Les Allemands pensent réussir de leur côté à imposer l'idée de licence obligatoire.

L'idée d'un accord international semble proche. En 1880, un texte de convention d'Union écrit par la section française du comité exécutif est finalement adopté. Certes, l'ambition affichée au début des années 1870 de mettre sur pied une loi universelle sur les brevets n'a pas abouti. Mais la convention apporte la possibilité à des législations différentes de coopérer pour le plus grand bien des inventeurs. Deux grands principes sont mis en avant : « l'assimilation de l'unioniste au national, le droit de priorité[9] ».

L'exposition universelle de Vienne, 1873.

L'un des plus ardents protagonistes de l'Union, le sénateur Bozérian (président du comité exécutif du Congrès sur la propriété industrielle), dira avec bonheur au cours d'une des séances de la conférence préparatoire de 1880 : « Nous écrivons la préface d'un livre qui va s'ouvrir et qui ne se fermera peut-être que dans de longues années[10]. » La convention est définitivement signée par onze pays[11] en 1883 et prend le nom d'Union de Paris. Seule la France fait partie des grandes puissances qui paraphent cet accord mais, dès l'année suivante, elle est rejointe par la Grande-Bretagne[12], en 1887 par les États-Unis, en 1899 par le Japon et en 1903 par l'Empire allemand (qui, à l'origine, n'avait pas souhaité modifier sa législation de 1877 après seulement six ans d'existence).

Destin d'une convention

Le texte adopté en 1883 comporte dix-huit articles et un protocole. Trois articles traitent spécifiquement des brevets. La convention de Paris en effet concerne l'ensemble de la propriété industrielle. Voici la définition proposée dans l'article 1 de cette convention : « La protection de la propriété industrielle a pour objet les brevets d'invention, les modèles d'utilité, les dessins ou modèles industriels, les marques de fabrique ou de commerce, les marques de service, le nom commercial et les indications de provenance ou appellations d'origine ainsi que la répression de la concurrence déloyale. » Un certain nombre de principes fondamentaux sont inaugurés par le texte de 1883. L'article 2 souligne ainsi la philosophie de l'accord : ce sont les règlements nationaux, et non la réciprocité, qui gouvernent les principes de l'Union de Paris[13], c'est-à-dire « le principe de l'assimilation de l'étranger au national en matière de droits et obligations dans les pays de l'Union[14] ». L'article 4 établit une période de priorité uniforme à partir d'un premier dépôt pendant lequel on peut faire des demandes dans les autres pays membres sans que les divulgations intervenues pendant cette période ruinent la nouveauté de l'invention. L'article en question est augmenté d'une précision peu claire limitant la priorité de dépôt en « réservant les droits des tiers », phrase qui n'est modifiée qu'en 1934 à Londres. Ces quelques mots sont pendant un demi-siècle la cause de nombreuses interprétations avant que ne soit décidée une priorité absolue. Cette période de priorité, à l'origine de six mois, est portée par la suite à douze mois. Enfin, le troisième principe essentiel qui découle des décisions de 1883 est celui des accords spéciaux (article 19 actuel) qui peuvent renforcer dans tel ou tel domaine la coopération internationale. Dans le protocole de clôture de 1883, les mots de propriété industrielle et de brevets sont définis, il est entendu que « l'usage des armoiries publiques et des décorations peut être considéré comme contraire à l'ordre public », que la langue officielle du bureau international sera le français[15] (article 6).

L'exposition universelle de Paris, 1878. Le Trocadéro.

La convention de Paris, faute d'une loi universelle, oblige malgré tout les états signataires à se doter d'institutions et de règles semblables, comme la création d'une administration spécialisée en matière de propriété industrielle, la suppression de la déchéance du brevet pour introduction d'objets brevetés fabriqués à l'étranger (article 32-3 de la loi française de 1844) ou l'introduction de la déchéance du brevet par défaut d'exploitation. Une fois la convention signée, un bureau est établi à Berne en Suisse. Les débuts de la convention de Paris sont malgré tout assez chaotiques du fait de l'absence des grandes puissances – en dehors de la France – et des attaques en règle des chambres de commerce. On accuse le texte de livrer « une économie française sans défense à la rapacité de ses ennemis et, en pleine crise économique mondiale, [de] sacrifie[r] le travail national[16] » (allusion à la suppression de l'article 32-3 de la loi de 1844). Les mêmes chambres font remarquer que la Suisse peut profiter de la protection internationale mais ne s'est pas elle-même dotée d'une législation nationale : « le bureau [de Berne] sera pour l'industrie suisse un véritable conservatoire de la contrefaçon ». Il est vrai que la position helvétique est originale, à la fois signataire de la convention de Paris mais ne possédant pas d'office des brevets... Malgré tout, seuls les petits états d'Amérique latine quittent la convention. Au bilan, l'Union de Paris naît dans un contexte paradoxal, « comme un succès de la diffusion internationale des techniques, obtenu en pleine période de reflux protectionniste[17] ».

La convention de Paris doit être réinterprétée après certains événements majeurs, comme la Première Guerre mondiale[18]. Le traité de Versailles comprend en effet une section spécifique sur la propriété industrielle. La situation est compliquée du fait que les pays signataires des différents traités n'ont pas tous adhéré aux conventions de Paris et de Berne (c'est le cas de l'Autriche pour la seconde) et que certains n'ont que des lois rudimentaires sur les brevets. La guerre a suspendu l'exécution des redevances habituelles pour les brevets, d'où un nouveau casse-tête concernant les dettes qui sont payables soit par un office de compensation, soit par des

Après la signature du Traité de Versailles, le 28 juin 1919.

accords bilatéraux. L'article 274 du traité de Versailles engage l'Allemagne à prendre toutes les mesures nécessaires en cas de concurrence déloyale. Les conventions de Paris et de Berne reprennent vigueur à partir de la signature du traité de paix (article 286). Le texte le plus sévère, qui ne laisse guère de latitude au vaincu, reste l'article 306 : « Il n'y aura lieu à aucune revendication ou action de la part de l'Allemagne ou des ressortissants allemands contre l'utilisation qui aurait été faite pendant la durée de la guerre, par le Gouvernement d'une puissance alliée ou associée ou par toute personne, pour le compte de ce gouvernement, de droits de propriété industrielle, littéraire ou artistique, ni contre la vente, la mise en vente ou l'emploi de produits, appareils, articles ou objets quelconques auxquels s'appliquaient ces droits. » Les Alliés peuvent de même limiter ou restreindre les droits de propriété industrielle allemands pour les besoins de la défense, l'intérêt du public ou dans le cadre du règlement des obligations envers les Alliés selon les stipulations du traité de Versailles. Des indemnités ou des redevances « raisonnables » (*sic*) peuvent malgré tout être versées aux Allemands. Une série de décrets français précisent en 1920 les modalités d'application des articles du traité de Versailles sur la propriété industrielle. On sait que, de cette façon, quelques inventions de premier ordre ont échappé aux Allemands.

Depuis sa création, la convention de Paris a été révisée six fois, la dernière modification étant intervenue à Stockholm en 1967. Les amendements sont allés dans le sens du renforcement des droits des inventeurs (comme l'indépendance des brevets, par exemple : le refus dans le pays d'origine n'entraîne pas l'annulation dans les autres pays où le brevet est demandé). Certains sujets ont entraîné de longues discussions : « L'obligation d'exploiter le brevet d'invention qui figure dans un grand nombre de législations internes, et qui apparaît comme une mesure de protection économique en faveur de l'industrie nationale, a constitué pendant longtemps la question cruciale des conférences de révision[19]. » Les États-Unis se sont vivement opposés à cette mesure, qui n'existe pas dans leur législation, tandis que les Anglais ont introduit ce cas de figure dès 1907. La France est passée du régime de la déchéance pure et simple (loi de 1844) à celle de la licence obligatoire (décret-loi du 30 septembre 1953). Cent soixante pays adhèrent à la convention de Paris en 2001 (l'URSS depuis 1965 et la Chine populaire depuis 1985). Certes, les années 1970 sont marquées par des difficultés importantes – en particulier les dénonciations du système en place par les pays dits en voie de développement, relayés par la CNUCED qui voit dans la convention de Paris un exemple de néocolonialisme –, mais, par rapport à la situation complexe de la fin du XIXe siècle, l'Union de Paris incarne des avancées non négligeables. Si elle ne va pas jusqu'à définir le domaine brevetable ou les limites de durée, si elle n'intervient pas en matière de licences obligatoires ou de jurisprudence en termes de contestation ou d'application de la loi[20], cette Union représente le pas primordial vers des accords globaux sur la question des brevets.

Nouvelles institutions

L'Organisation mondiale de la propriété intellectuelle : OMPI/WIPO

Même si la convention de Paris représente un indéniable progrès, tout candidat au dépôt de brevet doit toujours passer par les conditions légales propres à chaque pays, ce qui suppose des frais de traduction, des honoraires d'avocats et de conseillers en propriété intellectuelle – tout cela sans être sûr du succès de sa demande initiale vu la variabilité des délais de réponse selon les pays. Un

Siège de l'ONU à New York.

projet global continue de susciter des initiatives. Ainsi, après la Première Guerre mondiale, la France prend la tête d'une réunion destinée à jeter les bases d'un Bureau central des brevets[21]. Malgré la signature de onze pays, l'absence des grandes puissances du moment voue l'initiative à l'échec. Abandonner une législation nationale sur les brevets revenait à une forme de cession de la souveraineté : le pas restait difficile à franchir.

Le Bureau de l'Union de Paris et celui de Berne (1886 : convention de Berne pour la protection des œuvres artistiques et littéraires) se trouvent réunis sous une même direction à partir de 1888. En 1892, les deux entités prennent le nom de BIRPI (Bureaux internationaux réunis pour la protection de la propriété intellectuelle). Les deux bureaux gardent jusqu'aux années 1960 une présentation distincte dans leurs rapports. Mais, dès la création de l'ONU après la Seconde Guerre mondiale, le paysage institutionnel change. Puis l'accès à l'indépendance de nombreux états modifie en profondeur les perspectives internationales. Faut-il faire table rase des unions construites depuis la fin du siècle précédent ? L'absence d'une organisation internationale du commerce qui aurait dû absorber les entités préexistantes sauve les Unions de Paris et de Berne[22]. Toutefois, à l'instigation du Brésil, l'ONU se prononce pour la première fois en 1962 dans le domaine de la propriété intellectuelle. La pression des états nouveaux – qui donne naissance à la CNUCED, l'ONUDI – se fait aussi en direction de la propriété intellectuelle, perçue comme un moyen de rattraper l'écart important entre pays du Nord et pays du Sud. Les anciennes unions, qui, par définition, n'intégraient pas les changements géopolitiques de la décolonisation et de la montée du Tiers-Monde, nécessitent un *aggiornamento.* L'idée se dégage peu à peu de créer un organisme sous l'égide de l'ONU qui prendrait en charge les questions de propriété intellectuelle sans réduire à néant les constructions antérieures. D'ailleurs, l'Union internationale des télécommunications (fondée en 1865) et l'Union postale universelle (créée en 1874), précédant de peu l'Union de Paris, sont devenues respectivement en 1949 et 1948 des agences spécialisées de l'ONU. Le gouverne-

Siège de l'OMPI à Genève.

ment suédois se dit prêt à soutenir une conférence diplomatique dans un but identique.

C'est ainsi que le secrétariat de la convention de Paris devient, le 14 juillet 1967, à la suite de la conférence de Stockholm, une agence spécialisée des Nations unies – la quatorzième – sous le nom d'Organisation mondiale de la propriété intellectuelle (OMPI, en anglais : World Intellectual Property Organization ou WIPO[23]). Sa mission est de développer la protection de la propriété intellectuelle dans le monde, en particulier envers les pays en développement qui n'appartenaient pas aux unions précédentes. En conséquence, le fonctionnement de l'OMPI est assez complexe. La différence initiale entre les États unionistes et les autres fait que les premiers participent à tous les organes de l'OMPI, les seconds se retrouvant dans certains cas simples observateurs. Il existe une assemblée générale, une conférence, un comité de coordination (où l'on ne trouve que les états unionistes). Le Bureau international, basé à Genève en Suisse, à la fois secrétariat de l'OMPI et des Unions de Paris et de Berne, est dirigé par un directeur général.

L'OMPI se trouve en définitive responsable de plus d'une dizaine d'accords internationaux, dont la conclusion s'étale depuis la fin du XIXe siècle jusqu'à une période très récente. On peut les classer en trois grandes catégories :

– les traités sur la protection de la propriété industrielle : convention de Paris pour la protection de la propriété industrielle, convention de Berne pour la protection des œuvres littéraires et artistiques, convention de Rome pour la protection des artistes interprètes, traité de Nairobi concernant la protection du symbole olympique, arrangement de Madrid sur la répression des indications de provenance fausses ou fallacieuses, convention de Bruxelles sur la distribution de signaux porteurs de programmes transmis par satellites…

– les traités d'enregistrement : traité de coopération en matière de brevets ou PCT, arrangement de Madrid concernant l'enregistrement international des marques, arrangement de La Haye concernant le dépôt international des dessins et modèles industriels, traité de Budapest sur la reconnaissance internationale du dépôt des micro-organismes, arrangement de Lisbonne concernant la protection des appellations d'origine…

– les traités de classification : arrangement de Locarno instituant une classification internationale pour les dessins et modèles industriels, arrangement de Nice concernant la classification internationale des produits et des services aux fins de l'enregistrement des marques, arrangement de Strasbourg concernant la classification internationale des brevets, arrangement de Vienne instituant une classification internationale des éléments figuratifs de marques…

L'OMPI est le lieu où sont débattues toutes les questions de brevets, puisque 176 pays y adhèrent au début de 2001. Plus de 50 000 personnes – en particulier venant des pays en développement – ont suivi des cours de perfectionnement sur les questions toujours complexes ayant trait à la législation des brevets. « Fruit de compromis, le plus souvent pleins d'ambiguïté, l'OMPI a une structure organique si complexe que l'on a de l'hésitation à dire si les organes créés sont propres à l'OMPI, ou s'ils sont des organes communs ou conjoints à l'OMPI et aux Unions[24]. »

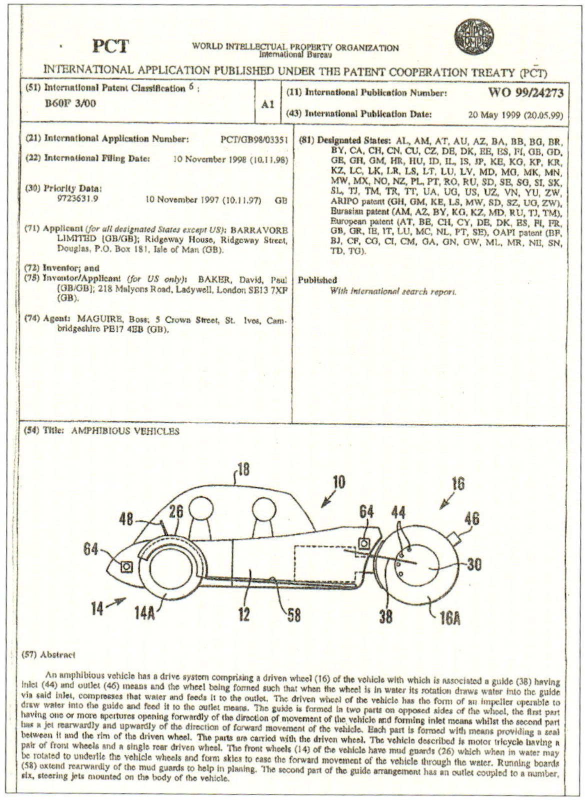

PCT — WORLD INTELLECTUAL PROPERTY ORGANIZATION — International Bureau

INTERNATIONAL APPLICATION PUBLISHED UNDER THE PATENT COOPERATION TREATY (PCT)

(51) International Patent Classification 6 : B60F 3/00 — A1

(11) International Publication Number: WO 99/24273

(43) International Publication Date: 20 May 1999 (20.05.99)

(21) International Application Number: PCT/GB98/03351

(22) International Filing Date: 10 November 1998 (10.11.98)

(30) Priority Data: 9723631.9 — 10 November 1997 (10.11.97) — GB

(71) Applicant *(for all designated States except US)*: BARRAVORE LIMITED [GB/GB]; Ridgeway House, Ridgeway Street, Douglas, P.O. Box 181, Isle of Man (GB).

(72) Inventor; and
(75) Inventor/Applicant *(for US only)*: BAKER, David, Paul [GB/GB]; 218 Malyons Road, Ladywell, London SE13 7XF (GB).

(74) Agent: MAGUIRE, Boss; 5 Crown Street, St. Ives, Cambridgeshire PE17 4BB (GB).

(81) Designated States: AL, AM, AT, AU, AZ, BA, BB, BG, BR, BY, CA, CH, CN, CU, CZ, DE, DK, EE, ES, FI, GB, GD, GE, GH, GM, HR, HU, ID, IL, IS, JP, KE, KG, KP, KR, KZ, LC, LK, LR, LS, LT, LU, LV, MD, MG, MK, MN, MW, MX, NO, NZ, PL, PT, RO, RU, SD, SE, SG, SI, SK, SL, TJ, TM, TR, TT, UA, UG, US, UZ, VN, YU, ZW, ARIPO patent (GH, GM, KE, LS, MW, SD, SZ, UG, ZW), Eurasian patent (AM, AZ, BY, KG, KZ, MD, RU, TJ, TM), European patent (AT, BE, CH, CY, DE, DK, ES, FI, FR, GB, GR, IE, IT, LU, MC, NL, PT, SE), OAPI patent (BF, BJ, CF, CG, CI, CM, GA, GN, GW, ML, MR, NE, SN, TD, TG).

Published
With international search report.

(54) Title: AMPHIBIOUS VEHICLES

(57) Abstract

An amphibious vehicle has a drive system comprising a driven wheel (16) of the vehicle with which is associated a guide (38) having inlet (44) and outlet (46) means and the wheel being formed such that when the wheel is in water its rotation draws water into the guide via said inlet, compresses that water and feeds it to the outlet. The driven wheel of the vehicle has the form of an impeller operable to draw water into the guide and feed it to the outlet means. The guide is formed in two parts on opposed sides of the wheel, the first part having one or more apertures opening forwardly of the direction of movement of the vehicle and forming inlet means whilst the second part has a jet rearwardly and upwardly of the direction of forward movement of the vehicle. Each part is formed with means providing a seal between it and the rim of the driven wheel. The parts are carried with the driven wheel. The vehicle described is motor tricycle having a pair of front wheels and a single rear driven wheel. The front wheels (14) of the vehicle have mud guards (26) which when in water may be rotated to underlie the vehicle wheels and form skies to ease the forward movement of the vehicle through the water. Running boards (58) extend rearwardly of the mud guards to help in planing. The second part of the guide arrangement has an outlet coupled to a number, six, steering jets mounted on the body of the vehicle.

Modèle de brevet PCT.

Le PCT (Patent Cooperation Treaty)

Il est apparu également dans les années 1960 que l'afflux de brevets dans un monde de plus en plus internationalisé deviendrait bientôt facteur de difficultés. Certes, des regroupements régionaux offraient des solutions d'attente, mais il serait nécessaire sous peu d'aller plus loin dans l'unification des méthodes : « Il n'était plus possible de considérer les brevets comme une affaire intérieure, compte tenu de l'accroissement continu des dépôts de demandes de brevets provenant de l'étranger[25]. » En juin 1965, la National Association of Manufacturers lance l'idée d'une conférence internationale. Le conseil exécutif de l'Union de Paris, en 1966, reprend le thème. Les États-Unis en particulier demandent « d'urgence l'étude de solutions tendant à réduire les doubles emplois, dans les tâches incombant tant aux déposants qu'aux offices de brevets nationaux[26] ».

Pendant trois à quatre ans, les séances préparatoires (le BIRPI y joue un rôle essentiel) se succèdent. La volonté de simplifier et de rendre plus efficace le système international des brevets aboutit en 1970 (conférence diplomatique du 25 mai au 19 juin) au traité de Washington, communément appelé PCT selon sa dénomination anglaise (Patent Cooperation Treaty). Cet accord est adopté à l'unanimité des 55 délégations gouvernementales ayant droit de vote lors de la conférence diplomatique. Dix-huit nations signent immédiatement le PCT[27]. Certains pays européens souhaitent néanmoins la conclusion au plus vite d'initiatives comme le brevet européen ou le brevet communautaire. Le PCT entre en action le 1er juin 1978 (en même temps que le brevet européen). À la fin du XXe siècle, le nombre de contractants est environ d'une centaine. Ce traité respecte les principes de la convention de Paris et est administré par le WIPO/OMPI.

Le préambule du PCT dit très clairement les intentions des signataires, « désireux de contribuer au développement de la science et de la technologie [...], de perfectionner la protection légale des inventions [...], de simplifier et de rendre plus économique l'obtention de la protection des inventions lorsqu'elle est désirée dans plusieurs pays [...], de faciliter et de hâter l'accès de tous aux informations techniques contenues dans les documents qui décrivent les inventions nouvelles [...], de stimuler et d'accélérer le progrès économique des pays en voie de développement ». Grâce au PCT, la procédure de dépôt est rationalisée en deux étapes. Dans un premier temps, le déposant enregistre une demande internationale dans l'office national des brevets de son pays (ou directement à l'OMPI) et il désigne les pays où il souhaite déposer son brevet. L'OMPI fait une recherche de nouveauté et complète un « International Search Report/Rapport de recherche internationale » qui indique la classification de l'invention et les champs techniques à observer. Dans 80 % des cas, les déposants demandent aussi un « International Preliminary Examination Report/Rapport d'examen préliminaire international », une opinion non obligatoire qui spécifie cependant si l'invention apparaît nouvelle, suppose une démarche inventive et permet une application industrielle (les délais d'entrée en phase nationale dans les différents pays sont alors allongés). En autorisant un office à prendre en main les questions de pré et postenregistrement, les responsables des pays tiers peuvent ainsi se concentrer sur les lois intérieures. Suit une phase nationale où les examinateurs jugent selon les critères propres à leurs pays pour accorder ou non un brevet national. Le PCT, même s'il ne permet pas d'unifier les lois, même s'il n'est pas un brevet international, est une base suffisante pour attirer davantage de signataires. Par exemple, il prolonge le délai d'entrée en phase nationale, et de ce fait celui de la remise des traductions exigées par les États. Il rationalise les procédures d'enregistrement, même si les barrières nationales subsistent. Bien que certaines mesures, comme la décentralisation de la recherche par un nombre restreint d'offices (Washington, Tokyo, Moscou et l'Institut international des brevets de La Haye), provoquent quelques irritations, le PCT connaît un réel succès international. Au 15 janvier 1999, par une seule démarche, il permet de déposer une demande de brevet dans cent pays, et il n'est pas impossible qu'il conduise à une plus grande intégration des différents systèmes nationaux, en particulier par un renforcement du poids de l'examen préliminaire.

Regroupements régionaux

Tandis que se développent depuis la fin du XIXe siècle des tentatives pour faciliter la diffusion mondiale des brevets, des regroupements régionaux tentent de pallier l'absence d'un brevet véritablement international. Le but est de centraliser et d'unifier l'enregistrement des brevets mais aussi de donner réalité à un espace géographique dans lequel l'industrie et l'invention sont encouragées.

L'Europe en quête d'unité

C'est dès le lendemain de la Seconde Guerre mondiale, le 6 juin 1947, que quelques pays européens – la France qui a pris l'initiative et les pays du Benelux – créent l'Institut international des brevets (IIB) par l'accord de La Haye, qui a pour fonction la recherche d'antériorité. Plus tard, Monaco, la Suisse, la Turquie, l'Italie et le Royaume-Uni rejoignent cette amorce d'union européenne dans le domaine du brevet[28]. Puis les années 1950 voient l'apparition, à l'initiative du Conseil de l'Europe, d'un comité d'experts qui se donne des objectifs modestes. En 1954, la classification internationale est un pas décisif vers une approche commune du brevet (elle est utilisée par de nombreux pays)[29]. La construction européenne, lancée dès le début des années 1950 et concrétisée par le traité de Rome de 1957, est une volonté politique doublée d'une construction avant tout économique, c'est-à-dire l'édification d'une zone de libre-échange. La question du brevet est fatalement présente dans cette ambition. Les premiers pas sont franchis au début des années 1960, en particulier du fait de l'élan donné par les Allemands, mais les obstacles l'emportent avant qu'une nouvelle relance soit faite à la fin de cette décennie. D'une façon pragmatique, les négociateurs européens se dirigent vers un double accord : un brevet européen (ouvert à d'autres pays que ceux appartenant à la CEE) et un brevet communautaire (véritablement unitaire et limité géographiquement aux membres de la CEE).

Le brevet européen voit bien le jour à Munich en 1973 (convention du brevet européen). En 2000, vingt membres ont signé cet accord, c'est-à-dire que des pays ne faisant pas partie de l'Union européenne y adhèrent (comme le Liechtenstein ou la Suisse). En même temps que l'accord de Munich de 1973, deux institutions destinées à être indépendantes financièrement des États membres sont créées : une Organisation européenne des brevets et un Office européen des brevets qui siège à Munich – avec un département à La Haye et des agences à Berlin et Vienne – et comprend environ 3 800 agents. En fait, l'Organisation européenne des brevets comprend un conseil d'administration (organe législatif) et un organe exécutif qui est l'Office européen des brevets (OEB). Il est désormais possible d'enregistrer en une seule fois auprès de l'Office européen des Brevets ou dans un des offices nationaux dans l'une des trois langues officielles (anglais, allemand, français). On peut obtenir une protection dans un, plusieurs ou la totalité des pays membres de la Convention. Les droits du breveté européen sont les mêmes que ceux propres à un pays donné.

Le brevet européen est semblable à un ensemble de droits valable dans chaque pays. On retrouve comme critères de brevetabilité les notions de nouveauté absolue, d'activité inventive, d'application industrielle. Le brevet européen reste d'autre part fidèle au principe du « premier déposant ». L'Office européen des brevets procède d'abord à un rapport de recherche. Le déposant règle les taxes puis le « rapport de recherche euro-

L'Office européen des brevets de Munich.

péenne » est publié ainsi que la demande dans une seule langue. Si le candidat désire poursuivre la procédure, suivent une phase d'examen et l'établissement du brevet dans les pays désirés. Le brevet européen a une durée de vingt ans. Son succès est réel et les statistiques le prouvent. « Le rapport de recherche européen est considéré aujourd'hui comme le plus complet et le plus crédible, à telle enseigne que nombre d'universités nord-américaines déposant directement leurs brevets par la voie internationale PCT choisissent l'Office européen comme organisme de recherche de préférence au Patent Office de Washington[30]. » Toutefois, le brevet européen comporte des faiblesses importantes : pas de système unifié pour le contentieux du brevet au-delà de la procédure d'opposition, coûts de traduction, de taxes... En 2000, il permet d'obtenir un titre unique semblable à un brevet national dans vingt pays d'Europe.

Quant à l'autre projet, plus ambitieux, plus unitaire, le brevet communautaire, il montre une ambition politique réelle : posséder un outil unique pour mieux affirmer la valeur d'une politique industrielle innovante. Toutefois, du fait de l'unanimité indispensable, le brevet communautaire connaît des aléas liés en partie à l'élargissement de 1973 du Marché commun. La création, le 15 décembre 1975, du brevet communautaire (convention de Luxembourg) se fait en parallèle avec celle du brevet européen. L'idée est d'éliminer les barrières territoriales du brevet européen une fois que celui-ci a été délivré. Cet accord est prévu pour ne concerner que les états appartenant à l'Union européenne et aurait dû entrer en vigueur trois mois après la signature du dernier État, événement qui ne s'est pas encore produit. En effet, en 1973, les Britanniques ont provoqué un retard de la conférence initiale, puis le Parlement danois a refusé de ratifier l'accord sur le brevet communautaire. Les questions soulevées par le brevet communautaire ne sont pas seulement techniques : « Cette convention dessaisit les États, et son administration est totalement communautaire, comme est communautaire la juridiction interprétative de la cour de justice des communautés. C'est dire qu'elle soulève de gros problèmes politiques liés à de grands problèmes économiques[31]. » De plus, le brevet communautaire, qui suppose une traduction dans toutes les langues de l'Union européenne, se heurte à la simplicité et à l'efficacité du brevet européen qui peut « cibler » les pays les plus intéressants d'un point de vue de marché. Des tentatives récentes de relance proposent des solutions pratiques mais les élargissements successifs de l'Union européenne rendent tout accord global très délicat[32].

Bruxelles, bâtiment Justus-Liptus.

D'autres initiatives régionales

Les deux essais européens de simplification et d'unification sont parmi les plus anciennes tentatives régionales. D'autres sont apparues dans les années 1960, comme l'Organisation africaine de la propriété intellectuelle (OAPI, accord de Libreville de 1962, siège à Yaoundé au Cameroun) qui regroupe quatorze pays anciennement sous influence française. Il s'agit ici d'un brevet unique (qui répond à l'accord spécial prévu à l'article 19 de la convention de Paris). Il lui manque cependant un organisme central qui prendrait en charge les questions postérieures au dépôt des brevets. Assez semblable, mais du côté de l'Afrique anglophone, il existe l'ARIPO (African Regional Industrial Property Organization), fondée en 1976 (siège à Harare au Zimbabwe) et comprenant onze États. Son but est moins ambitieux que celui de son homologue francophone puisqu'elle ne prend en charge que les questions de dépôt. De leur côté, les pays de l'Est ne sont pas parvenus, du temps du communisme, à définir un « certificat d'auteur commun ». Pour la première fois, en 1957, la République démocratique allemande (RDA) émet l'idée d'une unification des brevets du camp socialiste (soit par le biais d'un organisme international, soit au moyen d'une réforme réglementaire).

Les négociations ne conduisent à aucun résultat concret. La fin de l'URSS en 1991 et, deux ans plus tard, l'apparition de la Communauté des États indépendants (anciennes républiques soviétiques sauf les pays baltes) aboutissent paradoxalement à une réalisation commune. En août 1995, l'EAPC (Eurasian Patent Convention) naît avec Moscou comme siège de l'Office des brevets et neuf États adhérents. La délivrance d'un seul brevet dans une seule langue (le russe) donne quelque efficacité à ce dernier venu sur la scène régionale des brevets.

On pourrait enfin ajouter une autre initiative régionale qui, du fait des participants, prend une place de premier plan. Les accords sur la propriété intellectuelle du NAFTA (North American Free Trade Agreement) vont bien au-delà de la convention de Paris et concernent 360 millions d'Américains, de Canadiens et de Mexicains (janvier 1994). En effet, l'ensemble des éléments définissant la propriété intellectuelle est pris en compte selon le traitement national défini par la convention de Paris. Le préambule de l'accord du NAFTA oblige les pays membres à faire tous leurs efforts pour accéder aux accords internationaux sur la propriété intellectuelle. Dans le cadre du NAFTA, un brevet de 20 ans (ou 17 ans dans certains cas) est prévu ainsi qu'une application « efficace, loyale et équitable » des droits de propriété intellectuelle selon les législations des différents pays. En fait, les négociations sur la propriété intellectuelle du NAFTA ont été parallèles aux pourparlers qui ont mené à la création de l'OMC. Ils relèvent sur deux points des mêmes idées : la propriété intellectuelle fait partie des discussions d'un accord commercial ; c'est au plus haut niveau qu'il faut négocier ces questions.

Du GATT à l'OMC

En effet, depuis la fin de la Seconde Guerre mondiale, des négociations internationales tentent d'abaisser les barrières tarifaires et non tarifaires dans le domaine commercial. Faute d'un accord général, elles se déroulaient depuis 1947 dans le cadre du GATT (General Agreement on Trade and Tariffs). Impulsées sous forme de « rounds » ou cycles de négociations, elles ont amené en 1994 à l'accord de Marrakech et à la création de l'Organisation mondiale du commerce (OMC ou WTO en anglais, World Trade Organization). Un « Accord sur les aspects des droits de propriété intellectuelle touchant au commerce » (ADPIC en français et TRIP'S en anglais) concerne les brevets et modèles, les marques, les appellations d'origine… Son objectif est énoncé comme suit (article 7) : « La protection et le respect des droits de propriété intellectuelle devraient contribuer à la promotion de l'innovation technologique et au transfert et à la diffusion de la technologie, à l'avantage mutuel de ceux qui génèrent et de ceux qui utilisent des connaissances techniques et d'une manière propice au bien-être social et économique, et à assurer un équilibre de droits et d'obligations. » Une bonne partie des accords dans le cadre de l'Union de Paris et dans celui de Berne est intégrée dans les accords ADPIC (en y ajoutant la notion de la nation la plus favorisée). Cette esquisse d'un accord universel a déjà conduit certains États à modifier leur législation, d'autant que des sanctions sont prévues pour les contrevenants (les négociations se font par États). L'OMC est une instance qui fonctionne en continu, à la différence des cycles de négociation. S'il est trop tôt pour juger de l'action de l'OMC dans le domaine de la propriété intellectuelle, il est clair cependant que cette nouvelle institution, également basée à Genève, pourrait jouer un rôle majeur qui irait bien au-delà de celui de l'OMPI-WIPO. En tout état de cause, l'initiative qui vise à relier « la propriété intellectuelle aux relations commerciales avec des normes minimales établies par voie d'entente internationale[33] » ouvre une nouvelle ère.

1. Anonyme, citation d'un juriste français par Marie-France Ludmann-Obier, « Le problème de la propriété industrielle en Allemagne après la Deuxième Guerre mondiale », *Revue d'Allemagne*, janvier-mars 1991, p. 53.
2. O.E. Lami, *Dictionnaire encyclopédique et biographique de l'industrie et des arts industriels,* Paris, Librairie des Encyclopédies, tome IV, 1884, article « Expositions universelles », p. 1066.
3. Klostermann, *Die Patentgesetzgebung aller Länder,* Berlin, 1876, cité par François Savignon *in* « Les législations européennes sur les brevets du milieu du XIXe siècle jusqu'à la convention d'Union de 1883 », CNRS-Paris IV, *Les brevets, leur utilisation en histoire des techniques et de l'économie,* Editions du CNRS, 1984, p. 45.
4. La France organise celles de 1866, 1878, 1889, 1900.
5. Yves Plasseraud, François Savignon, *Paris 1883, Genèse du droit unioniste des brevets,* Paris, LITEC, 1980, p. 96.
6. Lami, *op. cit.*, p. 1067.
7. Association internationale pour la protection de la propriété industrielle (AIPPI), *Édition du centenaire,* AIPPI, Bâle, 1997, p. 13.
8. « The great exhibition at Vienna, 1873 », *Scientific American,* volume XXV, n° 26, 23 décembre 1871. L'article se concluait ainsi : « the result of this most erroneous and destructive policy will easily be foreseen ».
9. AIPPI, *Édition du centenaire, op. cit.,* p. 20.
10. Article « Brevet d'invention », Y. Guyot et A. Raffalovich (dir.), *Dictionnaire du Commerce, de l'industrie et de la banque,* Paris, Guillaumin et Cie, vers 1902, tome I, p. 648.
11. Belgique, Brésil, France, Guatemala, Italie, Pays-Bas, Portugal, Salvador, Serbie, Espagne et Suisse.
12. La Commission permanente étant trop liée à la cadence assez lâche des expositions internationales, ses pouvoirs passent en 1897 à l'Association internationale pour la protection de la propriété industrielle (AIPPI), fondée à Bruxelles sur une initiative allemande.
13. Robert Burrell, « International Conventions on Industrial Property », *Journal of the Patent Office Society* (*JPOS*), mars 1950, p. 179-180.
14. Cabinet Plasseraud, *Entreprise et propriété industrielle. Cent ans après la signature de la convention d'Union de Paris,* Paris, Europrotection, 1983, p. 30.
15. On trouve le texte complet de la Convention de Paris et du protocole de clôture dans G. Lainel, *Nouveau manuel pratique des brevets d'invention,* Paris-Nancy, Berger-Levrault, 1905, p. 208 *et sq.*
16. Yves Plasseraud et François Savigon, *L'État et l'invention. Histoire des brevets,* Paris, La Documentation française, p. 79.
17. François Savignon, *Les brevets…, op. cit.,* p. 47.
18. Voir Georges Chabaud, *La propriété industrielle, littéraire et artistique et les traités de paix,* Paris, Berger-Levrault, 1921.
19. Marcel Plaisant, *Traité de droit conventionnel international concernant la propriété industrielle,* p. 126.
20. Gerald J. Mossinghoff, Vivian S. Kuo, « World Patent circa 20XX, A.D. », *JPTOS,* août 1998, p. 527.
21. Yves Plasseraud et François Savignon, Paris 1883, *op. cit.,* p. 85.
22. Shu Zhang, *De l'OMPI au GATT, La protection internationale des droits de la propriété intellectuelle (évolution et actualité),* Paris, LITEC, 1994, p. 53.
23. Voir WIPO, *The 25 first years of the WIPO,* Genève, 1992.
24. Shu Zang, *op. cit.,* p. 69.
25. Monique Pinson, « La coopération internationale en matière de brevets et le traité de

Washington du 19 juin 1970 (PCT) », *Cahiers de l'ISEA* (Institut de science économique appliquée), « Les brevets d'invention dans l'économie : la coopération internationale en matière de brevets », série T, n° 9, volume III, 1972, p. 2060.
26. Yves Plasseraud et François Savignon, *Paris 1883..., op. cit.*, p. 92.
27. WIPO, *The first 25 years of the WIPO, op. cit.*, p. 14.
28. Yves Plasseraud et François Savignon, *L'État et l'invention..., op. cit.*, p. 86. L'IIB a été absorbé par l'Office européen des brevets (OEB) en 1978.
29. On pourrait encore citer la convention de Strasbourg du 27 novembre 1963 qui vise à unifier divers concepts en matière de brevetabilité.
30. Frédéric et Jean-Michel Wagret, *Brevets d'invention, marques et propriété industrielle,* Paris, Presses universitaires de France, collection « Que sais-je? », n° 1143, 1998, p. 67.
31. Jean-Philippe Lepêtre, *Le brevet européen et les problèmes de l'unification des législations nationales en matière de propriété industrielle,* thèse, Paris, 1971, p. 228, cité par Henri Desbois, « Le brevet européen », *Cahiers de l'ISEA, op. cit.*, p. 2099.
32. En 1989, un accord échoue sur les questions du système juridictionnel et des traductions.
33. AIPPI, *Édition du centenaire, op. cit.*, p. 487.

Les négociations du GATT en 1994 à Marrakech.

Brevet de cartes à jouer révolutionnaires
déposé le 29 Pluviôse An I
par Urbain Jaume et Jean Démostène Dugourc.

Chapitre 4

Marques, dessins et modèles : La loi entre commerce et création

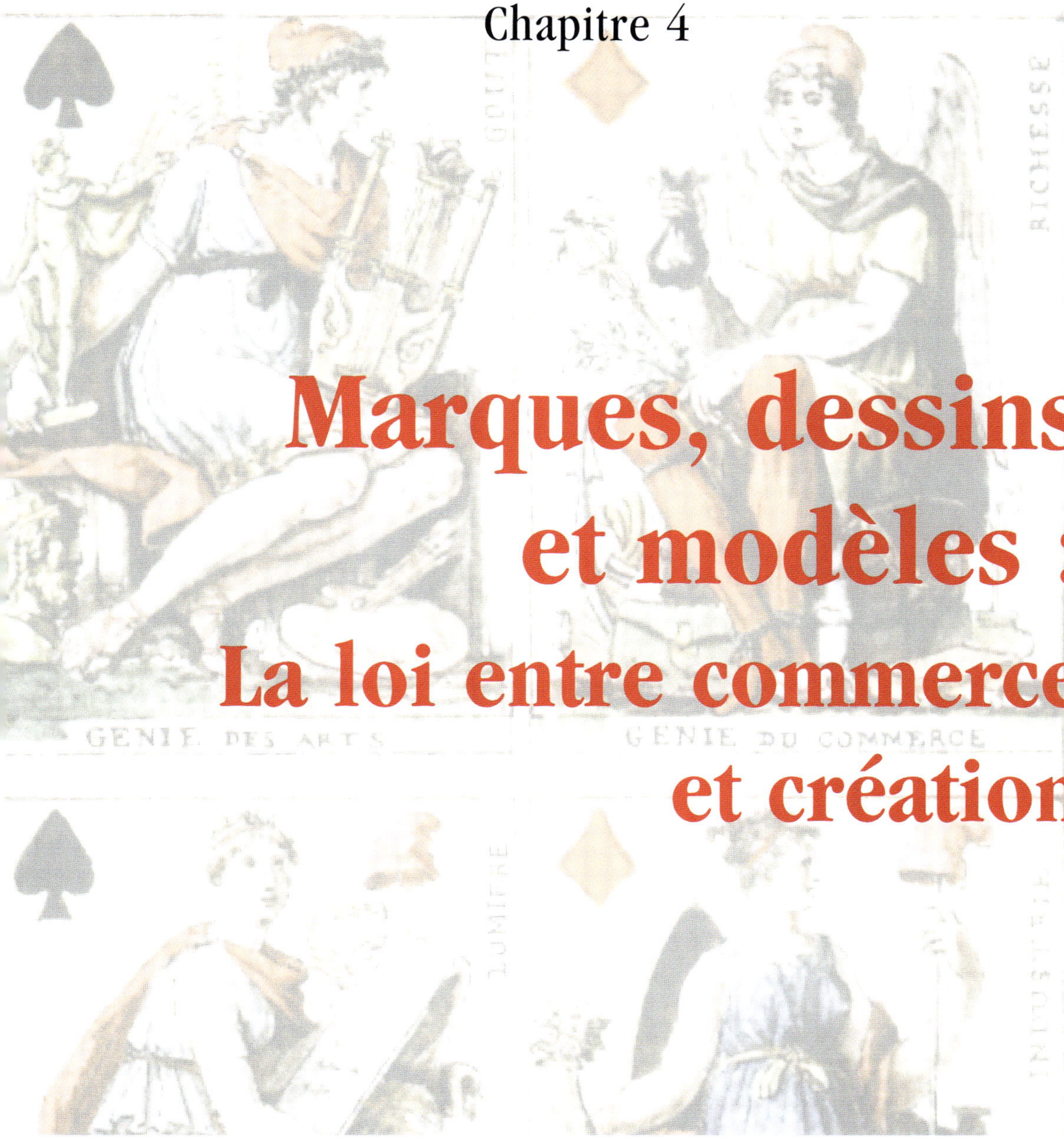

Les marques « révélatrices des mœurs et des rêves de leur temps ».

Edith Amiot et Jean-Louis Azizollah[1]

La marque symbolise des préoccupations dont on trouve la trace dès la plus haute Antiquité. Sous l'Ancien Régime, elle est l'objet de précautions diverses et cette protection est renforcée à l'époque contemporaine de façon continue. Cependant, ce n'est que depuis le XIXe siècle que la marque commerciale prend son sens actuel, ce qui explique peut-être pourquoi la législation moderne n'apparaît auprès des nations industrialisées qu'assez tardivement. Plus facilement associée aux activités commerciales, elle paraît moins stratégique que les brevets. Pourtant, l'ouverture des frontières et la contrefaçon soulignent combien il est nécessaire de protéger – dans et hors des limites nationales – la marque, élément capital de la réputation d'une activité commerciale. C'est aussi au XVIIIe siècle que les dessins et modèles (l'industrie textile joue ici un rôle essentiel) sont l'objet de la sollicitude des pouvoirs publics. Les lois impériales de 1806 restent longtemps une référence incontournable. À mi-chemin entre la fonction commerciale et la création, cette autre législation connaît un cheminement original qui lui donne une place à part dans l'ensemble « propriété industrielle », même si brevets, marques et modèles convergent aujourd'hui au sein de préoccupations plus larges.

La marque : des siècles d'encadrement légal

Un souci fort ancien

Le fait de distinguer son travail par une marque dans différents buts (paiement, affirmation de la qualité, différenciation par rapport à un concurrent…) remonte à la plus haute Antiquité. C'est le cas des Phéniciens qui construisent le temple de Salomon, des briques de Ninive et des temples égyptiens. Les symboles employés précisent la qualité de l'artisan (des pinces pour un forgeron, une vrille pour un charpentier…). Toutefois, l'un des premiers cas avérés d'utilisation d'une marque commerciale remonte à la Chine de 2700 avant J.-C. : il s'agit de poteries qui indiquent le nom de l'Empereur ou celui de l'artisan, ou encore le lieu de fabrication. Plus près de nous, les fouilles archéologiques révèlent fréquemment des lampes à huile gréco-romaines portant le nom de l'artisan ou quelque symbole. Le monde romain connaît des marques de tuiles fort réputées (Fortis) mais déjà souvent copiées. Les sceaux des potiers romains (*sigillum*) permettent de reconstituer les courants d'échanges dans l'espace romanisé. D'une façon générale, on peut dire que l'artiste signe de son nom tandis que l'artisan emploie un symbole pour les objets qu'il doit vendre, c'est-à-dire qu'il use d'une marque commerciale. La préoccupation essentielle s'avère être la protection contre le vol, ce qui n'empêche pas des falsifications de symboles sur certaines amphores. Il existe même à Rome une loi contre les faux dite loi « Cornelia de falsis ».

Quelques siècles plus tard, durant le Moyen Âge, le commerce est tenu fermement par le système des corporations. Chacune d'entre elles possède des marques distinctives (le produit est donc bien fabriqué selon des règlements très précis) auxquelles l'artisan ajoute sa propre signature, surtout dans certains métiers. Ce moyen permet d'assurer la qualité et de dénoncer les tentatives menées par des étrangers pour entrer sur le marché. Dans au moins une vingtaine de corporations, une loi exige l'apposition d'une marque distinctive. Cette dernière prend dès le XIe siècle un caractère de contrôle, c'est-à-dire qu'elle est un moyen de superviser ou de faire respecter la taille, le poids, la qualité ou le prix d'un produit[2]. En 1300, Édouard III d'Angleterre décrète que toutes les pièces d'or et d'argent doivent porter le sceau d'une tête de léopard, symbole de la royauté anglaise. En 1327, la corporation des orfèvres obtient le privilège de tester tous les métaux utilisés par les artisans anglais. Les produits retenus portent alors un triple signe distinctif : la marque du propriétaire, celle du testeur et la tête de léopard royal. Le tout est codé, enregistré et scrupuleusement respecté. Il existe aussi des marques de marchands (on en rencontre de nombreux exemples dans les villes de la Hanse). La couronne, le cœur et les initiales sont en général les symboles les plus utilisés au Moyen Âge. Les premiers imprimeurs prennent également bien soin de défendre leurs marques distinctives. Aldus le Vénitien, dans la préface d'un ouvrage de 1518, dénonce les faussaires qui ont copié sa marque : « parce que le dauphin est tourné vers la gauche alors qu'il est bien connu que le nôtre est tourné vers la droite ». À l'époque moderne, la protection des marques s'affranchit en partie de la seule coutume locale. Pour la première fois, une ordonnance royale de 1564 punit en France les fraudeurs à l'instar des faux-monnayeurs. Plus près de nous, en 1619, les batteurs d'or de Nuremberg établissent un registre de marques obligatoires dans le but d'enregistrer les noms de tous les maîtres et leurs marques officielles (la plus ancienne en usage date déjà de 1590). Il s'agit de dessins traditionnels (animaux, branches, couronne...). Le registre n'est clos qu'en 1757, mais les archives d'Augsburg gardent la trace d'une plainte pour contrefaçon de marque commerciale d'un batteur d'or de la ville (une tête de colombe tournée vers la droite remplacée par une tête de perroquet regardant à gauche). Le registre permet d'établir l'antériorité du dépôt de la marque à la colombe mais il semble que, la plupart du temps, les litiges traînaient en longueur, surtout entre villes concurrentes.

La boutique d'un orfèvre au XVe siècle. Manuscrit.

À la fin de l'Ancien Régime, l'obligation de la marque dans le domaine textile est assez courante. Par exemple, les lettres patentes de juin 1780 réglementent la fabrication des toiles et des laines. L'article 6 précise : « Tous fabricants ou marchands faisant fabriquer à façon auront chacun un coin ou marque sur laquelle seront gravés la première lettre de leur nom, et sans abréviation leur surnom, ainsi que le lieu de leur demeure. Leur adjoignons d'apposer à la tête et à la queue de chacune des pièces de toiles une empreinte de ladite marque avec de l'huile et du noir de fumée [...][3]. » L'arrêt du Conseil de 1787 va dans le même sens : tous les fabricants doivent apposer une marque. Les bureaux de communauté des corporations ont en charge la bonne tenue des enregistrements de marques.

De la législation révolutionnaire à nos jours

La mauvaise image des corporations qui, déjà, dominait la fin de l'Ancien Régime se retrouve pendant la période révolutionnaire. Dès lors les marques, vues comme une obligation pointilleuse et comme le symbole de l'archaïsme propre aux anciennes structures, ne paraissent pas une priorité. La destruction des jurandes, maîtrises et corporations en 1790-1791 débouche au contraire sur la liberté du commerce et l'interdiction des associations. En conséquence, la propriété industrielle, qui avait déjà été reconnue par la loi sur les brevets, est complétée par la législation sur la propriété artistique et littéraire (décrets des 19-24 juillet 1793) qui protège aussi les dessins. C'est le consulat qui place en fait les marques sous un régime très strict (loi du 25 germinal an XI). Mais les sanctions sont tellement sévères (condamnation aux galères) qu'elles ne sont que rarement appliquées.

Sous la Restauration, la loi du 28 avril 1824 protège la propriété du nom commercial : « Quiconque aura soit apposé, soit fait apposer par addition, retranchement ou par une altération quelconque des objets fabriqués, le nom d'un fabricant autre que celui qui en est l'auteur ou la raison commerciale d'une fabrique autre que celle où les dits objets auront été fabriqués, ou enfin le nom d'un lieu autre que celui de la fabrication, sera puni des peines portées en l'article 423 du code pénal sans préjudice des dommages-intérêts s'il y a lieu. » Ce nouveau texte assimile les contrevenants à des auteurs de simples délits. Cette loi est très utile quand un commerçant n'a pas de marque déposée. Car, en effet, pendant la première moitié du XIXe siècle, le débat est âpre quant à l'obligation de la marque de fabrique. Des indus-

Vieilles rues de Nuremberg.

triels du secteur textile, tel L.-A. Biétry (président du conseil des prud'hommes sous le Second Empire) réclament le dépôt obligatoire, moyen de lutter contre la contrefaçon et de défendre le consommateur.

La réglementation se révèle en fait assez incomplète jusqu'au milieu du XIXe siècle où les grands pays européens se dotent de législations adaptées. Le développement du commerce international est responsable de cette évolution, avec les risques de contrefaçon inhérents à son essor et surtout la diffusion de produits bon marché qui n'offrent pas de garanties de fabrication pour le consommateur. Les débuts de la production en série, les échanges anonymes du fait des nouveaux circuits de distribution et de l'éloignement du consommateur donnent naissance à la marque moderne à la fin du XIXe siècle ; en d'autres termes, la seconde moitié de ce siècle voit la mutation des produits vers la marque[4]. La loi française du 23 juin 1857 sur les marques de fabrique et de commerce concrétise ces transformations. Même modifiée en 1864, 1890 et 1920, elle possède un destin séculaire. La propriété d'une marque s'acquiert et se conserve par l'usage et elle est perpétuelle, à la différence de celle des brevets. Mais on peut en faire l'abandon par une déclaration au greffe du tribunal de commerce. La marque collective est reconnue (par exemple pour les soieries de Lyon, la Chambre syndicale des marchands de jouets français ou l'Union des fabricants de France). Le dépôt, reçu sans examen préalable et renouvelable indéfiniment tous les quinze

Parfumerie Félix Potin. Affiche de 1893.

Chocolat Menier, vers 1850.

ans, ne donne aucun droit de propriété : on dit qu'il est déclaratif et non attributif de propriété. Mais il permet de juger les contrefacteurs en correctionnelle et surtout de posséder une preuve d'antériorité en cas de litige. L'article 7 précise les peines encourues par les contrefacteurs qui ont agi sciemment : de 50 à 3 000 francs d'amende et de trois mois à trois ans de prison. Désormais, la marque devient un élément essentiel de la démarche commerciale et peut s'appuyer sur un dispositif légal adéquat. La législation française est parmi les premières du monde occidental (1862 pour les Anglais, 1870-1876 pour les Américains et 1874 pour l'Empire allemand). Les symboles utilisés dans les marques prennent peu à peu un caractère plus achevé, plus complexe.

Les changements les plus récents sont apportés par la loi du 31 décembre 1964. Elle complète les garanties offertes aux commerçants et se fait (un peu) plus précise en disant que la marque de fabrique est « une dénomination, un emblème, une empreinte, un timbre, un cachet, une vignette pour distinguer les produits d'une fabrique ou les objets d'un commerce ». Jusqu'en 1964, le dépôt était obligatoire mais non l'utilisation effective de la marque. Cette obligation d'exploiter la marque est donc introduite dans le droit français en 1965, ne serait-ce que pour simplifier les enregistrements mais aussi pour éviter les dépôts excessifs, comme dans la branche pharmaceutique. On évoquait les « marques de barrage » comme il avait existé à une époque les « barreurs de chute » dans les Alpes. La nouvelle loi prend en compte le fait que le dépôt de marques non utilisées stérilise des fonds pourtant riches de promesses. Elle introduit donc un élément foncièrement nouveau dans la façon de faire française : le titulaire d'une marque peut être déchu de ses droits si, sauf excuse légitime, il ne l'a pas utilisée ou fait utiliser dans les cinq ans précédant l'introduction d'une demande en déchéance (un assouplissement de la déchéance est intervenu en 1990). De plus, le contrôle du dépôt par l'Institut national de la propriété industrielle exige la création d'un examen de validité. La loi de 1964 confirme d'autre part le principe de libre cessibilité des marques, principe que refusent par exemple les Allemands. En 1991, la protection des marques est renforcée et l'INPI peut faire opposition à une demande si un titulaire s'estime lésé par le dépôt d'une nouvelle marque. Cette possibilité connaît vite un grand succès car elle évite un long et périlleux contentieux juridique – l'INPI doit statuer dans les six mois. En 1997, cette procédure est accessible à l'ensemble des classes qui répertorient les marques.

La Croix Rouge d'Henry Dunant.

Quelques caractéristiques des marques en France et à l'étranger

L'expérience française

Les interdictions au dépôt de marques, dans le cas de la législation française, ne sont pas très nombreuses. Les dénominations contraires aux bonnes mœurs en font évi-

Les personnages de la marque Saint-Raphaël.

demment partie. L'introduction des insignes de la Légion d'honneur dans une marque de fabrique est également prohibée, de même que, par la loi du 24 juillet 1913, l'emploi de l'emblème ou de l'expression « Croix-Rouge » (sauf, bien entendu, pour les associations relevant directement et officiellement du secours aux blessés et prisonniers). La convention de Paris retirait déjà les armoiries ou emblèmes officiels d'États ou d'organisations internationales. Des restrictions plus récentes sont liées au tabac (1976). La marque n'est obligatoire que dans certains cas comme l'or et l'argent, les substances vénéneuses, les imprimés, les cartes à jouer.

Les marques peuvent être divisées en trois grandes catégories : les marques de fabrique (comme Michelin), les marques de commerce (par exemple la Fnac) et celles de service (du type Air France). La forme même d'un objet peut être protégée en tant que marque (cas de la bouteille de Coca-Cola ou du personnage Bibendum). L'introduction dans les années 1960-1970 des marques de services en Europe est un symbole de la croissance du secteur tertiaire dans l'économie actuelle par rapport aux secteurs de l'industrie[5]. La protection de la marque peut s'étendre au-delà du périmètre initial : c'est le privilège des « marques notoires » qui, dans le droit français, peuvent s'opposer à l'utilisation de leur nom dans un contexte différent (une célèbre marque de maroquinerie refusera que l'on emprunte son nom pour vendre des lunettes ou des imperméables). Il n'empêche que les conflits peuvent survenir longtemps après le dépôt : récemment, le neveu de l'aviateur Roland Garros a attaqué en justice la Fédération française de tennis qui a

Savon Le Chat.

enregistré « Roland-Garros » comme marque déposée il y a près de vingt ans[6]. Quant aux évolutions les plus récentes, elles montrent le souci de réunir des fabricants autour d'une région, d'une activité afin de faire jouir chacun des membres d'une réputation commune. C'est ainsi que se sont développées des marques collectives ou encore des marques collectives de certification (qui possèdent, à la différence des premières, des caractéristiques obligatoires). On peut signaler, dans un registre voisin, les appellations d'origine, protégées dès 1905 puis définitivement par la loi du 6 mai 1919. On peut constater aussi le développement de la « marque distributeur », à l'image de Reflets de France, marque développée par Carrefour-Promodès pour des produits locaux de bonne renommée (lentilles vertes du Puy, fleur de sel de Guérande...)[7]. Autre phénomène récent, les sites sur Internet supposent le dépôt d'un nom et un choix selon des procédures assez complexes. Le nombre de noms déposés connaît un tel accroissement depuis quelques années que la saturation a vite été atteinte et que les plus habiles savent revendre avec profit aux grandes entreprises des noms déposés antérieurement (on connaît le cas de Vizzavi dans le domaine du téléphone portable).

Réclame Coca-Cola.

Les trois caractères que retient la loi française comme critères de validité pour le dépôt d'une marque sont les suivants : la marque doit être arbitraire (en ce sens qu'elle ne doit pas seulement décrire une qualité ou le genre du produit), non déceptive (ne pas tromper le public) et, bien entendu, disponible (d'où une recherche d'antériorité). Du fait de l'im-

Trois marques célèbres.

portance de la contrefaçon, le droit des marques a conservé un système de sanctions pénales (au contraire de la loi de 1978 qui dépénalise les contrefaçons en matière de brevets). L'arsenal contre les contrefacteurs réunit l'action en contrefaçon, la possibilité pour les licenciés d'agir en justice et, sanction suprême, la capacité de saisir les marchandises frauduleuses, saisie qui peut mener à la destruction, mais le litige doit être examiné deux semaines après la saisie.

Parmi les plus vieilles marques anglaises.

Une certaine approche : le monde anglo-saxon

Un détour par le monde anglo-saxon soulignera les caractères spécifiques de l'usage français. Le fondement des règlements les plus anciens outre-Manche réside dans la prohibition de toute confusion sur l'origine des biens et des services. Le droit anglo-saxon est donc basé sur un raisonnement différent de la philosophie du dépôt : l'usage commercial doit être antérieur, notion que l'on retrouve par voie de conséquence aux États-Unis. À l'origine, l'action des corporations est assez semblable en Angleterre et sur le continent. La première référence britannique à un différend juridique dans une question de marque commerciale date de la première moitié du XVIIe siècle. En 1618, Southern v. How – qui est en réalité une affaire de vente de bijoux contrefaits – est longtemps passé pour le cas de concurrence déloyale le plus ancien dans le domaine anglo-américain. Dans les années 1840, pour lutter contre la « *trademark piracy* », les juges tant anglais qu'américains s'appuyaient sur cet exemple. En fait, il semble qu'une affaire antérieure[8], le cas Sandforth (1584), prouverait que les cours anglaises reconnaissaient dès la fin du XVIe siècle un droit fondé sur la *Common Law* pour sanctionner les infractions sur les marques commerciales. Dans le cas Sandforth, un fabricant d'habits, honnêtement connu, avait pour habitude de marquer ses vêtements des initiales JG et d'un signe caractéristique et éleva une plainte contre un contrevenant utilisant les mêmes signes distinctifs pour écouler une marchandise de médiocre qualité.

Les exemples ultérieurs n'interviennent qu'en 1742 (utilisation frauduleuse de la marque Great Mogul sur des cartes à jouer) et 1783. Cette jurisprudence se serait donc instaurée bien longtemps avant la révolution industrielle, au contraire de ce que pensaient certains spécialistes. D'autres font remarquer que la croissance économique et l'extension du commerce britannique sont telles au XVIe siècle qu'on peut les considérer comme une sorte de petite révolution industrielle. Cette ouverture au monde entraîne un déclin des corporations qui, à l'origine, régulaient les premières formes de la législation sur les marques. L'évolution économique fait peu à peu passer la question du respect de la marque de la responsabilité des seules corporations vers l'action des cours de justice[9].

Au XIXe siècle, les idées évoluent dans le monde anglo-saxon sur les questions de marque : outre son aspect distinctif qui attire l'intérêt du consommateur, cette dernière représente aussi un type de propriété. Au milieu du siècle se développe en conséquence le droit de faire appel en justice pour contrefaçon d'une marque même s'il n'y avait pas intention de tromper. L'utilité d'une telle action reste cependant limitée par la nécessité pour le marchand de prouver que la marque en question permettait de distinguer ses produits et qu'elle lui appartenait bien. Le Trade Mark Registration Act (1875) permet de dépasser ces difficultés en établissant un registre légal des marques (Londres, 1876). L'entrée dans le registre d'un mot, d'un logo, d'une image établit qu'il s'agit d'une marque et son appartenance. L'enregistrement donne au possesseur le droit exclusif d'usage de la marque et le droit d'empêcher une utilisation frauduleuse grâce à une action en contrefaçon. Entre mai et décembre 1876, 9 305 marques sont enregistrées[10]. La première est une célèbre marque de bière (Bass). La grande majorité de ces marques étaient en usage avant l'enregistrement, certaines depuis dix, vingt ou cinquante ans, et même plus d'un siècle pour un fabricant d'acier de Sheffield et un porcelainier. Des lois complètent ce texte fondateur (1883, 1905 et 1938), ainsi que des amendements dans les années 1980. À l'inverse, le Trade Marks Act de 1994 introduit de nombreuses modifications – suggérées depuis mai 1974 – liées aux besoins de l'industrie et du commerce et destinées à rapprocher la loi anglaise des règlements européens ou internationaux. Les formalités d'enregistrement sont d'ailleurs simplifiées et accélérées.

Comme pour les autres composantes de la propriété industrielle, aux États-Unis, la jurisprudence sur les marques s'appuie sur la tradition anglaise du temps des Treize Colonies. Toutefois, la Constitution des

La Constitution des États-Unis.

États-Unis ne s'est pas intéressée aux marques commerciales comme aux brevets, même si elle encourage les échanges et donne au Congrès de vastes pouvoirs pour régler le commerce avec « les nations étrangères, entre les États et avec les tribus indiennes ». Un des ciments des jeunes États, très jaloux de leur indépendance, réside dans la nécessité d'avoir un marché commun entre les anciennes colonies anglaises. Le premier texte sur les marques date en fait de 1870. Le directeur de l'office des brevets a la compétence en matière de dépôts de marques et peut décréter les ordonnances nécessaires. Ce premier texte est reconnu anticonstitutionnel neuf ans plus tard car il y est vu un « *excess of the power of Congress* » par rapport à la seule clause commerciale de la Constitution. Le Congrès a en réalité bien d'autres choses à faire pendant le XIXe siècle que de se préoccuper de marques commerciales, même si l'on peut citer quelques jugements isolés. À l'inverse, les États statuent quelquefois plus précocement que le pouvoir législatif fédéral (ainsi l'État de New-York dès 1845). Après le rejet du premier texte de 1870, le Congrès passe une autre loi très partielle puisqu'elle ne s'adresse qu'aux marques en usage avec les nations étrangères et les tribus indiennes.

Le XXe siècle au contraire montre que les États-Unis s'intéressent davantage aux marques : loi du 20 février 1905 (amendée de nombreuses fois), texte de 1930 (la marque appartient au premier qui en a fait l'usage dans le commerce avec l'étranger) ; puis, surtout, en 1946, Lanham Act[11]. Ce dernier a pour but de rassembler toutes les lois en un seul ensemble, de répondre aux engagements internationaux, de s'adapter aux pratiques commerciales du moment[12]... Il définit la marque commerciale comme « tout mot, nom, symbole ou moyen ou leur combinaison adoptés et utilisés par un fabricant ou marchand pour identifier ses produits et les distinguer de ceux fabriqués et vendus par d'autres[13] ». Il définit aussi l'expression « used in commerce ». Il s'applique aux marques, marques de service, marques collectives. Il privilégie l'utilisation sur le dépôt (section XV) : l'usage continu d'une marque déposée pendant cinq ans, s'il n'y a pas eu contre elle de procès, est incontestable. Malgré cette loi fédérale, certains États conservent leurs usages pour le commerce intérieur (la loi sur les brevets, quant à elle, a remplacé tous les anciens règlements). La demande d'enregistrement est adressée à Washington et comprend une requête, un exposé des caractéristiques, etc. La marque est soumise à un examen préalable suivi d'une publication permettant une opposition dans les trente jours. La protection des consommateurs n'est pas oubliée dans la loi.

Longtemps les États-Unis sont restés fidèles à la tradition anglo-saxonne qui privilégie l'utilisation de la marque. Jusqu'en 1988, cette dernière devait précéder le dépôt dans le cas des États-Unis. Par voie de conséquence, les Nord-Américains se sont trouvés dans l'impossibilité d'adhérer à l'arrangement de Madrid, et quelque peu isolés : « Les États-Unis restent le seul pays au monde demandant l'utilisation de la marque avant toute forme d'enregistrement[14]. » En 1988, le Lanham Act est modifié sensiblement pour se rapprocher des législations de l'Europe continentale. Le dépôt est possible sur la base d'une déclaration d'intention d'utilisation de la marque. La preuve de l'utilisation est la condition de l'acte de dépôt. La différence entre « *intent to use* » et « *intent is use* » soulève à la fin des années 1980 de redoutables questions juridiques. Toutefois, l'OMPI aménage un protocole à l'arrangement de Madrid, qui permet aux Américains d'accéder au dépôt centralisé des marques. Les nouvelles dispositions des États-Unis – la déclaration d'intention – provoquent le doublement du nombre de marques déposées entre les années 1970 et 1980. Les accords récents (NAFTA, TRIPS) apportent d'autres ajustements au Lanham Act.

La protection internationale des marques

De la cacophonie à l'arrangement de Madrid

Madrid au XIXe siècle. Dessin de Dutailly.

Très longtemps, les marques restent du ressort national. L'idée de protéger un concurrent ne va pas de soi, sauf si celui-ci possède une industrie installée dans le pays d'accueil. En dehors de ce cas, des traités bilatéraux, assez fréquents[15], permettent au XIXe siècle une protection réciproque (par exemple pour des nations comme l'Allemagne, la Belgique, les États-Unis, la France). Mais rares sont les pays qui, en dehors de tout accord bilatéral, acceptent de protéger les marques étrangères en les assimilant au national : on peut citer la très libérale Grande-Bretagne, les très commerçants Pays-Bas, tout aussi libéraux, l'Espagne et l'Italie. Toutefois, un accord entre deux pays peut être dénoncé à tout moment et ne règle pas les questions de protection de la marque dans un pays tiers. Certaines zones, telle l'Amérique du Sud, pratiquent très fréquemment un piratage légal : les droits exclusifs sont donnés au premier qui a enregistré une marque, même s'il existe un utilisateur précédent qui, dans ce cas, devient contrefacteur s'il continue d'utiliser sa propre marque… À la fin du XIXe siècle, la situation varie donc très sensiblement d'un pays à l'autre : « C'est ainsi que les marques, exclusivement composées de lettres, de chiffres ou de mots, ne sont pas admises en Allemagne, en Autriche, au Brésil, dans la république d'Argentine ; que la loi allemande exclut du droit de déposer une marque tous ceux qui ne sont pas inscrits au registre du commerce ; que les lois de l'Autriche, de l'Espagne, de la Suède et Norwège [*sic*], des États-Unis, de Colombie ne protègent que la marque du fabricant et non celle du négociant, et que la loi brésilienne ne protège pas celle de l'agriculteur[16]. » La situation, assez anarchique, ne donne donc satisfaction à personne. Il est nécessaire de déposer le nom de nombreuses fois et des malentendus culturels, linguistiques ou autres sont toujours possibles. D'autre part, à l'image des brevets, on retrouve une coupure entre pays « sans examen » (comme la France avant 1965) et pays à examen, plus nombreux (Allemagne, Suisse, États-Unis). Enfin, comme on l'a vu pour les pays anglo-saxons, certains pays protègent une marque même si elle n'est pas déposée du moment qu'elle est utilisée (démarche qui favorise la protection des marques domestiques) ; d'autres, telle la France, ne protègent une marque que si elle est déposée.

La convention de Paris de 1883 sur la propriété industrielle prend en compte les brevets mais aussi les marques. Elle permet dans ses articles 6 et 7 de s'affranchir en grande partie des obstacles décrits ci-dessus puisque le premier texte stipule que « toute marque de fabrique ou de commerce régulièrement déposée dans le pays d'origine sera admise au dépôt et protégée telle quelle dans tous les autres pays de l'Union » tandis que le second précise que « la nature du produit sur lequel la marque de fabrique ou de commerce doit être apposée ne peut, dans aucun cas, faire obstacle au dépôt de la marque ». De plus, l'article 8 protège le nom commercial, sans obligation de dépôt, qu'il fasse ou non partie d'une marque de fabrique ou de commerce. Il apparaissait nécessaire cependant de proposer à la communauté internationale des textes facilitant l'inscription simultanée des marques. Certains groupes d'intérêt français jouèrent un rôle d'aiguillon dans ce sens. Lors de la conférence diplomatique de Madrid de 1890, dont la préparation est confiée à la Suisse, un délégué fait allusion aux réactions françaises dans le domaine de la contrefaçon : « Serait-il possible de faire pour un groupe d'États ce que l'Union des fabricants fait si bien pour la France et de charger une administration commune de remplir les formalités nécessaires pour assurer aux marques des sujets ou citoyens de ces États la protection dans les divers pays[17] ? » Ce sera fait et signé l'année suivante. L'arrangement de Madrid (1891) sur le dépôt international des marques est signé à l'origine par cinq pays (la France, la Belgique, l'Espagne, la Suisse et la Tunisie). Un dépôt centralisé est effectué par l'administration nationale du déposant sur la base d'une marque enregistrée. Le bureau international (situé à Berne) répartit sans véritable examen les demandes auprès des pays concernés. Les objections contre la marque distribuée peuvent être formulées pendant un an mais celle-ci peut être défendue selon les possibilités propres à chaque législation (il ne s'agit donc que d'une interdiction provisoire). Un autre arrangement de Madrid porte sur les fausses indications d'origine.

Afin de permettre l'accès aux principes de l'enregistrement international à des pays d'une autre tradition – en particulier les pays anglo-saxons et ceux qui s'y rattachent –, il a été nécessaire de trouver un compromis à l'arrangement de Madrid : il s'agit du protocole de Madrid (1990). Ce dernier comprend quatre points essentiels : la possibilité d'un enregistrement international basé sur le dépôt de la marque nationale de base; un délai d'examen porté de douze à dix-huit mois; la perception d'une taxe nationale supplémentaire; la limitation de la déchéance internationale en cas « d'attaque centrale ». La convention de Paris intéresse aujourd'hui plus de 162 pays; elle ouvre un droit de priorité de six mois à partir du dépôt en France. L'arrangement de Madrid (plus de 60 pays concernés) permet par une seule formalité d'étendre à un certain nombre de pays les effets du dépôt effectué, par exemple, en France. Les accords liés à l'OMC (ADPIC) comprennent un volet sur les marques. Ils permettent de porter à trois ans la mise en exploitation d'une marque, délai suffisant dans la plupart des cas.

La marque communautaire

Comme pour les brevets, l'Europe communautaire a souhaité se doter de règlements identiques à l'intérieur de ses frontières dans le domaine des marques. C'est l'un des éléments majeurs de l'évolution récente de l'histoire des marques. Les premiers efforts remontent à 1960 et on les doit aux Néerlandais (notamment à Cornelius de Haan). Un avant-projet de 1964 n'a malgré tout guère de suite[18]. En fait, le projet sur les marques sera conforté par la mise sur pied des brevets européens au début des années 1970. Cette relance reste assez laborieuse puisqu'il faut plusieurs comités d'experts tout au long des années 1970 pour faire avancer la situation. La directive en faveur d'une marque communautaire intervient finalement le 21 décembre 1988 et, cinq ans plus tard, l'Office communautaire est prévu pour aller en Espagne.

Une première étape a consisté à harmoniser les règles entre pays membres puis à construire progressivement la marque communautaire elle-même (1996, Office pour l'harmonisation sur le marché intérieur ou OHMI, installé à Alicante en Espagne). Cet organisme enregistre les marques et modèles communautaires, en une seule fois, pour tous les pays membres, pour une durée de dix ans, et tranche s'il y a des oppositions. L'exploitation n'est demandée que dans un seul pays pour être valable. Le succès de la marque communautaire est réel, ne serait-ce que par l'engouement que témoignent les Américains à son encontre et par le nombre de demandes reçues (près de 73 000 enregistrements ou renouvellements de marques nationales et près de 13 000 enregistrements ou renouvellements de marques internationales en 1996...).

Dessins et modèles : une autre chronologie

Moins connu du grand public, le modèle représente aussi un moyen de reconnaissance et de promotion d'autant plus efficace que la forme, le design sont entrés dans les préoccupations des créateurs et des consommateurs. Toutefois, « la frontière entre création artistique et invention est si indécise que la loi française sur les dessins et modèles a dû préciser que c'est la protection par brevet qui s'applique lorsque le même objet peut être considéré à la fois comme un modèle et comme une invention[19] ». De la difficulté de se situer à la frontière...

Quels critères appliquer ?

La protection des dessins contre la copie illicite naît dans l'industrie textile, que ce soit en France ou en Angleterre. Une ordonnance du 25 octobre 1711 porte dans le premier cas « défense de prendre, voler, vendre, prêter, remettre et se servir directement ou indirectement des dessins qui ont été confiés pour fabriquer ». Ce texte concerne la fabrication des étoffes d'or, d'argent et de soie sur le territoire de Lyon. Un arrêt du Conseil du 14 juillet 1787 étend cette législation à tout le royaume. La même année, le Designing & Printing of Linen Act est la première loi anglaise protégeant la création industrielle. Elle reste très limitée puisqu'elle n'excède pas deux mois depuis la date de la première publication, le nom du propriétaire étant marqué sur chaque pièce (en 1794, le droit est étendu à trois mois).

Soierie de la manufacture de Lyon, XVIIIe siècle.

C'est encore l'œuvre de la Révolution et de l'Empire qui donne pour un siècle ses structures légales à la question des dessins et modèles. La création des tribunaux de prud'hommes pour le dépôt des dessins est un premier pas décisif. En 1793 (loi des 19 et 24 juillet), à l'instigation de Beaumarchais, la protection artistique trouve ses fondements légaux. Le texte a pour but d'assurer pendant la vie entière aux peintres et dessinateurs qui font graver des tableaux ou dessins le droit exclusif de vendre ou distribuer leurs ouvrages et d'en céder la propriété. La loi du 18 mars 1806 donne au Conseil des prud'hommes (d'abord établi à Lyon pour les textiles[20]) les fonctions autrefois remplies par les bureaux de communauté (un échantillon de dessin est déposé au Conseil). La loi de 1806 sur les dessins industriels était spécifique à la ville de Lyon puis fut étendue au territoire national par l'ordonnance du 17 août 1825, ce qui n'est pas un cas si fréquent. Même si cette loi couvre le XIXe siècle, elle n'est pas sans rigidité et essuie de nombreuses critiques. Les dépôts, qui peuvent être faits pour une durée indéfinie, restent sous le cachet du déposant (soit un échantillon plié sous enveloppe) : aucun intéressé ne peut donc en prendre connaissance. De plus, le dépôt doit être fait avant toute manifestation d'exploitation du modèle sous peine de forclusion. Enfin, la loi de 1806 exclut la possibilité d'avoir recours à la protection de la loi de 1793 sur la propriété artistique. Il reste que la distinction entre le dessin industriel et le dessin artistique ne va toujours pas de soi : les tribunaux du XIXe siècle estiment que le dessin de fabrique se caractérise par le fait qu'il n'est que l'*ornement* de l'objet auquel il s'applique tandis que le dessin artistique a une existence propre. Le décret du 20 février 1810 impose le double enregistrement des marques de fabrique : au greffe du tribunal de commerce (prévu par la loi du 22 germinal an XI) et au greffe du conseil des prud'hommes pour les créateurs dont la fabrique est située sur le territoire de leur juridiction. À partir de 1858, seuls les greffes du conseil des prud'hommes reçoivent les dessins et modèles de fabrique. Ces conseils se généralisent progressivement (à Paris en 1844 pour les métaux, en 1847 pour les tissus, en 1890 pour le bâtiment et en 1908 pour le commerce).

La chronologie anglaise, à partir de la première moitié du XIXe siècle, montre également un souci progressif de protéger les dessins et modèles : d'abord les tissus (laine, soie ou certains mélanges), mais aussi l'ornementation et la forme ainsi qu'un premier système d'enregistrement (Copyright of Design Act 1839). En 1842-1843, les articles sont classés et le domaine d'enregistrement considérablement élargi. Finalement, les pouvoirs du Board of Trade dans le domaine des dessins et modèles sont transférés à l'United Kingdom Patent Office en 1875.

Le modèle a donc cette particularité qu'il se trouve dans le champ de la création industrielle et de la création intellectuelle. Le créateur peut dès lors, s'il en apporte les preuves suffisantes, être également protégé par le droit d'auteur. Ce fait n'est pas d'emblée allé de soi. Au XIXe siècle, les tribunaux rechignent à protéger le créateur d'une forme plastique nouvelle car ils ne le considèrent pas comme un artiste : « La copie d'une statue ou d'un tableau était punissable mais non celle d'un candélabre ou d'un fauteuil[21]. » Le flou de la législation concernant les modèles au XIXe siècle peut également être approché à travers un exemple sectoriel : « On s'est demandé si les articles de mode étaient ou non protégés par la loi de 1806. La jurisprudence refuse de leur reconnaître le caractère de modèles de fabrique. Elle considère que la loi ne peut avoir eu pour objet de les protéger, car l'industrie s'en empare librement et les répand dans le public sans aucun obstacle. De nombreux auteurs (Philipon, Pouillet, Ducreux, Vaunois) estiment que la théorie contraire doit être adoptée, car, en matière de modèles industriels, on ne doit s'occuper ni du genre de l'industrie, ni de l'importance de la création. Dès l'instant où il y a création, la loi de 1806 peut s'appliquer[22]. »

Nouvelles lectures de la loi au XXe siècle

Depuis le début du XXe siècle, les créateurs sont doublement protégés puisque, outre le droit d'auteur, ils peuvent déposer leur modèle. La nouvelle réglementation de 1909 revient en effet sur l'option perpétuelle. Elle instaure un système de dépôt des dessins et modèles qui est un mode de preuve efficace. Plus qu'un changement administratif, il faut voir ici l'entrée dans la société de consommation qui ne se satisfait plus de la pérennité des modèles. Il est nécessaire de s'adapter à une mode qui change rapidement. La loi de 1909 (dont le décret d'application date de 1911) essaie de cerner un peu mieux la nouveauté des dessins et modèles. La loi s'applique « à tout dessin nouveau, à tout objet industriel qui se différencie de ses similaires, soit par une configuration distincte et reconnaissable lui conférant un caractère de nouveauté, soit par un ou plusieurs effets extérieurs donnant à cet objet une physionomie propre et nouvelle ». La loi définit précisément la différence entre la spécificité du dessin (protection de la forme) et la protection technologique, fonction du brevet (en cas de consubstantialité entre le dessin ou modèle et l'invention, c'est la législation sur les brevets qui l'emporte). Un seul délai est précisé : celui de cinq ans secrets. Si le déposant requiert une publicité, la boîte est transmise à l'Office national de la propriété industrielle (créé le 9 juillet 1901) pour une durée de 25 ans renouvelable une fois (l'Office peut également recevoir pour 25 ans secrets les dessins et modèles). Les autres types de dépôts sont pris en charge dans les secrétariats des conseils de prud'hommes ou dans les greffes des tribunaux de commerce.

Marque Louis Vuitton, « toile monogram » (1905).

À partir de la définition de 1909, le domaine concerné par l'appellation « dessins et modèles » se dégage progressivement de la jurisprudence : il englobe les dessins nouveaux, les formes plastiques ou modèles et tout objet industriel qui se distingue des autres, y compris la combinaison d'effets extérieurs, ce qui est primordial dans le domaine des textiles. Les deux caractères essentiels qui rendent protégeable le dessin ou modèle sont l'originalité apparente et la nouveauté. Ce dernier critère peut faire remonter très loin la recherche d'antériorité puisqu'un inventeur de signes typographiques s'est vu en 1905 opposer un ouvrage imprimé du XVe siècle… Enfin, les modèles purement techniques ne peuvent être protégés car ils ne tombent pas dans le domaine de définition de la loi. À l'inverse, la loi anglaise de 1949 sépare l'enregistrement des dessins et modèles de celui des brevets, mais la législation doit par la suite se rapprocher des critères continentaux et des règlements pris dans les assemblées internationales.

Les textes français les plus récents sur les dessins et modèles datent de 1964, 1980 (tous les dépôts de dessins et modèles peuvent se faire soit à l'INPI, soit dans les greffes des tribunaux de commerce) et 1990. La forme du dépôt est également modifiée en 1992. Les modèles sont désormais conservés dans des enveloppes puisque le dessin ou la photographie remplacent les prototypes réduits, scellés dans des boîtes, relevant désormais du domaine des archives. Le principe du dépôt demeure la base de la façon de faire avec une protection de 25 ans. Un registre national des dessins et modèles est créé à l'image des autres registres (brevets, marques). Il est à noter enfin que le législateur s'est penché sur une activité qui fait la réputation de la France : la mode (loi du 24 mars 1952 sur les industries saisonnières de la parure et de l'habillement). Dans ce dernier cas, il n'existe pas de procédure de dépôt ni de durée de protection spécifiée, mais la saisie pour contrefaçon est rapide et s'accompagne de sanctions pénales lourdes. En 1994, une procédure simplifiée de dépôt des dessins et modèles dans les secteurs à renouvellement rapide – ce qui intéresse au premier chef l'industrie de la mode – a pour conséquence une forte croissance des dépôts. Cette loi permet aussi d'alourdir les sanctions envers les contrefacteurs.

Dessins et modèles à l'international : une préoccupation somme toute récente

Le dépôt international des modèles (cinq ans renouvelables jusqu'à quinze ans) est institué par l'arrangement de La Haye (6 novembre 1925 avec entrée en vigueur le 1er juin 1928) qui regroupe essentiellement les pays ouest-européens. C'est l'Organisation mondiale de la propriété intellectuelle (OMPI/WIPO) à Genève qui prend en charge cette procédure. Il n'existe pas d'examen préalable, ce qui transfère au pouvoir judiciaire l'estimation de la validité du modèle. Preuve de l'intérêt récent pour les dessins et modèles, des pays dont la législation ignorait jusqu'à très récemment cet aspect des choses ont introduit des textes pour leur protection : en 1984 pour la République populaire de Chine; en 1987 pour la Grèce; en 1991 pour la Finlande, la Hongrie, le Mexique; en 1992 pour le Danemark et la Tchécoslovaquie; en 1993 pour la Bulgarie, la Fédération de Russie et l'Ukraine; en 1994 pour l'Autriche[23]...

En Europe, après les brevets et les marques, les autorités communautaires ont senti la nécessité de s'intéresser aux modèles. Les différences culturelles sont ici aussi, peut-être plus qu'ailleurs, bien présentes. La plupart des pays ne protègent pas la création industrielle à la hauteur du droit d'auteur (copyright). Un pays comme la RFA, par exemple, refuse toute protection à un modèle divulgué antérieurement au dépôt. Aussi, en janvier 1995, un document intitulé « Utility Model Protection in the Internal Market » souligne l'intérêt d'une harmonisation plus poussée entre les États membres. Ce sera chose faite fin 2001 pour les pays de l'Union européenne. Cette harmonisation entraînera une conséquence importante pour la France : la durée de protection sera de 25 ans maximum par tranches de cinq ans renouvelables, au lieu de 25 ans renouvelables une fois. De même, l'OHMI d'Alicante devrait bientôt avoir dans ses responsabilités la gestion d'un modèle communautaire.

Les marques commerciales, les dessins et modèles ont acquis une importance stratégique qui suppose des efforts d'harmonisation juridique tant au plan européen qu'au plan mondial. La marque, en particulier, est devenue sujette à des formes de plus en plus subtiles de contrefaçon. Sa défense suppose des ententes larges et des moyens de réaction rapides. La globalisation des marchés sous-entend donc un arsenal juridique digne de ces nouveaux défis. Historiquement, ce n'est pas une nouveauté absolue. Mais les enjeux sont désormais planétaires. Car la façon de considérer les marques évolue dans le temps et selon les sociétés. Il existe un regard spécifique des différentes couches sociales sur la marque : une demande, une attente qui ne se comprennent pas uniquement en termes juridiques ou économiques. La marque, et dans une moindre mesure les modèles, relèvent de considérations largement socioculturelles où le consommateur désire prendre la parole.

1. Edith Amiot et Jean-Louis Azizollah, *Les marques françaises, 150 ans de graphisme 1824-1974,* INPI-Historicom, 1990, p. 17.
2. Abraham S. Greenberg, «The Ancient Lineage of Trade-Marks», *Journal of the Patent Office Society,* décembre 1951, XXXIII-12, p. 882.
3. Direction des Affaires culturelles de Paris, *Objets 1860-1910, dessins et modèles de fabrique déposés à Paris,* Paris, 1993, p. 33.
4. Andrea Semprini, *La Marque,* Paris, Presses Universitaires de France, collection « Que sais-je ? » n° 2982, p. 11 *et sq.*
5. Friedrich Karl Beier, « The development of Trademark Law in the last 25 years », *International Review of Industrial Property and Copyright Law* (IIC), Max Planck Institute for Foreign and International Patent, Copyright and Competition Law, Munich, décembre 1995, p. 780.
6. André-Arnaud Fourny, « Roland Garros contre Roland-Garros », *L'Équipe,* 1er novembre 2000.
7. Muriel Jaouën, « La marque distributeur, une opportunité de développement », *La Tribune,* 12 décembre 2000.
8. Keith M. Stolte, « How early did Anglo-American Trademark Law begin ? », *The Trademark Reporter (Offical Journal of the International Trademark Association),* 6-88, novembre-décembre 1998, n° 6, p. 567.
9. *Ibid.,* p. 597-598.
10. Parmi ces premières marques enregistrées en Angleterre, on trouve la bière Guinness, l'eau minérale Apollinaris ou la boisson Schweppes : David Tatham, « Times Past. Early registrations in the United Kingdom », *Trade Mark World,* octobre 1992, n° 51, p. 24-32.
11. Fritz Lanham est un élu du Texas.
12. Daphne Robert, « Commentary on the Lanham Trade-Mark Act », *The Trademark Reporter,* juillet-août 1996 (cinquantième anniversaire de la loi Lanham), p. 375.
13. Sylvester J. Liddy, « The Lanham Act-An Analysis », *ibid.,* p. 421.
14. Beverly W. Patishall, « The Constitutional Foundations of American Trademark Law », *The Trademark Reporter (Official Journal of the United States Trademark Association),* juillet-août 1988, vol. 4, n° 78, p. 468.
15. Il existe 69 conventions spéciales en 1883, au moment de l'établissement de l'Union de Paris. La totalité prend en compte les marques, un tiers les dessins et modèles mais deux seulement les brevets : voir AIPPI, *Édition du centenaire,* Bâle, 1997, p. 15.
16. E.-O. Lami, *Dictionnaire encyclopédique et biographique de l'industrie et des arts industriels,* Paris, Librairie des dictionnaires, 1883, article « Propriété industrielle », p. 632.
17. Union des fabricants pour la protection internationale de la propriété industrielle et artistique (UNIFAB), *Édition du centenaire,* 1972, p. 32. L'Union des fabricants a créé plus près de nous la SODEMA (Société de dépôt de marques) pour assurer toutes les opérations d'acquisition et de maintien des droits de propriété industrielle dans le monde.
18. Cabinet Plasseraud, *Entreprise et propriété industrielle, Cent ans après la signature de la Convention d'Union de Paris,* Europrotection, 1983, p. 131.
19. Cabinet Plasseraud, *op. cit.,* p. 10.
20. Ce sera aussi le cas de Mulhouse un peu plus tard. Les dépôts à partir de 1833 sont à l'origine de l'actuel et remarquable musée de l'impression sur étoffes.
21. Frédéric et Jean-Michel Wagret, *Brevets d'invention, marques et propriété industrielle,* Paris, Presses Universitaires de France, collection « Que sais-je? », n° 1143, 1998 pour la sixième édition, p. 122.
22. Yves Guyot et A. Raffalovich, *Dictionnaire du commerce et de l'industrie et de la banque,* Paris, Guillaumin, tome II, vers 1901-1902, p. 813 (article « Modèles de fabrique »).
23. Rudolf Krasser, « Developments in Utility Model Law », *International Review of Industrial Property and Copyright Law* (IIC), Max Planck Institute for Foreign and International Patent, Copyright and Competition Law, Munich, décembre 1995, n° 6, p. 956.

Deuxième partie

Pratiques et usages de la propriété industrielle

La loi et les ententes internationales ne définissent pas seulement les outils et les règles de la propriété industrielle, elles en infléchissent aussi l'emploi dans la mesure où la propriété industrielle est un instrument des politiques économiques. Réciproquement, l'utilisation des brevets et des marques par les inventeurs et les entreprises recompose les objectifs propres au droit de la propriété industrielle. Ce sont ces pratiques et ces usages qu'il convient désormais d'explorer.

Prérogative royale, le privilège marque bien l'association entre l'invention et la grandeur nationale. L'État se doit, pour réaliser ce dessein, de tout mettre en œuvre pour promouvoir et protéger l'innovation. Dans ce projet, les pouvoirs publics réussissent mieux à créer les institutions nécessaires, en particulier dans le domaine de la recherche, qu'à répandre l'usage des outils de la propriété industrielle.

Ces derniers sont mal connus et surtout peu maîtrisés par les inventeurs. Figure mythique, l'inventeur espère la reconnaissance de ses talents par le brevet, mais ne dispose pas des moyens financiers et des relations nécessaires à la défense de ses travaux. L'inventeur individuel n'est pas une victime : son trajet reproduit plutôt celui de l'entreprise et de ses risques. Ce pari sur le succès d'une invention est supporté aujourd'hui par un nombre croissant d'acteurs au sein des entreprises, bien que ces dernières accèdent de manière inégale aux droits offerts par la propriété industrielle.

Les entreprises font en outre des utilisations très variées des brevets et des marques, et ces outils s'intègrent d'abord dans des stratégies plus ambitieuses de promotion de la nouveauté ou de conquête de positions concurrentielles. Le brevet est ainsi utilisé pour s'approprier une innovation, pour la faire connaître afin de l'améliorer, pour se ménager des positions de force sur le marché.

Toutefois, le brevet demeure en priorité un instrument de valorisation de l'innovation. Pour différencier leurs produits, les entreprises ont aussi recours aux marques, qu'elles utilisent dans le cadre de leurs stratégies commerciales. Longtemps associée à la qualité, la marque est aussi un des vecteurs des pratiques publicitaires. Elle fait également l'objet d'une valorisation particulière, aboutissant parfois à une identification complète avec l'entreprise. Elle est enfin une représentation des liens entre les entreprises et leurs marchés.

Les usages des brevets et des marques se sont ainsi adaptés à la complexité des économies industrielles contemporaines.

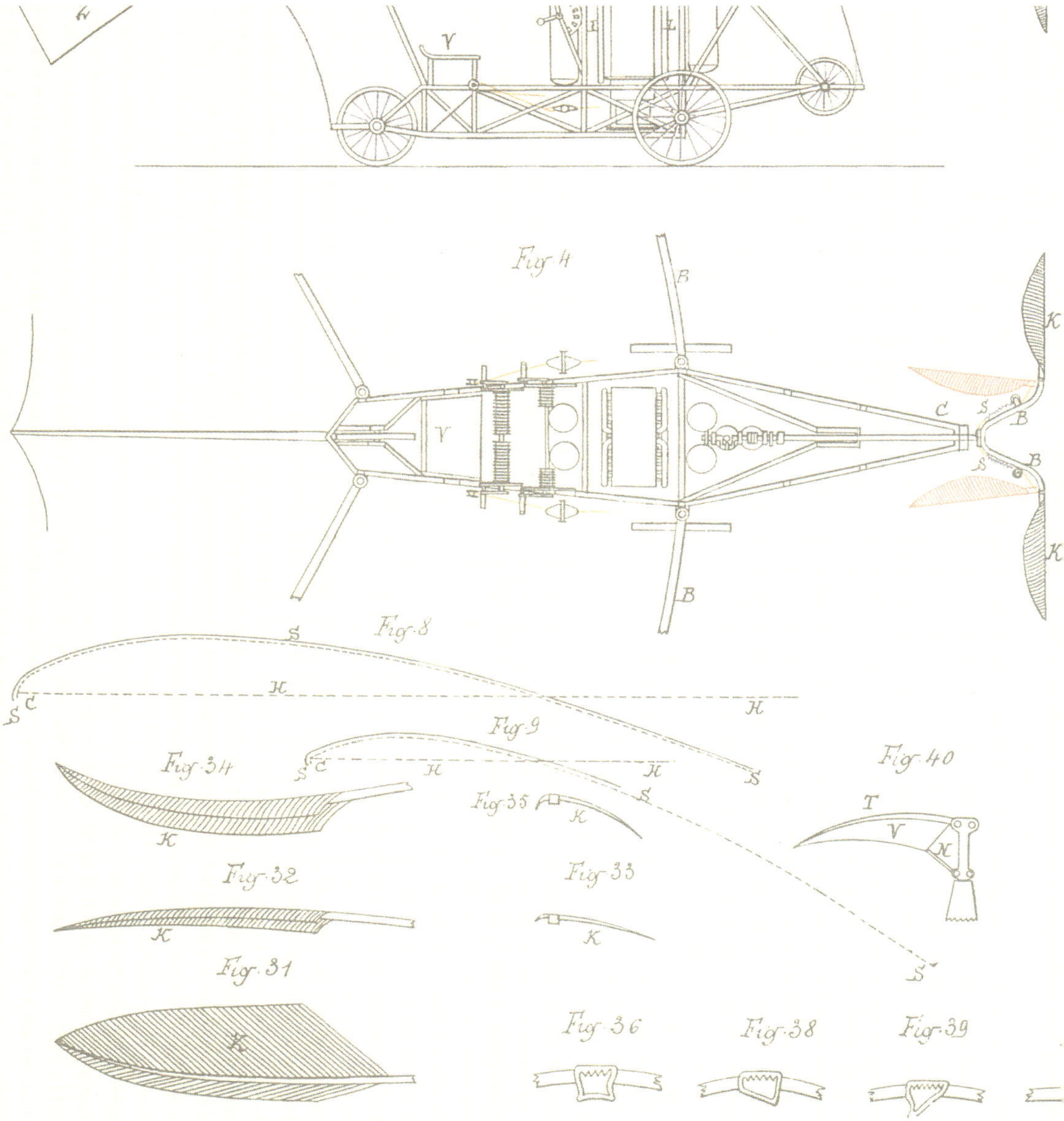

L'*Éole* de Clément Ader.
Brevet du 9 octobre 1890.

Chapitre 5

L'innovation, une affaire publique

Prenez intérêt, je vous en conjure, à ces demeures sacrées
que l'on désigne du nom expressif de laboratoires.
Louis Pasteur

Du colbertisme au projet gaullien, l'économie française en général et l'innovation en particulier semblent régies par une intervention publique immuable, régulièrement attaquée par les tenants du libéralisme. Les deux dernières décennies, synonymes d'ouverture internationale et de libéralisation européenne, viendraient démentir cette longue et imposante présence de l'État si les statistiques ne rappelaient que, en France, ce dernier finance encore aujourd'hui près de la moitié de la recherche-développement[1].

Louis XIV visitant l'Académie des sciences, 1667.

En dépit de ses efforts, la France ne parvient pas à conquérir de nouvelles positions dominantes dans le champ mondial de l'innovation : la part des brevets français dans le monde tend à régresser tandis que les Allemands, pour ne citer qu'eux, déposent entre deux et trois fois plus de brevets que les Français.

Ce constat oblige à s'interroger sur l'efficacité de l'intervention publique en matière d'innovation et sur sa capacité à corriger les imperfections du marché et les réticences des acteurs économiques à l'égard des nouveautés. L'examen des politiques publiques en la matière éclaire alors l'un des aspects de l'*exception française.*

Les fondements absolutistes du progrès industriel

Le terme d'« innovation » garde longtemps une signification juridique puis politique associée à une connotation négative, que laisse fort bien transparaître Antoine Furetière dans son dictionnaire de 1690 : « Innovation : changement d'une coutume, d'une chose établie depuis longtemps. En bonne politique, toutes les innovations sont dangereuses. Les innovations en matière de religion aboutissent à des schismes, à des guerres civiles. » Ce sens dépréciatif, le terme le conserve un demi-siècle plus tard au sein même de ce monument des Lumières que constitue l'*Encyclopédie.* L'innovation est alors ainsi définie : « nouveauté, ou changement important que l'on fait dans le gouvernement politique d'un État, contre l'usage et les règles de la Constitution. Ces sortes d'innovations font toujours des difformités dans l'ordre politique ».

Daniel Charles Trudaine.

Pourtant, le vocable ne revêt pas toujours cet aspect péjoratif : Vauban, dans son *Projet de dîme royale* de 1707, affirme que le peuple « s'apaisera bientôt quand il verra d'une manière à n'en pouvoir douter que cette innovation [son projet d'impôt] a pour but principal et très certain de le rendre plus heureux qu'il n'est », tandis qu'à la fin du XVIIIe siècle le lien s'opère entre l'usage économique et politique du mot. Toutefois, si le terme d'innovation reste longtemps cantonné à une signification politique, l'encouragement à l'industrie, le soutien de l'invention sont des réalités que contribue largement à fonder l'État monarchique.

Techniques et absolutisme

L'encouragement du progrès technique mené par Colbert sous la monarchie absolue procède d'une volonté politique que symbolisent de nombreux règlements. Ce projet se concrétise aussi par la création, en 1666, de l'Académie des sciences, pacte institutionnel entre la science et l'industrie[2]. Les règlements de 1699 consacrent le rôle de l'Académie comme organe consultatif de la monarchie en matière scientifique et manufacturière ; dès lors, l'Académie tend à s'imposer comme l'arbitre des problèmes technologiques posés à la monarchie absolue en même temps qu'elle invite les inventeurs à chercher sa reconnaissance, reflet de la puissance souveraine qu'étaient à même de conférer ces quelques mots : « Approuvé par l'Académie ».

Ce rôle de conseil est fortement lié au régime des privilèges offrant un monopole de fabrication et de commercialisation sous l'Ancien Régime. Il est en effet nécessaire, pour l'institution monarchique, de juger la viabilité technique et l'utilité sociale de l'invention qui lui est soumise avant d'accorder quelque monopole que ce soit. Mais cette évaluation n'est concevable que comme un moment dans une démarche plus générale d'encouragement aux arts. On en voudra pour preuve cette obligation pesant sur l'inventeur approuvé de laisser un modèle de sa machine à l'Académie : en se faisant le conservatoire de l'invention technique, l'Académie doit contribuer au développement de l'industrie.

L'invention au temps de la monarchie éclairée

Au cours du XVIIIe siècle, les fondements colbertistes s'épanouissent. L'encouragement de l'État à l'invention s'appuie désormais sur des structures de plus en plus étoffées, voire s'accentue dans un contexte de développement de l'industrie. La concurrence anglaise sème le trouble au sein même de l'administration et, à partir des années 1740, le Bureau du commerce s'engage dans une réelle politique de l'invention. « Dans la seconde moitié du XVIIIe siècle, l'invention est véritablement devenue une cause nationale[3]. »

Cette cause nationale est supportée par une vraie technostructure au service des inventeurs. À sa tête, le Bureau du commerce, mené par un directeur, centralise un grand nombre de propositions d'inventeurs remontant des intendants du commerce ou des intendants des manufactures. Interlocuteurs des entrepreneurs et des élites locales, ces derniers procèdent à des expertises techniques, et il n'est pas rare de voir tel ou tel se lancer dans l'entreprise inventive. Ainsi en va-t-il du sieur Julié, inspecteur du commerce à la généralité de Tours, qui met au point, dans la seconde moitié du XVIIIe siècle, « une machine faisant tourner douze guindres à la fois et chargeant en même temps douze bobines[4] » afin de permettre un meilleur rendement des équipements producteurs de textile.

En outre, grâce à l'impulsion de grands directeurs comme les Trudaine, des projets sont élaborés afin d'inspirer une véritable politique industrielle pour le royaume. En témoigne ce mémoire d'un inspecteur anonyme adressé en 1754 au directeur du commerce et intitulé par l'auteur : *Mémoire tendant à perfectionner les fabriques de France et à faciliter les nouveaux établissements*[5]. S'interrogeant sur la meilleure utilisation possible des amendes infligées à ceux qui contreviennent aux règlements de fabrique, l'auteur propose de faire administrer la partie de ces fonds qui revient aux hôpitaux par les intendants de commerce et d'utiliser les hôpitaux comme des points de diffusion des nouveautés. Expression d'un projet avant d'être la description d'une réalité, ce mémoire illustre bien la mentalité des administrateurs de l'époque, conscients que l'amélioration de l'industrie comporte des risques propres à effrayer les fabricants et que l'État doit prendre à sa charge. À bien des égards, ils plaident pour un système de l'innovation où l'État a naturellement sa part.

La compétition industrielle avec la Grande-Bretagne, le développement d'une administration soucieuse de la puissance du Royaume et de fortes personnalités contribuent à la construction d'un projet industriel fondé sur le progrès technique. L'encyclopédisme lui-même participe de ces préoccupations : les articles « Industrie » et « Invention » de l'*Encyclopédie* témoignent d'un lien fort entre ces deux notions, l'industrie apparaissant comme une « fille de l'invention, [...] fruit de cet instinct de méchanique que la nature donne à certains hommes indépendamment de la philosophie[6] ».

À cette idéologie techniciste s'ajoute une politique d'invention menée par la monarchie en crise. Le 2 août 1783, Louis XVI signe un acte royal par lequel il institue le premier dépôt de machines afin « d'exciter les capitalistes à former des spéculations sur le produit des machines nouvelles[7] ». Le dépôt est établi en l'hôtel de Mortagne, là où, en 1742, Vaucanson, alors inspecteur des manufactures de soie du royaume, s'était installé afin de construire des machines textiles. En hébergeant à proximité, rue de Charenton, des inventeurs travaillant en lien direct avec le dépôt, Vandermonde, directeur du dépôt, membre de l'Académie des sciences, appointé par le Bureau du commerce, fait de l'hôtel de Mortagne un véritable centre d'information technique au cœur du quartier industrieux du faubourg Saint-Antoine.

Ainsi, les liens entre la science, la technique et les institutions publiques fondent une politique d'encouragement à l'innovation promue par la monarchie absolutiste[8], qui lègue un modèle fécond. L'État se substitue à l'initiative privée, trop frileuse face aux inventions et à l'industrie, et favorise par son prestige ou ses commandes la diffusion des nouveautés. Éclairé dans ses décisions par les avis de l'Académie des sciences, il bénéficie alors d'une légitimité nouvelle, conférant aux objets nouveaux leurs laissez-passer vers les marchés et les mondes de l'économie.

La révolution tranquille du XIXe siècle

La Révolution française entraîne la remise en cause de la politique d'encouragement au progrès technique, fondée sur le pouvoir monarchique et sur l'Académie. Pour autant, les inflexions que connaît cette politique ne sont pas si brutales : le pouvoir politique ne renonce pas à l'appui d'institutions savantes pour légitimer le soutien apporté à l'innovation.

La Révolution et l'Empire : une césure ?

Les premiers moments de la Révolution française consacrent une rupture avec les institutions d'Ancien Régime. La Nuit du 4 août et les décrets du 11 août 1789 mettent à bas la société d'Ancien Régime en bouleversant ses structures féodales faites de corps et de privilèges. Le système d'encouragement à l'industrie n'échappe pas à ces changements.

Ainsi, le 10 juillet 1790, l'Assemblée nationale décide-t-elle d'abolir le système des pensions royales, envisageant de lui substituer un système de récompenses destinées aux individus apportant à la nation de décisives contributions[9]. C'est dans ce contexte, on le sait, que se pose le problème d'une législation sur les brevets, finalement adoptée le 7 janvier 1791. Rappelons que les législateurs sont confrontés à une contradiction assez forte : protéger l'inventeur sans pour autant faire apparaître le brevet comme un nouveau type de privilège. Le talent de Boufflers avait consisté à présenter l'inventeur comme une victime, livrée à l'arbitraire bureaucratique et délivrée par un dispositif juridique égalitaire. Avec l'institution d'un dépôt impersonnel et sans réelle entrave, ce n'est plus l'administration qui juge de l'utilité ou non d'une invention, mais la loi de la concurrence. L'État laisse donc faire, laisse passer.

L'Académie des sciences est en outre contestée par les associations d'inventeurs et d'artisans – telle la Société du point central des arts et métiers –, nées à la faveur de la Révolution. Elles voient dans les académies des vestiges de l'Ancien Régime, sans légitimité pour juger de la contribution à la nation de l'inventeur-citoyen. Le 8 août 1793, les académies, « corps monstrueux », « corporations enfantées par le despotisme qu'elles étaient accoutumées à servir »[10], sont dissoutes[11]. L'une des institutions qui ont joué un rôle fondamental dans l'encouragement à l'industrie et au progrès technique disparaît.

Le pouvoir révolutionnaire et républicain ne se désintéresse pas pour autant du progrès technique. La France est en guerre : en août 1793, la Convention décrète la levée en masse pour faire face à tous les périls. Dans ce conflit souvent féroce, la République, qui institue progressivement un régime de terreur, a besoin de savants pour perfectionner

L'Exposition internationale de Lyon en 1894 : promouvoir l'innovation par l'émulation.

son outil militaire. Dès le 14 août 1793, Lazare Carnot et Prieur de la Côte-d'Or entrent au Comité de salut public et entreprennent de réorganiser l'armée.

De nombreux savants, chimistes, mathématiciens, se mettent alors au service de la République en armes, à l'instar de Monge et de Vandermonde, ancien de l'Académie, chargés de mettre en place une usine d'armement dans Paris. En outre, persuadés que la Révolution doit assurer le progrès scientifique et technique au service de la nation, les conventionnels remodèlent le paysage scientifique français par la création d'institutions censées encadrer la science du moment : l'École polytechnique est inaugurée en 1794 avec l'École normale supérieure et le Conservatoire national des arts et métiers.

Ces réalisations marquent une rupture assez nette avec les structures d'Ancien Régime, même si elles s'en inspirent. L'Académie des sciences, reconstituée sous la forme d'une classe de l'Institut (1796), perd toute prédominance, au profit notamment de l'École polytechnique, dont les ingénieurs doivent diffuser un modèle du progrès scientifique et technique fondé sur la science. Par ailleurs, une institution comme le

Conservatoire national des arts et métiers (CNAM) est présentée comme un centre de culture technique et de promotion de l'innovation grâce à l'exposition pédagogique de machines nouvelles[12].

Sous l'Empire, le nouvel équilibre révolutionnaire est renforcé : la science officielle est désormais soumise à l'État. L'Institut devient, pour une large part, une institution au service du pouvoir impérial et dont l'accès sanctionne souvent une collaboration dévouée au gouvernement en place. La fondation de la Société d'encouragement pour l'industrie nationale en 1802, présidée et financée par Chaptal, offre à l'industrie de nouveaux réseaux et de nouveaux supports susceptibles de faire progresser techniques et industrie. En dépit de nombreux liens avec les pouvoirs publics, l'initiative privée prend alors le pas sur la volonté publique incarnée dans des institutions stables et durables d'où sortiront de grandes œuvres de la science française.

Le XIXe siècle libéral

Au début du XIXe siècle sont prises un certain nombre d'initiatives destinées à favoriser le progrès industriel. Elles sont avant tout d'ordre privé. Ainsi, en 1826, est fondée la Société industrielle de Mulhouse dont le but est de donner une base scientifique aux techniques industrielles, d'encourager l'esprit d'entreprise et d'améliorer le niveau de vie. En mettant en place des structures de recherche et d'enseignement à même de favoriser l'innovation, la Société industrielle de Mulhouse s'impose comme un modèle du genre[13] et inspire la naissance d'autres sociétés industrielles : dans les années 1830, les sociétés de Nantes, d'Angers, de Reims et d'Amiens se mettent en place et prennent explicitement leur aînée mulhousienne comme référence[14].

Le rôle de ces sociétés n'est pas anecdotique. Par l'organisation d'expositions régionales ou nationales, elles permettent une meilleure diffusion des objets nouveaux créés dans les ateliers. En outre, en offrant à leurs membres une importante documentation technique et en mettant en place des cours en vue de former la main-d'œuvre, les sociétés industrielles participent peu ou prou d'une logique de l'innovation.

Dans le domaine de l'enseignement, l'initiative privée s'impose aussi : en 1829, un homme d'affaire nantais, Alphonse Lavallée, engage sa fortune pour créer l'École centrale des arts et manufactures. Censée devenir le lieu de formation d'ingénieurs civils, l'École centrale abrite alors des professeurs de renom, comme le chimiste Jean-Baptiste Dumas, qui dispensent un savoir considéré comme le fondement de la révolution industrielle en cours.

L'État intervient, malgré tout, dans ce mouvement de promotion de l'innovation. Dès 1819, le CNAM s'enrichit d'une « haute école d'application des connaissances scientifiques au commerce et à l'industrie[15] » : à la mission de musée industriel s'ajoute une mission de formation. Grâce à cette institution et à toute la structure de formation des ingénieurs décrite plus haut (École polytechnique, École des ponts et chaussées, École des mines, etc.), l'État bénéficie de lieux de recherche propres à favoriser l'innovation.

L'innovation technique n'intéresse cependant pas les seuls responsables du commerce et de l'industrie. L'entretien de l'appareil militaire durement éprouvé par l'effondrement de 1815 apparaît peu à peu comme une nécessité. L'un des centres de la recherche militaire est alors le Comité d'artillerie, créé en 1792 et qui se trouve confronté dans les années 1820 au remplacement du matériel mis en place par Gribeauval au siècle précédent. Au cœur d'un véritable réseau d'écoles, d'arsenaux, de fonderies et de laboratoires, le Comité d'artillerie favorise une recherche

Louis Pasteur dans son laboratoire.

permettant la modernisation de l'outil militaire. Ainsi le laboratoire de chimie du dépôt central de l'artillerie accueille-t-il des chimistes fameux comme Gay-Lussac ou Henri Sainte-Claire Deville.

Toutefois, l'État apparaît en retrait et une grande part de son action est essentiellement symbolique. L'aide publique aux expositions industrielles est symptomatique : à l'exception des expositions universelles, l'État n'apporte qu'un concours financier restreint, à peine compensé par la distribution de médailles au nom de tel ou tel ministre. De même, les ingénieurs des corps d'État mis à la disposition des inventeurs se contentent de leur donner des conseils et des avis et ne leur ouvrent que rarement les colonnes des *Annales des mines* ou de celles des Ponts et Chaussées.

L'action publique repose en effet sur une logique libérale mêlant rigueur budgétaire et réserve administrative, particulièrement sensible dans le domaine de la recherche universitaire. Certains savants s'alarment de l'état de la science française. Ainsi, en 1868, dans un opuscule intitulé *Le Budget de la science*, Pasteur écrit : « Si vous êtes jaloux de la part que votre pays peut revendiquer dans l'épanouissement de ces merveilles, prenez intérêt, je vous en conjure, à ces demeures sacrées que l'on désigne du nom expressif de *laboratoires*. Demandez qu'on les multiplie et qu'on les orne : ce sont les temples de l'avenir, de la richesse et du bien-être[16]. » À cette date, Pasteur n'est pas le héros de la vaccination antirabique mais il a un solide passé scientifique derrière lui. Élu à l'Académie des sciences en 1862, il est l'auteur de nombreux travaux sur les fermentations et sur ce qui deviendra la pasteurisation. Loin d'ignorer l'industrie, Pasteur a souvent mis son génie à son service pour trouver des solutions aux différents problèmes auxquels elle pouvait être confrontée, et a aussi déposé des brevets pour ses procédés de fermentation. Il plaide pour un véritable budget de la science qui permettrait à la France de faire valoir ses talents face à ses concurrents étrangers, rappelant l'avance considérable de l'Allemagne en la matière.

Cette prise de conscience d'un retard français en matière d'innovation technique est favorisée par la concurrence internationale. Alors que l'Allemagne dispose de nombreux laboratoires privés et publics à l'appui de son industrialisation rapide, la France laisse reposer son effort de recherche sur des structures passées et dépassées. Et Pasteur d'affirmer, laconique : « Parmi les établissements qui relèvent du ministère de l'Instruction publique, on n'en compterait que deux ou trois dont les laboratoires méritent ce nom[17]. »

Technique, innovation et nationalisme

La défaite face à la Prusse, en 1870, oblige les élites françaises à réagir et à promouvoir un effort en matière de formation. Les dépenses publiques pour l'enseignement supérieur passent de 6 millions de francs en 1870 à plus de 14 millions de francs en 1889[18]. En 1914, le nombre des étudiants dans les facultés de sciences passe le cap des 7000, chiffre qui ne saurait occulter l'essor contemporain des écoles spécialisées d'où sortent de nombreux ingénieurs et techniciens.

La faculté des sciences de Bordeaux, en 1928.

Les initiatives locales sont en effet nombreuses et favorisées par la création en 1896 des universités de province ainsi que par la possibilité qui leur est offerte de délivrer des diplômes spéciaux. Des instituts universitaires de sciences appliquées voient le jour, soutenus par les pouvoirs publics locaux conscients des besoins en encadrement des entreprises industrielles. Ainsi, en 1894, le conseil municipal de Marseille décide-t-il de financer la moitié de la chaire de physique industrielle de la Faculté des sciences[19].

Les résultats restent mitigés. Le lien formation-recherche-innovation est loin d'être simple en France entre 1880 et 1940 : sous la Troisième République, moins d'un quart des grandes entreprises françaises possèdent un département de recherche[20]. À l'époque, certains scientifiques sont tout à fait conscients de l'état précaire de la situation malgré les efforts entrepris. Pierre Duhem, professeur de physique à la faculté des sciences de Bordeaux, déclare dès 1899 : « La Science a ses snobs. Ils ont entendu parler de pays où la science est reine et où on la traite royalement ; on lui donne à profusion non seulement l'indispensable, non seulement l'utile, mais encore le superflu ; où, après lui avoir prodigué livres, collections, instruments, après l'avoir entourée d'une armée de serviteurs et de gardiens, on la loge dans des palais ; alors, prenant le contenant pour le contenu, ils confondent la Science avec les palais qu'elle habite ; et, comme en Allemagne, ces palais se nomment des instituts, ils font édifier une masse imposante en pierres de taille ; ils le surmontent d'une plaque de marbre où l'on a gravé en lettres d'or le mot : *Institut*, et ils s'en vont en se flattant d'avoir animé la Science française d'un souffle nouveau[21]. »

Invitant le chercheur à adopter une posture pragmatique, Duhem l'incite à s'intéresser aux problèmes des industriels qui nourriront sa propre démarche scientifique et souhaite « que des relations fréquentes, qu'un échange d'idées continuel, s'établissent entre les habitants des laboratoires et les habitants des usines[22] ». Bien entendu, Duhem n'est pas le seul à avoir conscience de ces dysfonctionnements et du retard accumulé face à une Allemagne qui demeure une référence incontournable. Pourtant, sous l'effet des expositions universelles de 1878, de 1889 et de 1900, le regard se fait plus critique et la nécessité de consolider le lien entre science et industrie s'affirme.

De la science à l'industrie : le tournant de 1900

Avec l'arrivée d'Alexandre Millerand au ministère du Commerce et de l'Industrie en 1899, un plan de réformes semble être mis en œuvre pour donner à l'industrie des outils scientifiques dignes des grandes nations. Après maintes consultations, un décret est pris en mai 1900 qui institue un laboratoire d'essais au sein d'un Conservatoire national des arts et métiers réorganisé. Faisant suite au précédent laboratoire d'essais créé en 1857, le « laboratoire d'essais mécaniques, physiques, chimiques et de machines » a pour but affiché d'offrir aux industriels une structure leur permettant de réaliser des essais sur les produits qu'ils inventent. Fruit d'un compromis entre les pouvoirs publics et le secteur privé, il est financé en partie par la Chambre de commerce de Paris, qui offre annuellement une subvention de 55 000 francs afin de permettre le remboursement d'un emprunt initial[23].

La création de ce laboratoire s'inscrit dans une entreprise plus vaste qui touche aux problèmes de propriété industrielle. Dès 1899, des projets et des propositions de loi visant à modifier la législation sur la propriété industrielle sont à l'étude, comme l'attestent les différents débats au sein des commissions parlementaires[24]. Avec le Congrès international sur la propriété industrielle, qui a lieu lors de l'Exposition universelle de 1900, le brevet apparaît comme un élément fondamental d'aide à l'invention. Mais c'est la création d'un nouvel organisme de propriété industrielle qui fait gagner à l'innovation une dimension nouvelle.

La création de l'Office national de la propriété industrielle

Créé par la loi du 9 juillet 1901, l'ONPI regroupe les services de propriété industrielle du ministère du Commerce et de l'Industrie et a pour vocation d'aider les inventeurs. Désormais, l'encouragement à l'industrie ne se limite plus à la recherche scientifique ou au développement de l'enseignement. L'ONPI, dans le cadre du CNAM, doit apparaître comme un centre d'information technique et juridique où les inventeurs pourront recevoir des conseils dans la rédaction de leurs brevets et dans leur pratique inventive. En 1902, le directeur de l'ONPI tente d'organiser un bureau d'assistance gratuite pour les inventeurs avec l'aide de l'Association des ingénieurs-conseils. Prémisse d'une aide inédite à l'innovation, le projet échoue[25].

La création de l'ONPI dément donc l'idée d'un désintérêt de l'État pour les problèmes d'invention. Cependant, pour autant que l'on puisse en juger, le courant réformiste du début du siècle a échoué à créer les conditions d'une aide efficace à l'innovation industrielle. Face à des entrepreneurs ou à des savants jaloux de leur indépendance, face à des industriels parfois timides à l'égard des risques que comporte l'entreprise inventive, la volonté politique, trop soucieuse de compromis entre des intérêts souvent inconciliables, a refusé de s'imposer. Certaines voix s'élèvent pour dénoncer ce manque d'ambition. Henry Le Châtelier, par exemple, appelle de ses vœux des réformes de fond en faveur de « la recherche scientifique [qui] présente une importance extrême, non seulement au point de vue du développement de la science pure mais plus encore au point de vue du développement de l'industrie et, par suite, de la richesse publique[26] ».

Les effets de la Grande Guerre

La Première Guerre mondiale est le révélateur de nombreuses faiblesses structurelles de l'économie française. Dans le domaine de la recherche et de l'innovation, l'État met en place divers organismes assurant le lien entre la science et l'industrie. Pour les besoins de l'armée, une commission supérieure d'examen des inventions, dans laquelle siègent des ingénieurs renommés tels Gustave Eiffel et Georges Claude, est ainsi mise sur pied[27] dès les premiers jours du conflit mais, censée examiner les propositions d'inventions, elle est l'objet de récriminations quasi générales. Aussi d'autres efforts sont-ils entrepris pour fournir à l'armée combattante les armes perfectionnées que requiert le nouveau conflit mondial.

La guerre ou l'innovation nécessaire, des munitions à la défense passive.

À la fin de l'année 1915, à l'initiative de Paul Painlevé, ancien normalien, ministre de l'Instruction publique, une direction des inventions est mise en place et rattachée au ministère. En 1916, la direction devient un sous-secrétariat d'État confié au député du Cher, Jules-Louis Breton, et rattachée au ministère de l'Armement et des Fabrications de guerre. Grâce à son opiniâtreté, Breton obtient un accroissement de ses crédits mais procède alors à une véritable dispersion des subsides : tous les laboratoires universitaires bénéficient des largesses du gouvernement, qu'il s'agisse du laboratoire de radiologie de Marie Curie, de celui de Jean Perrin à la faculté des sciences de Paris ou encore de différents laboratoires des facultés de province[28].

L'urgence de la Première Guerre mondiale conduit donc l'État à instituer des organismes assurant pleinement le lien entre la science et l'industrie. La guerre initie une durable rupture : au modèle de l'inventeur en armes dont on examine l'œuvre s'ajoute celui du savant dont l'État finance les recherches, vitales pour la nation. Ainsi, aux lendemains de la Première Guerre mondiale, les problèmes posés par l'aide à l'innovation technique ne se présentent plus comme à la veille du conflit. Innover, être à la pointe du progrès technique est une nécessité que la guerre n'a que trop bien démontrée.

Les Arts ménagers de 1927.
Vue de la nef du Grand Palais.

Plusieurs institutions voient donc le jour dans l'entre-deux-guerres. La loi du 29 décembre 1922 crée un Office national des recherches scientifiques et industrielles et des inventions (ONRSII) qui a pour objet « 1°) de provoquer et de coordonner spécialement les recherches scientifiques de tout ordre qui se poursuivent dans les établissements scientifiques ou que peuvent entreprendre des savants en dehors de ces organisations; 2°) de développer et de coordonner spécialement les recherches scientifiques appliquées au progrès de l'industrie nationale, ainsi que d'assurer les études demandées par les services publics et d'aider les inventeurs[29] ». La Caisse des recherches scientifiques, créée en 1901 pour subventionner des recherches essentiellement dans les domaines du vivant, est rattachée à l'Office. Mais la coordination des recherches en science « fondamentale » et en science « appliquée » ne s'opère pas. Elle réclame en effet une collaboration entre des services dépendant souvent de ministères différents. « L'Office s'est donc spontanément limité à l'exécution de travaux que lui permettait son statut, c'est-à-dire à “assurer les études demandées par les services publics”[30]. » Disposant de faibles moyens tant humains que financiers, il ne remplit pas la mission qui lui est confiée.

En revanche, la recherche scientifique fondamentale s'organise. En 1930 est mise en place une Caisse nationale des sciences chargée d'encourager les travaux d'ordre scientifique, d'attribuer des prix et des bourses aux savants et de venir en aide à ces derniers et à leurs familles en cas de nécessité. Cette idée de Jean Perrin, qui avait bénéficié en son temps des subventions de la Direction des inventions, se concrétise et permet d'obtenir des résultats satisfaisants. Quelques années plus tard, la création de la Caisse nationale de la recherche scientifique (décret-loi du 30 octobre 1935) consacre une séparation nette entre science « pure » et science « appliquée » : chargée de la gestion de la Caisse des recherches scientifiques et de la Caisse nationale des sciences, la nouvelle caisse doit être à même de favoriser le développement de la science fondamentale.

Le développement de la concurrence internationale dans un contexte de crise, la montée des périls remettent pourtant sur le devant de la scène scientifique les problèmes de recherche appliquée et d'innovation industrielle. Le Conseil supérieur de la recherche scientifique, qui date de 1933, propose l'institution d'un Centre national de la recherche scientifique appliquée (CNRSA), créé par décret-loi le 24 mai 1938. Chargé d'assurer la coordination de différents comités réunis autour de problèmes technologiques, le nouveau centre absorbe l'ancien Office des inventions mais se révèle être une organisation beaucoup trop lourde pour pouvoir travailler efficacement.

L'échec du CNRSA, associé à l'impératif du réarmement mais condamné à gérer l'héritage de l'Office des inventions, conduit scientifiques et politiques à procéder à une nouvelle réorganisation par le biais de la création, le 19 octobre 1939, du Centre national de la recherche scientifique. Dirigé par Henri Laugier, le CNRS reprend à son compte les missions des anciennes officines : distribution d'allocations aux chercheurs, mise en place de laboratoires, coordination des activités des laboratoires existants, recherches effectuées à la demande des pouvoirs publics… Mieux, il absorbe l'ancienne Caisse nationale de la recherche scientifique ainsi que l'ancien CNRSA, qui devient, au sein de la nouvelle structure, une direction à part entière.

Le CNRS à Meudon.

Le processus qui aboutit à la création du CNRS en 1939 permet de promouvoir des idées et des pratiques nouvelles. Le gouvernement du Front populaire, poussé par des personnalités comme celle de Jean Perrin, met au service du CNRSA et de la Caisse nationale des moyens importants (plus de 50 millions de francs en 1937). Par ailleurs, l'idée de programmes pour financer les activités de recherche fait son chemin. L'un des problèmes majeurs qui subsistent est bel et bien le rapport entre science et industrie : le CNRSA n'a pas été une expérience totalement convaincante et la coordination entre la science et ses applications est largement problématique au sein du nouveau CNRS.

Recherche et impératif industriel

Le régime de Vichy, né de la défaite de mai-juin 1940, marque un temps d'arrêt dans la politique publique de soutien à l'innovation, et surtout dans l'élaboration de pratiques liant la recherche scientifique à l'industrie. Certes, la mise au point de produits de substitution dans un contexte de pénurie est encouragée. L'État français fait le choix de la collaboration avec l'Allemagne, et dans le même temps promeut une réorganisation de l'économie selon des principes parfois technocratiques. La recherche n'est pas absente de ces conceptions et des organismes spécialisés voient le jour, créés à l'initiative des industriels et avec le soutien de l'État. Tel est le cas du Centre d'étude des matières plastiques, de l'Institut d'études et de recherche des corps gras, de l'Institut du verre ou encore du Laboratoire central des services chimiques, ce dernier étant lié à la Direction des industries chimiques au sein du ministère de la Production industrielle[31]. Mais, en dépit de quelques succès isolés, l'activité scientifique est freinée.

Le CNRS, campus d'Auteuil.

Cette situation est d'autant plus dommageable que la Seconde Guerre mondiale est l'occasion, dans les pays anglo-saxons, de renforcer l'institution d'un véritable système d'innovation nationale. En Grande-Bretagne, la collaboration amorcée pendant la Première Guerre mondiale entre les services de santé, les entreprises et les laboratoires publics est réactivée et renforcée, permettant rapidement l'apparition d'une production nationale de pénicilline. Aux États-Unis, des liens identiques sont noués entre l'État fédéral, les entreprises et les laboratoires de recherche à des fins militaires (projet Manhattan), donnant naissance au complexe militaro-industriel américain[32]. En France, en revanche, l'organisation de la recherche et de ses liens avec l'industrie présente un retard certain. Dès la Libération, les initiatives prises sont peu dissociables du projet de reconstruction, tel notamment qu'il a été formulé par le CNR.

Nouvelles structures, valorisation de la recherche et propriété industrielle

Aux lendemains de la guerre naît un certain nombre d'organismes de recherche sur lesquels repose aujourd'hui encore notre paysage scientifique et technologique. Tel est le cas du Commissariat à l'énergie atomique (CEA), créé en 1945 à l'initiative de Frédéric Joliot, qui devient le premier haut-commissaire à l'énergie atomique. Directement rattaché à la présidence du Conseil, le CEA obtient une autonomie financière largement favorable à ses travaux, qui aboutissent dès 1948 à la mise au point de la première pile atomique française, Zoé.

La création de nouvelles institutions ne résout cependant pas cette difficulté récurrente d'une absence de coordination des recherches, difficulté que ne parvient pas à assumer le CNRS de 1939. C'est pourtant en son sein qu'est mis en place un Service des inventions et de la recherche appliquée[33]. Ce service a pour mission d'aider les inventeurs dans les démarches liées au dépôt de brevets, mais aussi de favoriser les relations avec les industriels pour l'exploitation des inventions brevetées. Il existe donc dès les années 1950 une prise de conscience de la nécessité de faciliter les liens entre les organismes de recherche publics et les industriels. Au début des années 1960, le CNRS est titulaire de 600 brevets et gère 800 demandes de brevets[34].

En fait, les relations entre ces derniers et la recherche publique ne vont pas de soi dans les années 1950. En effet, les industriels ne comprennent pas toujours qu'une recherche effectuée dans un organisme tel que le CNRS n'appartienne pas au domaine public. Par ailleurs, le chercheur étant jugé peu sensible aux problèmes d'exploitation industrielle, les responsables d'entreprise ont parfois du mal à imaginer qu'une innovation soit réalisée à l'extérieur de l'entreprise. Enfin, les petites et moyennes entreprises sont encore dominantes en France et manquent des moyens nécessaires à l'innovation, mais elles sont aussi hésitantes. Une collaboration avec un organisme de recherche publique peut donc leur paraître utile, surtout si elle est garantie par un dépôt de brevet.

Pierre Mendès France en 1958.

L'État est aussi soucieux d'une meilleure coordination de la recherche publique. La réflexion de la communauté scientifique se développe dans le cadre du Plan et progresse avec l'accession de Pierre Mendès France à la présidence du Conseil. Désireux de moderniser l'appareil productif de la France, ce dernier crée un secrétariat d'État à la Recherche scientifique et au Progrès technique qui se veut le véritable directoire de la recherche française. Mais la chute de Mendès France en 1955 met provisoirement fin à cette initiative. En fait, c'est la réunion d'un colloque national sur la recherche et l'enseignement technique en novembre 1956 à Caen qui semble constituer le tournant au sein de la communauté scientifique. Définissant une résolution en douze points, les participants se prononcent, entre autres, pour une planification du développement de la recherche et pour l'instauration d'une politique coordonnée appuyée sur un fonds national pour la recherche.

Les idées exprimées lors du colloque de Caen prennent corps avec l'arrivée du général de Gaulle au pouvoir. En novembre 1958 sont mis sur pied deux comités chargés de proposer et de conseiller le gouvernement en matière de politique scientifique ainsi qu'une Délégation générale à la recherche scientifique et technique. Placée sous la tutelle directe du Premier Ministre, la DGRST[35] est censée assurer le secrétariat commun aux deux comités créés. Renforcée par des dispositions budgétaires prises en 1960 et par un décret de 1961 qui précise son statut, elle apparaît progressivement comme l'organisme susceptible d'avoir une vision d'ensemble de la recherche française. Forte de son statut interministériel qui lui permet de contourner les conflits de compétences, la nouvelle délégation s'affirme comme « un organisme capable de définir et d'animer une politique de recherche, sans se transformer elle-même en centre de recherche[36] ».

Qu'en est-il, cependant, du secteur privé dans l'élaboration de cette politique de recherche ? Dès 1961, la DGRST lance une politique d'actions concertées financées par le tout nouveau fonds de la recherche scientifique et technique. Ainsi l'industrie électronique est-elle l'objet d'une aide importante visant à stimuler la recherche dans ce domaine. En outre, en 1965, un système de subventions remboursables est mis au point afin d'assurer le développement de la recherche industrielle. Il n'en demeure pas moins qu'en 1959 les entreprises n'assurent que 30 % du financement de la recherche-développement et en exécutent moins de la moitié. Le secteur public, dans le contexte français, est donc incontournable.

La grandeur nationale : ses priorités et ses ratés

La république gaullienne affiche alors des ambitions plus élevées, où le développement de la recherche et des liens entre la science et l'industrie sont des moyens destinés à doter la France d'une indépendance nationale dans des secteurs jugés stratégiques, tels que l'atome, l'informatique, l'espace et l'aéronautique. En outre, les recherches menées dans ces domaines ne manqueraient pas d'avoir, éventuellement, des retombées pour l'ensemble des industries françaises. La priorité accordée à la recherche s'infléchit ainsi vers

Le général de Gaulle visite la centrale nucléaire de Pierrelatte en 1963 : l'innovation au service des grands desseins.

une véritable politique industrielle après 1965[37]. Les « grands programmes » mis en œuvre sous la présidence du général de Gaulle et poursuivis sous celle de Georges Pompidou absorbent plus de la moitié des dépenses de recherche-développement financées par l'État.

Ces dépenses publiques s'inscrivent dans des projets spécifiques : le plan Calcul pour l'informatique ou encore la construction d'un avion moyen courrier pouvant rivaliser avec les appareils américains. Les résultats sont assez contrastés : si, à moyen terme, les ambitions de la France dans l'aéronautique et l'espace sont couronnées de succès grâce à l'ouverture européenne des projets (Airbus et Ariane), la déception est grande pour l'informatique, et l'indépendance technique en matière de nucléaire n'est acquise que par la « francisation » réussie des procédés américains adoptés (voir *infra,* chapitre 12). Ces projets suscitent aussi la création de nouveaux organismes : le Centre national des études spatiales (CNES) voit le jour en 1964 et consacre la décision publique de faire de la France un acteur international en ce domaine.

Le *Caravelle,* une réussite des Trente Glorieuses.

On ne doit donc pas sous-estimer les ratés d'un tel modèle. Sur le plan des dépenses en recherche-développement, un essoufflement se fait sentir dès 1968, avant même le départ du général de Gaulle, et deux ans plus tard elles passent sous la barre des 2%. Consciente du problème, la commission de recherche du Ve Plan (1971-1975) fixe un objectif de 2,45 % du PIB. Peine perdue : la crise de 1973 empêche toute mesure d'envergure et, en 1977, le comité consultatif de la recherche déclare que « la réduction des moyens de travail des laboratoires sur plusieurs années est fort inquiétante. Elle compromet gravement la compétitivité scientifique du pays et les chances d'assurer notre avenir ».

Au total, le système mis en place durant les Trente Glorieuses a conféré un grand poids à l'État et dessiné un modèle qui subsiste encore à l'heure actuelle. En revanche, l'effort en termes de moyens, financiers notamment, n'est pas poursuivi sur le long terme. C'est dire combien l'action publique en la matière évolue au gré de la conjoncture et des personnalités au pouvoir. Hormis ce résultat en demi-teinte, un autre fait est notable : la baisse lente mais continue de la part de l'État tant dans le financement que dans l'exécution de la recherche-développement. Le temps des Trente Glorieuses se présente donc, au final, comme une longue période de transition au terme de laquelle l'idée d'une alliance entre la science et l'industrie s'est imposée.

Le nouveau paradoxe français

Depuis le début des années 1980, l'intervention publique s'est déployée dans plusieurs directions pour favoriser l'innovation, en particulier dans de nouveaux dispositifs d'aide et de valorisation de la recherche et dans des actions incitatives en matière de propriété industrielle.

Malgré la reconfiguration de ces politiques publiques, la France peine toujours à combler l'écart avec les grandes puissances technologiques.

De la nouvelle donne...

La recherche scientifique, qu'elle soit appliquée ou non, ne constitue pas l'ultime raison des mécanismes d'aide à l'innovation : la distance est grande du laboratoire au marché, et des dispositifs sont nécessaires pour la réduire. Ainsi l'action de l'Agence nationale pour la valorisation et l'aide à la recherche (ANVAR) a-t-elle largement contribué au rapprochement de ces deux mondes. Créée en 1967 pour aider à la valorisation industrielle des résultats de la recherche scientifique, l'ANVAR subit en 1979 une réorganisation qui fait d'elle une véritable agence de l'innovation. Dans les années 1980, elle participe à la réalisation des objectifs de la nation en matière de recherche-développement et vient en aide aux entreprises par l'octroi de prêts et d'aides. De 1983 à 1986, l'ANVAR instruit 3 300 dossiers de modernisation et répartit 25 milliards de francs de crédit.

La loi du 15 juillet 1982 d'orientation et de programmation pour la recherche et le développement technologique de la France est ainsi conçue comme une réponse au manque de compétitivité scientifique et technologique de la France. L'un des objectifs de cet acte législatif est de porter à 2,5 % la part du produit intérieur brut consacrée aux dépenses de recherche-développement, part qui avait légèrement augmenté avant 1981. Selon la nouvelle loi, ces dépenses doivent permettre le développement des recherches fondamentales, le soutien et la finalisation des recherches appliquées, la poursuite de

Innovation et aménagement du territoire : l'arrivée du TGV en gare de Nîmes.

programmes technologiques et la mise en place de programmes mobilisateurs pluriannuels[38]. Outre ce volet, qui renoue avec l'idée de grands programmes, la loi confère aux organismes de recherche le régime d'établissement public en créant la spécialité d'« établissements publics à caractère scientifique et technologique[39] ».

En fait, s'ils n'ont pas atteint la barre des 2,5 %, les progrès ont été certains en termes financiers : alors que le PIB croît chaque année, en tenant compte de l'inflation, de près de 1,5 % entre 1979 et 1985, la DIRD (Dépense intérieure en recherche-développement) augmente durant la même période de près de 5 %. Cependant, l'écart avec les pays étrangers en tête – États-Unis, Japon, Allemagne – ne se réduit pas : seule la Grande-Bretagne est rattrapée et dépassée à partir des années 1990. Même si un organisme comme le CNRS concentre à lui seul plus du quart du budget civil de recherche-développement, l'image d'une recherche publique omniprésente est loin d'être exacte. En effet, la part de la recherche-développement réalisée par les entreprises dépasse depuis plus de trente ans 60 % de la recherche-développement totale, et la part financée par les entreprises ne cesse d'augmenter depuis plus de 15 ans. En outre, les liens entre le monde de la recherche publique et celui des entreprises se renforcent ; ainsi, entre 1982 et 1996, le nombre de contrats passés entre le CNRS et des entreprises décuple, passant de 320 à 3 200[40].

Depuis 20 ans, l'intensification des échanges de technologie bouleverse les formes de l'innovation. Dans le cadre des entreprises multinationales ou des accords de coopération scientifique et technique, tels Euréka ou Esprit, l'innovation change de dimension et perd son caractère national. De même, la diffusion de l'innovation ainsi réalisée n'est plus conçue à l'échelle de marchés nationaux. Ce phénomène résulte de l'internationalisation des entreprises, mais aussi des coûts croissants de la recherche et du développement dans les secteurs de haute technologie. Dans ce contexte nouveau, l'action publique est amenée à se recomposer et à ménager la compétitivité des entreprises tout en renforçant les instruments de la propriété industrielle, en particulier en favorisant l'internationalisation des droits liés à cette dernière. La compétitivité des entreprises en matière d'innovation repose en effet sur la possibilité de s'approprier leurs découvertes, mais aussi sur leur capacité à négocier une exploitation par des tiers et à définir les formes de la diffusion. L'action des pouvoirs publics en matière de propriété industrielle est alors décisive.

Les supports à la valorisation de l'innovation sont donc renforcés. Grâce aux lois de décentralisation et à la création d'organismes comme les centres régionaux d'innovation et de transfert de technologies (1982), l'aide à l'innovation devient plus locale, mais aussi plus polyvalente : elle ne se borne pas à la seule valorisation de la « big science » nationale et promeut des aspects comme l'utilisation stratégique de la propriété industrielle. À l'échelle régionale, les petites et moyennes entreprises disposent désormais de plusieurs interlocuteurs pour mener au mieux l'exploitation de leurs innovations : antennes de l'INPI, délégations à l'innovation et à la technologie, et bien sûr l'ANVAR. Cette dernière dispose d'une assez bonne image de marque auprès des entreprises, auxquelles elle peut accorder une prime à l'innovation ou une aide à l'innovation. Enfin, la DATAR peut octroyer une prime de localisation d'activités de recherches[41].

Avec l'internationalisation croissante des entreprises, la propriété industrielle tend à devenir un outil majeur des stratégies d'innovation. L'ouverture et la libéralisation des échanges accroissent les risques de contrefaçon. Cela suppose que les entreprises déposent des brevets dans les pays où elles sont présentes mais aussi dans les pays où sont implantés des concurrents potentiels. Le brevet sert aussi de plus en plus d'outil d'information sur l'état de la recherche chez les concurrents et s'insère à ce titre dans les pratiques de veille technologique. Enfin, il est un instrument d'appropriation de l'innovation donnant à son détenteur le moyen d'organiser la diffusion de son innovation par le biais des contrats de licence. Tels sont aujourd'hui les principaux thèmes mis en avant par les pouvoirs publics en France[42] pour sensibiliser les responsables d'entreprise aux usages de la propriété industrielle.

...aux illusions perdues ?

Reste que ces progrès vers une plus grande intégration de l'innovation par les entreprises françaises, vers de meilleurs rapports entre les différents mondes de la recherche et vers une meilleure diffusion des inventions n'effacent pas de nombreux problèmes. En effet, si l'effort de recherche est accentué, les résultats en termes d'innovation et de progrès industriels ne sont pas toujours au rendez-vous, loin s'en faut : même si la France oriente son activité technologique vers des technologies clefs, son poids dans le monde tend à régresser depuis plus de dix ans.

Le décalage entre la production scientifique de la France et sa position technologique a été analysé par le rapport de M. Henri Guillaume, président d'honneur de l'ANVAR[43]. Plusieurs éléments expliquent, selon le rapport, cet apparent paradoxe. Avant tout, les laboratoires des différents organismes scientifiques français, dont la compétence n'est jamais remise en cause par les entreprises, ne parviennent pas, semble-t-il, à adopter des problématiques spécifiquement industrielles et à produire « des connaissances directement utiles à l'industrie[44] ». À cela s'ajoute l'absence de compétences pluridisciplinaires, pourtant nécessaires dans l'approche des problèmes industriels, absence que renforcerait l'inexistence de relais entre la recherche et le monde économique. Le dispositif de soutien au transfert et à la diffusion de technologie apparaît, en outre, beaucoup trop éclaté. Enfin, l'accès à la propriété industrielle est jugé difficile pour la plupart des PME en France faute d'une formation en la matière ou d'une adaptation plus grande aux modalités actuelles de la recherche, où la dimension immatérielle est de plus en plus présente[45].

Mais tout le monde ne partage pas cette analyse. Ainsi, pour Michel Callon, en France, « la frontière entre le monde de la recherche et celui de l'économie ne passe pas entre les entreprises et les universités ou les OPR [organismes publics de recherche], mais, au sein des entreprises, entre, d'un côté, les laboratoires centraux et, de l'autre côté, les divisions commerciales, les unités de production et la constellation des centres de recherches ou d'essais qui leur sont attachés et qui travaillent pour leur compte[46] ». En définitive, c'est la relation entre une recherche à court terme gouvernée par des motifs essentiellement commerciaux et une recherche à moyen et long terme qui est problématique. Les contraintes commerciales et financières doivent être, elles aussi, convoquées dans le procès du système d'innovation français.

Depuis le Grand Siècle, l'État en France n'a de cesse de multiplier les mesures incitatives au progrès et à l'innovation technologiques. La récurrence de l'intervention publique pourrait donner l'image d'une France en retard dans ces domaines. La réalité est plus complexe : s'il est vrai que les entreprises ont parfois fait preuve de réticences à l'égard de l'innovation, manquements que l'État a souvent dû pallier, les ambitions de ce dernier dépassent la volonté de stimuler la recherche et le progrès technique. La capacité nationale à innover et à exploiter de nouvelles technologies est perçue comme un des fondements de la puissance nationale. L'encouragement à l'innovation et à sa valorisation ne répond pas seulement à une quête de compétitivité, c'est aussi une question politique à laquelle la puissance publique ne peut pas répondre seule. La mobilisation des entreprises et des inventeurs reste donc toujours nécessaire.

Ariane ou la dimension européenne de l'innovation.

1. Voir P. Mustar (dir.), *Les chiffres clés de la science et de la technologie,* Paris, Observatoire des sciences et de la technologie, Economica, 1998, p. 20-21.
2. Voir Roger Hahn, *L'anatomie d'une institution scientifique, l'Académie des sciences de Paris, 1666-1803,* Paris, Éditions des Archives contemporaines, 1992.
3. Philippe Minard, *La Fortune du colbertisme, État et industrie dans la France des Lumières*, Paris, Fayard, 1998, p. 218.
4. P. Boissonade, *Trois mémoires relatifs à l'amélioration des manufactures de France sous l'administration des Trudaine (1754),* Paris, s.d.
5. *Ibid.*, p. 22.
6. *Ibid.*, p. 848.
7. Cité par Dominique de Place, « L'hôtel de Mortagne et les dépôts de l'an II », *in* Michel Le Moël et Raymond Saint-Paul (éd.), *1794-1994, Le Conservatoire national des arts et métiers au cœur de Paris,* Paris CNAM – Délégation à l'action artistique de la ville de Paris, 1994, p. 47-50.
8. Sur l'invention sous l'Ancien Régime, voir Liliane Hilaire-Pérez, *L'Invention technique au siècle des Lumières*, Paris, Albin Michel, 2000.
9. Sur ce passage, voir Roger Hahn, *op. cit.*, p. 264 *et sq.*
10. Cité par Roger Hahn, *op. cit.*, p. 337.
11. Si l'Académie des sciences demeure provisoirement chargée des travaux qui lui avaient été confiés par la Convention, dans les faits, elle cesse d'exister.
12. Sur ce sujet, voir Claudine Fontanon, « Conviction républicaine pour une fondation », *in* Michel Le Moël et Raymond Saint-Paul, *op. cit.*
13. Sur la Société industrielle de Mulhouse, voir Florence Ott, *La Société industrielle de Mulhouse, 1826-1876, son action, ses réseaux,* Strasbourg, Presses universitaires de Strasbourg, 1999.
14. Voir Pierre Lecouteux, *La Société industrielle de Rouen (1872-1939) : une sociabilité spécifique?,* thèse de doctorat sous la direction de M. Chassagne, université Lyon-II, 1996.
15. Alexandre Herléa, « Préliminaires à la naissance des laboratoires publics de recherche industrielle en France », *Culture technique*, 1998, n° 18, p. 220-231.
16. Louis Pasteur, *Le Budget de la science,* Paris, Gauthier-Villars, 1868, p. 4.
17. *Ibid.*, p. 7. Ce serait une erreur de voir là une critique frontale de Pasteur contre le gouvernement impérial. Au contraire, Pasteur a toujours été très respectueux du pouvoir en place, et son essai est une tentative pour appuyer les efforts du ministre de l'Instruction publique de l'époque.
18. Voir Harry Paul, *From knowledge to power, the rise of scientific empire in France, 1860-1939,* Cambridge University Press, 1985, chapitre 1.
19. Voir Harry Paul, « The issue of decline in Nineteenth-Century French Science », *French Historical Studies*, 1972, vol. VII, n° 3, p. 436.
20. Voir Terry Shinn, « The genesis of French industrial research, 1880-1940 », *Social Science Information*, 1980, vol. 19, n° 3, p. 608.
21. Pierre Duhem, « Usines et laboratoires », *Revue philomathique de Bordeaux et du Sud-ouest*, 1er septembre 1899, n° 9, p. 386.
22. *Ibid.*, p. 400.
23. Archives du CNAM – 1 EE/1.
24. Archives nationales, C 7357. Compte rendu des séances de la commission du commerce et de l'industrie de la Chambre des députés.
25. CNAM – Archives du Cadran Solaire - 2 EE 1. Rapport de M. Claude Couhin sur le fonctionnement de l'Office national de la propriété industrielle du 8 décembre 1902 au 10 décembre 1903. À ce sujet, voir Gabriel Galvez-Behar, *Des « armes savantes » au concours Lépine, les inventeurs en France entre 1870 et 1918,* mémoire de DEA sous la direction de Dominique Pestre, EHESS, 2000.
26. Henry Le Châtelier, « Les encouragements à la recherche scientifique », *Le Musée social, fondation de Chambrun, mémoires et documents,* Paris, 1914, p. 58.
27. Voir sur tout ce développement Yves Roussel, « L'histoire d'une politique des inventions 1887-1918 », *Cahiers pour l'histoire du CNRS,* 1998, n° 3, p. 36 *et sq.*
28. Voir A.N. F/17/17486.
29. Voir *ibid.*, loi du 29 décembre 1922 portant création d'un Office national des recherches scientifiques et industrielles et des inventions.
30. Voir Frédéric Blancpain, « La création du CNRS : histoire d'une décision, 1901 – 1939 », *Bulletin de l'IIAP,* 1974, n° 32, p. 767.
31. Commissariat général du plan de modernisation et d'équipement, *Premier rapport de la commission de modernisation des industries chimiques,* Paris, 1949.
32. Pap Ndiaye, « Du nylon et des bombes. Du

Pont de Nemours, l'État américain et le nucléaire, 1930-1960 », *Annales, Histoire, Sciences sociales,* janvier-février 1995, p. 53-73
33. J. Volckringer, « Les problèmes de propriété scientifique au Centre national de la recherche scientifique », *Cahiers de l'ISEA,* août 1961, n° 116, p. 83-96
34. *Ibid.*
35. En toute rigueur, la DGRST n'apparaît pas en tant que telle en 1960 dans la loi de finances. Les décrets de 1968 ne prévoient que l'existence d'un délégué au service du Comité interministériel de la recherche scientifique et du Comité consultatif de la recherche scientifique et technique. Sur tous ces points, voir Antoine Prost, « Les origines de la politique de la recherche en France (1939-1958) », *Cahiers pour l'histoire du CNRS,* 1988, n° 1, p. 41-62.
36. Antoine Prost, *op. cit.,* p. 62.
37. P. Lelong, « Le général de Gaulle et la recherche en France », *La revue pour l'histoire du CNRS,* n° 1, novembre 1999, p. 24-33
38. Loi du 15 juillet 1982, art. 2 et 3.
39. *Ibid.,* art. 15.
40. Voir P. Mustar (dir.) , *op. cit.,* p. 39.
41. *Les PME et les brevets : attitudes et comportements,* Institut de recherche de l'entreprise, Centre de recherche de la CCI de Lyon et de l'École supérieure de commerce de Lyon, AREPIT, novembre 1982.
42. Direction générale des stratégies industrielles, sous la direction de D. Lombard, *Rapport sur la propriété industrielle. Le brevet pour l'innovation,* Paris, ministère de l'Économie et des Finances, secrétariat d'État à l'Industrie, février 1998.
43. Henri Guillaume, *La technologie et l'innovation,* rapport au ministre de l'Éducation nationale, de la Recherche et de la Technologie, au ministre de l'Économie, des Finances et de l'Industrie et au secrétaire d'État à l'Industrie, Paris, La Documentation française, 1998.
44. *Ibid.,* p. 14.
45. Direction générale des stratégies industrielles, sous la direction de D. Lombard, *Rapport sur la propriété industrielle, op. cit.*
46. Michel Callon, « Faut-il croire en la recherche industrielle? », *Culture technique,* 1988, n° 18, p. 202-209.

Charles Populus, construction des montagnes artificielles
dites de santé, importées de la Russie.
Brevet d'invention du 10 juin 1816.

Chapitre 6

La longue marche de l'inventeur

Inventeurs : meurent tous à l'hôpital
– et un autre profite de leur découverte, ce n'est pas juste.
Gustave Flaubert,
Le Dictionnaire des idées reçues

Les mots et les mythes

Héros de l'histoire des techniques, l'inventeur est souvent présenté comme un acteur solitaire. Edison, Pasteur, Steve Jobs, Moreno sont autant de figures individuelles qui éclipsent le caractère pourtant collectif de leurs entreprises respectives[1]. En fait, avant de désigner une réalité claire et distincte, le terme même d'« inventeur », fort de son pouvoir évocateur, contribue à construire ces mythes modernes.

Histoire de mots

« Le pouvoir d'inventer est un des traits qui distinguent l'homme de la bête, et c'est grâce à lui que le genre humain a pu sortir de l'état d'infériorité dans lequel il se trouvait être à l'origine[2]. » Symptomatiques d'une pensée qui accepte sans état d'âme la société industrielle de son temps, ces propos de Pierre Larousse reflètent cette idée répandue selon laquelle l'invention constitue un pilier inébranlable de la civilisation et de la modernité.

Pourtant, l'histoire du terme « invention » souligne qu'il n'a pas toujours été rattaché à l'idée positive de progrès. S'il trouve ses racines dans la langue latine, c'est au Moyen Âge qu'il réapparaît dans toute sa polysémie. Au VIe siècle, *inventio* désigne la découverte de la Sainte Croix mais dès la première moitié du XIIe siècle, le sens du terme dépasse cette connotation religieuse : « invention » désigne alors une trouvaille, une merveille voire une ruse ou un mensonge. Elle apparaît comme une action ou une chose parfois opaque, étrange et négative.

Il n'est pas étonnant, dès lors, de voir Montaigne opposer « l'invention de nostre artillerie » à l'innocence du nouveau monde qu'il décrit dans ses *Essais*. Car, à mesure que s'affirme la modernité, l'invention se fait de plus en plus mécanique en consacrant cette maîtrise de la Nature par l'homme et par la machine. Progressivement, elle apparaît comme la mère de l'industrie et de la richesse des nations.

Le terme d'« inventeur », quant à lui, connaît une histoire très proche. Le mot apparaît dans la langue française en 1431, au

Jeanne d'Arc, « inventeresse de révélations », devant ses juges.

féminin. Il désigne alors… Jeanne d'Arc, « menteuse pernicieuse, inventeresse de révélations et d'apparitions[3] ». L'inventeur est celui qui invente une chose mensongère ou fabuleuse ou celui qui découvre un trésor, sens que le mot conserve de nos jours dans une acception juridique. Plus tard, le vocable se désenchante et se rapporte de plus en plus aux créateurs d'objets techniques inédits et supports du progrès industriel.

La figure mythique de l'inventeur

Ce détour par l'histoire des mots traduit le caractère ambigu de l'invention et de l'inventeur. À bien des égards, la figure de l'inventeur est souvent un compromis entre celle du charlatan et celle du magicien. En somme, le terme même d'« inventeur » inaugure la mythologie qui entoure, de nos jours encore, certains inventeurs célèbres.

Thomas Edison est l'un d'entre eux. Comme le montre Thomas Hughes[4], Edison est l'un des acteurs de ce grand courant technologique inauguré dans les années 1870. À cet égard, il peut être considéré comme l'un des pères de la nation américaine dans la mesure où cette dernière repose sur la mise en place des techniques modernes qui ont régi le XXe siècle. Edison est l'exemple type de l'inventeur indépendant, libre de tout engagement vis-à-vis d'une institution et capable de choisir par lui-même ses champs de recherche, sans être un amateur. Ce professionnel au large spectre d'activités bâtit de véritables stratégies de recherche et d'investissement. En faisant construire, en 1876, son laboratoire à Menlo Park, dans le New Jersey, Edison se donne les moyens de sa liberté vis-à-vis des financiers pour mener à bien ses propres recherches.

Edison et son kinétoscope.

L'inventeur de la lampe à incandescence ne s'est jamais contenté, cependant, d'accumuler les découvertes pour recueillir les lauriers de la gloire. Ses âpres négociations avec les banquiers, la collaboration d'un grand nombre d'avocats lui ont permis d'imposer et de maintenir son statut d'entrepreneur en inventions. Conscient que la construction d'une image singulière était loin d'être incompatible avec la réussite commerciale, Edison n'hésitait pas à se laisser dépeindre comme le « magicien de Menlo Park ». Sur cette alliance du scientifique et du magicien repose, en partie, le mythe de l'inventeur.

Si la France ne dispose pas de figures aussi emblématiques que celle d'Edison, elle n'en a pas moins construit sa propre mythologie inventive. Dans ce pays où la petite industrie a longtemps conservé un certain poids, la figure du petit inventeur permet d'exalter un individualisme quasi constitutif de l'identité nationale avec les grandeurs du génie français. On en voudra pour preuve ce rapport adressé à Raymond Poincaré, alors président de la République, en vue de la création d'une Direction des inventions intéressant la défense nationale : « La Guerre, à mesure qu'elle se prolonge, prend de plus en plus le caractère d'une lutte de science et de machines : la combinaison des anciennes méthodes de combats et des inventions les plus meurtrières de l'industrie pose chaque jour les plus pressants problèmes. [...] Mais la complexité et la variété de ces problèmes, et la nécessité d'aboutir vite, exigent la collaboration de toutes les forces intellectuelles du pays : or les ressources du *génie inventif français* sont loin d'être complètement utilisées[5]. »

Le contexte de la Première Guerre mondiale ne doit pas faire illusion : le « génie inventif français » est un lieu commun souvent convoqué au service des inventeurs, dont on rappelle parfois, de glorieux noms tels Niepce, Daguerre ou Eiffel. Membre du panthéon des « Grands Hommes » (dont les femmes sont exclues), l'inventeur est alors élevé au rang de promoteur du progrès technique et d'un individualisme créatif au fondement des nations modernes.

L'ère de l'inventeur indépendant

Le mythe de l'inventeur indépendant dépend malgré tout d'une réalité qui le précède. À cet égard, il apparaît bien vivant au cours des deux premières révolutions industrielles.

La pluralité des mondes de l'invention

Si les mythologies inventives du XIXe siècle mettent en avant de grands personnages héroïques, force est d'admettre que le monde des inventeurs est peuplé d'acteurs méconnus et qu'il reste socialement différencié[6]. Tout oppose par exemple Charles Noiret, auteur, en 1852, d'une invention pour réduire les accidents dans les filatures, et Louis-Dominique Girard, ingénieur proposant la même année un nouveau système de locomotion sur les chemins de fer. Pour le premier, militant républicain et socialiste, l'invention est un moyen de participer à l'émancipation de la classe ouvrière tandis que, pour le second, la technique est un moyen de réformer la société dans son ensemble. Ces deux inventeurs ne disposent pas des mêmes compétences ni, surtout, des mêmes atouts : l'ingénieur aura plus de facilités pour obtenir le soutien de hautes personnalités, de confrères ou d'institutions savantes que l'inventeur marginal, et celui-ci aura plus de chances d'essuyer un échec, qu'il interprétera alors comme la manifestation de la répression de l'ensemble du corps social à son encontre.

Un appareil à peindre : le « Ouistiti » de Paul Cans.

Entre ces deux pôles s'étend un large spectre où prennent place les ingénieurs spécialisés dans la recherche de performances techniques, les chefs d'ateliers soucieux d'améliorer la qualité et la productivité des produits et les mécaniciens qui, en inventant une machine, peuvent acquérir le statut de chefs d'entreprise. Les termes d'« inventeur indépendant » dissimulent donc la pluralité, sociale notamment, du monde des inventeurs. Selon son statut, l'inventeur dispose de plus ou moins grandes chances de succès, qui font de lui une proie plus ou moins facile.

Une proie facile ?

Les mythologies inventives insistent souvent sur la précarité du statut de l'inventeur, qui doit se défendre coûte que coûte contre les pièges tendus par de tristes individus sans génie mais puissants. À cette vision caricaturale correspond la réalité d'un parcours difficile dès les débuts de la démarche inventive.

L'idée nouvelle est au cœur de cette démarche : l'inventeur est convaincu d'avoir réalisé une invention quand il s'est persuadé d'avoir une idée que les autres n'ont pas. Bien entendu, les origines de cette idée fondamentale sont diverses ; dans le cas des inventeurs indépendants ou des « petits » inventeurs, elle est souvent issue des processus d'apprentissage liés à la pratique de leurs propres activités *(learning by doing)*.

Si elle repose sur une idée inédite, la démarche inventive reste fondée sur une *conviction*. L'inventeur est, en effet, convaincu de la nouveauté et du bien-fondé de son projet. Cette force de conviction est peut-être l'une de ses qualités, mais aussi l'un de ses défauts majeurs : qualité parce qu'elle lui permet de surmonter les différents obstacles qui se présentent à lui, nous le verrons ; défaut car elle l'enferme parfois dans un aveuglement stérile.

La lettre qu'un propriétaire girondin, Garrive Meynard, fait parvenir le 1er septembre 1873 au ministre de l'Agriculture et du Commerce est, à cet égard, assez édifiante : « Fille de l'industrie française c'est la machine elle-même, Monsieur le Ministre, si vous daignez obtempérer à la demande du réclamant, qui viendra vous démontrer [qu'elle] établit l'addition, la soustraction, la multiplication et la division de ses forces, suivant le besoin, plus ou moins constant, d'un travail moteur, et donne naissance en réduisant ces quatre opérations arithmétiques en une seule action mécanique au mouvement automatique élémentaire, progressif et continuel, connu vulgairement sous la recherche de mouvement perpétuel. [...]. En attendant

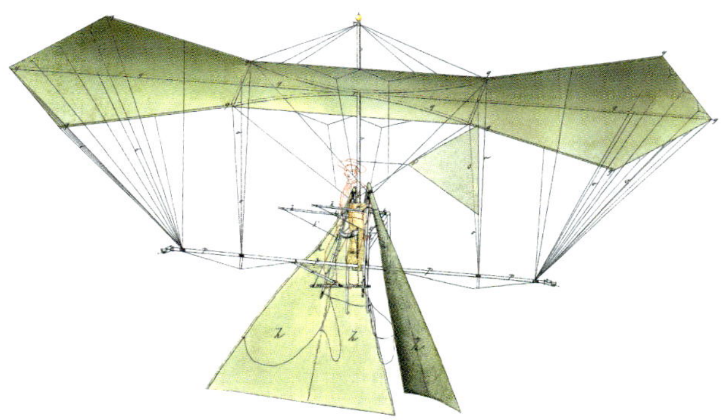

Appareil de navigation aérienne par Louis-Charles Letur, artiste dramatique. 1852.

la décision que doit vous faire prendre votre amour pour le bien public, nous restons le zélé partisan de la vérité dont nous sommes le défenseur et nous tenons à la disposition du Gouvernement notre machine à force progressive élémentaire[7]. »

Cet exemple n'est pas atypique : à la fin du XIXe siècle encore, les courriers d'inventeurs persuadés d'avoir inventé un moteur fondé sur le principe du mouvement perpétuel, et affirmant haut et fort l'intérêt de leur découverte, sont nombreux. De nos jours, les inventions « loufoques » sont loin d'avoir disparu, et l'INPI rejette encore un nombre non négligeable de moteurs à eau ou de mouvements perpétuels. Seule la confrontation avec la réalité tempère normalement les idées parfois foisonnantes des inventeurs. Pourtant, la construction du prototype n'est en rien évidente et fait apparaître à nouveau des inégalités à l'intérieur même du monde des inventeurs. C'est que le capital technique n'est pas uniformément réparti et que l'inventeur ne possède pas nécessairement les outils nécessaires à la construction de son invention. De ce fait, les cas ne sont pas rares où il détourne les outils et le matériel de son employeur pour appliquer ses idées. Quitte, parfois, à prendre des risques, comme le sieur Caboche, employé des chemins de fer, qui écrit en février 1885 au ministre des Travaux publics pour lui faire part de sa découverte : « Ma position, d'employé de chemin de fer, m'empêcherait de mettre à exécution l'idée dont j'étais obsédé. Quant, il y a quatorze mois, j'ai pû faire un essai incognito alors là j'ai eu, et depuis je donne à qui désire l'avoir, la preuve-matériele que, Monsieur Bourdon en a fait l'aspiration, la Nature le reste, et que Monsieur Giffard a profité du tout[8]. »

Dans sa lettre, Caboche défend l'idée selon laquelle le clapet installé à l'intérieur des injecteurs nécessaires au fonctionnement des machines à vapeur est loin d'être indispensable. Affirmant que sa suppression peut permettre au pays de réaliser de grandes économies, il se voit cependant opposer un refus cinglant de la part des ingénieurs des Mines. L'inventeur se montrant tenace, ces derniers font mener une enquête qui révèle que, en 1884, pendant six mois, Caboche avait supprimé les clapets de l'injecteur de sa machine sans avoir obtenu aucune autorisation.

Détourner le matériel qui lui était confié était la seule manière, pour Caboche, de mettre à l'épreuve son idée. Et nombreuses sont les lettres d'inventeurs adressées alors au ministre de l'Industrie pour obtenir une aide destinée moins à la commercialisation d'un produit qu'à la construction d'un prototype. De fait, le passage de l'idée à la chose ne relève pas, loin s'en faut, d'un processus linéaire pour tous les inventeurs. Même l'établissement d'un croquis ou, *a fortiori,* d'un plan n'est pas une chose évidente dans la mesure où les compétences en la matière ne sont pas facilement accessibles. Libres dans leurs projets, les inventeurs indépendants ne le sont pas nécessairement dans leurs concrétisations compte tenu de leurs moyens. Si l'indépendance institutionnelle leur garantit une certaine autonomie, elle n'est finalement que toute relative.

C'est d'ailleurs cette situation qui fait de l'inventeur une proie facile pour des acteurs plus puissants que lui et pouvant lui fournir une aide technique. Parce qu'il existe un fossé entre l'idée et le prototype, parce qu'il n'y a pas de lien évident entre la revendication de son statut et ses propres compétences techniques, l'inventeur est soumis au risque de spoliation ou à celui de l'insuccès. En tablant sur la reconnaissance d'institutions scientifiques, c'est son invention qu'il construit et qu'il promeut.

Cette situation ambiguë n'a pas été ignorée. En 1907, par exemple, une cinquantaine de députés de tendance socialiste déposent une proposition de loi « ayant pour but de permettre aux inventeurs français, possesseurs d'un brevet, d'obtenir, après que leur demande aura été soumise à une Commission spéciale, composée d'ingénieurs, de chimistes, etc., que les travaux nécessaires à la démonstration pratique de leur invention soient exécutés aux frais de l'État[9]. » Soucieux d'assurer à l'inventeur modeste les meilleures conditions pour la réalisation de ses idées, les députés proposaient une intervention directe de l'État en matière d'invention : ils ne furent pas suivi, ce dernier se montrant encore hésitant en la matière.

Dès lors, que ce soit pour trouver le capital technique nécessaire à la réalisation d'un prototype ou pour réunir un capital économique indispensable à une commercialisation, l'inventeur, s'il ne dispose ni de l'un ni de l'autre, se voit contraint de partir à la recherche de partenaires. Cette démarche lui impose d'exposer sa découverte et de la soumettre à une série d'expertises visant à combler une asymétrie d'information inévitable.

sante et stable qui sera d'ailleurs largement utilisée pendant le premier conflit mondial. De ce fait, l'invention de Turpin intéresse rapidement les services de la guerre, qui lui proposent de procéder à une série d'essais. Pour Turpin, ces essais représentent la possibilité de voir son invention reconnue en même temps qu'ils risquent d'en mettre à mal le secret. Il s'entoure donc de nombreuses de précautions en cachant ses modes de préparation lors des essais puis, plus tard, en prenant un brevet. Peine perdue! La paternité de son invention lui est finalement contestée et attribuée, de manière pernicieuse, à… Marcelin Berthelot. Le fabricant de jouets, qui a eu l'affront de contester un génie officiel, a dû voir ses droits, en partie, sacrifiés aux exigences du système[10].

Eugène Turpin (à gauche) et Marcelin Berthelot : l'inventeur malheureux contre le génie officiel.

Le cas d'Eugène Turpin, inventeur de l'utilisation pratique de la mélinite, est assez éloquent. Fabricant de jouets, Eugène Turpin découvre en 1883 une application inédite de l'acide picrique – la mélinite – grâce à une série d'études contredisant les positions du maître quasi incontestable de la chimie d'alors, Marcelin Berthelot. Cette découverte permet de mettre au point une poudre puis-

Ainsi, quand il est démuni de capital économique et social, l'inventeur indépendant part avec un certain handicap, qui rend les procédures d'expertise aléatoires et risquées. Le péril, pour lui, est de dévoiler son secret à ceux dont il attend le soutien. C'est ce qui explique, sans doute, la réticence du sieur Poplu, coiffeur à Pontaudemer, à dévoiler à l'administration « le secret des différentes applications industrielles » d'une machine de son invention, mais aussi le dépit de l'ingénieur ordinaire chargé de l'examiner devant « la réticence de l'inventeur [qui] ne nous permet donc pas de rendre compte à l'Administration de la machine à l'état rudimentaire qui a été soumise à notre examen[11] ».

Mépris, spoliation, escroquerie sont constitutifs du parcours, plus imaginaire que réel, de l'inventeur. Ils sont au fondement des craintes mais aussi des plaintes des plus démunis et font que le style élégiaque est souvent l'un des attributs du « petit inventeur ».

À cet égard, le cas du sieur Caboche, dont nous avons déjà parlé, est assez exemplaire. S'étant vu refuser les autorisations qu'il demandait, l'employé du chemin de fer de Limours écrit au directeur général des Mines à propos de ceux qui furent à l'origine du refus : « Mais je sais, qu'il sont bien peu de Loyauté en eux, l'Esprit-de-Corps les rends bien méprisable aux yeux de la vrai Justice. La preuve, c'est qu'il y a seize mois, un des leurs m'a dit, si Monsieur Forquenot n'en veut pas, vous comprenez que, nous ne devons pas en vouloir non plus, étant tous camarade d'École, nous ne nous ferons pas concurrence. Il y a quatre mois, un autre, m'a dit; n'importe à qui, vous écrirez l'on ne vous répondra pas. Cette menace ne démontre-t-elle pas, Monsieur le Directeur Général, qu'il y a une Ligue contre les innovateurs, n'ayant pas passé par l'École polytechnique[12]. » Seul contre tous, l'inventeur propriétaire de son seul génie se heurte aux institutions et aux coteries qui n'hésitent pas à faire passer leurs intérêts avant le progrès. La thématique des petits contre les gros n'est pas loin.

Elle ne s'applique pas à tous les inventeurs, bien entendu. Bon nombre d'entre eux parviennent à mettre au point leurs inventions et à obtenir quelques soutiens. Mais il faut se faire connaître, présenter les mérites de son invention, accumuler les distinctions honorifiques pour se bâtir une réputation, s'inscrire dans des réseaux, obtenir finalement le crédit nécessaire à la reconnaissance de son statut d'inventeur et, par la suite, à la diffusion de son invention.

Les contestations en paternité sont nombreuses et, au-delà de l'aspect économique et commercial, l'inventeur est soucieux de lutter contre des tentatives d'usurpation de son propre statut. Certes, le brevet fait beaucoup pour limiter ces risques, mais l'histoire de la propriété industrielle montre qu'il ne garantit pas toujours une reconnaissance légitime des inventeurs. À ces derniers incombe la tâche de se faire connaître en adoptant des stratégies spécifiques.

À l'époque qui nous intéresse, la participation à des expositions ou à des salons est l'une des premières d'entre elles. En exposant son produit, l'inventeur se présente aussi comme son créateur. Expositions et salons relèvent par ailleurs d'une mise en scène des valeurs du progrès économique et industriel, comme en témoignent les différentes réclames pour des expositions régionales à la fin du XIXe siècle. La modeste exposition industrielle et commerciale des Mureaux, en 1899, n'est-elle pas présentée comme un moyen « d'aider le plus utilement possible les industriels et les commerçants à faire connaître leurs *inventions* et produits, de les voir consacrer s'il y a lieu, par des distinctions honorifiques, de faciliter les exposants modestes à concourir économiquement et, enfin, de mettre en lumière les sciences et les arts, les inventions et procédés employés dans chaque industrie ou commerce qui font la force et la gloire, c'est-à-dire, la fortune d'un pays[13] » ?

Les expositions nationales ou universelles[14] ne doivent pas occulter l'importance de plus petites expositions, à l'échelle régionale ou locale, qui permettent aux inventeurs de se faire reconnaître. Celles-ci représentent les premières étapes d'une accumulation de distinctions et de marques de reconnaissance délivrées lors des concours et qui s'avéreront utiles, par la suite, aux inventeurs. D'autant que les expositions et concours sont des institutions généreuses à l'égard de leurs participants. Ainsi en va-t-il de l'exposition industrielle d'Angoulême, en 1885, où près de 80 % des participants se voient attribuer des récompenses allant de la simple « motion honorable » à la « médaille d'or grand module ». De même, le jury du concours de l'exposition industrielle de Nevers décerne, en 1887, 447 récompenses à ses 599 participants.

Malgré le caractère peu sélectif de ces concours, l'attrait pour des marques honorifiques permettant de se distinguer est tel qu'il a pu donner lieu à de véritables trafics. Ainsi, à l'approche des expositions universelles, les expositions décernant des prix de convenance et entretenant la confusion ne sont pas rares. Par ailleurs, les inventeurs se prévalant de prix et de diplômes imaginaires sont suffisamment nombreux pour interpeller le législateur.

L'exposition universelle de 1900 à Paris.

Dès 1876, en effet, l'Union des fabricants

adresse une pétition à la Chambre des députés pour que soit adopté un projet de codification des récompenses industrielles à Paris. Reprise lors du Congrès international de la propriété industrielle de 1878 à Paris, la question est posée en 1879 au Sénat. L'initiative d'un sénateur, M. Bozérian, aboutit à l'adoption d'une loi en 1886. Cette dernière s'avère cependant largement inefficace, et le problème se pose donc à nouveau, en 1900. La même année, un projet de loi est déposé à la Chambre, mais il faut attendre 1912, du fait les interruptions entre des différentes législatures, pour qu'il soit adopté[15]. Les termes de cette loi imposent à l'Office national de la propriété industrielle de procéder à un enregistrement des concours et des récompenses afin de pouvoir mieux repérer les cas d'usurpation. Cette mission, l'actuel Code de la propriété intellectuelle la confie, encore de nos jours, à l'INPI[16].

Le succès de ces manifestations souligne ainsi le caractère permanent d'une contrainte qui s'impose aux inventeurs : celle de faire reconnaître son statut d'inventeur sans se le voir contester. Or les opportunités de contestation sont nombreuses sur ce chemin qui conduit de l'idée à l'objet, du prototype au marché. L'inventeur apparaît donc comme une proie d'autant plus facile qu'il ne bénéficie pas du soutien d'une institution. Bientôt, la construction et l'institutionnalisation de sa protection apparaissent comme nécessaires : l'individualisme ne suffit plus.

L'union des individus

L'association est le premier moyen pour les inventeurs de se protéger et de dépasser l'éventuelle précarité de leur condition. Dès la fin du XVIIIe siècle au moins, les inventeurs se rassemblent pour lutter contre les obstacles qui se dressent devant eux. Roger Hahn a souligné l'importance de la Société du point central des arts et métiers dans l'abolition de l'Académie des sciences[17]. Rassemblant des artisans parisiens, elle s'est insurgée contre l'institution académique, survivance archaïque de l'Ancien Régime, qui constituait un véritable frein au progrès et à l'invention.

L'existence de ces regroupements est un fait structurel. De la Révolution à nos jours, ces associations demeurent indispensables aux inventeurs, répondant à leurs besoins, et la seconde moitié du XIXe siècle voit se créer un certain nombre de sociétés de ce genre. Ainsi en va-t-il de l'Association des inventeurs et des artistes industriels créée le 20 mai 1849 par le baron Taylor. Son but est très clairement exposé par le préambule aux statuts originels : « L'esprit d'invention est un attribut du génie français mais l'isolement des inventeurs ne leur permet pas d'affronter les menaces qui les entourent. L'Association des inventeurs et des artistes industriels se propose de constituer une caisse de secours et de pensions à l'instar des artistes dramatiques [...]. Le comité se propose aussi d'offrir une aide juridique et de fédérer l'activité d'associations sœurs[18]. »

Ce court document met en lumière l'action d'une association qui proposera à ses membres des pensions, une aide juridique et même médicale ainsi qu'un soutien sur le plan technique. Grâce à ses publications périodiques (dont le *Journal des inventeurs* à partir de 1901), l'Association, qui compte dans ses rangs d'importants spécialistes de la propriété industrielle, dispense à ses membres une information technique et juridique qui contribue à nourrir une culture de l'invention.

Cependant, Paris n'est pas la France, et les

associations de province affichent elles aussi leur volonté d'aider les inventeurs. C'est à ce titre que l'Union des inventeurs et artistes industriels de la Loire est fondée le 27 mai 1891 à Saint-Étienne. Ses buts initiaux, identiques à ceux de sa consœur parisienne, consistent à fournir à tous ses adhérents les fonds nécessaires au paiement de la taxe sur les brevets si l'invention que doit protéger ce dernier est jugée intéressante par la société[19].

Contrairement à ce que peuvent laisser croire les histoires légendaires des grands inventeurs, l'inventeur indépendant, même le plus modeste, n'est donc pas seul. Sa démarche et ses pratiques s'inscrivent dans un vaste ensemble d'objets, d'acteurs et d'institutions. Plusieurs facteurs, cependant, lui permettent de revendiquer la paternité de ses inventions. En effet, quand il possède sur son objet toutes les connaissances librement disponibles, l'inventeur est à même de défendre son statut en prétendant avoir fait ce que d'autres auraient pu faire mais n'ont pas fait. À cette condition, il peut se voir reconnaître comme un inventeur si ceux qui procèdent à sa reconnaissance décident de mettre en avant son mérite individuel aux dépens de ceux qui l'ont aidé. La reconnaissance du statut d'inventeur reste un mécanisme social.

Ces deux conditions, au fondement de l'exaltation de l'inventeur indépendant, sont précisément remises en question au cours du XXe siècle avec l'internalisation dans les entreprises d'une recherche toujours plus complexe.

L'inventeur collectif

Le XIXe siècle n'ignore pas l'inventeur collectif; le développement des laboratoires de recherche dans l'industrie chimique en Allemagne en est la preuve. Mais c'est avec l'apparition progressive de la production de masse et la complexité croissante du processus de production que s'accentue le caractère collectif de l'invention et que la figure de l'inventeur individuel devient de plus en plus mythique.

De l'entreprise au réseau

Le XXe siècle connaît en effet un développement considérable de la recherche industrielle, qui devient l'un des objectifs prioritaires des entreprises[20]. Tant au niveau du financement que de l'exécution, la part des (grandes) entreprises ne cesse de croître. Aux États-Unis, la part des brevets garantis aux entreprises passe ainsi de 25 % au lendemain de la Première Guerre mondiale à 61 % au lendemain de la Seconde[21]. Cette tendance séculaire s'accompagne d'une institutionnalisation de la recherche à travers le développement de grands laboratoires centraux parfois associés à un essaim de laboratoires de plus petite taille mais au fonctionnement plus flexible.

L'exemple de la mise au point du nylon par les laboratoires de Du Pont de Nemours, en 1935, illustre bien les nouvelles contraintes que fait peser la production de masse sur la démarche inventive[22]. Cette innovation fondamentale, qui occasionne le dépôt de près de 500 brevets, nécessite alors la collaboration de plus de 200 chimistes et ingénieurs répartis dans trois départements de l'entreprise. Du Pont de Nemours bénéficie d'équipes rompues aux derniers développements du génie chimique grâce aux liens existant avec les laboratoires universitaires, ceux du MIT notamment, financés en partie par l'entreprise. La gestion de l'invention collective passe donc par celle de grandes équipes, dont les membres disposent de connaissances pointues et spécialisées.

En France, dans l'entre-deux-guerres, se généralise la création de laboratoires de recherche dans les domaines de l'électrotechnique ou de la chimie. Situés près des usines, utilisés tant pour les contrôles de la fabrication que pour des recherches visant à l'améliorer, les laboratoires d'entreprises français sont en général de taille modeste par rapport aux laboratoires allemands ou américains[23]. En effet, hormis les laboratoires de la Compagnie de télégraphie sans fil (CSF) fondés dans les années 1920 et regroupant en 1943 plus de 400 personnes, aucun laboratoire français ne dépasse alors les quelques dizaines de personnes.

À la fin du XXe siècle, le tableau a changé et force est de constater que la recherche-développement, en France, a subi une forte concentration au profit des grandes entreprises : en 1996, 185 seulement des 4 650 entreprises réalisant des dépenses de R&D sont responsables de près des trois quarts des dépenses et emploient plus du tiers des 66 000 chercheurs en entreprise[24]. L'inventeur individuel n'est donc plus le moteur glorieux du progrès, comme le soulignent par ailleurs de récentes statistiques : en 2000, sur les 13 867 brevets déposés par des Français par la voie nationale, seuls 3 449 (25 %) l'ont été par des personnes physiques.

L'inventeur, de ce fait, n'a plus nécessairement l'initiative du changement technique au sein d'une entreprise qui ne lui appartient plus. La mise au point du ski monocoque Salomon au milieu des années 1980 est, à cet égard, significative[25]. Créée en 1947, la société Salomon devient en 1972 le premier producteur mondial de fixations de ski. En

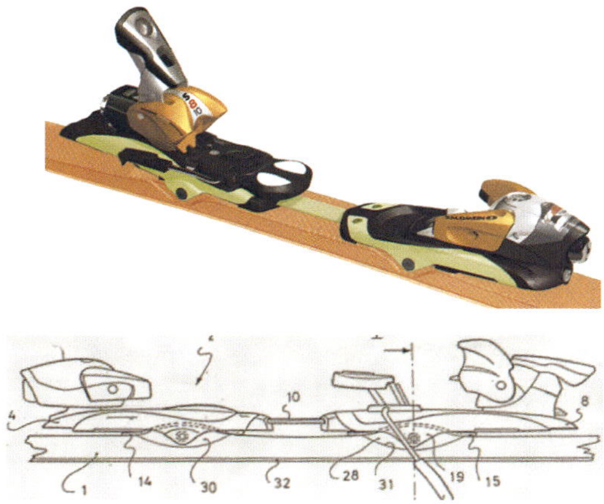

Le ski Salomon et son brevet, le système Pilot®.

1980, elle se lance dans la fabrication de chaussures de ski et, quatre ans plus tard, Georges Salomon se convainc qu'une diversification nouvelle est nécessaire : celle de la production de skis. Pour ce faire et pour atteindre l'objectif fixé de devenir en cinq ans le leader mondial du ski, l'équipe dirigeante de Salomon mise sur l'élaboration d'un produit reposant sur une rupture technologique : le ski monocoque.

Reste à constituer une équipe. Dans les premiers temps, cette dernière est restreinte : outre Georges Salomon et le responsable du département « Fixations » de l'entreprise, elle comprend un jeune diplômé de l'ESC Paris et deux ingénieurs, dont un ancien responsable du département « Ingénierie » de Rossignol. Isolée du reste de l'entreprise, l'équipe travaille dans le secret. Elle s'élargit progressivement pour atteindre 35 personnes au milieu de l'année 1986 et développe de nouveaux procédés à mesure que les essais sur les prototypes font apparaître de nouvelles difficultés. En 1989, le nouveau ski est lancé.

L'invention collective au sein d'une entreprise obéit donc à des contraintes spécifiques qui viennent démentir le schéma traditionnellement retenu : invention-innovation-diffusion. En effet, les problèmes techniques et les inventeurs eux-mêmes ne préexistent pas aux préoccupations marchandes qui orientent l'invention. L'équipe des inventeurs du ski monocoque est choisie par l'entrepreneur qui dicte ses consignes et fait ses propositions tout au long du processus d'invention, à l'instar des skieurs qui ont été amenés à se prononcer sur le prototype. Dans ce cas, le mythe de l'inventeur individuel n'est plus pertinent : qui est l'inventeur du ski monocoque si ce n'est le collectif qui a présidé à sa mise au point ?

La promotion de l'invention collective ne répond plus au modèle de l'invention individuelle. Pour promouvoir une invention collective, il est alors nécessaire de savoir constituer des équipes, de les redéfinir en cours de projet en faisant appel à des compétences nouvelles. Il faut définir des objectifs industriels et commerciaux à moyen terme qui orienteront la démarche innovante elle-même. Ces exigences s'expriment d'ailleurs de manière d'autant plus aiguë que les entreprises sont grandes et que l'innovation apparaît comme un impératif incontournable.

À l'heure actuelle, l'entreprise innovante type est une grande entreprise consacrant près de 4 % de son chiffre d'affaires à la recherche-développement. Elle emploie plus de 2000 personnes dans ce type d'activité, réparties sur une quinzaine de sites. Elle entretient des liens de plus en plus forts avec la recherche publique en accueillant une quarantaine de doctorants et en travaillant avec une cinquantaine de laboratoires publics. Par ailleurs, ses activités de recherche-développement prennent le plus souvent la forme de projets, dont un quart donne lieu à des coopérations avec des fournisseurs, des clients voire des concurrents[26].

La recherche au cœur de l'entreprise : les laboratoires Hoffman-Laroche.

Un groupe comme Saint-Gobain correspond bien à cette image de l'entreprise innovante. En 1998, Saint-Gobain consacrait environ 1,5 milliard de francs aux dépenses de R&D pour laquelle travaillaient près de 2 500 personnes. Les centres de recherche du groupe, qui exécutaient les programmes de R&D, étaient alors au nombre de 18, répartis en France, en Europe et aux États-Unis. La « recherche » du groupe, en Europe, était financée par un groupement d'intérêt économique sur la base d'un projet de budget élaboré au niveau du groupe en concertation avec différents acteurs : directeur de la recherche, directeurs techniques des différentes branches, directeurs de centres de recherche… Par ailleurs, l'ensemble des programmes de R&D faisait l'objet d'une évaluation des objectifs et des moyens mis en œuvre[27].

L'exemple de Saint-Gobain souligne combien la gestion de l'innovation ne se résume pas à la conduite d'équipes de recherche et qu'elle s'apparente de plus en plus à la maîtrise de réseaux toujours plus vastes. L'invention collective repose de façon croissante sur des réseaux d'échanges et d'apprentissages qui permettent d'incessants allers et retours entre les différents acteurs de l'innovation et qui augmentent, de ce fait, la probabilité de réussite. Reste que « la gestion de l'innovation doit faire face à cette tension essentielle entre la nécessaire intégration stratégique et l'inévitable décentralisation des collaborations[28] ». Un équilibre est donc nécessaire; pour le trouver, les entreprises innovantes intègrent au niveau de décision le plus élevé les questions de recherche et de développement. En 1997, deux tiers des entreprises innovantes disposaient, au sein de la direction générale, d'un directeur chargé de l'innovation tandis que 40 % avaient créé un conseil scientifique à même de les guider dans leurs choix scientifiques et techniques[29].

Roland Moreno et sa carte à puce.

L'inventeur individuel, un mythe ?

L'importance de l'invention collective pourrait laisser penser que l'inventeur individuel est à ranger au côté des personnages mythiques d'une époque désormais révolue. Notre façon même de voir l'invention a changé puisque nous ne nous contentons plus d'admirer les génies d'antan et que nous savons restituer la dimension nécessairement collective de leur œuvre. L'inventeur individuel et indépendant aurait donc doublement disparu sous le coup de l'internalisation des efforts de recherche et d'une nouvelle façon de voir l'invention.

Pourtant, l'inventeur individuel subsiste. Près d'un quart des brevets, on l'a vu, sont déposés par des personnes physiques, et les inventeurs mythiques font encore recette. Roland Moreno, inventeur de la carte à puce en 1974, apparaît de nos jours encore comme l'une de ces figures marquantes capables de bouleverser le paysage technique environnant. De fait, le rôle des inventeurs indépendants au XXe siècle n'a pas été si négligeable que cela puisque la moitié des inventions dite « de rupture » intervenues entre 1900 et 1950 seraient dues à des inventeurs indépendants[30]. Pour François Caron, « le développement de la recherche internalisée au sein des grandes entreprises n'a pas étouffé l'initiative des entrepreneurs individuels[31] ».

Il n'en demeure pas moins que, pour ces derniers, comme leurs prédécesseurs du XIXe siècle, la voie reste difficile. Masculins pour la plupart, les inventeurs indépendants

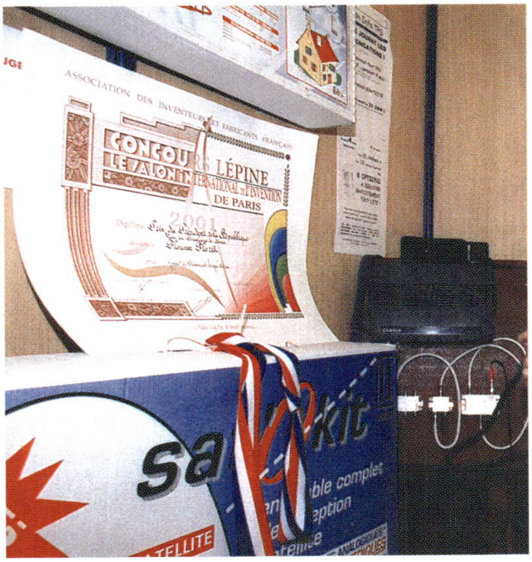

1901-2001, un siècle de concours Lépine.

aujourd'hui se consacrent essentiellement à la mise au point d'une invention unique. Malgré cela, ils sont souvent confrontés à de grandes difficultés, notamment en matière de propriété industrielle : rédiger correctement sa demande de dépôt n'est pas chose facile. Près de 30 % des demandes sont rejetées et, selon l'INPI, près de 7 brevets sur 10 coûtent plus qu'ils ne rapportent à leurs détenteurs[32].

Les inventeurs indépendants sont donc en butte à des difficultés récurrentes. Pour cette raison, les institutions mises en place dès le XIXe siècle pour leur venir en aide subsistent de nos jours. Aujourd'hui, les concours et les salons destinés aux inventeurs ne sont pas rares. À côté du concours international Lépine[33], d'autres manifestations sont organisées, comme le Salon du bricolage et des inventions de Lyon ou le Salon de l'invention de la Foire de Marseille. À une échelle plus locale, les rencontres entre inventeurs existent aussi. Certains traits restent d'ailleurs communs dans l'organisation même de ces manifestations. Ainsi la mansuétude des jurys de concours et d'exposition n'est-elle pas propre à la Belle Époque. De nos jours encore, le taux de participants primés lors de ces différentes manifestations est important ; le concours international Lépine en fournit un exemple patent puisqu'en 2001 près de 40 % de ses concurrents étaient primés.

Certaines inventions récompensées lors de ces manifestations connaissent le succès. Jean Mantelet, père de Moulinex, expose son aspirateur à pompe au Salon des arts ménagers de 1926[34] et voit sa moulinette presse-purée primée en 1931 au Lépine. Plus près de nous, c'est l'Aspivenin, primé en 1983, qui connaît une certaine diffusion.

À côté des concours et des expositions, les associations d'inventeurs déjà évoquées demeurent. Aujourd'hui, la Fédération nationale des associations françaises d'inventeurs (FNAFI) regroupe une vingtaine d'organismes impliqués dans l'aide aux inventeurs et la promotion des inventions. Parmi elles figurent des associations séculaires comme la Société lyonnaise des inventeurs et artistes industriels ou l'Union des inventeurs et artistes industriels de la Loire.

Ainsi, malgré les progrès de l'invention collective, l'inventeur individuel n'a pas tout à fait disparu du monde de l'innovation. S'il se fait certes plus rare, il demeure soumis à des contraintes fortes qui rendent alors nécessaire une protection institutionnelle et organisée.

De la propriété industrielle à l'invention

Quelle place la propriété industrielle tient-elle dans la démarche inventive ? Si la mission fondamentale de la propriété industrielle est de protéger l'inventeur, la relation qui les lie n'est pas univoque. La propriété industrielle intervient, en effet, au cœur de l'activité inventive et de la gestion de l'innovation. Mais, à mesure que l'invention collective s'affirme, cette dimension de la propriété industrielle se renforce et de nouveaux défis apparaissent.

Le brevet inventif

Le brevet est en effet une source d'information technique incomparable. Le repérage et la lecture des brevets d'invention représentent, sans conteste, un moyen pour l'inventeur de mettre à jour les faisceaux de problèmes technologiques dont les brevets sont un indicateur. En s'attachant à des faisceaux de problèmes, et non à une difficulté unique, l'inventeur est mieux à même d'introduire des innovations de rupture dans le système technique. Ainsi Elmer Sperry, inventeur du gyrocompas, qui déposa durant sa vie plus de 350 brevets, s'est-il toujours astreint à de longues séances de consultation des brevets publiés[35]. Dans cette optique la lecture du brevet fait partie de l'invention même.

Couronner l'innovation. Une mission de l'INPI.

On comprend mieux, dès lors, l'intérêt qu'ont toujours porté les revues techniques françaises à la publication des brevets. La loi de 1844, qui régissait la propriété industrielle pendant toute la seconde industrialisation, avait certes prévu la publication des brevets pour lesquels l'inventeur avait payé sa deuxième annuité. Cette disposition fut cependant longue à se mettre en place et, en l'occurrence, n'intéressait pas les brevets récemment délivrés, qui étaient pourtant librement communicables. Il fallut une loi, en 1902, pour que les brevets soient publiés par l'État dès leur délivrance. En attendant, les revues techniques ou les journaux des associations d'inventeurs rassemblaient donc cette information pour la mettre à disposition des inventeurs, moyennant finances...

À l'heure actuelle, les déposants tendent à être de plus en plus précis dans la rédaction de leurs mémoires. « Le rédacteur [d'une demande] soucieux d'efficacité n'hésitera pas à entrer dans les multiples détails des diverses réalisations[36]. » De ce fait, le caractère « informatif » du brevet s'accentue et ce dernier devient un outil majeur de veille technologique. Le brevet est, par ailleurs, un outil dans la gestion de l'innovation et la mise en place de collaborations entre plusieurs partenaires. Les brevets déposés par l'entreprise innovante ne sont pas seulement des moyens de protection mais aussi des actifs entrant en ligne de compte dans les négociations nécessaires à l'établissement de collaborations.

L'intervention de la propriété industrielle dans la démarche inventive, qu'elle soit individuelle ou collective, est de plus en plus complexe. Pour cette raison, le conseil en propriété industrielle (CPI) est un personnage fondamental dans le monde des inventeurs. L'affirmation de ce rôle contribue d'ailleurs au développement de la propriété industrielle elle-même. Pour autant, la figure du CPI n'est pas récente ; elle émerge parallèlement à la profession d'ingénieur. Alliant sa formation technicienne à une connaissance des problèmes juridiques, le CPI est un interlocuteur privilégié de l'inventeur. C'est le cas, par exemple, d'Antoine Lavoix et de Louis Mosès, anciens élèves de l'École centrale, lorsqu'ils fondent en 1898 l'Office international de brevets d'invention Mosès et Lavoix. Intermédiaires entre les pouvoirs publics et les inventeurs, Mosès et Lavoix remplissent les tâches les plus diverses du conseil en propriété industrielle : copie de brevets, rédaction des demandes, entretien des brevets. Grâce à leurs liens avec différents homologues en Europe et dans le monde, les deux nouveaux entrants dans la profession parviennent à offrir leurs services aux innovateurs désireux de s'assurer une protection internationale.

C'est d'ailleurs l'internationalisation des problèmes de propriété industrielle qui a poussé les ingénieurs-conseils en propriété industrielle à se regrouper au sein de l'espace national : en effet, c'est en 1884, un an après la signature de l'Union de Paris, qu'apparaît le premier bulletin de l'Association des ingénieurs et conseils en matière de propriété industrielle. À cette association spontanée s'est progressivement substitué un regroupement de la profession sous l'égide de l'État. Aujourd'hui, l'INPI organise un examen d'aptitude dont la réussite est nécessaire à la reconnaissance de la qualification en propriété industrielle et dresse annuellement la liste des personnes qualifiées en la matière. Le conseil en propriété industrielle est donc une véritable profession.

Les défis

Au regard de l'évolution qui caractérise le monde des inventeurs, la propriété industrielle semble être confrontée à un double défi. Elle doit, tout d'abord, rester accessible à tous les inventeurs. Pourtant, l'appropriation des usages en la matière n'est pas évidente. Les acteurs de la propriété industrielle eux-mêmes en ont toujours eu conscience. Dès 1904, Claude Couhin déclare dans son rapport sur le fonctionnement de l'Office national de la propriété industrielle : « Monsieur le Directeur de l'Office a tout d'abord considéré qu'il y avait lieu d'appliquer avec modération la nouvelle réglementation aux indigents et illettrés. Il s'est efforcé de les aider de ses conseils. Mais il ne pouvait aller plus loin, en révisant ou faisant refaire les descriptions défectueuses ou les dessins irréguliers. Il devait même se garder de recommander des intermédiaires plutôt qu'un autre[37]. » Face à ce type de constats, l'accès à la propriété industrielle est devenu un objectif intégré dans les politiques d'aides à l'innovation (voir *supra,* chapitre 5). Mais l'effort reste à poursuivre.

Le second type de défi réside précisément dans l'essor de l'invention collective. Le modèle originel de l'inventeur sur lequel furent fondées les législations en matière de propriété industrielle était un modèle individuel. Ce dernier semble remis en question par l'importance des inventions réalisées en équipe et revendiquées par des entreprises. Pourtant, derrière la personne morale de l'entreprise se cachent ses salariés, qui demeurent au cœur de l'activité inventive. Les dispositions actuelles du Code de la propriété intellectuelle s'attachent donc à trouver un équilibre entre les droits de l'inventeur et ceux de l'entreprise, ceux-ci reposant sur la mise à disposition de l'inventeur de tout un stock de capital humain et matériel sans lequel l'invention serait impossible. Le point critique de ces dispositions réside dans l'attribution d'une rémunération supplémentaire (dans le cas où l'invention résulte d'une *mission* spécifique) ou d'un *juste prix* (lorsque l'invention ne découle pas d'une *mission* et que l'entreprise veut acquérir les droits attachés au brevet). Pourtant, alors que la loi laisse aux partenaires sociaux le soin de déterminer ces rémunérations par le biais des conventions collectives, 88 % d'entre elles devraient subir une modification pour définir cette rétribution[38]. La place de l'inventeur dans l'entreprise constitue donc l'un des enjeux du dialogue social.

Au total, entreprise et inventeur ne sont pas deux réalités contradictoires. Pour réussir, l'inventeur indépendant doit donc être, d'emblée, un entrepreneur. C'est en mobilisant les différentes ressources qui sont à sa disposition, en ayant une vision large de son action, en ne s'en tenant pas à la seule dimension technique de son travail qu'il se donne les meilleures chances de succès. À l'intérieur même des institutions scientifiques ou des laboratoires privés de recherche, l'inventeur ne parvient à imposer ses vues qu'en mettant en œuvre une logique de promotion, voire d'entreprise, qui n'a que peu de rapports avec la stricte activité technique ou scientifique.

De fait, si l'inventeur indépendant ne constitue plus, aujourd'hui, un modèle de référence, ce n'est pas parce que les qualités de l'inventeur et du *manager* ne peuvent être réunies en une seule et même personne ; il n'y a pas d'incompatibilité *a priori.* Mais les stratégies à mettre en œuvre pour s'assurer une place sur les marchés de l'innovation deviennent de jour en jour plus subtiles et sophistiquées. C'est en unissant des compétences diverses grâce à une division du travail maîtrisée que l'entreprise s'avère être la mieux à même de les appliquer.

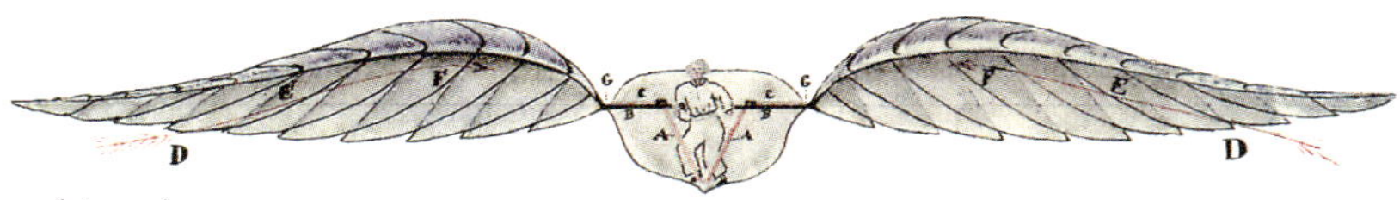

Une voiture aérienne, par Jean Le Bris. Brevet du 9 mars 1857.

1. Sur le caractère mythique de l'inventeur, cf. Michel Callon, « L'innovation technologique et ses mythes », *Annales des Mines, Gérer et comprendre,* mars 1994, p. 5-17.
2. Pierre Larousse, *Grand Dictionnaire du* XIX*e siècle*, Paris, 1866-1879, article « Invention ».
3. Isambert, *Recueil des anciennes lois françaises,* t. 8, p. 76, cité *in Trésor de la langue française.*
4. Thomas Hughes, *American Genesis, a Century of Invention and Technological Enthusiasm,* 1870-1970, New York, Penguin Books, 1989.
5. *Rapport au président de la République en vue de*

l'adoption du décret portant création, au ministère de l'Instruction publique et des Beaux-Arts, d'une Direction des inventions intéressant la défense nationale, 13 novembre 1915. Archives nationales, 398 AP 02 (fonds Jules-Louis Breton). Souligné par nous.
6. Sur ce point, cf. Georges Ribeill, « Inventer au XIXe siècle. Ingénieurs et ouvriers inventeurs au XIXe siècle », *Culture technique,* 1982, n° 8, p. 217-243.
7. Archives nationales, F^{12} 2 342.
8. Archives nationales, F^{14} 3 200. Nous avons retranscrit en respectant l'orthographe originale.
9. Archives nationales, 398 AP 10, fonds Jules-Louis Breton, *Annexe au procès-verbal de la séance du 18 janvier 1907.*
10. L'affaire, évidemment, est plus complexe. Sur Eugène Turpin, « cas d'école », cf. Gabriel Galvez-Behar, *Des armes savantes au concours Lépine. Les inventeurs en France, 1870-1918,* mémoire de DEA, sous la direction de Dominique Pestre, EHESS., 2000, ch. 3.
11. Archives nationales, F^{14} 3 200.
12. Archives nationales, F^{14} 3 199.
13. Archives nationales, F^{12} 7 579.
14. Sur les expositions universelles, cf. Brigitte Schrœder-Gudehus et Anne Rasmussen, *Les Fastes du progrès, le guide des expositions universelles,* Flammarion, 1992.
15. Archives nationales, F^{12} 7498, rapport du sénateur Lourties.
16. Article R – 411-1 du Code de la propriété intellectuelle.
17. Roger Hahn, *L'Anatomie d'une institution scientifique, l'Académie des Sciences de Paris, 1666-1803,* Paris, Éditions des archives contemporaines, 1993, p. 305-307.
18. *Association des inventeurs et artistes industriels, Annuaire de 1849-1850,* Paris, 1850, p. 2.
19. *Les idées nouvelles, Bulletin trimestriel de l'Union des inventeurs et des artistes industriels de la Loire,* août 1898.
20. Sur ce point, cf. François Caron, *Les Deux Révolutions industrielles du XXe siècle,* Paris, Albin Michel 1997.
21. *Ibid.,* p. 184.
22. David A. Hounshell et John K. Smith J.-R., *Science and Corporate Strategy : Du Pont R&D, 1902-1980,* New York, Cambridge University Press, 1988, et Pap Ndiaye, « Du nylon et des bombes. Du Pont de Nemours, l'État américain et le nucléaire, 1930-1960 », *Annales, Histoire, Sciences sociales,* janvier-février 1995, p. 53-73.
23. François Caron, « Modèle français ou modèle européen? Recherche et innovation dans l'entre-deux-guerres », *Annales des Mines, Gérer et Comprendre,* mars 1994, p. 42-52.
24. Cf. Philippe Mustar (dir.), *Les chiffres clés de la science et de la technologie,* Paris, Economica, 1998, p. 27.
25. Michel Desbordes, « Le management de l'innovation dans l'industrie du sport. Variations autour du cas Salomon », *Annales des Mines, Gérer et comprendre,* décembre 1998, p. 15-25.
26. Michel Callon et Philippe Larédo, « Le palmarès des entreprises qui innovent », *La Recherche,* janvier 1997, n° 294, p. 22-27.
27. Jean-Claude Lehmann, « La R&D dans le groupe Saint-Gobain », *Annales des Mines, Réalités industrielles,* février 1998, p. 93-95.
28. Michel Callon et Philippe Larédo, *art. cit.,* p. 26.
29. *Ibid.,* p. 27.
30. Chiffre tiré de Jewkes J., Sawers D., Stillerman R., *L'Invention dans l'industrie,* Paris, Les Éditions d'organisation, 1966, cité par François Caron, *op. cit.,* p. 185.
31. François Caron, *op. cit.,* p. 115.
32. Hervé Morin, « Les inventeurs indépendants peinent à commercialiser leurs trouvailles », *Le Monde,* 19 mai 1999, p. 26.
33. Créé en 1901 à l'initiative du préfet de police Lépine, le concours était initialement destiné aux fabricants de jouets et d'articles de Paris.
34. Jacques Rouaud, *60 ans d'arts ménagers,* tome I : *1923-1939, le confort,* Paris, Syros/Alternatives, 1989, p. 93.
35. À propos de ce type de repérage, cf. Thomas Hughes, « L'histoire comme systèmes en évolution », *art. cit.*
36. Frédéric et Jean-Michel Wagret, *Brevets d'invention, marque et propriété industrielle,* Paris, Presses Universitaires de France, 1998, p. 38.
37. Rapport de M. Claude Couhin sur le fonctionnement de l'Office national de la propriété industrielle du 8 décembre 1902 au 10 décembre 1903, Paris, 1904. Les dispositions de 1902 obligeaient les déposants de brevet à respecter un certain nombre de contraintes dans la rédaction et dans la présentation de leurs demandes. C'est à cette « nouvelle réglementation » que fait référence le rapporteur, qui souligne la complexité, pour certains inventeurs, du travail d'écriture imposé par la loi.
38. Chiffre tiré de Jean-Pierre Acloque, « Les brevets et les ingénieurs et cadres dans leurs entreprises », *Cadres CFDT,* n° 384, septembre 1998, p. 57-61.

Laurent Solimani, appareil propre à la distillation du vin,
à la formation des eaux de vie et des esprits.
Brevet d'invention du 6 juin 1800.

Chapitre 7

Des brevets et des entreprises

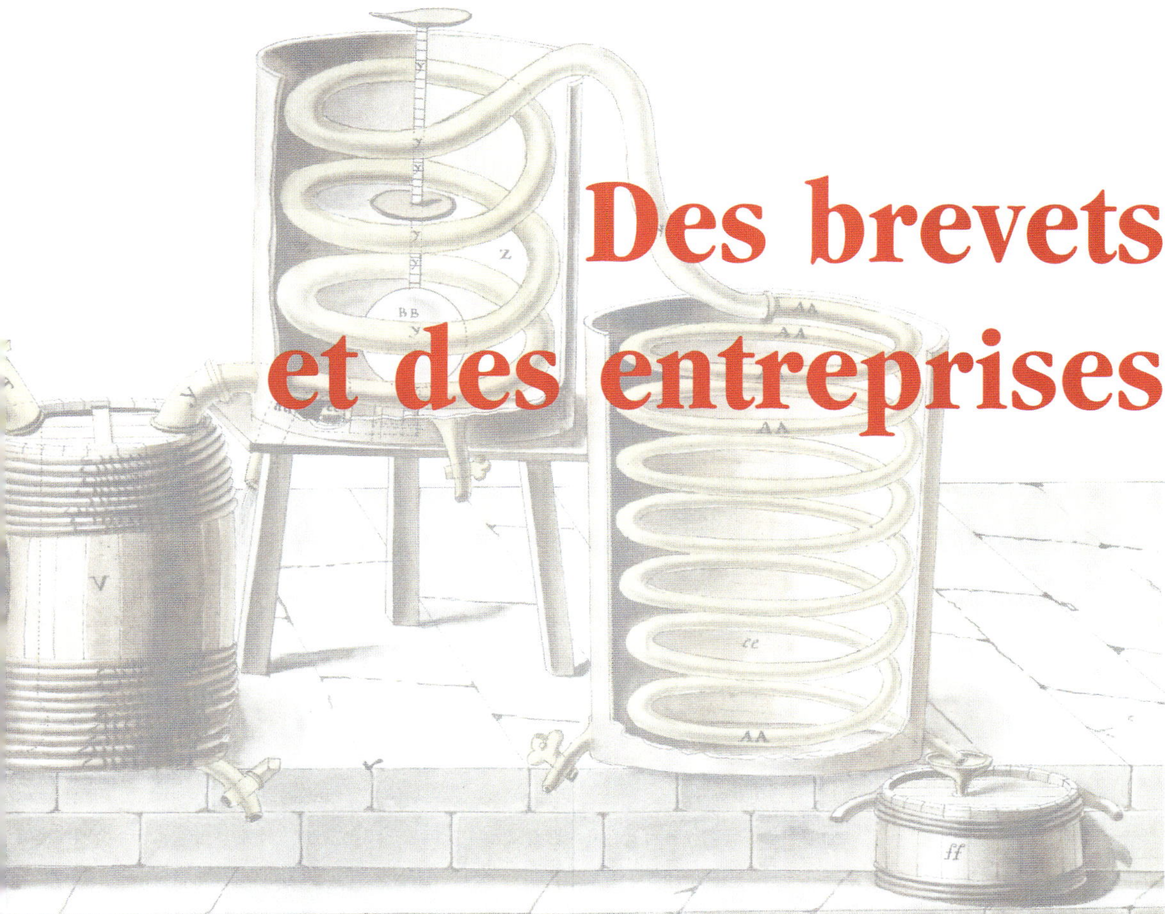

La société, voulant favoriser une industrie nouvelle et jouir des avantages qu'elle promet, transige avec l'inventeur […] : elle lui garantit le monopole de son industrie pour un temps ; mais elle ne crée pas le monopole. Le monopole existe par le fait même de l'invention ; et c'est la reconnaissance du monopole qui constitue la société.

P. J. Proudhon,
Système des contradictions économiques ou philosophie de la misère.
Œuvres complètes, tome IV, Paris, Librairie internationale, 1867, troisième édition, p. 298

L'utilisation des brevets dans les entreprises s'inscrit dans des stratégies complexes, exprimant à la fois et dans le même temps la volonté de promouvoir l'innovation, de favoriser la diffusion de l'information scientifique et technique, de valoriser des savoir-faire et de réaménager les règles du marché. Cette analyse des usages de la propriété industrielle, produite *a posteriori,* ne dans des environnements tantôt libéraux, tantôt dirigistes, a suscité des pratiques ayant pour objectif la protection de la propriété industrielle. D'un côté les entrepreneurs ont imaginé des outils qui garantissent la protection de la propriété industrielle, au départ dans le cadre des corporations. De l'autre, et concurremment, l'État et les pouvoirs publics ont inventé des solutions pour promouvoir

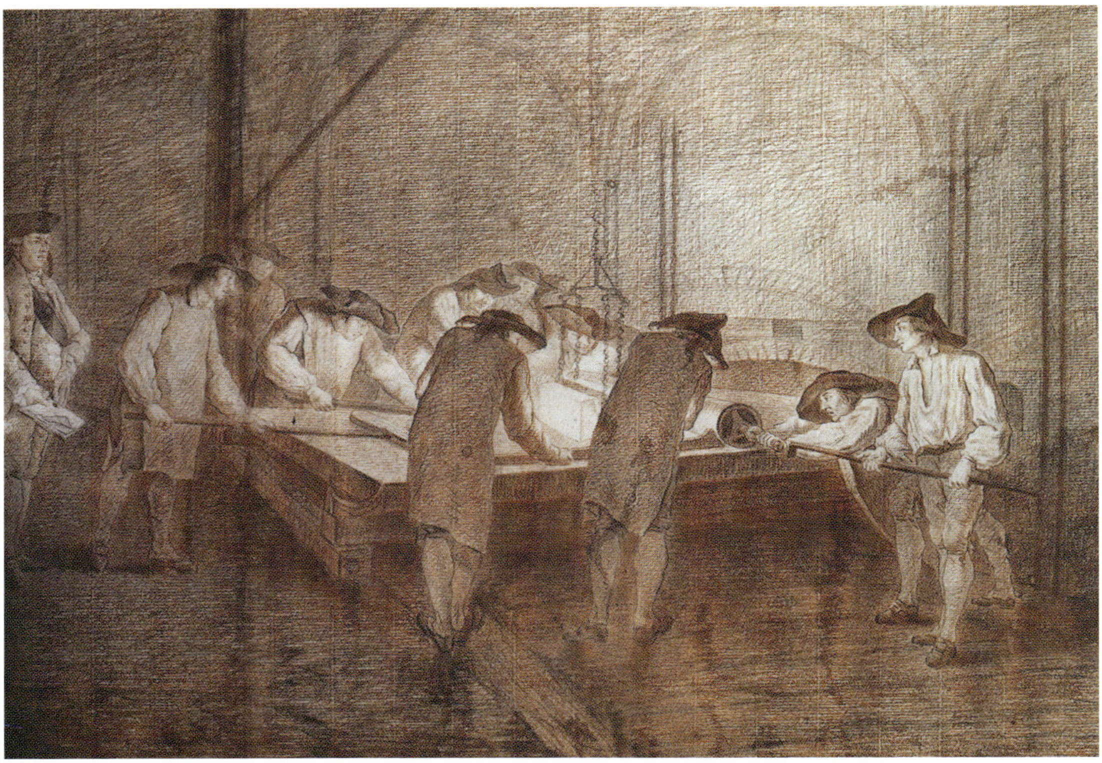

Coulée d'une glace à Saint-Gobain vers 1780.

rend pas compte des pratiques élaborées au sein des entreprises qui rendent à terme pertinente la décision de recourir au brevet. Or ces choix méritent d'être explicités afin de comprendre pourquoi les entreprises ont besoin des instruments de la propriété industrielle et comment elles les utilisent. L'essor de l'industrie, dès l'époque moderne, réalisé l'innovation, interprétée alors comme un instrument de la croissance, sinon de la puissance de l'économie nationale. Ainsi, la rencontre entre les brevets et les entreprises apparaît comme une succession de confrontations plus ou moins heureuses entre les attentes des entrepreneurs et l'offre institutionnelle.

Promouvoir et protéger la nouveauté

Usages et pratiques des privilèges sous l'Ancien Régime

Au XVIIe siècle et au temps du projet d'économie politique de Colbert, l'élaboration des premiers outils de la propriété industrielle s'effectue dans un environnement où les activités industrielles et commerciales sont déjà soumises à une réglementation stricte restreignant la liberté d'entreprise et de commerce. Néanmoins, la monarchie, soucieuse d'introduire et de promouvoir de nouvelles activités, accorde monopoles et privilèges aux manufactures, sur un mode contractuel.

Versailles, la galerie des Glaces.

La nouveauté est introduite par la volonté royale. Louis XIV signe en octobre 1665 plusieurs lettres patentes accordant un privilège pour l'établissement d'une manufacture de glaces à miroir façon de Venise. C'est la création de Saint-Gobain[1]. Aucun entrepreneur en France ne détient alors de procédé de fabrication pour de telles glaces. L'entrepreneur qui sert la volonté royale, en développant une nouvelle industrie du luxe, obtient en échange un monopole de fabrication dans le royaume. Le privilège assure ainsi la promotion de la nouveauté, au sens où la monarchie souhaite le développement d'une industrie nouvelle, et sa protection, en offrant à l'entrepreneur des conditions optimales de fabrication et de commercialisation. Le privilège interdit à d'autres industriels la fabrication de glaces façon Venise et prévoit, pour la manufacture de Saint-Gobain, des exemptions fiscales. La manufacture s'engage à fabriquer des glaces à des dimensions prédéfinies (petites et grandes glaces) et à les vendre au tarif fixé par le privilège.

Le monopole accordé à Saint-Gobain suscite les critiques des miroitiers parisiens, qui se plaignent de la concurrence que leur livre la nouvelle manufacture. Les miroitiers parisiens ont pris l'habitude d'acheter des glaces à Venise, auxquelles ils ajoutent un tain et qu'ils encadrent. Ces importations de glaces vénitiennes sont prohibées à partir de 1672, ce qui n'empêche pas les achats de glaces en contrebande. Ce conflit entre les miroitiers parisiens et la manufacture de Saint-Gobain est résolu en 1695 par un accord. La manufacture de Saint-Gobain vend aux miroitiers des glaces, ces derniers ayant l'exclusivité de l'étamage et de la vente au public. En province et à l'étranger, les ventes restent libres, mais Saint-Gobain crée plusieurs magasins de vente dans les grandes villes de province.

Le privilège accordé à Saint-Gobain s'apparente, dans les premières années d'exercice de la manufacture, à un brevet. La monarchie protège la fabrication d'un produit nouveau, la manufacture doit respecter un tarif et la définition du produit. À partir du moment où Saint-Gobain a acquis la maîtrise des techniques de fabrication de la glace à miroir et s'est imposé sur le marché national, la reconduction du privilège devient problématique. Pourtant, dans la deuxième moitié du XVIIIe siècle, Saint-Gobain bénéficie toujours d'un privilège. Cette exclusivité a été débattue au sein du Bureau du commerce, mais le privilège reste légitimé par la spécificité même de l'activité et du marché de la glace à miroir, considérée comme une industrie de luxe. Dans le cas de Saint-Gobain, l'inflexion du privilège pour mieux maîtriser le marché est d'abord défendue par la monarchie. Cette attitude se comprend aisément car les glaces de Saint-Gobain sont d'abord destinées à satisfaire les commandes royales (galerie des Glaces à Versailles). L'administration royale a donc modifié la signification du privilège dans le sens de son intérêt.

L'atelier de décoration de la manufacture de Sèvres.

Au XVIIIe siècle, les usages du privilège sont redéfinis par les manufacturiers et les inventeurs et sans cesse négociés avec l'administration royale. Ces modifications résultent des relations nouées entre le corps des inspecteurs des manufactures et le milieu des manufacturiers et des négociants. Les premiers s'attachent de plus en plus à la promotion et à la diffusion des procédés nouveaux[2]. Les seconds sont soucieux d'obtenir les conditions optimales à l'introduction d'activités ou de procédés nouveaux.

L'économie politique de la promotion et de la protection de la nouveauté, imaginée par Colbert de façon très volontariste, infléchie par ses successeurs avec une plus grande attention accordée à l'environnement économique et social, autrement dit le glissement d'une économie de la qualité à une économie de la demande[3], peut apparaître menacée par la disparition des privilèges. Mais dans la mesure où ni l'État ni les entrepreneurs ne peuvent se désintéresser de l'innovation et de sa défense, la nouvelle législation du brevet, en 1791 et en 1844, n'empêche pas la construction de pratiques nouvelles.

L'appropriation des brevets sous la Révolution et l'Empire

Introduite par la Révolution, l'utilisation du brevet prolonge celle des privilèges et se confond de plus en plus avec des stratégies d'innovation, au fur et à mesure que se multiplient les industries. Le brevet devient l'instrument privilégié de la promotion et de la protection de la nouveauté, comme en témoignent la sidérurgie et la chimie pendant la période révolutionnaire.

Ainsi, Georges Dufaud[4], maître de forges nivernais, obtient en 1808 un brevet d'invention pour l'affinage de l'acier à la houille. Jusqu'à présent, l'affinage de la fonte, autrement dit l'élimination des excès de charbon, était réalisé au charbon de bois. L'idée de Georges Dufaud est que le charbon de bois ne sert que comme combustible dans le procédé : il est possible de le remplacer par un autre combustible. Le brevet de Dufaud s'inspire des techniques sidérurgiques développées en France et en Angleterre au XVIIIe siècle. Ce procédé permet de réaliser des économies de combustible.

Pourtant, sa diffusion rencontre de nombreuses résistances chez les sidérurgistes, alors que les ressources en charbon de bois ne sont pas garanties en raison de surenchères et de spéculations. Pour des raisons stratégiques, la fonte ayant de multiples usages militaires, l'administration contribue à la diffusion de ce procédé : 400 exemplaires d'un mémoire rédigé par Dufaud, *Instruction sur la fabrication du fer en substituant la houille au charbon de bois,* sont transmis par les préfets aux maîtres de forges. La publicité faite autour du procédé de Dufaud pousse d'autres sidérurgistes à améliorer les procédés d'affinage de la fonte. Jean Aubertot, autre maître de forges nivernais[5], prend lui-même un brevet en 1810 pour un four à cémenter. Dans le même temps, les mises au point sur le procédé de Dufaud permettent d'en circonscrire l'usage à la fonte au bois, ce procédé se montrant moins satisfaisant pour la fonte au coke[6].

La promotion et la protection de la nouveauté offertes par le brevet sont d'autant plus recherchées que le brevet couvre une invention ou une innovation à caractère stratégique, permettant de résoudre les difficultés entraînées par la raréfaction ou le renchérissement d'une matière première. Cette logique prévaut pendant la période révolutionnaire et les guerres de l'Empire. Ainsi, le procédé de Nicolas Leblanc, pour lequel un brevet a été pris le 25 septembre 1791, « pour la fabrication de soude extraite en grand du sel marin par calcination au four à réverbère, en présence de craie pulvérisée et de charbon en poudre, du sel de Glauber obtenu en faisant agir à chaud "l'acide vitriolique" sur le sel marin », se diffuse rapidement lorsque la salicorne, dont les cendres servent à la fabrication de la soude, devient introuvable.

Cette promotion et cette protection de la nouveauté prennent un sens différent en fonction de l'environnement dans lequel sont élaborées ces pratiques de propriété industrielle. Au temps du colbertisme, il s'agit d'offrir un espace protégé favorisant l'épanouissement d'industries nouvelles contribuant à la puissance de la monarchie française. Sous la Révolution et l'Empire, le brevet, substitut du privilège en ce qu'il autorise les mêmes usages, permet de défendre la nouveauté, mais encore de donner un autre statut à l'innovation, comme une voie pour l'indépendance ou l'autosuffisance – en particulier dans le contexte du blocus continental. De fait, l'interprétation des usages de la propriété industrielle, tant de la part du milieu des entrepreneurs que de celle de l'État, apparaît conditionnée par le statut accordé à l'innovation et plus largement à la nouveauté. Ainsi la promotion et la protection de la nouveauté n'échappent pas, dans les formes qu'elles prennent, à des visées politiques.

Libéralisme économique et stratégie d'innovation

Dans le contexte libéral du XIXe siècle, la nécessité de protéger la nouveauté devient une incitation décisive à la prise de brevets. Le brevet est à son tour un instrument concurrentiel et peut offrir à ses détenteurs des positions privilégiées dans leur sphère d'activité, en confirmant une vocation pour l'innovation. La prise de brevet s'inscrit dans des stratégies d'innovation et les logiques de la libre entreprise.

Pour autant, la mise en œuvre d'un procédé breveté ne va pas sans difficulté. Le choix d'une nouvelle technique de fabrication ou d'un produit nouveau est souvent dicté par la volonté de s'imposer sur un marché déjà très concurrentiel ou bien de développer une industrie nouvelle. Claude Perret, à la tête d'une fabrique de soude installée en 1819 aux Brotteaux, à Lyon, fait ainsi le choix d'un nouveau procédé, concurrent de celui de Nicolas Leblanc, en 1822[7]. Claude Perret est autorisé le 12 décembre 1822 à fabriquer dans son nouvel établissement de Perrache les acides nitrique et sulfurique, les sels de soude, l'eau de Javel et les sels d'étain. Ces produits seraient préparés à partir des pyrites[8] fournis par les mines de Sain-Bel, situées à proximité de Lyon, et selon un procédé imaginé par Clément Desormes : le grillage des pyrites. Toutefois, aucune application industrielle n'a été tentée jusqu'à présent à partir du brevet de Clément Desormes. Les fils de Claude Perret parviennent, après plusieurs années de recherche, à développer une production au stade industriel à partir du brevet de Clément Desormes. Claude Perret dépose un nouveau brevet le 1er décembre 1835 pour la fabrication de l'acide sulfurique à partir des pyrites. Par combustion ou grillage, le soufre est dégagé « à l'état d'acide sulfureux, hyposulfureux, hyposulfurique, et souvent même sulfurique ». Ces différents produits sont employés « dans les appareils de condensation employés pour la fabrication de l'acide sulfurique[9] ». La combustion peut être accélérée par le mélange des pyrites avec des sels, en particulier des sulfates. Le procédé Perret est moins coûteux que le procédé Leblanc, ce dernier exigeant du soufre qu'il faut importer.

Lyon au XIXe siècle, vu depuis La Croix-Rousse.

Le succès de l'entreprise de Perret s'est construit sur l'exploitation d'un procédé entièrement nouveau et exclusif[10], et, dans une certaine mesure, sur l'élaboration d'une filière technique originale dans la préparation des dérivés du soufre, utilisés dans l'agriculture et dans l'industrie textile. La production de ces produits issus du soufre s'accroît dès la fin des années 1830. Au début des années 1840, la société Perret prend le contrôle des mines de Sain-Bel et de Chessy, les deux principales exploitations de pyrites de la région lyonnaise. Dans le même temps, plusieurs usines sont ouvertes, à proximité, comme l'usine de Saint-Fons, ou plus loin, près d'Avignon et de Dijon. Au début des années 1860, l'entreprise de Claude Perret contrôle le marché du Sud-Est pour la fourniture de vitriol et de produits sulfuriques. À partir des années 1860, la conquête du marché national requiert de plus en plus de moyens, en particulier financiers, et conduit à la fusion avec Saint-Gobain en 1872.

À la différence du privilège d'Ancien Régime, le brevet ne protège qu'une invention et ne donne aucun autre moyen à l'auteur d'une invention de promouvoir et de faire adopter son procédé ou son produit. Si les entreprises s'intéressent aux procédés nouveaux et brevetés pour gagner des positions concurrentielles, les auteurs de brevet rencontrent parfois bien des difficultés à se faire reconnaître auprès des industriels, même lorsqu'ils semblent déjà intégrés au monde de l'entreprise. Ces situations semblent assez fréquentes lorsque le procédé breveté introduit une rupture technologique.

L'introduction du procédé de Paul Héroult, relatif à la production d'aluminium par électrolyse, est exemplaire de ces difficultés à promouvoir une nouvelle solution technique, même si celle-ci présente des avantages économiques incontestables. Le brevet de Paul Héroult est pris en 1886. La même année, les *Comptes rendus de l'Académie des sciences* publient des travaux sur le procédé de préparation électrochimique du fluor élaboré par Henri Moissan, et, d'autre part, Henri Gall prend un brevet sur la préparation électrolytique des chlorates[11]. De fait, le procédé de Paul Héroult s'inscrit dans un ensemble de travaux et d'expériences ouvrant la voie au développement de l'électrochimie et de l'électrométallurgie. Il reste à convaincre les industriels de la chimie et de la métallurgie des opportunités techniques offertes par l'usage de l'électricité et de la possibilité de réduire ainsi les coûts de production. Henri Gall est ingénieur à la Compagnie d'Alais, Froges et Camargue, où il occupe les fonctions de chef de laboratoire dans l'usine de Salindres. Mais le directeur de l'usine de Salindres, A.-R. Péchiney ne croit pas à l'usage de l'électricité dans la métallurgie. Pour les mêmes raisons, A.-R. Péchiney ne s'intéresse pas au procédé d'Héroult[12].

Paul Héroult convainc dès 1887 une société suisse, Neher et fils, installée à Neuhausen, d'exploiter son brevet. Neher dispose d'une aciérie et souhaite surtout valoriser une chute d'eau qu'il possède sur le Rhin. Paul Héroult aurait souhaité que son procédé soit exploité en France, mais il n'est pas parvenu à trouver de financements. La banque Rothschild lui a refusé son soutien. En fait, Paul Héroult se heurte à des résistances à l'usage de l'électricité et au refus de

Ustensiles ménagers en aluminium.

substituer son procédé à celui de Sainte-Claire Deville.

Toutefois, dès 1888, P. Héroult parvient à faire exploiter son brevet en France. Il obtient l'aide d'un industriel lorrain, Munerel, qui pense que l'électricité offre de nouvelles solutions techniques pour la métallurgie. Munerel fonde avec des parents la Société électrométallurgique française, et une première usine est construite dans le Grésivaudan, près de Grenoble, à Froges, pour l'exploitation industrielle du brevet Héroult. Trois ans plus tard, une nouvelle usine est ouverte à La Praz[13].

L'exploitation du procédé Héroult est rendue possible du fait des risques acceptés par quelques industriels isolés. À l'inverse, les entreprises déjà présentes dans l'industrie de l'aluminium ont refusé de modifier leur technique. La société d'Alais, Froges et Camargue utilise le procédé Sainte-Claire Deville, qui est un procédé chimique : la bauxite est transformée par le carbonate de soude. Le procédé Sainte-Claire Deville est bien maîtrisé : il est utilisé depuis 1855. En revanche, l'adoption du procédé Héroult impose de repenser l'organisation de la production, de procéder à des recherches complémentaires pour son adaptation au stade industriel et de parier sur l'avenir d'un procédé, bref, de prendre des risques. La situation est aussi complexe dans le cas du procédé Héroult, car celui-ci est attaqué par Henri Hall, concepteur d'un procédé par électrolyse, qui conteste l'antériorité du brevet de Héroult[14]. La querelle se déroule aux États-Unis, la question de l'antériorité ne se posant pas en droit français, mais ces litiges peuvent inquiéter les industriels intéressés par le procédé Héroult.

Ce ne sont pas seulement les qualités techniques qui font à terme le succès du brevet de Paul Héroult. L'aluminium produit par électrolyse revient moins cher : en 1889, l'aluminium chimique coûte 60 francs le kilo, l'aluminium électrolytique Héroult 15 francs le kilo. Cette baisse des prix favorise la multiplication des usages de l'aluminium et accroît la demande de ce métal. Péchiney accepte de se convertir au procédé par électrolyse à la veille de la Première Guerre mondiale, au moment où le brevet tombe dans le domaine public.

Tant dans le cas de la chimie que de l'aluminium, mais encore de la plupart des industries nouvelles, le brevet apparaît comme l'instrument d'une promotion de l'innovation de produit comme de procédé. Le recours à cet instrument de la propriété industrielle s'inscrit dans les dynamiques de la libre entreprise, déterminées par les lois du marché. L'exploitation d'un brevet par les entreprises, dans ce contexte, est l'une des formes de la prise de risque propres à l'action d'entreprendre, de créer une activité nouvelle.

Brevet et concurrence par l'innovation

Au fur et à mesure que se multiplient des produits concurrents, le brevet reste le moyen de distinguer un produit ou un procédé, même s'il est probable, dans nombre de cas, que cette nouveauté risque d'être assez tôt supplantée par un autre produit ou un autre procédé, la durée de vie réelle du brevet étant souvent inférieure à sa durée légale. La promotion de la nouveauté offerte par le brevet semble aussi une des préoccupations des chimistes du XIXe siècle.

Dès les années 1850, cet usage du brevet est le fait des entreprises chimiques qui préparent des colorants ou des produits d'apprêt pour le textile. La demande pour de tels produits est soutenue, et la concurrence est assez vive. Certains de ces nouveaux colorants permettent en outre de simplifier les opérations d'apprêt des tissus. La rivalité entre les entreprises naît d'une opportunité scientifique et technique : la possibilité de préparer des colorants artificiels à partir de corps dérivés de la houille. Un premier brevet est pris en ce sens en Angleterre le 26 août 1856 par Perkin, pour un colorant artificiel tiré de la houille et rapidement baptisé « mauvéine » en raison de sa couleur. Ce brevet est le premier d'une longue série de brevets destinés à assurer à leurs détenteurs une position leader dans l'industrie de la teinture. L'affaire de la fuchsine[15] au début des années 1860 conforte, dans la chimie des colorants, l'usage du brevet à des fins de protection exclusive. À l'issue d'une série de procès, les détenteurs du brevet de la fuchsine parviennent à en interdire la fabrication, même par d'autres procédés, à leurs concurrents.

L'un des quelque 1200 « taxis de la Marne » fabriqués par Renault. Exemplaire restauré.

De fait, le brevet semble accompagner de plus en plus les stratégies d'entreprises fondées sur la concurrence par l'innovation. Cette forme de concurrence est très importante dans les secteurs d'activité exigeants en recherche et en développement, apparus à la faveur de la deuxième révolution industrielle, et où le marché est très concurrentiel, en particulier dans le cas des biens de consommation. Pour autant, le brevet n'est pas toujours présent.

L'industrie de la construction automobile est exemplaire de ces formes de concurrence par l'innovation, où le brevet joue un rôle central. Bien que l'automobile ait été à ses débuts un produit de demi-luxe, la pression de la demande stimule l'innovation dans un secteur d'activité où rivalisent, avant la Première Guerre mondiale, de très nombreux constructeurs. Entre 1899 et 1904, Louis Renault dépose plus de 70 brevets, dont l'un concerne la suralimentation des moteurs (1902), un autre le système de refroidissement (1904), un autre l'allumage par distributeur (1904) et un autre enfin le carburateur à réglage automatique (1904). Dans les années suivantes, un autre brevet est pris pour la commande électrique du changement de vitesse et l'embrayage (1916)[16]. Ce sont autant de perfectionnements visant à faire de l'automobile un moyen de transport plus fiable et plus performant. Les constructeurs automobiles français s'imposent en effet par la qualité de leurs produits avant la Première Guerre mondiale.

Avec l'affirmation de la consommation de masse, le brevet n'est plus seulement utilisé pour protéger la nouveauté mais aussi pour revendiquer la propriété d'un procédé ou d'un dispositif particulier destiné à distinguer un produit parmi les autres. Cette pratique apparaît dès les années 1950 dans l'industrie automobile. Ces stratégies de différenciation des produits ne reposent pas seulement sur l'utilisation du brevet par les entreprises. La marque peut s'avérer aussi efficace, surtout pour les biens de consommation, ou peut suppléer à l'absence de brevet. L'industrie pharmaceutique en France a ainsi recours aux marques jusque dans les années 1960 pour différencier ses produits. Ce choix de propriété industrielle est déterminé par l'interdiction de breveter un médicament jusqu'en 1960.

Enfin l'utilisation du brevet pose d'autres problèmes aux entreprises. Le brevet est une publicité offerte à un procédé ou à un produit nouveaux. Cette forme de publicité peut s'apprécier de façon contradictoire : elle peut inciter à la copie, elle peut stimuler l'innovation. Le brevet est aussi un outil d'information sur l'état des sciences et des techniques.

Diffuser et valoriser l'information technique

L'augmentation du nombre des privilèges exclusifs, en France, et des *Patents,* en Grande-Bretagne, à la fin du XVIIIe siècle, révèle l'exacerbation de la compétition entre les entreprises. C'est aussi le témoignage d'une volonté de valoriser l'invention, selon une conception qui fait de la science un facteur de progrès.

Savoirs et privilèges

La valorisation et la diffusion de la connaissance technique n'imposent pas systématiquement le recours au privilège, mais plutôt une démarche qui permette de distinguer la nouveauté. Cette distinction est importante pour l'inventeur ou l'entrepreneur, elle l'est aussi pour les usagers qui sont en quelque sorte rassurés par ces démarches de valorisation. L'intérêt porté par la monarchie et la noblesse à des nouveautés en fonde autant la valeur que l'attribution d'un privilège. Cela vaut tant que l'invention ou l'innovation n'est pas insérée dans le marché ; au-delà, d'autres stratégies sont à mettre en œuvre.

L'intérêt que la monarchie et la noblesse portent aux innovations peut s'avérer être un soutien décisif[17]. Les commandes royales ont favorisé la multiplication des métiers lyonnais pour le tissage des « grands façonnés », tandis que les nouveautés introduites par Philippe de Lassalle, en particulier les portraits tissés, sont d'abord appréciées des cours princières. Les inventeurs sollicitent ces protections qui leur permettent d'accéder à la renommée et de faire connaître leurs produits et leurs procédés. Cette mise en scène des innovations atteint un apogée dans la seconde moitié du XVIIIe siècle[18]. Non seulement l'innovation est valorisée par sa reconnaissance par la noblesse, mais elle s'installe aussi dans les lieux de la modernité. De nombreux quartiers parisiens sont le terrain d'expériences : autour de la chaussée d'Antin, où les hôtels

Soierie lyonnaise de tenture d'alcôve, XVIIIe siècle.

particuliers reçoivent des équipements hydrauliques; autour du faubourg Saint-Antoine, en utilisant les synergies avec les métiers d'art. L'hôtel de Mortagne, rue de Charonne, est l'un des premiers dépôts pour les machines nouvelles. Ces mises en scène urbaines ne sont pas seulement parisiennes : le couvent des Célestins à Lyon abrite le nouveau métier à la tire de Rivet en 1783.

L'État répond à ces nouveaux comportements en imposant des exigences nouvelles, qui vont dans le sens d'une diffusion de la connaissance scientifique et technique. L'exclusivité doit être légitimée : l'invention doit être publique. L'administration ne cherche plus, au-delà des années 1750, à expertiser l'invention ou à en déceler l'intérêt, le marché agissant comme une sanction ultime, mais plutôt à en justifier la nouveauté. La pratique du dépôt, celle de la description deviennent plus courantes. Ces descriptions servent de références lors de l'évaluation de la nouveauté d'un procédé pour lequel est sollicité un privilège exclusif. La publicité faite autour de l'invention peut alors devenir une incitation décisive dans la mise au point de procédés nouveaux.

Les débuts de la chimie industrielle ont ainsi bénéficié de ces usages de la propriété industrielle[19]. La rivalité entre les chimistes parisiens, autour de la fabrique de Javel, et rouennais, autour de John Holker, dans la seconde moitié du XVIIIe siècle, se traduit certes par la sollicitation de nombreux privilèges. Mais si ces derniers sont utilisés dans un environnement où s'affirment les logiques capitalistes, ils sont aussi les instruments de connaissance et de valorisation de l'invention, de la circulation des inventions.

Connaissances techniques et brevets

Le brevet est investi de la même fonction dès les premières années de sa mise en œuvre. Pendant la période révolutionnaire, le brevet est l'un des outils d'information technique, au même titre que les voyages ou les publications techniques. Ainsi, la recherche de nouveaux procédés dans l'industrie sidérurgique, initiée tant par l'administration que par les entrepreneurs, s'effectue par des missions permises par les progrès des armées françaises en Europe. En 1801, Chaptal envoie en Styrie (Autriche) deux ingénieurs pour qu'ils observent « les opérations pratiques de corroyage de l'acier ». Après la paix d'Amiens (1802), de nouveaux contacts sont créés avec les sidérurgistes anglais. Desnoyers de Dilling, maître de forges français, se rend en Angleterre pour étudier les procédés de puddlage; il rentre en France avec un brevet d'importation[20]. Les journaux scientifiques, *Annales des mines* et *Journal de chimie,* sont aussi un moyen d'information privilégié, offrant une diffusion plus large aux nouveautés techniques que le brevet dans nombre de cas.

Tout au long du XIXe siècle, les brevets jouent un rôle majeur dans le changement technique des industries les plus dynamiques. Le cas de la sidérurgie est assez représentatif. Les brevets ont joué un rôle central dans le passage de la fonte au charbon de bois à la fonte au coke, puis dans l'essor de la production d'acier[21]. Au lendemain de la période révolutionnaire et impériale, la sidérurgie française accuse un retard technique certain sur la sidérurgie britannique. Les techniques de laminage se sont malgré tout améliorées[22], et les sidérurgistes français ont d'ailleurs développé une technique propre au cours des années 1810. Entre 1815 et 1830, la substitution de la houille au charbon de bois pour l'affinage de la fonte démarre, mais le procédé de la fonte au charbon de bois est dominant jusque dans les années 1840. Au cours des années 1840, les brevets relatifs à l'amélioration des techniques anglaises se multiplient : alors que 4 brevets sont déposés pour ces techniques dans les années 1830, 15 brevets sont pris dans les années 1840 et plus de 100 dans les années 1850[23], au moment où Bessemer conçoit un procédé complètement différent.

Tout semble se dérouler comme si les brevets incitaient à améliorer les procédés en rendant publiques les expériences des uns et des autres. Le procédé Bessemer lui-même est breveté en 1855, et plus de 30 brevets et certificats additionnels sont déposés jusqu'en 1870 par Bessemer lui-même. Les *Annales des mines* signale le procédé Bessemer en 1856, mais les sidérurgistes français ne s'y intéressent vraiment qu'à partir de 1860. En outre, la diffusion du procédé Bessemer en France s'opère selon des formes qui peuvent être désignées comme un transfert de technologie.

Bessemer concède la licence de son brevet à l'entreprise des Jackson, des sidérurgistes anglais installés à Firminy, non loin de Saint-Étienne, dès 1858, alors que le procédé n'est pas tout à fait au point. Les Jackson s'engagent en outre à former tous les licenciés de Bessemer. L'introduction de la nouvelle technologie semble plus organisée. La diffusion du procédé selon ces canaux est aussi influencée par les transformations du contexte économique : la pression de la demande en acier, en particulier pour le réseau ferroviaire, favorise l'adoption de l'innovation de procédé et la recherche de solutions pour en accélérer la diffusion.

Les débuts de la chimie organique, dans la deuxième moitié du XIXe siècle, sont aussi favorisés par l'aptitude des brevets à faire

Procédé Bessemer.

connaître des procédés et des produits nouveaux. Les premiers brevets sur l'utilisation des dérivés de la houille, associés à l'aniline et à l'acide phénique pour fabriquer des colorants artificiels, suscitent de nombreux travaux sur ces produits. La concurrence accrue, en raison d'une demande très soutenue, aboutit à l'élaboration de stratégies originales. Les entreprises chimiques allemandes prennent conscience très tôt que leurs brevets, par la publicité qu'ils offrent à leurs produits et à leurs procédés, menacent leur position sur le marché en les exposant à la concurrence. Dès les années 1880, Bayer réoriente sa politique de brevets en multipliant les dépôts de façon à protéger ses domaines de recherche et à dissimuler le véritable objet de ses études par un « nuage de brevets ». Ce comportement révèle *a contrario* que le brevet est aussi un instrument d'information à caractère scientifique et technique, et qu'il peut offrir une protection insuffisante dans certaines industries. Les positions dominantes acquises par la chimie allemande au tout début du XXe siècle sont le résultat d'une politique de brevets très agressive, permettant aussi de développer des positions fortes sur le marché des produits de la chimie organique. Le recours au brevet témoigne, pour ce secteur, de l'accumulation des savoirs et des savoir-faire, dont la diffusion sans contrôle gênerait la croissance des entreprises et de leurs marchés et restreindrait la rémunération de l'effort de recherche.

Des outils de transferts de technologie

Le brevet peut être le vecteur de transferts de technologie dans des industries exigeantes en savoir-faire à fort contenu scientifique et technique. L'acquisition de brevets par des entreprises est souvent le point de départ du développement de nouveaux procédés, par les mises au point qu'elles apportent au brevet original. Cette politique a été suivie par Saint-Gobain entre la fin du XIXe siècle et les années 1930 pour ses activités dans le verre et la glace.

Dans les années 1890, Saint-Gobain s'intéresse aux techniques de laminage du verre, permettant d'améliorer les qualités du produit et en particulier sa planimétrie. En 1892, la manufacture achète la machine mise au point par un industriel de Birmingham, Chance, pour laminer le verre coulé. Chance a conçu cette machine à partir de l'exploitation d'un brevet de 1884 sur le laminage du verre. Saint-Gobain installe plusieurs machines de Chance dans ses usines et reste, avant 1914, la seule entreprise titulaire d'un monopole de vente des verres laminés[24] en Europe continentale et dans les colonies françaises.

L'utilisation de cette machine pousse Louis Boudin, ingénieur à Saint-Gobain et diplômé d'une école des arts et métiers, à concevoir un procédé de coulée continue,

Coulée sur une table selon le procédé Chance, dans les années 1950.

d'abord pour le verre puis pour la glace, au cours des années 1920. La transposition de la technique du verre coulé à la glace pose de nombreux problèmes techniques, mais le premier procédé imaginé et breveté par Louis

Boudin est important car il introduit celui de Bicheroux pour la fabrication de glaces minces utilisées par la construction automobile.

Dans les années 1920, l'adoption des techniques de douci-poli continu (DPC)[25] s'opère aussi par l'acquisition de licences d'exploitation et l'amélioration du procédé. Le contrat pour le DPC est signé en 1924 avec la firme Pilkington. La technique est d'abord introduite à l'usine Saint-Gobain d'Herzogenrath, où elle subit des améliorations entre 1927 et 1929. Dans les années 1930, d'autres usines Saint-Gobain sont équipées à leur tour, avec des améliorations sensibles au procédé initial[26].

Procédé twin-douci du vert à plat
à l'usine Saint-Gobain de Chantereine vers 1960.

Cet intérêt marqué pour les brevets extérieurs témoigne en fait d'une nouvelle politique de brevet de la part de la compagnie de Saint-Gobain. Les nouveaux procédés et les savoir-faire ont longtemps été du domaine du secret de fabrication. L'entreprise prend conscience, au début du XXe siècle, de la nécessité de valoriser ses recherches et de les faire reconnaître par ses confrères. Le brevet sert d'outil de reconnaissance et de transmission des technologies en permettant la conclusion d'accords entre les industriels pour le partage des marchés.

Cette prise en considération de l'intérêt des brevets permet enfin d'élaborer des pratiques originales dès les années 1930. Saint-Gobain s'intéresse très tôt aux procédés nouveaux, avant même qu'ils n'aient véritablement fait leurs preuves au stade industriel. Ainsi l'adoption du twin-douci[27], un procédé plus performant que le DPC, est décidée à la vue d'une seule machine à caractère expérimental. Mais en s'associant avec la firme détentrice du premier brevet, Pilkington, Saint-Gobain obtient, pour rémunération de sa collaboration à la mise au point du procédé fini, un versement supplémentaire sur les redevances. Cette compensation financière doit aussi inciter Saint-Gobain à rechercher de nouveaux licenciés en Europe[28].

La pyramide du Louvre.

Couverture d'une brochure présentant l'usine de Pont-à-Mousson en 1932.

Cette pratique permet à terme à Saint-Gobain de jouer un rôle décisif dans les transferts de technologies permis par le brevet. En 1929, Saint-Gobain obtient la diffusion en Europe du procédé de Pittsburgh Glass pour le verre à vitre. Ce produit n'est pas une spécialité de la compagnie, qui obtient qu'une équipe d'ingénieurs américains se rende en Europe pour surveiller la mise au point et l'adaptation du procédé dans ses usines[29]. L'obtention de ce privilège pour la diffusion du procédé Pittsburgh Glass ne témoigne pas seulement de la reconnaissance internationale de Saint-Gobain. C'est aussi l'élaboration d'une pratique nouvelle qui, par le contrôle des transferts de technologie qu'autorisent les brevets, permet à une entreprise de surveiller le changement technique dans son secteur d'activité.

Le comportement de Saint-Gobain en matière de transferts de technologies apparaît à l'opposé de celui de Pont-à-Mousson dans l'entre-deux-guerres. Le métallurgiste refuse d'adopter un procédé de moulage par centrifugation, celui de Sensaud de Lavaud, au prétexte que la licence concédée serait trop restrictive. Ce procédé permet, par la centrifugation, d'obtenir une bonne répartition de la fonte sur les parois d'un moule de tuyau sans avoir à faire glisser la fonte. Pont-à-Mousson cherche à développer son propre procédé au cours des années 1920 et 1930 sans obtenir de résultats satisfaisants. Pourtant, les avantages du procédé Sensaud de Lavaud sont reconnus, tant sur le plan technique que sur celui des économies de main-d'œuvre. Mais la réticence au transfert de technologie ne saurait s'expliquer par les seules conditions d'une concession de licence[30]. Pont-à-Mousson répugne plutôt, dans l'entre-deux-guerres, à investir pour augmenter la productivité de ses usines et ne développe aucune stratégie d'anticipation sur l'avenir. Or l'adoption d'une technique nouvelle ne peut se décider sans un souci quelconque des possibilités commerciales offertes par un nouveau procédé.

Matières platiques.

La cession de brevets, par des contrats de licence, impose aussi la définition d'une politique spécifique au sein de l'entreprise. Au départ, le brevet et le secret commercial préservent une innovation. Les ventes de licences dans la période initiale d'exploitation d'un nouveau produit ou procédé restent limitées afin de maintenir les prix élevés, assurant le financement de la recherche et du développement. Ainsi, les industriels du verre américains négocient dans un premier temps avec Saint-Gobain, considéré comme l'une des entreprises les plus importantes du secteur en Europe, et lui concèdent une exclusivité. Mais, même après l'expiration du brevet, les connaissances acquises et la maîtrise du know-how autorisent encore les entreprises à vendre ce dernier. Imperial Chemical Industries (ICI) continue, bien après l'expiration de son brevet pour le polyéthylène basse pression, à négocier des accords de cession de know-how ou de formation des techniciens[31]. Du point de vue de l'entreprise, le brevet et l'accumulation des savoir-faire sont déjà une rémunération de l'activité de recherche.

Les transferts de technologie par le biais du brevet ne sont pas toujours aisés à contrôler. La frontière avec la copie est difficilement repérable dans la mesure où le brevet demeure une protection imparfaite, n'interdisant pas l'apprentissage de techniques nouvelles. En dépit des dispositions juridiques, la durée de la protection offerte n'est pas garantie car rien n'empêche l'apparition simultanée de produits et de procédés concurrents. Ainsi, la Société nationale des pétroles d'Aquitaine a préféré concevoir son propre procédé de fabrication du polyéthylène plutôt que d'acquérir le brevet d'ICI[32]. Le procédé de la SNPA pour le polyéthylène haute pression a cependant requis, pour sa conception, l'étude de ce dernier. Dans la mesure où le produit n'est pas couvert directement par le brevet, la SNPA est en droit de fabriquer du polyéthylène pour son propre compte.

L'utilisation des brevets pour les transferts de technologies entre les entreprises contribue de façon décisive aux processus d'innovation. Mais cette innovation s'opère en partie sous contrôle. De fait, la diffusion des connaissances scientifiques et techniques permises par le brevet reste peu dissociable de la possibilité de définir les formes de la concurrence, définition autorisée par le brevet lui-même.

Construire le marché

La promotion et la protection offertes à la propriété industrielle sont aussi, dans le même temps, des moyens de modifier les règles du marché. Cette particularité a été saisie par les créateurs des manufactures de l'Ancien Régime, et les détenteurs de brevets, de la même manière, font jouer cette possibilité de réaménager la concurrence.

Concurrence et privilèges

Les privilèges accordés aux manufactures offrent une grande diversité de protections, qui sont autant de modifications apportées à la libre concurrence[33]. Le privilège apparaît ainsi comme une défense opposée à la concurrence étrangère, à un autre secteur d'activité, à une autre ville ou à une autre corporation. Le privilège délimite les frontières d'une autre liberté, et celle-ci peut alors être utilisée pour la diffusion, l'amélioration d'une nouvelle industrie ou de procédés nouveaux. Ainsi, le privilège royal offre à Saint-

Gobain l'opportunité de se faire connaître comme manufacture de glaces façon Venise. Le marché des glaces est bouleversé, et aux pratiques d'importation vont peu à peu se substituer les tentatives de manufactures concurrentes hors du royaume. La diffusion de l'innovation n'est pas assurée par le seul fonctionnement libre du marché ; d'autres lois sont nécessaires, et cela en fonction même des produits, des industries[34] et de l'environnement dans lequel est envisagé ce développement.

La vie lyonnaise. Illustration de Jean Coulon.

Ce réaménagement de la concurrence commence par le bénéfice tiré de la détention du titre même : le privilège, l'exclusif, la distinction accordés par la monarchie constituent déjà un premier argument de vente[35]. Les productions des manufactures royales, tant dans le textile que dans la sidérurgie, les faïences ou encore la glace, profitent ainsi d'une position exceptionnelle sur le marché en raison de leur identification comme manufactures royales. Cette exception justifie qu'en retour la monarchie se réserve le droit de préciser les caractères des produits. Les glaces vendues par Saint-Gobain appartiennent à deux catégories, les petites et les grandes glaces, dont les dimensions sont invariables. Mais c'est surtout la qualité de ces produits que la monarchie contrôle pour légitimer les privilèges qu'elle octroie. Cette pratique reproduit aussi celle des corporations et surtout celle des marques.

Le privilège, en réaménageant le marché, permet de favoriser l'essor de certaines industries au détriment d'autres. La monarchie, selon le projet de Colbert, souhaite le développement d'industries de qualité, fournissant des produits de luxe dont l'exportation peut dégager des profits importants. Ainsi se comprend mieux la décision de créer une manufacture royale de glaces ou encore le souci constant de la qualité des articles textiles, à commencer par les soieries. Ce projet industriel n'est pas élaboré seulement en fonction d'un désir de puissance, il exprime aussi un mode de régulation du marché national sous l'Ancien Régime, privilégiant la qualité des produits. Au XVIIIe siècle, lorsque la demande tend à se diversifier et à se renouveler au profit d'articles de demi-luxe, voire de consommation plus courante, comme les textiles, la régulation par la qualité, et donc par le privilège, est de plus en plus contestée. La suppression des privilèges en 1791 serait une réponse aux modifications du marché tout autant qu'aux pressions sociales et politiques.

Brevets et monopoles

L'exploitation d'un brevet offre souvent une position commerciale exceptionnelle au XIXe siècle, dès lors que le brevet est au cœur d'une activité ou d'une industrie nouvelle. Les stratégies d'entreprise accompagnant l'exploitation du brevet permettent parfois d'occuper une situation de monopole. Cependant, il est souvent nécessaire de mettre en œuvre différentes pratiques, dont la complémentarité aide à la valorisation de l'innovation. La sanction du marché reste la reconnaissance ultime de l'innovation, surtout dans les cas où celle-ci peut créer de nouveaux usages et de nouvelles habitudes de consommation.

L'industrie des objets de table, née au XIXe siècle, est exemplaire de ces usages du brevet. Les brevets pris par Henry Elkington entre 1836 et 1840 sont d'abord destinés à protéger de nouvelles méthodes de dorure n'utilisant pas le mercure. Ces innovations de procédé sont induites par la demande : d'une part les procédés existants, au mercure, sont dangereux pour les ouvriers; d'autre part ils ne permettent pas de satisfaire la demande en dorure[36]. Le procédé d'Henry Elkington n'utilise plus le mercure mais une solution liquide basique, et, dans un deuxième temps, le principe de la pile permet d'effectuer des opérations de galvanoplastie déjà décrites par le Russe Jacobbi. Dans le même temps, George-Richard Elkington, cousin d'Henry Elkington, dépose des brevets pour des procédés d'argenture, qui sont à la fois une innovation de procédé et de produit. Les deux cousins souhaitent, par la prise de brevets d'importation en France, protéger leurs découvertes. Ces prises de brevets sont d'autant plus importantes qu'elles permettent de

Les ateliers de haute orfèvrerie Christofle : le poinçon.

revendiquer une exclusivité ou une antériorité face à des imitateurs ou à des concurrents. Or une concurrence sur les procédés de dorure apparaît dès 1840. Henri de Ruolz prend ainsi un brevet le 19 décembre 1840 « pour un procédé de dorure sans mercure de l'argent, de l'orfèvrerie et de la bijouterie d'argent et plus spécialement des objets les plus délicats, tel le filigrane d'argent ». Henri de Ruolz circonscrit son invention à la dorure de l'argent, procédé non revendiqué par les cousins Elkington. Toutefois, dans ce cas, le brevet reste une solution peu satisfaisante pour la diffusion de l'innovation.

Les cousins Elkington ont pris des brevets d'importation en France : leur intention est bien d'exploiter leurs innovations et, pour cela, ils s'associent à des bijoutiers parisiens, les frères Moullé. En revanche, Henri de Ruolz est incapable d'exploiter son invention et vend ses brevets à un teinturier parisien pour éponger ses dettes. Ces brevets sont rachetés par Charles Christofle, fabricant de bijoux de cuivre à Paris. Toutefois, l'exploitation des procédés de Ruolz se heurte à de nombreux obstacles techniques et à une maîtrise insuffisante du procédé.

Ces brevets ne garantissent pas pour autant une position d'exclusivité à leurs détenteurs. Si les procédés diffèrent, les produits se ressemblent suffisamment. Mais au lieu de laisser jouer librement la concurrence, qui aurait pu alors déterminer l'intérêt de chaque procédé, Elkington et Christofle s'entendent dès 1842 pour exploiter réciproquement les brevets. Ici, la promotion des nouveaux procédés et la protection de ces inno-

Les ateliers de haute orfèvrerie Christofle : le planage.

vations est assurée par les brevets et par une entente entre les exploitants afin de se partager la rémunération de leurs inventions. Une première société voit le jour en 1845 : la Société d'exploitation des brevets de Ruolz et d'Elkington. Elle exploite un atelier d'argenture et de dorure à façon et concède des licences pour l'exploitation de ses brevets à des artisans installés en province[37].

Mais Charles Christofle s'aperçoit très rapidement que cette organisation ne lui permet pas de tirer tout le profit possible de ses brevets, et que les travaux à façon réalisés pour le compte de la société sont trop souvent de qualité médiocre. C'est pourquoi il décide de procéder à l'exploitation directe de ses brevets et de contrôler toute la chaîne de fabrication des objets dorés ou argentés. Dès 1846, la société Christofle a pour activité la fabrication des objets de table. Ainsi la valorisation des brevets détenus par l'entreprise rend nécessaire un contrôle plus étroit des produits et une signalisation plus rigoureuse : le poinçon est adopté en 1846. Il s'agit de différencier les produits élaborés selon le même procédé, mais de qualité variable. Le brevet protège un procédé nouveau, mais d'autres outils sont nécessaires pour attester la qualité des fabrications[38] et dessiner les contours du marché convoité. Cette attention supplémentaire accordée à la qualité des produits peut aussi être le moyen d'éviter la dépréciation d'un procédé et de lui conserver une forme d'exclusivité, soit une forme d'organisation du marché des produits destinés aux bourgeoisies urbaines. Christofle joue autant sur le brevet que sur la marque, ici le poinçon, pour affirmer une position leader.

Ces tentatives de définition des règles de la concurrence ne sont pas propres aux biens de consommation. Le brevet sert bien souvent de manière défensive à lutter contre la concurrence, comme cela se faisait déjà à l'aide des privilèges. Cette utilisation de la propriété industrielle pour réduire les rivaux pose cependant de nombreux problèmes touchant à la définition même du brevet et à son usage par les entreprises.

La chimie des colorants, au XIXe siècle, fournit un exemple d'utilisation des brevets pour lutter contre la concurrence. Les fabricants de colorants, grâce au brevet, parviennent à occuper des positions de monopole. Dès la fin des années 1840, l'exploitation de brevets, soit déposés par l'entreprise, soit acquis, offre à des entreprises chimiques lyonnaises des situations enviables. C'est le cas par exemple de l'entreprise de Guinon, Marnas et Bonnet qui a l'exclusivité d'un jaune et de la pourpre française[39]. L'apparition de nouveaux colorants suscite dans le même temps des recherches pour parvenir à contourner les brevets : tel est le cas de la mauvéine de Perkin, brevetée en 1856 et que les chimistes lyonnais s'efforcent de reproduire, non sans succès.

Le comportement des chimistes lyonnais explique, en partie, la stratégie adoptée par les détenteurs du brevet sur la fuchsine, un rouge d'aniline mis au point par le chimiste Emmanuel Verguin. Ce dernier ne dispose pas des ressources nécessaires à l'exploitation de sa découverte et il la présente aux frères Renard, chimistes installés à La Channa près de Lyon. Le colorant découvert par Verguin présente un intérêt considérable : il peut être employé à la préparation d'autres couleurs et s'utilise très facilement. Le brevet est déposé en 1859 et le colorant est baptisé « fuchsine ». Ce brevet couvre le produit et le procédé, ce qui permet aux frères Renard de revendiquer le monopole du produit, même s'il est obtenu par d'autres moyens. Cette revendication est d'autant plus affirmée que la concurrence est très soutenue dans l'industrie des colorants. Ce type de comportement se rencontre assez souvent dans l'industrie chimique, où le brevet apparaît aussi comme le moyen de rémunérer un effort de recherche en garantissant à l'entreprise une position privilégiée sur le marché. Ainsi, Bayer s'attache au tournant du siècle à défendre l'exclusivité de la fabrication de l'aspirine, le brevet ayant d'ailleurs été complété par le dépôt de marque pour renforcer la protection du produit.

Cette aptitude du brevet à offrir des positions de monopole semble caractériser davantage les industries de biens de consommation, où la conception des produits requiert un effort de recherche soutenu et où il existe un marché potentiel très étendu. L'exploitation des brevets relatifs à la lampe à incandescence, au téléphone, au phonographe ou au cinématographe peut permettre aux industriels de gagner des positions enviées. Il s'agit en effet d'objets techniques complexes, et les descriptions offertes par les brevets en rendent difficile la reproduction. En outre, la demande des utilisateurs est suffisamment soutenue pour que ces entreprises de l'électricité et de la construction électrique connaissent des réussites spectaculaires. Toutefois, le brevet seul ne peut rendre compte de ces performances : comme dans le cas de Christofle, l'entreprise a aussi une stratégie commerciale ou une stratégie de produit originale. Edison se distingue ainsi par ses talents pour assurer la promotion de ses produits et par sa compréhension du système électrique dans sa globalité. Dès lors, le brevet ne serait-il pas davantage, pour ces jeunes industries, une protection nécessaire à la construction d'une activité et d'un marché nouveaux, autrement dit une autre version du privilège, utile à l'industrie naissante[40] ?

L'utilisation des brevets par les entreprises répond à un ensemble de besoins : la protection de la propriété industrielle, l'encouragement de l'innovation et la définition des formes de la concurrence. L'environnement et la conjoncture déterminent ces usages du brevet. De l'autre côté, les pouvoirs publics élaborent des instruments de protection de la propriété industrielle en fonction des politiques économiques poursuivies et du rôle attribué aux industries. Ceci permet de comprendre qu'il ne peut y avoir d'utilisation univoque des brevets par les entreprises. Celles-ci les utilisent à des fins différentes, parfois exclusives, parfois complémentaires. Dans la chimie, souvent, le brevet sert à la fois à protéger une invention, à la faire connaître pour susciter des améliorations, à défendre un marché pionnier. Mais tous ces objectifs n'exigent pas nécessairement le recours au brevet. Le secret autour de la fabrication, les publications scientifiques, les ententes entre les entreprises permettent de parvenir aux mêmes fins.

Le brevet est un outil mis à la disposition des entreprises par la puissance publique. Il possède un caractère d'universalité, en dépit des différences entre les législations nationales, qui lui permet d'être reconnu comme tel par tous les acteurs de l'industrie, de la recherche et du marché. Le rôle de l'État peut sembler minime dans la mesure où il se réserve le seul droit d'examiner la nouveauté d'un produit ou d'un procédé, sans aucune garantie jusqu'à une période très récente. Pourtant, ce rôle n'est pas négligeable puisque c'est la puissance publique qui qualifie, dans la mesure où elles sont soumises à son examen, de très nombreuses innovations. Cette qualification est acceptée par les entreprises puisqu'elle cristallise de nombreuses attitudes autour du brevet.

L'entente autour du brevet est indispensable à ces usages. Les pratiques suscitées par les privilèges d'Ancien Régime comme les utilisations du brevet à l'époque contemporaine révèlent un accord des acteurs de l'économie sur la nécessité de la protection

Le phonographe d'Edison. Dessin paru dans *Le Génie civil*, 1888.

industrielle. Celle-ci n'est peut-être pas comprise dans un sens défensif ou offensif; la complexité des comportements présentés empêche une telle appréciation. Les usages de la protection industrielle, dans le respect des formes légales élaborées par la puissance publique, en feraient davantage un outil d'organisation ou de régulation du marché, indépendant, *in fine,* des choix de politique économique.

1. Jean-Pierre Daviet, *Une multinationale à la française,* Saint-Gobain 1665-1989, Paris, Fayard, 1989, p. 9-56.
2. P. Minard, *La Fortune du colbertisme, État et industrie dans la France des Lumières,* Paris, Fayard, 1998, p. 211-254.
3. La notion de passage d'une économie de la qualité à une économie de la demande est en particulier analysée par P. Minard, *op. cit.,* et par P. Verley, *L'Échelle du monde,* Paris, Gallimard, 1997.
4. Georges Dufaud reprend les activités de son père, Jean-Ange Dufaud, qui s'est lancé dans la sidérurgie en 1768, quittant Lyon pour le Nivernais. *Cf.* D. Woronoff, *L'industrie sidérurgique en France pendant la Révolution et l'Empire,* Paris, EHESS, 1984, p. 108-109.
5. Les origines de Jean Aubertot sont inconnues, mais D. Woronoff le présente comme un maître de forges très actif et innovateur. D. Woronoff, *op. cit.,* p. 114.
6. D. Woronoff, *op. cit.,* p. 343-346.
7. M. Laferrère, *Lyon ville industrielle,* Paris, PUF, 1960, p. 475-485.
8. Les pyrites sont des sulfures naturels.
9. Selon le texte du brevet du 1er décembre 1835.
10. À Lyon aussi la société Coignet se développe de façon identique, par l'adaptation industrielle d'un brevet sur l'extraction de la gélatine des os par l'acide chlorhydrique. M. Laferrère, *op. cit.,* p. 485-487.
11. M. Caron, « Paul Héroult (1863-1914). Un grand inventeur original », *Cahiers d'histoire de l'aluminium,* n° 4, 1989, p. 70.
12. M. Caron, *op. cit.,* p. 71 et M. Le Roux-Calas, « Les premiers laboratoires d'Alais, Froges et Camargue 1886-1931 : deux stratégies », *Cahiers de l'histoire de l'aluminium,* n° 5, 1989, p. 54-55.
13. M. Caron, *op. cit.,* p. 71-73.
14. M. Caron, *op. cit.,* p. 75-77.
15. Le détail de cette affaire est évoqué au chapitre X, « La justice du brevet ».
16. A. Compain-Mefray, « L'innovation », *Renault Histoire,* n° 10, juin 1998, p. 16-26.
17. L. Hilaire-Pérez, *L'invention technique au siècle des Lumières,* Paris, Albin Michel, 2000, p. 226-236.
18. L. Hilaire-Pérez, *op. cit.,* p. 226-236 et D. Roche, *Histoire des choses banales. Naissance de la consommation dans les sociétés traditionnelles,* Paris, Fayard, 1997, p. 65-66.
19. L. Hilaire-Pérez, *op. cit.,* p. 248-259.
20. D. Woronoff, *op. cit.,* p. 316.
21. M. Pinson, « La sidérurgie française » et « Les brevets dans la sidérurgie française », *in* « Sidérurgie et croissance économique en France et en Grande-Bretagne (1735-1913) », *Cahiers de l'ISEA,* février 1965, n° 158.
22. Brevet Jamain et Poncelet pour les « procédés relatifs au laminage du fer et l'acier », 4 septembre 1791. Brevet Colon pour « un laminoir métallique », 6 juin 1806.
23. M. Pinson, *op. cit.* Statistiques de brevets reproduites p. 201.
24. J.-P. Daviet, *Un destin international. La compagnie de Saint-Gobain de 1830 à 1939,* Paris, Éditions des Archives contemporaines, 1988, p. 309 *et sq.*

25. Procédé du douci-poli continu (DPC) : les glaces brutes, à la sortie du tunnel de recuisson, sont scellées sur des tables rectangulaires mobiles se suivant les unes les autres sur un chemin de roulement. Les glaces passent d'abord sous des appareils à doucir, puis sous des appareils à polir, dans une installation longue de 200 m. La glace est ensuite descellée puis rescellée de l'autre côté pour effectuer le même travail. J.-P. Daviet, *op. cit.*, p. 401 *et sq.*
26. J.-P. Daviet, *op. cit.*, p. 401 *et sq.*
27. Le twin-douci est une amélioration du DPC. Le DPC ne permet pas d'obtenir une planimétrie parfaite. Dans le twin-douci, les tables-supports sont supprimées et les deux faces de la feuille sont travaillées simultanément. On travaille sur un ruban continu de glace. J.-P. Daviet, *op. cit.*, p. 401 *et sq.*
28. J.-P. Daviet, *op. cit.*, p. 402-403.
29. J.-P. Daviet, *op. cit.*, p. 413 *et sq.*
30. A. Baudant, *Pont-à-Mousson, 1919-1939 : stratégies industrielles d'une dynastie lorraine,* Paris, Publications de la Sorbonne, 1980, p. 149-187.
31. C. Freeman, « L'industrie des matières plastiques : une analyse comparative de l'innovation et de la recherche », étude réalisée pour l'OCDE et citée par J. Echard, « L'innovation technique dans la chimie », *Revue d'économie politique,* 1965, n° 2, p. 295-317.
32. *Elf-Aquitaine des origines à 1989,* Paris, Fayard, 1998, p. 106.
33. P. Minard, *op. cit.*, p. 300-312.
34. « Pour assurer le fonctionnement des marchés, il fallait d'autres lois que ce qu'on désigne ordinairement sous le nom de lois du marché » (J.-P. Hirsch, *Les deux rêves du commerce,* Paris, EHESS, 1991, p. 406). Il y a toujours un besoin de lois autres, plus adaptées aux nécessités de la conjoncture et aux choix de politique économique.
35. P. Minard, « Les savants et l'expertise manufacturière au XVIIe siècle », in *Histoire et mémoire de l'Académie des sciences, Guide de recherches,* Paris, Tec et Doc, 1996, p. 312.
36. M. de Ferrière le Vayer, *Christofle, deux siècles d'aventure industrielle,* Paris, Le Monde Éditions, 1995, p. 62-74.
37. M. de Ferrière le Vayer, *op. cit.*, p. 95-100.
38. M. de Ferrière le Vayer, *op. cit.*, p. 100-101.
39. M. Laferrère, *op. cit.*, p. 154-155.
40. C'est Chaptal qui suggère cette interprétation du privilège, peut-être pertinente aussi pour les brevets couvrant des produits et des industries nouvelles. *Cf.* Chaptal, *op. cit.*, p. 456-461.

Le laboratoire des expériences phonétiques d'Edison à Menlo Park en 1889.

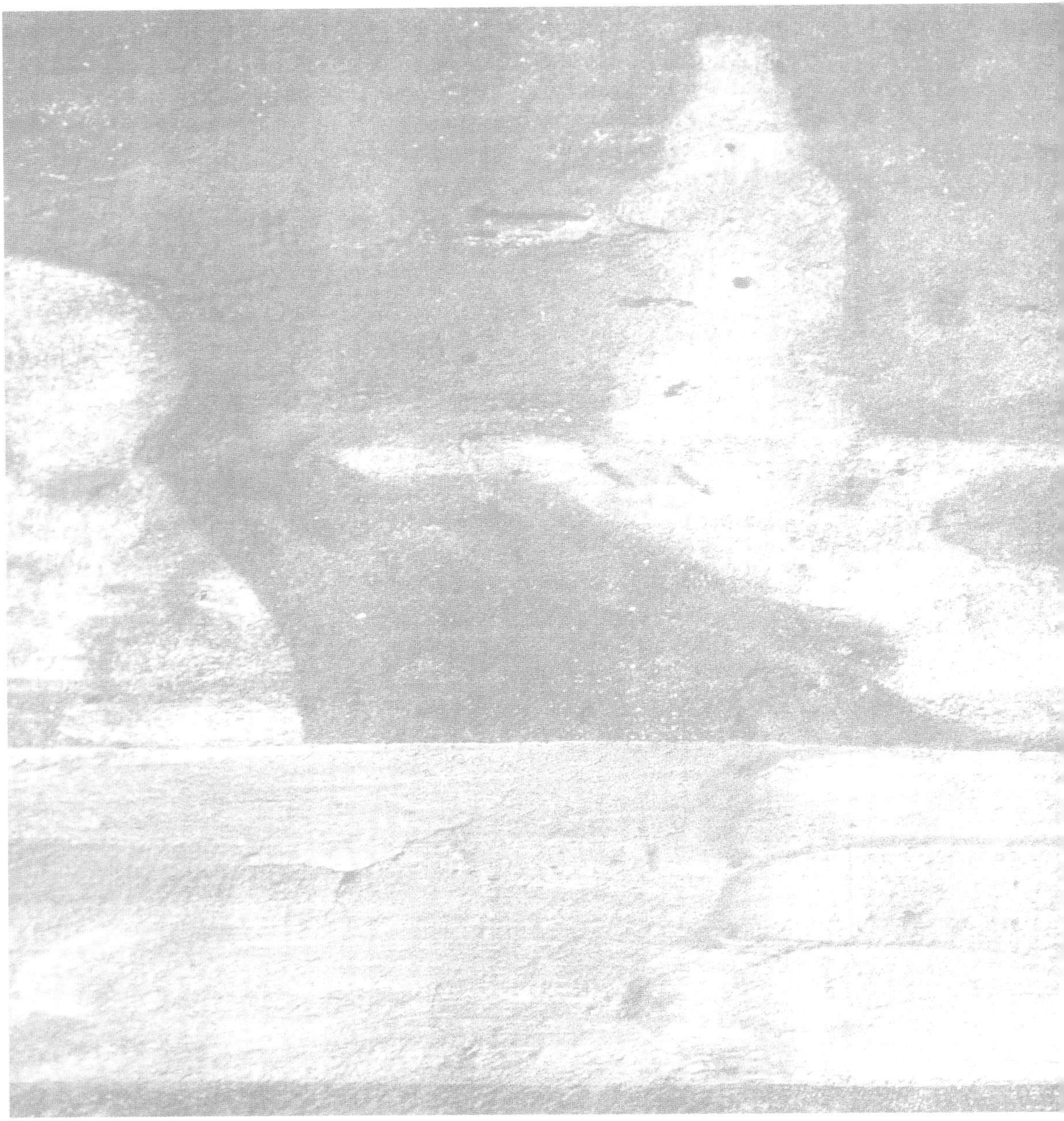

Palimpseste de la marque Saint-Raphaël.

Chapitre 8

Marques, entreprises et marchés

La marque attire, la qualité retient.

Comme pour les brevets, l'utilisation de la marque par les entreprises n'a rien d'univoque. Signature d'un produit mais aussi valeur ajoutée à ce dernier, les sens de l'usage de la marque sont multiples, bien qu'ils expriment d'abord l'appréhension du marché par les entreprises. La marque est bien plus qu'un substitut au brevet, elle en est plutôt complémentaire. Dès lors, son usage est sous-tendu par des pratiques diverses au sein des entreprises, accompagnant l'affirmation des fonctions commerciales et la naissance des politiques de marketing, où la marque devient une valeur à part entière. Elle n'est pas seulement un outil de conquête des marchés, elle est une valeur ajoutée aux produits. L'entreprise elle-même est liée aux marques qu'elle utilise, ces dernières pouvant être la représentation ou l'image même de l'entreprise, induisant alors des politiques de marque étudiées. La relation entre la marque et la valeur, mettant en jeu l'entreprise et ses produits, se comprend aussi dans la mesure où la consommation joue un rôle majeur, aux côtés de l'innovation, dans le dynamisme des économies. Ainsi, l'importance accordée aux marques signalerait l'influence décisive de la consommation dans la marche des économies et justifierait la complexité des stratégies commerciales mises en œuvre par les entreprises.

Marques et commerce

Utilisée depuis l'Antiquité[1], la marque permet tout d'abord de distinguer un produit des autres, et plus particulièrement d'en signaler la qualité. Perçue comme un avantage concurrentiel, la qualité indiquée par la marque, mais aussi l'originalité, sont les fondements des stratégies commerciales élaborées par ceux qui vendent des produits marqués. La réalité est cependant plus complexe : la marque permet d'organiser le marché et, ici encore, l'État intervient.

Une économie de la qualité

Usages de la marque sous l'Ancien Régime

Dans l'économie d'Ancien Régime, la marque est le signe distinctif des produits, garant de la qualité de la fabrication et de la provenance de l'article. Les étoffes portent le sceau de la ville où elles ont été tissées et finies ; de même, les objets métalliques sont marqués ou poinçonnés. L'apposition de la marque ou du poinçon donne lieu à la perception d'une taxe par l'État. Plus que de simples signes de distinction, les marques attestent aussi le respect d'un mode de fabrication. Elles témoignent alors des réglementations propres au monde productif de l'Ancien Régime, destinées à organiser le marché de produits de qualité.

La marque est ainsi la signature d'un métier organisé (en fabrique ou en manufacture, et, de façon générique, en corporation) : elle indique que le produit a été fabriqué dans le respect d'une organisation de la production et qu'il présente les caractéristiques fixées par le règlement du métier ou de la corporation. La majorité des industries sont ainsi soumises à réglementation. Ces usages, venus des corporations, subissent de plus en plus le contrôle de la monarchie à partir des années 1660[2]. La prise en main des règlements des manufactures par la monarchie correspond au projet mercantiliste, où la qualité des produits devient un instrument de la puissance économique, sans aucun souci en revanche des coûts de production.

Ainsi, à Amiens, le règlement de 1666, établi par Colbert et ses collaborateurs, reprend les dispositions des règlements antérieurs, dont celui de 1547, pour la manufac-

Porcelaine de Wegdwood, Angleterre.

ture[3] de draps. Ce texte prévoit le contrôle du fil et de la laine et l'inspection des ateliers. Il précise aussi les caractéristiques des étoffes revêtues de la marque de la manufacture amiénoise. Un autre règlement, également pris en 1666, organise de même la manufacture rurale autour d'Amiens afin d'imposer l'utilisation du plomb de fabrique et de réduire la concurrence des ateliers ruraux. L'usage des marques de fabrique favorise la normalisation des produits et garantit leurs qualités. Ces pratiques ne sont pas propres à l'industrie textile : différents poinçons sont aussi en vigueur pour différencier les qualités des fers.

Cet usage de la marque sous le contrôle des manufactures est concurrencé dès la fin du XVIIe siècle par des usages commerciaux. Dans les années 1770, le fabricant de porcelaine anglais Wedgwood signe ses produits de son nom et ouvre une boutique à Londres pour faire connaître ses articles[4]. Il s'agit de l'un des premiers usages commerciaux de la marque.

Les marques contestées et réhabilitées

Ces divers usages de la marque sont de plus en plus critiqués au XVIIIe siècle par les défenseurs de la liberté de commerce et d'entreprise. Pour ces derniers, la qualité n'est pas seulement celle définie par les règlements, elle peut aussi être sanctionnée par le marché. Des raisons différentes expliquent cette contestation. Les négociants s'en prennent surtout à des réglementations contraignantes, les fabricants refusent l'inspection et rechignent à payer le droit de marque – qui n'est autre qu'un impôt! Mais ils défendent aussi les organisations de métier qui sous-tendent l'utilisation de la marque.

Dans les faits, les attitudes des négociants et des fabricants sont plus complexes. Tous considèrent que les règlements garantissent la qualité des produits et que la marque témoigne de cette assurance. Elle protège ainsi acheteurs et vendeurs contre des tromperies éventuelles. Elle symbolise le « régime de la convention réglementée[5] » puisqu'elle peut être désignée comme un accord sur la qualité des produits, soit une convention, celle-ci étant aussi précisée par un règlement établi par la monarchie pour discipliner le marché. La contestation de la marque révèle alors des comportements ambivalents. Sa défense témoigne d'un désir de protection contre les concurrents, sa critique exprime une volonté de liberté toujours aménagée ou la convergence entre « le système réglementaire et la liberté indéfinie[6] ».

En créant deux régimes pour le commerce des étoffes, les lettres patentes du 5 mai 1779 témoignent des transformations du marché et des attitudes nouvelles des négociants et des fabricants. Il est ainsi prévu que les étoffes dites « conformes » reçoivent la marque de fabrique, garantie de leur qualité invariable. La « marque de liberté » est apposée sur les pièces fabriquées dans les dimensions, qualités et spécifications du choix du fabricant. La coexistence de ces deux régimes montre enfin que les lois pures du marché ne suffisent pas, qu'il faut « d'autres lois[7] » pour déterminer les conditions de l'échange. La marque ne signale plus la qualité, mais la nature même du produit.

Avec la Révolution, les règlements, les bureaux de marque, les inspecteurs et les chambres de commerce disparaissent. Très vite, les fabricants et les négociants souhaitent que la marque soit rétablie, car elle reste à leurs yeux le seul moyen de certifier la qualité des biens échangés. Cette demande de règles intervient au moment où la liberté d'entreprise est conçue comme un véritable dogme et permise par les lois d'Allarde et Le Chapelier, ainsi que par la fin des règlements des manufactures. La Révolution a supprimé à la fois les règlements et les cadres dans lesquels ils étaient appliqués. Ce désordre est jugé néfaste.

Dès lors, les fabricants et les marchands vont mettre au point de nouvelles pratiques ayant pour objet la définition de la qualité des biens qu'ils produisent et échangent. Dans les « fabriques » resurgissent dès les années 1800 des accords sur les caractères des biens produits et les conditions de travail. En 1810, le conseil des prud'hommes de Lyon intervient pour assurer la propriété des marques déposées auprès de lui par les fabricants et les manufacturiers[8]. Dans les industries textiles, la métallurgie ou encore l'orfèvrerie, l'usage de la marque ou du poinçon, même non réglementé par l'État, est une nécessité pour les industriels. Ces signes de distinction sont à la fois des garanties de qualité et de provenance, mais aussi une valeur ajoutée au produit, pouvant en favoriser la publicité auprès des acheteurs et des consommateurs.

Marques et publicité

Marques de fabrique, marques de commerce

Jusqu'en 1857, les marques sont utilisées par les industriels et les commerçants en l'absence de toute réglementation les définissant et établissant les moyens de lutter contre la contrefaçon[9]. La loi du 23 juin 1857 remédie à ces manques et différencie les marques entre elles. La marque de fabrique est le signe qui permet au fabricant de distinguer ses produits et de garantir leur origine, tandis que la marque de commerce fait connaître celui qui délivre le produit au consommateur.

À la différence des usages de l'Ancien Régime, la marque est désormais facultative, sauf pour les articles d'or, d'argent et de métaux plaqués, les cartes à jouer, les armes et les substances vénéneuses. Pour tous les autres produits et biens industriels, les fabricants comme les commerçants sont libres de faire ou non usage de la marque.

Dans certains secteurs d'activité, son utilisation devient très vite systématique car elle apparaît comme un substitut au brevet d'invention. Cela concerne des produits pour lesquels il n'est pas prévu, en vertu de la loi de 1844, de recourir au brevet afin de restreindre les possibilités de monopole. C'est sur la marque que ces industries construisent leur essor, en recourant aussi largement à la publicité. La pharmacie en France, dans la seconde moitié du XIXe siècle, est exemplaire de ces utilisations de la marque.

Industries de marque : le cas de la pharmacie

Dans la seconde moitié du XIXe siècle, l'industrialisation de la pharmacie est facilitée par l'utilisation des marques de fabrique[10]. Celles-ci servent à désigner les spécialités vendues par les pharmaciens d'officine, préparées à l'officine ou dans les premiers ateliers et usines pharmaceutiques. Elles confèrent à ces produits une forme d'exclusivité et permettent de protéger une formule et une présentation originales. En ce sens, elles sont investies des mêmes finalités que le brevet d'invention, dont le médicament a été exclu.

Les pharmaciens industriels donnent ainsi des noms de fantaisie à des formules plus ou moins novatrices, souvent en y apposant leur propre nom : le « sirop de Labelonye », le « vésicatoire d'Albespeyres », le « sinapisme Rigollot ». Ces marques signalent une originalité, mais elles sont aussi un engagement sur la qualité de la préparation du remède. La publicité pour ces produits utilise de tels arguments, conseillant aux acheteurs de n'acheter que la spécialité revêtue de la marque du pharmacien fabricant. Ainsi le pharmacien Géraudel vante-t-il ses pastilles en conseillant : « Si vous toussez, ne prenez que des pastilles Géraudel. » Cette insistance est d'autant plus remarquable que ces spécialités pharmaceutiques sont exposées à une contrefaçon redoutable.

Mais l'usage de la marque par les pharmaciens industriels ne répond pas seulement à des préoccupations d'ordre commercial ou au désir de protéger des formules originales à défaut de pouvoir les breveter. La marque est aussi une voie pour l'industrialisation, et cet usage est assez exceptionnel[11] pour être signalé ici. En effet, dans la seconde moitié du XIXe siècle – et cette situation perdure jusqu'à

Publicité pour Charles Gervais.
Affiche anonyme, 1914.

la Seconde Guerre mondiale –, l'industrie pharmaceutique naissante est gênée dans son essor par l'existence du monopole pharmaceutique qui interdit à quiconque n'est pas pharmacien de préparer et de vendre des remèdes et des spécialités pharmaceutiques. Or les spécialités revêtues de la marque sont très souvent fabriquées et commercialisées en grandes quantités, et une telle activité exige de réunir des capitaux plus importants que ceux nécessaires au fonctionnement de l'officine. Les pharmaciens industriels utilisent alors les dispositions de la loi de 1857 pour constituer des sociétés de marques dont l'objet est l'exploitation des marques commerciales propres à leurs spécialités. Ces sociétés réunissent des pharmaciens, mais aussi des personnes non diplômées qui fournissent les fonds nécessaires à une activité industrielle. La marque est ici le moyen d'une création industrielle, bien au-delà de la conquête des marchés ou de la certification de la qualité des produits.

Reste de publicité peinte dans les rues.

D'autres industries font aussi une grande utilisation de la marque, essentiellement à des fins commerciales, dans la seconde moitié du XIXe siècle et au début du XXe siècle. C'est le cas des industries alimentaires, où la marque permet de différencier des produits assez similaires et de fidéliser des consommateurs, mais aussi de la parfumerie, où la marque est investie d'un imaginaire ou d'une symbolique accroissant la valeur des produits.

La publicité des marques

À la fin du XIXe siècle, les marques de fabrique sont utilisées dans un « esprit colbertien[12] », pour réduire la concurrence. La réclame permet de faire connaître la marque auprès des consommateurs. Cette publicité est très présente dans la presse, mais ce sont surtout les affiches peintes qui contribuent à la notoriété des marques, et ce jusqu'à la veille de la Seconde Guerre mondiale. Les plus connues sont celles vantant les apéritifs alcoolisés comme Dubonnet (« Dubo-Dubonnet »), le cirage Lion Noir, le chocolat Menier. Cette publicité est essentiellement urbaine, et trouve ses limites dans cette spécificité : la population urbaine ne l'emporte en France sur la population rurale qu'au début des années 1930.

Au-delà de la recherche de la notoriété pour un produit, la publicité des marques s'inscrit, dans la première moitié du XXe siècle, dans une évolution profonde des méthodes commerciales, permettant aux fabricants de s'émanciper des commerçants. Dans l'industrie alimentaire comme dans celle des produits d'hygiène et de toilette, où dominent les petites et moyennes entreprises, les fabricants ne vendent pas directement aux consommateurs. Les pâtes, les conserves, les huiles, le chocolat, le savon sont autant de produits qui passent par l'intermédiaire de grossistes avant d'arriver dans le commerce de détail. Il est dès lors important, pour les fabricants de produits alimentaires, de familiariser, par le biais de la publicité, les consommateurs à leur marque. En 1922, Georges Lesieur, fabricant d'huiles alimentaires et de savons, lance sous le nom de Père Savon[13] un savon en pains de 300 g et de 500 g. Le Père Savon est distribué par l'intermédiaire de grossistes auprès de détaillants. Deux ans plus tard intervient le lancement de l'huile d'arachide en bouteilles de verre sous la marque Lesieur, déposée en 1923. Le lancement du nouveau conditionnement est associé à une marque, ce qui est une nouveauté en matière de politique commerciale. Grâce à la publicité, les consommateurs associent désormais l'huile d'arachide à la marque Lesieur[14]. Des affiches peintes sont réalisées par Carlier : un épicier y est représenté, portant une bouteille d'huile, accompagné du slogan : « Une seule qualité, la meilleure ».

Ainsi, les consommateurs sont incités à demander à leur détaillant un produit de marque. Le détaillant peut toujours proposer un produit de substitution meilleur marché, mais au risque de décevoir sa clientèle. Ces pratiques de substitution sont cependant assez courantes pour que les fabricants cherchent à intéresser les détaillants à la vente de produits de marque, par des remises, et orientent leur publicité vers la reconnaissance de l'exclusivité de la marque. Tel est le cas de la société Gibbs qui commercialise les rasoirs Gillette et défend ses produits, dans l'entre-deux-guerres, en rappelant : « Il n'y a qu'un seul Gillette[15]. »

La publicité des marques, destinée à conquérir des positions fortes sur le marché des biens de consommation, est enfin l'une des manifestations de l'essor de pratiques commerciales nouvelles où la marque joue un rôle décisif. De pratiques défensives ou « colbertiennes », les entreprises évoluent vers des politiques commerciales beaucoup plus offensives.

Marques et conquête du marché

Dès la fin du XIXe siècle, les transformations des méthodes commerciales des entreprises, et plus particulièrement les usages de la marque, sont stimulés par l'émergence progressive d'un marché de masse. L'urbanisation favorise l'uniformisation des comportements des consommateurs, or la marque est bien ce qui s'oppose, par son caractère original et exclusif, à de telles attitudes. La publicité a pour vocation d'attirer l'attention du consommateur sur un produit particulier, de l'attacher à une marque. Ces changements sont accélérés par la dépression des années 1930, la baisse des prix accentuant la concurrence entre les entreprises. Plus que jamais, il est nécessaire de connaître les débouchés des produits et surtout les besoins de la population.

Les débuts du marketing

« Le marketing naît de la prise de conscience que la notion traditionnelle de marché, un marché limité, connu et même captif quand les ententes le permettent, tend à être remplacée par celle de marché étendu, anonyme et volatil – en d'autres termes, toute la différence entre un marché de clients et un marché de consommateurs[16]. » Le marketing est d'abord un ensemble de techniques permettant de connaître le marché et les attentes des consommateurs afin de concevoir des produits et des pratiques commerciales adaptées aux besoins ainsi identifiés. La marque joue un rôle central dans ces politiques commerciales.

Avant même la Première Guerre mondiale, des entreprises ont développé des pratiques commerciales originales autour de la marque de leurs produits. L'élaboration de telles stratégies est progressive, dans la mesure où il n'existe pas à proprement parler de service commercial dans la plupart des entreprises avant l'entre-deux-guerres, voire les années 1950. Les industries de la seconde révolution industrielle, et en particulier l'automobile, se distinguent par des politiques commerciales de conquête des marchés. Elles doivent à la fois promouvoir des produits nouveaux et inventer leur marché tout en recherchant des positions leaders[17]. Elles sont ainsi conduites à innover, parfois de façon radicale, en matière de publicité.

Le cas de Michelin est exemplaire de la

Publicité dans *La vie au grand air*, 1901.

construction d'une politique commerciale autour de la marque. Fabricant d'objets en caoutchouc, Michelin se lance en 1891 dans la production de pneumatiques, pneus démontables pour bicyclettes d'abord, puis pneumatiques pour les automobiles en 1896[18]. Ces pneus portent le nom de l'entreprise, pratique alors très courante, et ont fait l'objet de brevets. Dans un premier temps, leur promotion se fait à l'occasion d'événements sportifs, à commencer par les courses cyclistes.

En 1898 apparaît le personnage de Bibendum, créé par le dessinateur O'Galop. Très vite, Bibendum devient le symbole de la marque Michelin. Ce personnage tout en rondeurs est figuré sous la forme de pneus empilés les uns sur les autres. Il représente aussi l'automobiliste, à une époque où celui-ci porte des fourrures. Bibendum réunit ainsi dans la même image le produit et son utilisateur. Il apparaît dans de nombreux magazines illustrés, dans des bandes dessinées, et est accompagné du slogan : « Le pneu Michelin boit l'obstacle. » Enfin, il figure dans le premier *Guide rouge Michelin*. Bibendum accompagne alors les pratiques des automobilistes, et il est présent sur les premières cartes routières. Il devient ainsi le compagnon des automobilistes. L'entreprise va plus loin encore en développant un système de concessionnaires. Aux garagistes dépositaires des pneumatiques Michelin et qui s'engagent à respecter un tarif de réparations, Michelin permet d'apposer une plaque portant son nom et le personnage de Bibendum[19].

Avec Citroën apparaît une véritable politique de communication sur la marque, et ce dès l'entre-deux-guerres. André Citroën a mis en œuvre de très nombreux moyens publicitaires pour faire connaître ses automobiles et sa marque : signalisation routière, affiches murales et peintures murales, mais aussi, en 1922, pour l'inauguration du Salon de l'automobile, le survol de l'Arc de triomphe par un avion dessinant dans le ciel le nom de Citroën, ou encore l'illumination de la tour Eiffel en 1925 pendant l'Exposition des arts décoratifs[20].

Citroën innove davantage encore par le

choix d'un insigne représentant ses produits : le double chevron. Celui-ci est inspiré des chevrons d'engrenage qu'André Citroën fabriquait avant la Première Guerre mondiale, et il doit symboliser le triomphe de la mécanique : « La transmission du mouvement a toujours dominé ma pensée, et dès mes débuts dans la mécanique, j'ai cherché à perfectionner la transmission par l'engrenage qui est une roue dentée, l'engrenage à double chevron qui est devenu depuis notre marque de fabrique, notre blason, le signe sous lequel

Citroën : les chevrons à leur création et aujourd'hui.

nous devons vaincre[21]. » Ce double chevron apparaît dans la publicité, sur les véhicules mais aussi comme poinçon des pièces détachées. Mais cette marque n'est pas seulement une signature, elle est aussi défendue par une organisation des ventes élaborée, destinée à fidéliser la clientèle après l'avoir convertie à l'usage de l'automobile.

De nouvelles pratiques commerciales

Établissements André Citroën. Affiche de Mich.

Avec la multiplication des marques, assurant la différenciation des produits sur le marché, les méthodes de vente sont bouleversées. Non seulement le rôle de la distribution est redéfini, mais de plus en plus souvent le produit tend à s'effacer derrière la marque.

Ainsi, chez Citroën, une attention particulière est portée dès les années 1920 à l'organisation des ventes. Tout d'abord, la firme développe un réseau de concessionnaires qui sont des professionnels, considérés comme des chefs d'entreprise. Ils ont l'exclusivité de la marque dès 1925 et se distinguent ainsi des agents, qui ne sont pas tenus de représenter une seule marque. Le recrutement des vendeurs s'effectue selon des critères rigoureux :

bon niveau scolaire, bonne maîtrise de la langue et connaissances techniques. Le vendeur doit défendre la marque tant par ses arguments de vente que par ses connaissances techniques. Le même souci de défendre une image de marque prévaut dans l'organisation des services après-vente : le tarif des réparations et des pièces détachées est uniforme sur l'ensemble du territoire[22]. La promotion de la marque, à travers l'organisation des services commerciaux, témoigne aussi de l'uniformisation des marchés. De fait, la marque est l'outil de conquête d'un marché plus étendu, national puis international. Cette utilisation apparaît dans de nombreuses industries de biens de consommation dès l'entre-deux-guerres.

Pour les produits d'usage courant, les marques se multiplient dans les années 1920 et 1930. Elles sont des repères pour les consommateurs qui ne peuvent connaître le produit qu'ils achètent et qui se réfèrent alors à sa marque. Pour le producteur, la marque couvre le produit, le procédé, voire une invention. Elle est une garantie supplémentaire qu'il offre à sa clientèle, et cette garantie se doit d'être valorisée. C'est pourquoi les produits de marque sont souvent vendus plus cher que les produits sans marque. Le prix plus élevé permet de compenser les investissements dans la production, les techniques de vente et la publicité. C'est une assurance, pour l'acheteur, que les investissements nécessaires à la qualité annoncée ont bien été réalisés. Entre la qualité annoncée par la marque et le prix de vente du produit s'établit une correspondance[23]. Ces pratiques imposent également une réorganisation des relations avec les détaillants. Afin que ceux-ci ne soient pas tentés de remplacer le produit de marque par un produit sans marque, sur lequel ils touchent une commission plus élevée, les fabricants de produits de marque mettent en place des systèmes de primes et de remises sur leurs produits, suivant une pratique inventée par les pharmaciens avant 1914[24].

D'autre part, la marque ne couvre pas systématiquement un seul produit. Si Lesieur est d'abord la marque d'une huile d'arachide vendue en bouteille de verre, Cadum désigne un savon de toilette, mais aussi une pommade, une poudre, une lotion capillaire[25]. En

La tour Eiffel lors de l'Exposition des arts décoratifs de 1925. Carte postale de l'époque.

revanche, la publicité peut ne privilégier que l'un des produits : ainsi, c'est le savon Cadum qui fait l'objet d'affiches publicitaires. La publicité pour la marque est l'instrument par lequel le fabricant s'efforce de gagner le marché national. C'est la stratégie de Lesieur, à partir du nord de la France. Peu à peu sont gagnées les régions voisines, tandis que la politique commerciale choisit pour cible l'épicier et non plus le grossiste, interlocuteur usuel de Lesieur. À cette prospection des marchés s'ajoutent souvent des actions destinées à fidéliser les clients, telle la collection de jetons Lesieur portant les lettres « huile Lesieur » à retourner au fabricant pour obtenir des échantillons, de petits savons ou des babioles pour les enfants[26]. Ces stratégies de marque témoignent du passage du commerce traditionnel à la distribution, qui accompagne l'essor d'un marché de masse.

Le nouveau rôle de la marque est d'ailleurs bien compris, notamment par les distributeurs qui ont leur propre marque. Ceux-ci achètent aux fabricants des produits en grande quantité et les commercialisent sous leur enseigne, ou encore, comme Félix Potin et Casino, fabriquent eux-mêmes leurs produits[27]. Cette pratique nouvelle crée des difficultés pour la coexistence entre les marques des distributeurs et celles des fabricants. De manière générale, les distributeurs s'effacent de plus en plus, dans les années 1930, devant les grandes marques de dimension nationale car elles sont suffisamment connues des consommateurs. Les prix imposés sur les grandes marques sont aussi de mieux en mieux acceptés des distributeurs, des grands magasins et des magasins à succursales multiples. En effet, ces marques sont un gage de qualité et de service, et cette image-là est profitable au magasin lui-même. Les retombées de la vente de produits de marque sur l'image des magasins témoignent d'un approfondissement de la valeur de la marque. Celle-ci n'est pas seulement ce qui distingue un produit, elle peut aussi représenter une valeur supplémentaire pour toute l'entreprise.

La valeur de la marque

La marque peut être considérée comme une valeur en soi, s'ajoutant à la valeur d'échange et à la valeur d'usage des biens. Cette valorisation n'est jamais acquise, elle apparaît davantage comme la construction de ce que l'on pourrait appeler une « culture de marque », complémentaire d'une culture d'entreprise et de son image. C'est à partir des produits fabriqués et commercialisés par l'entreprise, revêtus de la marque, que la valorisation de cette dernière elle-même est possible.

La prise de conscience de la valeur de la marque n'a rien de systématique ou d'évident, elle résulte davantage de la convergence des pratiques des entreprises et des comportements des consommateurs, reflétant alors les structures des marchés et les formes de la concurrence.

La marque, du produit à l'entreprise

Le choix de la marque

Le choix d'une marque répond à un certain nombre de règles, peu formalisées dans les faits[28]. Considérée comme une signature ou l'attestation d'une origine, la marque est souvent le nom du fabricant. Il en va ainsi dans l'industrie des produits alimentaires (Lesieur, Heudebert, Belin), dans l'automobile (Renault, Peugeot, Citroën), dans les produits d'hygiène et de beauté (Guerlain, Clarins, Rogé Cavaillès). La marque peut aussi faire référence à une origine géographique – c'est le cas de nombreuses eaux minérales, ou encore de la biscuiterie (L'Alsacienne) –, désigner de façon fantaisiste le produit ou rappeler sa composition, ce qui est très fréquent dans la pharmacie dès les années 1860. Elle peut aussi témoigner de son temps : ainsi, les suffixes en « -ex » symbolisent la modernité dans les années 1950 et fournissent les noms de Moulinex, Pyrex, Spontex ou encore Kleenex. La marque peut enfin s'ancrer dans l'imaginaire et faire référence à un univers rêvé. C'est le cas tout particulièrement dans la parfumerie, où le nom du jus et celui de son auteur peuvent susciter des associations remarquables. Ainsi la maison Hermès, dont l'identité est forte et rappelle le monde de la sellerie, a lancé des parfums dont le nom est complémentaire de cette identité (Amazone, Calèche). Guerlain, également positionné dans la parfumerie de luxe réservée à une élite, à commencer par l'entourage de Napoléon III (Eau impériale), n'a eu de cesse, jusqu'à la Seconde Guerre mondiale, d'entretenir cette image à travers des jus très typés (thème de la vanille poudrée) aux noms intemporels (L'Heure bleue) ou précieux (Shalimar).

Une fois choisie, la marque fait l'objet d'une promotion, d'une communication. Son dynamisme et sa notoriété ne se fondent pas seulement sur les qualités des produits auxquels elle est associée, mais aussi sur la manière dont elle est présentée, défendue et perçue. La marque exprime également pour l'entreprise un rapport au temps. Elle peut en effet cristalliser une mémoire de l'entreprise, créer des repères durables pouvant fidéliser une clientèle ; en ce sens, elle est porteuse d'un futur.

Ceci explique que les entreprises soient soucieuses de la valeur symbolique de leurs marques et qu'elles veillent particulièrement à leur identité. Le glissement de l'image d'une marque peut être un succès aussi bien qu'un échec ; il est imposé par l'évolution des modes de vie.

Des marques... en ex.

Culture d'entreprise, culture de marque

La marque se présente sous un nom, sous un logo, elle est associée à un produit, à un slogan publicitaire. Au-delà de ces formes, elle véhicule un ensemble d'images, de référents, un message, qui fondent et définissent son identité. Les caractères de cette identité se construisent au fil du temps et expriment à la fois la conception qu'a l'entreprise de ses produits et d'elle-même et la manière dont cette image est perçue par le public. Ceci explique que les enjeux des stratégies de marque soient particulièrement importants pour les entreprises.

Jusqu'à la fin des années 1970, Moulinex a occupé des positions leaders sur le marché des petits appareils électroménagers. L'entreprise de Jean Mantelet a profité de la croissance de la demande pour ces produits tout en créant, par le lancement de nouveautés telles que les robots, de nouveaux créneaux sur ce marché. La promotion des articles se fait sur le slogan : « Moulinex libère la femme », qui remporte un succès réel. Les appareils sont vendus à des prix très bas mais en très grandes quantités. Cette stratégie atteint ses limites à la fin des années 1970 et l'image de l'entreprise apparaît menacée. En effet, le marché de ces petits appareils est saturé, et à la première acquisition succède un marché du renouvellement. Or Moulinex, parce que ses produits sont très bon marché, est perçu de plus en plus comme une firme commercialisant des articles de qualité médiocre, en raison même des prix pratiqués. L'entreprise réagit de deux façons au cours des années 1980. Elle acquiert tout d'abord la firme Krups, dont les produits sont positionnés dans du haut de gamme. L'identité de Krups est préservée, non confondue avec celle de Moulinex. Dans un second temps, des efforts sont consentis sur le design des produits Moulinex, avec un usage croissant des matières plastiques, le choix de couleurs pastel et enfin l'intégration dans les produits d'une dimension plaisir. Ces transformations introduisent un bouleversement de la culture même de l'entreprise. Elles sont facilitées par le renouvellement de la direction de Moulinex, et en particulier par l'effacement de son fondateur[29]. Dans ce cas précis, la pérennité de la marque est assurée par la prise en considération des changements des modes de vie dans la conception même des produits.

Tour de France 1934. Publicité Butagaz.

Fête de la musique, place de la République à Paris, 2001.

L'exemple de Moulinex montre également que les entreprises doivent veiller à l'image de leurs marques, et notamment à leur vieillissement. Cette nécessité est d'autant plus forte lorsque l'entreprise se confond avec sa ou ses marques. De fait, le dynamisme de la marque et du produit qui lui est associé est soumis aux transformations de la société. Ainsi, l'adoption de lois destinées à lutter contre l'alcoolisme[30], interdisant d'associer l'alcool à des images valorisantes, en particulier les événements sportifs, ont conduit les firmes qui fabriquent et commercialisent des alcools à revoir l'image de leurs marques. Ricard avait ainsi associé son apéritif anisé au sport en sponsorisant le Tour de France dès les années 1950 et en finançant le circuit du Castellet. Cette stratégie de marque doit être revue au début des années 1990 et la réorientation de la promotion de la marque s'opère en rajeunissant la cible. Ricard choisit en effet de soutenir des événements tels que la Fête de la musique et d'aider la jeune création musicale par l'organisation du Ricard SA Live Music Tour[31]. La clientèle visée est plus jeune que par le passé, mais cela procède aussi d'une volonté de fidéliser les consommateurs d'apéritifs anisés. Dans le même temps, et c'est complémentaire d'une stratégie de rajeunissement, Ricard s'attache au design de ses produits : la carafe Ricard, complément indispensable de l'apéritif, est redessinée par de jeunes créateurs plasticiens. Non seulement l'image de cet apéritif est rajeunie, mais celui-ci devient un produit « branché ». La durée de vie de la marque et son succès semblent dès lors liées à la capacité des entreprises à veiller à l'image de leur marque et à son adéquation avec les aspirations des consommateurs.

Inversement, l'image d'une marque peut être suffisamment forte pour que l'entreprise choisisse de s'y identifier totalement. L'une des premières entreprises qui ait choisi pour nom celui de l'un de ses produits est peut-être L'Oréal. En 1909, la Société française de teintures inoffensives pour cheveux adopte le nom de L'Oréal, qui est celui de la première teinture mise au point par le fondateur de l'entreprise, Eugène Schueller. Ainsi, la popularité acquise par la marque ELF, lancée en 1967, explique qu'en 1976 le premier pétrolier français ait choisi, lors de la fusion de l'ERAP (Entreprise de recherches et d'activités pétrolières) et de la SNPA (Société nationale des pétroles d'Aquitaine), de prendre le nom d'ELF-Aquitaine[32] (SNEA, Société nationale Elf-Aquitaine). Plus récemment, en avril 1994, BSN[33] est devenu Danone, marquant une identification de l'entreprise à sa marque moteur, qui est aussi celle du yaourt nature, produit à partir duquel s'est opéré une diversification dans les yaourts et desserts lactés. L'adoption de la marque comme nom de l'entreprise témoigne aussi de la valeur acquise par la marque. Celle-ci n'est plus seulement la signature d'un produit ; son image est assez forte pour qu'elle devienne l'identité même de l'entreprise. Elle peut dès lors prétendre être une valeur ajoutée non seulement pour les produits mais aussi pour la firme.

La marque, une valeur ajoutée pour l'entreprise

L'identification de l'entreprise à sa ou ses marques révèle la valeur acquise par ces dernières. Cette valeur se fonde sur les caractères des produits ainsi distingués par la marque, mais aussi sur les représentations associées à la marque et, pour finir, sur les avantages concurrentiels procurés par la marque.

Les marques du luxe

Les industries du luxe constituent un cas extrême, où la valeur des marques s'élabore à partir des qualités des produits. Les articles de luxe sont destinés à une élite et se caractérisent par l'excellence de leur fabrication, leur originalité et leur créativité[34]. C'est le succès remporté par ces articles qui fait la notoriété de leur créateur. Lorsque le talent de celui-ci se confirme, sa marque ou sa griffe s'impose et devient elle-même un succès. Il n'y a pas à proprement parler de discours autour de la marque, ce sont les produits qui donnent un sens à la marque et l'associent, par leurs qualités intrinsèques, à l'univers du luxe. En fait, l'industrie du luxe apparaît d'abord comme un ensemble de marques[35].

Ces caractères propres aux marques des industries du luxe sont apparus dans la seconde moitié du XIXe siècle. La renommée de Worth, fondateur de la haute couture,

Dans la boutique Guerlain des Champs-Élysées.

s'appuie sur la créativité de ses modèles. Il supprime la crinoline et utilise des étoffes de très grande qualité, qui sont des tissus de soie fabriqués par les maisons de soierie lyonnaise les plus renommées, associées elles aussi à l'univers du luxe. De même, Guerlain est associé à l'industrie du luxe à la fois en raison de l'image même du parfum, de la créativité de ses jus et de ses flacons, du caractère très sélectif de la distribution de ses parfums. L'identité de la marque de luxe est une composition complexe où domine la dimension élitiste et sélective. Celle-ci fonde aussi la pérennité de la marque, à condition que l'adéquation des produits avec la marque soit respectée. Or les transformations des sociétés au XXe siècle conduisent parfois à recomposer l'image des marques de luxe. L'enjeu pour ces entreprises est de préserver le capital acquis par leur marque.

Les marques du luxe sont menacées par l'industrialisation de la production. Celle-ci favorise l'accès à des biens jusque-là très sélectifs. Pour les entreprises du luxe, cet accès élargi à leurs produits peut aussi brouiller leur image. Elles cherchent alors à élaborer un marketing plus construit – la culture de marque ne suffit pas, ni la notoriété –, l'enjeu étant de mieux connaître les consommateurs afin de pouvoir sélectionner des objets inattendus pour lesquels peut se créer un besoin.

La plupart de ces entreprises ont élargi leurs domaines d'activité au fil du temps. Une telle diversification est rendue possible par l'affirmation de la marque, qui a gagné un style, des codes, un logo ou des estampilles. Ce signe de reconnaissance peut dès lors être apposé à d'autres objets du luxe. Par exemple, la plupart des maisons de haute couture ont lancé des parfums sous leur marque. Mais cette conquête d'un marché plus important que celui des élites a obligé les entreprises de ce secteur à affiner leurs stratégies de marketing. Ces maisons sont en effet nombreuses à proposer des cosmétiques et des parfums, et la concurrence entre les marques s'avère très vive. Sur ces produits, les messages des marques de luxe ne sont pas toujours très ordonnés et semblent de plus en plus perméables aux mouvements de mode. De fait, toutes ces marques ne sont pas dans la même situation face à l'élargissement possible des marchés.

À l'image d'Hermès, de Guerlain ou de Baccarat, certaines de ces maisons sont des marques de renommée internationale en raison de la qualité inégalée de leurs produits, du maintien de traditions artisanales et de tours de main, ou encore de leur créativité. La culture de marque y est très forte – le mot même de « maison » dit bien que l'on est face à des entreprises très attachées à leurs traditions et à leur identité –, le patrimoine culturel est important et il est aussi utilisé pour la communication sur la marque. Ces maisons entretiennent en outre des liens particuliers avec la presse spécialisée et la distribution. Ainsi, jusqu'à une date très récente, Guerlain a conservé un réseau de distribution sélective, en boutiques Guerlain, à Paris, et n'est présent que dans quelques parfumeries dans les villes de province.

Chanel, Christian Dior mettent aussi en valeur les origines de la « maison » mais en utilisant des produits plus accessibles. Les acheteurs se sentent gratifiés, ils peuvent s'apparenter à la marque en achetant certains produits à prix plus modeste (parfum, cosmétique[36]). Très souvent, ces produits portent des signes de reconnaissance particuliers, indiquant une entrée dans le territoire de la marque mais distincts des articles de luxe par l'emballage ou le lieu de vente. Cette diffusion vers le bas est compensée dans le même temps par le lancement de produits-événements afin de rappeler la dimension élitiste de ces marques, comme le sac à main Lady Di chez Christian Dior.

Ces caractères propres aux industries du luxe posent aussi les limites des stratégies de marque pour ces entreprises. Il est en effet tentant, par exemple, de recourir aux licences pour exploiter la valeur de la marque et en accroître la diffusion. Pierre Cardin a inauguré cette pratique[37] au Japon dès 1967 – c'est en achetant la licence Cardin que le jeune Kenzo découvrit la mode occidentale –, puis en Chine, en Union soviétique et au Viet-Nam. Kenzo lui-même a recours aux licences pour certains articles tels que le linge de maison, tandis que la ligne homme a été confiée pendant longtemps à Bidermann. Toutefois, ce sont là des pratiques périlleuses. Si les produits fabriqués sous licence sont de mauvaise qualité, c'est le renom de la marque qui peut être atteint. De même, si la marque est trop présente, sa dimension sélective est menacée. Ainsi, s'il existe des contraintes économiques, la culture de marque dans les industries du luxe constitue un capital d'une valeur telle qu'il ne puisse être bradé par des maladresses de marketing – tels les t-shirt Chanel d'il y a quelques saisons.

Une valeur supplémentaire pour les entreprises

Dans les années 1980 s'est affirmée la valeur financière de la marque ou *brand equity*, pour reprendre les termes des financiers. Cette nouvelle dimension de la marque n'est pas propre aux biens de consommation ou au secteur du luxe. La marque s'est banalisée, elle apparaît aussi dans le secteur des services, de la banque ou de l'assurance – Hertz, Ecco, Visa, Club Med, Axa, BNP –, elle est aussi promue avec agressivité par la grande distribution.

La valeur financière de la marque est révélée par les opérations de fusion et d'acquisition réalisées dans les années 1980[38]. Nestlé a ainsi repris Rowntree, fabricant de biscuits et de confiserie, à un prix équivalant à trois fois la capitalisation boursière et vingt-six fois les résultats de l'entreprise. De même, Buitoni se vend à un prix représentant trente-cinq fois ses résultats. La valeur de ces marques n'apparaît pas à l'actif net des sociétés acquises. Mais le repreneur a comptabilisé la marque sous le terme de *goodwill*, parmi les valeurs consolidées. En payant très cher des entreprises dotées de marques, ce sont des positions dans l'esprit des consommateurs potentiels qui sont acquises. Toutefois, cette valeur n'est pas tant celle de la marque que celle des politiques de marques menées par l'entreprise.

La valorisation de la marque confirme la différenciation entre la marque et le produit. « La marque n'est pas le produit, elle en est le sens, elle en définit l'identité dans le temps et dans l'espace[39]. » Cette signification prolonge une conception de la marque comme instrument de fidélisation des consommateurs, résistant au temps. Ainsi, la marque continue d'être une référence à la qualité, y compris lorsque le brevet couvrant le produit de marque, le cas échéant, est tombé dans le domaine public.

La valeur de la marque peut alors être une évaluation de son capital. Celui-ci réunit la notoriété de la marque, sa personnalité et son positionnement, ses signes de reconnaissance tels que le logo et l'emballage, et enfin sa perception par les consommateurs. Le capital de la marque introduit ainsi une distance avec le produit de marque et permet l'élargissement de la gamme des produits. La marque devient alors générique et englobe éventuellement des sous-marques. Cette gestion de la marque varie selon les entreprises. Chez Danone, le thème fédérateur reste celui d'aliments bons pour la santé (« Source de bien-être », par exemple), mais regroupe différentes gammes : Taillefine, Bio, Kid, Charles Gervais, chacune disposant de sa propre cible. Le fabricant d'articles de bureaux 3M utilise la marque 3M comme générique pour des articles tels que les rétroprojecteurs et les cassettes, tout en créant de nouvelles marques, telle que Post'it, pour des objets originaux.

Cette valeur ajoutée incarnée par la marque est à l'origine de sa diffusion hors des secteurs de biens de consommation courante.

Les défis des marques industrielles

L'usage des marques dans l'industrie est un phénomène récent – à l'exception remarquable de Citroën dès l'entre-deux-guerres –, lié à l'internationalisation des entreprises. Les marques permettent de distinguer un produit longtemps assimilé à une matière première et de signaler l'existence d'une valeur ajoutée. Ces marques ont des statuts très divers. Certaines sont de véritables références, comme IBM dans l'informatique ou Lycra dans le textile. D'autres sont surtout des marques institutionnelles – elles sont d'abord le nom de l'entreprise auxquelles s'ajoutent les marques des produits. La marque institutionnelle Elf Atochem réunit les marques des produits chimiques de l'entreprise, qui ont leurs noms propres : Rilsan, Pebax, Altuglas, etc. Ces marques ont une dimension internationale en raison même du marché de ces produits industriels. Elles sont souvent exploitées sous le régime de la licence ou de la joint-venture à l'étranger.

Pour les entreprises industrielles, la gestion des marques impose des stratégies particulières, car il faut s'adresser à un public international[40]. Cela requiert une signalétique uniforme permettant l'identification rapide de la marque partout dans le monde. Dans nombre de cas, l'entreprise tente d'imposer une marque globale. Air Liquide a développé à partir de 1987 une telle stratégie. Cette démarche a été précédée par la mise en place dans chaque pays de centres régionaux de services aux clients et par l'organisation, au niveau mondial, d'équipes en fonction des marchés : la chimie, la sidérurgie, le verre, l'électronique, auxquels Air Liquide vend des gaz industriels. À partir de 1987, l'entreprise s'est efforcée de montrer qu'elle peut apporter, partout dans le monde, une offre de services homogènes, qu'Air Liquide est à la fois une marque locale et mondiale. La construction de cette image repose sur une nouvelle charte graphique et sur l'harmonisation des marques-produits. L'utilisation de la marque industrielle témoigne également de l'évolution générale des stratégies des grandes multinationales : celles-ci ne vendent pas seulement des produits industriels, elles offrent aussi des services, une valeur ajoutée. La marque globale sert à signaler cette spécificité aux clients.

Sortie des premiers exemplaires Microsoft de Windows 2000 à San Francisco.

Cette valeur ajoutée de services, signifiée par la marque, n'est pas propre aux produits industriels lourds. L'évolution de la marque Microsoft montre ainsi comment, en une vingtaine d'années, la signature de logiciels est devenue synonyme d'assistance technique et commerciale, et dès lors un instrument d'innovation, tel que le rappelle un slogan récent : « Jusqu'où irez-vous[41] ? »

Pour autant la valorisation des marques et leur succès croissant auprès du public ne sauraient dissimuler que la création, puis la gestion des marques représentent toujours pour les entreprises des risques considérables. Ce sont systématiquement les rapports que l'entreprise entretient avec son marché qui sont mis en jeu, et ces relations expriment aussi les mouvements profonds des comportements des consommateurs.

Marques et consommation

La création des marques modernes apparaît dans la seconde moitié du XIXe siècle. Ce phénomène accompagne la formation d'un marché national, à l'échelle de la France, et l'émergence de comportements nouveaux. Certes, depuis le XVIIIe siècle, l'économie de la qualité est devenue une économie de la quantité[42] grâce à la croissance de la demande de biens manufacturés, à commencer par le textile, et à la diffusion de méthodes industrielles dans la fabrication. Au XIXe siècle, l'accélération de l'industrialisation et l'élévation des niveaux de vie favorisent la diversification des consommations. Les biens de consommation courante sont fabriqués en grandes séries : la marque devient, avec la publicité, l'instrument de leur différenciation. Ainsi, la multiplication des marques témoignerait, au-delà d'une volonté de différenciation et de protection des produits, de l'émergence d'une consommation de plus en plus massive.

La « société de consommation » est un produit de la croissance des Trente Glorieuses. À partir des années 1950, le rythme de croissance de la consommation s'accélère. Entre 1949 et 1973, la consommation des ménages progresse en moyenne de 4 % par an. L'élan se confirme dans la seconde moitié des années 1950 : augmentation de l'équipement des ménages en électroménager (lave-linge, réfrigérateur et plus tard poste de télévision), acquisition d'une automobile, encouragée par le développement de différentes gammes. La publicité radiophonique puis télévisée à partir de 1968 joue un rôle majeur dans la diffusion des biens de consommation.

Certaines marques sont représentatives de l'essor de la société de consommation. Moulinex, marque déposée en 1957, symbolise à sa manière l'équipement des ménages en petit électroménager – moulin à café, presse-purée, grill, cafetière, robot-marie – et accompagne le bouleversement des comportements alimentaires. De même, Dim est emblématique des transformations des modes vestimentaires dès la fin des années 1960 et devient pratiquement le terme générique pour désigner une paire de collants. Ces marques familières renvoient inévitablement à la croissance des années 1960. La crise économique, à partir des années 1970, remet en cause la place des marques dans le quotidien, tandis que de nouvelles attitudes s'affirment.

À la fin des années 1970, les positions de plusieurs marques de biens de consommation courante apparaissent fragilisées. Cette situation est liée à la récession économique, entraînant une diminution de la consommation, à la critique de la société de consommation, à la saturation de certains marchés et à la multiplication des marques. Dès lors, de nouvelles stratégies de marque sont à inventer, en jouant sur la différenciation des produits, sur l'engagement de qualité de la part du fabricant ou du prestataire et sur les aspirations des consommateurs, ces derniers revendiquant plus nettement un comportement responsable.

Pour autant, les marques ne sont pas rejetées, elles restent associées à l'idée de qualité[43]. Ceci explique le succès éphémère et conjoncturel des marques de produits aux premiers prix. Carrefour lance en 1976 les « produits libres », suivis peu après par les « produits orange » d'un autre distributeur. Ces marques nouvelles proposent des produits d'entrée de gamme et se veulent rivales des marques plus prestigieuses, contestant même la valeur ajoutée, c'est-à-dire le prix plus élevé, des produits de ces marques. La fortune de ces marques premiers prix ne dure guère : l'apparition du « hard discount » en France et l'amélioration de la conjoncture condamnent rapidement ces produits. D'autre part, pour les consommateurs, l'association entre la marque et la qualité reste très affirmée. Ils considèrent qu'il est justifié de payer plus cher un produit de marque, celle-ci signalant un effort sur la qualité du produit. Un produit de marque vendu bon marché peut même être suspect, comme en témoignent les difficultés de Moulinex déjà évoquées à la fin des années 1970.

Au cours des vingt dernières années, les attentes des consommateurs sont devenues plus complexes et plus diverses, ce qui ne va pas sans créer des difficultés pour l'élaboration des stratégies de marque. Tout d'abord l'attachement aux marques est très fort et ces dernières sont investies d'une capacité à signaler une appartenance sociale. Ce n'est pas nouveau, les marques du luxe ont fonctionné sur ce postulat, mais le phénomène se généralise à d'autres marques. Les marques sont aussi soumises à des phénomènes de mode, en particulier dans le domaine vestimentaire, et les jeunes apparaissent comme les premiers prescripteurs sur ce point. Par ailleurs s'affirme aussi un comportement plus responsable en matière de consommation, parfois désigné comme le modèle du « consommateur-citoyen ». Ce dernier souhaite connaître le produit qu'il achète, ses conditions de fabrication, et sur ce point la marque peut passer une forme de « contrat de confiance ». C'est par exemple le cas de plusieurs marques de vêtements et de chaussures de sport qui s'engagent à ne pas exploiter d'enfants dans les usines qu'elles possèdent dans les pays en voie de développement.

Ces aspirations sont-elles fondamentalement si nouvelles ? Les usages de la marque révèlent davantage les liens complexes entre les entreprises et leurs marchés, et les relations qu'entretiennent les entreprises avec les acheteurs et les consommateurs. La marque est l'outil d'une différenciation et, dès lors, d'une protection, à savoir l'originalité et la nouveauté d'un produit. Elle est à ce titre un instrument de la propriété industrielle. Mais elle est aussi – et cela aide à comprendre que la valorisation des marques et leur sens fluctuent au cours du temps – le lieu où entreprises et consommateurs se croisent et s'interpellent de façon symbolique. Elle apparaît alors comme une construction commune aux acteurs du marché.

Grande surface à Lyon.

1. Des pièces d'argenterie datant de 7 000 avant notre ère portent déjà des marques distinctives.
2. D. Woronoff, *Histoire de l'industrie en France, du XVIe siècle à nos jours,* Paris, Le Seuil, 1994, p. 41-68.
3. P. Deyon, *Amiens capitale provinciale, étude sur la société urbaine au XVIIe siècle,* Paris, Mouton, 1967, p. 197-203. La manufacture désigne ici l'ensemble des ateliers et des métiers travaillant à la draperie et à la saieterie (draperie légère).
4. P. Verley, *L'Échelle du monde,* Paris, Gallimard, 1997, p. 265.
5. P. Minard, *La Fortune du colbertisme. État et industrie dans la France des Lumières,* Paris, Fayard, 1998, p. 283.
6. S.L. Kaplan, *La Fin des corporations,* Paris, Fayard, 2001, p. 164-165, et P. Minard, *op. cit.,* ou deux approches, l'une économique l'autre sociale, de la même question : quelles règles pour les marchés qui soient compatibles avec le profit et le bien-être ?
7. J.-P. Hirsch, *Les Deux Rêves du commerce. Entreprise et institution dans la région lilloise 1780-1860,* Paris, EHESS, 1991, p. 406.
8. Chaptal, *De l'industrie française,* Paris, Imprimerie nationale, 1993, p. 443.
9. La loi du 28 juillet 1824 marque cependant le point de départ d'une tentative pour réprimer plus sûrement la contrefaçon.
10. S. Chauveau, « Les origines de l'industrialisation de la pharmacie en France avant la Première Guerre mondiale », HES, 1995, n° 4, p. 627-642, et M. Ruffat, *175 ans d'industrie pharmaceutique française, histoire de Synthelabo,* Paris, La Découverte, 1996.
11. M. Ruffat, *op. cit.*, et S. Chauveau, *op. cit.*
12. M. Martin, *Trois Siècles de publicité en France,* Paris, Odile Jacob, 1992, p. 125.
13. La marque Persavon est déposée en 1949.
14. T. Gaston-Breton, *Lesieur, une marque dans l'histoire, 1908-1998,* Paris, Perrin, 1998, p. 97-109.
15. M. Martin, *op. cit.*, p. 155-156.
16. M. Meuleau, « L'introduction du marketing dans l'entreprise en France (1880-1973) », *Revue française de gestion,* septembre-octobre 1988, p. 66.
17. M. Meuleau, « De la distribution au marketing (1880-1939). Une réponse à l'évolution du marché », *Entreprises et histoire,* mai 1993, p. 61-74.
18. H. Lottman, *Michelin, 100 ans d'aventures,* Paris, Flammarion, 1998, p. 35-50.
19. M. Martin, *op. cit.*, p. 183-189.
20. F. Sabatès et S. Schweitzer, *André Citroën, les chevrons de la gloire,* Paris, EPA, 1980, p. 177-190.
21. A. Citroën cité par S. Schweitzer, *André Citroën, 1878-1935, Le risque et le défi,* Paris, Fayard, 1992, p. 128.
22. S. Schweitzer, *André Citroën…, op. cit.*, p. 132-133.
23. M.-E. Chessel, *La publicité. Naissance d'une profession 1900-1940,* Paris, CNRS, 1998, p. 69 *et sq.*
24. S. Chauveau, *L'Invention pharmaceutique,* Paris, Les Empêcheurs de penser en rond, 1999, p. 31-33.
25. M.-E. Chessel, « Une méthode publicitaire américaine ? Cadum dans la France de l'entre-deux-guerres », *Entreprises et histoire,* 1996, n° 11, p. 61-76.
26. T. Gaston-Breton, *op. cit.*, p. 97-109.
27. La marque Félix Potin est créée en 1886 et les produits sont fabriqués dans les usines de la Villette. Geoffroy Guichard dépose la marque Casino en 1927 après avoir ouvert plusieurs usines (confiseries, conserves, boulangerie, huilerie).
28. De nombreux exemples dans J. Watin-Augouard, *Le Dictionnaire des marques,* Paris, Éditions JV & DS-Sediac, 1997.
29. T. Gaston-Breton et P. Defever-Kapferer, *La Magie Moulinex,* Paris, Le Cherche Midi Éditeur, 1999.
30. Loi Barzach en 1987 et loi Évin en 1991.
31. S. Côte, « De Ricard à Pernod-Ricard », *Performances,* mars 1998.
32. *Elf Aquitaine, des origines à 1989,* Paris, Fayard, 1998.
33. J. Watin-Augouard, *op. cit.*
34. D. Alleres, « Luxe et création », in *Créateurs et créations d'entreprises de la Révolution industrielle à nos jours,* Paris, ADHE, 2000, p. 195-212.
35. Centre d'économie industrielle de l'École des mines de Paris, *L'Industrie du luxe dans l'économie française,* Paris, ministère de l'Industrie et Comité Colbert, 1995.
36. Parfums et cosmétiques représentent la part majoritaire du chiffre d'affaires de ces « maisons » de luxe.
37. L. Bergeron, *Les Industries du luxe en France,* Paris, Odile Jacob, 1998, p. 111-112.
38. J.-N. Kapferer, *Les marques, capital de l'entreprise. Les chemins de la reconquête,* Paris, Les Éditions d'organisation, 1995.
39. J.-N. Kapferer, *op. cit.*, p. 15.
40. P. *Malaval, Stratégie et gestion de la marque industrielle, produits et services business to business,* Paris, Publi'Union, 1998.
41. P. Malaval, *op. cit.*, p. 412-416.
42. Ce thème est développé par Daniel Roche, *Histoire des choses banales. Naissance de la consommation XVIIe-XIXe*, Paris, Fayard, 1997.
43. Ministère de l'Économie et des Finances, *Marques et contrefaçons,* Paris, 1991, p. 180 *et sq.*

Troisième partie

Débats et controverses autour de la propriété industrielle

Les pratiques et les usages de la propriété industrielle révèlent le besoin d'élaborer des stratégies spécifiques, ce qui ne va pas sans susciter des controverses sur le sens même du brevet, des marques, des dessins et modèles et sur les droits qu'ils garantissent à leurs détenteurs.

Dès le XIXe siècle, de vifs débats opposent les partisans du libéralisme et les défenseurs des brevets, illustrant la difficulté de conjuguer l'intérêt particulier et le bien-être des sociétés. Le brevet est perçu comme une entrave aux progrès par les uns, comme un instrument incontournable de la prospérité des nations par les autres. Les termes de cette polémique s'expriment encore aujourd'hui dans les débats suscités par la mondialisation.

À une autre échelle, l'utilisation des brevets pose la question de la nature même de l'activité inventive et de la possibilité de s'approprier une innovation. S'il introduit des biais dans la concurrence et génère des monopoles temporaires, le brevet sanctionne et reconnaît la valeur des innovations, leur offrant les moyens de s'épanouir. Ainsi peuvent se développer des industries nouvelles, à condition que soient clairement posées les limites du débat, entre ce qui relève de l'éthique et ce qui relève de la propriété industrielle, comme le montrent les controverses actuelles autour de la « brevetabilité du vivant ».

Les polémiques apparaissent beaucoup moins vives au sujet de la contrefaçon des marques. Un consensus s'est peu à peu dégagé, d'abord pour reconnaître le caractère répréhensible de ces pratiques, ensuite pour affirmer qu'elles sont nuisibles à l'intérêt général. Toutefois, la lutte contre la contrefaçon est encore loin d'atteindre des résultats satisfaisants. La responsabilisation des consommateurs et la conclusion d'accords internationaux pourraient être des solutions plus efficaces. Avec la mondialisation des économies, la lutte contre la contrefaçon est une règle nouvelle des échanges internationaux.

En effet, l'ouverture internationale des économies constitue un défi majeur pour la propriété industrielle. Longtemps, les brevets ont permis d'organiser les transferts et les échanges de technologies, principalement entre des pays aux économies comparables. Dénoncée par certains comme un outil de domination, la propriété industrielle est néanmoins peu dissociable des processus d'apprentissage des technologies et de la mise en place de systèmes nationaux d'innovation.

L'adaptation du droit de la propriété industrielle, et non sa négation ou sa suppression, aux réalités contemporaines, tant économiques, sociales, technologiques que politiques, est la garante des équilibres et de la prospérité des nations.

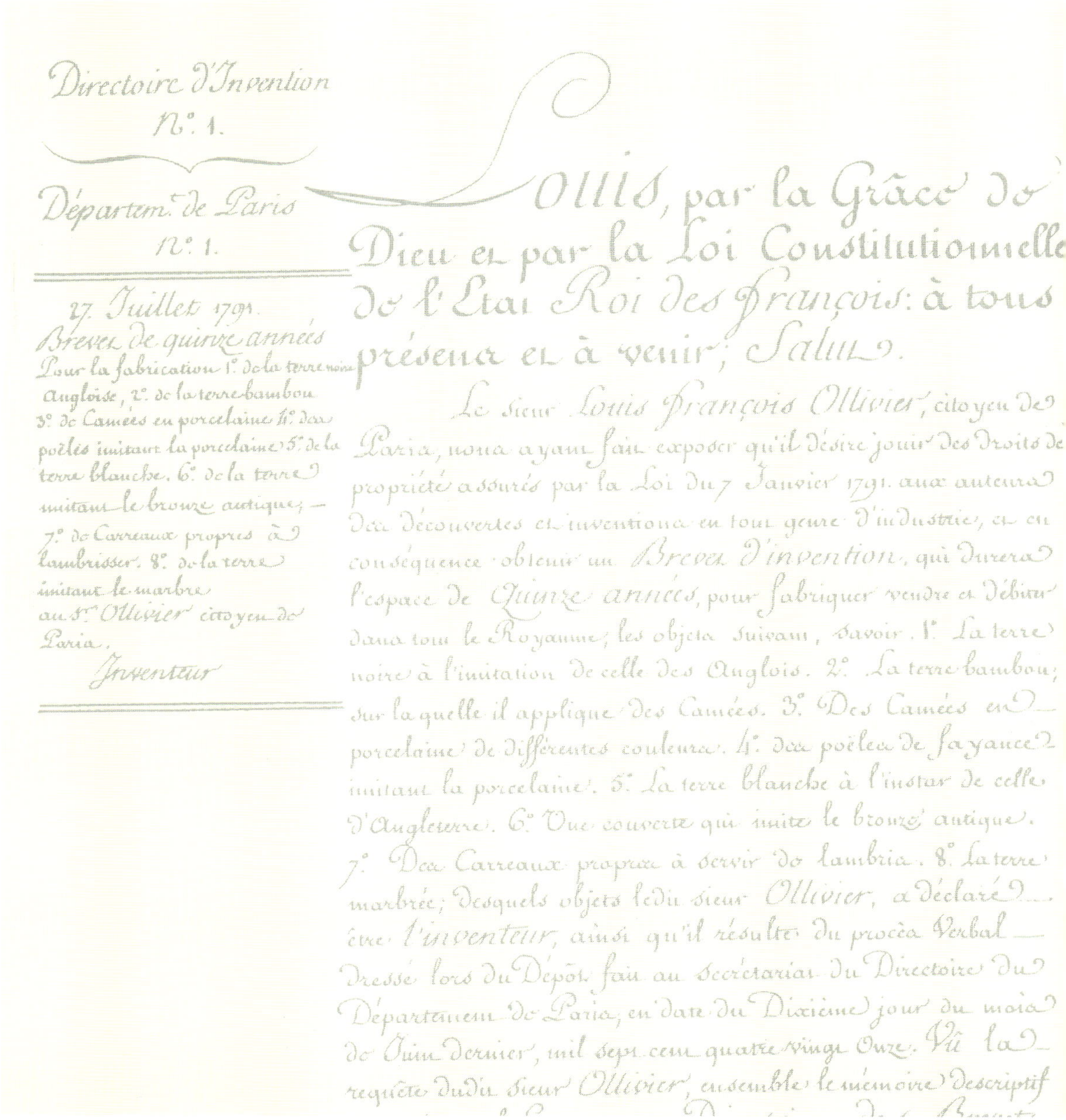

Directoire d'Invention
N°. 1.

Départem.t de Paris
N°. 1.

27. Juillet 1791.
Brevet de quinze années
Pour la fabrication 1°. de la terre noire Angloise, 2°. de la terre bambou 3°. de Camées en porcelaine 4°. des poëles imitant la porcelaine 5°. de la terre blanche. 6°. de la terre imitant le bronze antique, — 7°. de Carreaux propres à lambrisser. 8°. de la terre imitant le marbre
au S.r Ollivier citoyen de Paris.
Inventeur

Louis, par la Grâce de Dieu et par la Loi Constitutionnelle de l'Etat Roi des François : à tous présens et à venir ; Salut.

Le sieur Louis François Ollivier, citoyen de Paris, nous ayant fait exposer qu'il désire jouir des Droits de propriété assurés par la Loi du 7 Janvier 1791. aux auteurs des découvertes et inventions en tout genre d'industrie, et en conséquence obtenir un Brevet d'invention, qui durera l'espace de Quinze années, pour fabriquer vendre et débiter dans tout le Royaume, les objets suivans, savoir 1°. La terre noire à l'imitation de celle des Anglois. 2°. La terre bambou, sur laquelle il applique des Camées. 3°. Des Camées en porcelaine de différentes couleurs. 4°. des poëles de fayance imitant la porcelaine. 5°. La terre blanche à l'instar de celle d'Angleterre. 6°. Une couverte qui imite le bronze antique. 7°. Des Carreaux propres à servir de lambris. 8°. La terre marbrée ; desquels objets ledit sieur Ollivier, a déclaré être l'inventeur, ainsi qu'il résulte du procès Verbal dressé lors du Dépôt fait au Secrétariat du Directoire du Département de Paris, en date du Dixième jour du mois de Juin dernier, mil sept cent quatre vingt Onze. Vû la requête dudit sieur Ollivier, ensemble le mémoire descriptif

Le premier brevet français, délivré
à Louis François Ollivier le 27 juillet 1791.

Chapitre 9

Le brevet, objet de polémique

Le brevet, « un outrage à la liberté et à l'industrie ».

Michel Chevalier,
lettre publique de 1863[1]

La nécessité d'un compromis entre les intérêts bien compris de l'inventeur et ceux tout aussi légitimes de la société ne cesse d'agiter les esprits depuis deux siècles. L'établissement de lois sur les brevets dès la fin du XVIIIe siècle n'empêche pas certains grands penseurs du libéralisme, au siècle suivant, de dénoncer ledit brevet, cette application honnie du monopole. La polémique dure longtemps et se révèle âpre, particulièrement en Europe de l'Ouest. Elle atteint son apogée entre 1850 et 1875, même si certaines lances sont encore brisées au-delà. On peut y voir d'une façon générale « les péripéties de la lutte entre le commerce et l'industrie[2] », les intérêts de la libre concurrence s'opposant quelquefois au développement manufacturier. Un moment, on a pu penser que les antibrevets l'emporteraient. Pourtant, à la fin du XIXe siècle, quand la conjoncture économique se retourne, les qualités du brevet apparaissent cette fois dignes d'être soulignées. D'autant que les accords internationaux permettent de dépasser certaines contradictions. Les brevets sortent finalement vainqueurs de ce long débat. Un siècle plus tard, même si elles portent sur des innovations différentes dans un contexte nouveau, d'autres polémiques se font jour qui ne sont pas sans rappeler – *mutatis mutandis* – certains échos du siècle précédent.

Adam Smith.

Une longue offensive libérale contre les brevets

La Grande-Bretagne, modèle libéral du XIXe siècle

Le XIXe siècle est marqué par le développement des idées libérales et l'internationalisation des économies. La Grande-Bretagne, première puissance économique, forte d'un Empire et d'une flotte sans pareils, y joue un rôle de premier plan. Adam Smith, Ricardo ou J.S. Mill développent leurs idées sur les avantages du « laissez-faire, laissez-passer » et s'en prennent à tout ce qui peut rappeller le mercantilisme, le protectionnisme ou le monopole. Ce courant de pensée obtient des victoires plus que symboliques avec la suppression des Corn Laws ou le traité de libre-échange entre les deux grandes puissances économiques du moment, la Grande-Bretagne et la France, en 1860. Les Corn Laws étaient destinées à protéger l'agriculture britannique en taxant les blés importés. À partir de 1815, la question de leur suppression ou de leur maintien devient un débat politico-économique majeur en Grande-Bretagne – et, par voie de conséquence, en Europe vu le poids et l'influence du modèle britannique. En 1839, une ligue contre les Corn Laws, dominée par des industriels comme Richard Cobden et John Bright, développe un argumentaire hostile aux grands propriétaires terriens qui, disent-ils, s'enrichissent au détriment de la communauté. Ces derniers répliquent que les industriels veulent un pain bon marché pour maintenir des salaires très bas… Le conservateur Peel accède finalement en 1846 aux demandes des libéraux en allégeant considérablement les droits sur les blés (qui sont totalement supprimés en 1869).

Dans ce contexte, la question des brevets agite également les esprits et devient, sur un mode à peine mineur par rapport au débat sur les Corn Laws, une controverse qui pose une fois de plus la question de la suppression des monopoles afin de libérer les forces productives, développer les marchés pour le plus

Richard Cobden.

grand bénéfice des consommateurs et de l'économie en général. D'où de nombreuses prises de position assez tranchées et plusieurs enquêtes officielles en Grande-Bretagne sur la nécessité de conserver les brevets ou, à l'inverse, de les supprimer car contraires à l'intérêt général.

L'argumentaire développé par les opposants britanniques aux brevets porte sur des points d'ordre philosophique comme matériel. D'abord, ainsi que le précise lord Granville[3], et à la différence des législateurs français de 1791 qui en avaient fait la base de leur raisonnement, on ne peut assimiler l'invention à une propriété : « Je soutiens qu'il est impossible de définir la propriété quand il s'agit d'une idée. Celui qui a une idée et qui veut s'en réserver le bénéfice n'a qu'un moyen, c'est de ne pas le divulguer et de s'en servir lui tout seul. Par le silence dont il s'entoure, il s'en fait une propriété[4]. » Ce thème, mot pour mot, se retrouve de 1850 (par exemple dans *The Economist*[5]) jusqu'à la fin du siècle. Dans le même ordre de pensée, les libéraux britanniques développent l'argument selon lequel il est bien difficile de trouver le véritable inventeur. Une enquête réalisée à la Chambre des communes en 1871-1872 met en lumière la difficulté d'affirmer que l'on est bien en présence du « premier » inventeur. Henry Bessemer, célèbre industriel auteur d'un nouveau procédé de fabrication de l'acier initié à Sheffield en 1859 (Bessemer est anobli vingt ans plus tard) reconnaît lors de cette enquête qu'un ingénieur anglais avait eu avant lui l'idée de faire passer un flux d'air pour décarburer la fonte… Et les exemples abondent, non pas forcément d'*emprunts* plus ou moins licites, mais tout au moins d'idées similaires et simultanées à plusieurs inventeurs parce qu'elles étaient dans l'air du temps, dans l'optique commune des savants et chercheurs de différents pays.

La pensée libérale est fatalement sensible aux critères d'utilité et d'efficacité. Les brevets n'échappent pas à cette façon de voir les choses. Une Commission royale britannique, dès 1862-1864, s'attaque par un biais historique et statistique à la question de l'utilité

réelle des brevets. Face à l'avalanche de ceux-ci, les opposants au système se demandent si le nombre est synonyme de qualité. La Commission royale, dirigée par lord Stanley[6] interroge pour se faire une idée un scientifique de renom, Woodcroft. Ce dernier déclare : « J'ai pris au hasard trois années antérieures à l'enquête, soit 1855, 1858, 1862. J'ai soumis à une appréciation attentive (qui était facile à cause du temps écoulé depuis la demande de brevet) les cent premières découvertes inscrites au compte de chacune de ces trois années. J'ai trouvé que :
– pour 1855, sur les cent, il n'y en avait pas une seule qui parût d'une valeur considérable. Quatre étaient d'une valeur médiocre. Le reste ne valait rien ou à peu près ;
– pour 1858, une était de grande portée, trois de quelque mérite ;
– pour 1862, une était de grande valeur et une seconde avait quelque prix. »

Le port de Bristol en 1837. Tableau de Joseph Walter.

Le sondage statistique s'avère donc cruel pour la masse des déposants de brevets.

La fronde antibrevets en Grande-Bretagne n'est pas seulement soutenue par des penseurs ou des parlementaires. Des industriels de renom (Sir William Thomson, qui s'est fait une réputation dans le secteur de l'artillerie, le mécanicien Platt, Scott Russell...), le vice-président du ministère du Commerce, les régions manufacturières de Manchester et de Liverpool dénoncent dans les brevets un autre danger : celui que des hommes sans scrupules prennent des brevets de perfectionnement dans le but principal d'engager des procès contre les industriels qui se sont insuffisamment protégés. Sir William Amstrong déclare ainsi en 1864 : « Dans mon opinion, il n'y a rien de plus monstrueux que d'accorder un monopole à quelqu'un sans s'être positivement assuré qu'il ait découvert quelque chose. La conséquence de cette condescendance excessive dans la délivrance des brevets est que la majorité des brevets ne valent rien. Et cependant telle est la terreur que les procès inspirent, que les chefs d'industrie se soumettent et payent tribut. Avec un brevet qui n'a aucune valeur, on fait souvent d'aussi bonnes affaires qu'avec un autre qui a une valeur très positive[7]. »

Toutefois, les défenseurs des brevets utilisent plusieurs lignes de défense. La première est celle de la propriété des idées mais elle passe en fait assez vite au second plan. La juste récompense à donner aux inventeurs a été reconnue dès John Stuart Mill *(Principles of political economy)*. Enfin, les brevets ne sont-ils pas un excellent stimulant pour l'invention elle-même grâce aux conséquences pécuniaires espérées, et ne faut-il pas y voir le moyen de faire disparaître à jamais les méfaits du secret industriel ? La résistance opposée aux libéraux antibrevets explique que la conclusion de l'enquête de 1864 sur les brevets en Angleterre reste modérée. Le souhait n'est pas clairement manifesté de réformer profondément la législation antérieure ni même de supprimer les brevets (bien que l'on décèle dans ces conclusions un *understatement* très britannique) : « Ce sont en effet des vices inhérents à la nature des brevets et il faut les regarder comme le prix que la société consent à payer pour la satisfaction d'avoir une loi en faveur des brevets. » Pourtant, la pression ne se relâche pas et *The Economist*[8], journal certes très engagé dans la lutte contre tous les vestiges du protectionnisme, affirme en 1869 qu'il est très probable que les lois sur les brevets seront abolies prochainement. Les conclusions de la nouvelle enquête de 1872 ne répondent finalement que partiellement aux vœux des réformateurs car il y est affirmé : « La protection des inventions favorise le progrès de l'industrie en permettant aux auteurs de découvertes importantes d'arriver plus vite à les appliquer et à les développer que s'il n'y avait pas de brevets [...]. Les récompenses nationales en argent ne remplaceraient pas avantageusement le privilège garanti par le brevet d'invention. » Des propositions de loi résultant de l'enquête de 1872 tentent de modifier la loi de 1852 : elles envisagent de réduire à sept ans la durée d'un brevet ; celui-ci serait soumis à un examen préalable sévère ; des licences obligatoires pourraient entrer en action, etc. Ce projet de 1875, malgré trois lectures successives devant la Chambre des lords, ne débouche sur aucune réforme. Contrairement aux Corn Laws, en matière de brevets, la résistance s'est achevée sur le statu

La Chambre des communes au XVIIIe siècle.

La City au XIXe siècle.

quo. Si l'Angleterre avait décidé de changer sa législation sur les brevets, nul doute qu'elle aurait entraîné de nombreux pays du continent (et vraisemblablement les États-Unis) à suivre le même exemple.

Les hésitations allemandes, suisses et néerlandaises

Depuis le continent, le débat anglais est observé de très près. Le niveau d'industrialisation, la spécialisation des activités, le degré d'ouverture des économies entraînent des réactions assez différentes selon les nations. Ainsi, la législation de 1815 en Prusse (instruction du 14 octobre en application d'une ordonnance royale du 27 septembre) est marquée dès l'origine par une très grande méfiance et par un contrôle étatique assez fort. « Dans la pratique, la loi prussienne se révèle comme l'une des plus sévères à l'égard du breveté, et le pourcentage élevé des rejets de demandes finit par décourager les inventeurs prussiens de protéger leurs inventions dans leur pays. Cette caractéristique de la loi prussienne n'est sans doute pas étrangère à l'intensité qu'a prise la propagande antibrevet dans les années 1860[9]. » En effet, la durée des brevets, qui est en théorie de quinze ans, ne dépasse pas trois ans en pratique. L'invention protégée doit être appliquée dans un délai de six mois sous peine de déchéance. Enfin, un examen préalable portant sur la spécificité et la nouveauté *(Eigentümlichkeit und Neuheit)*, conduit par une bureaucratie hostile, entraîne un rejet de 80 % des brevets[10]. En 1863, au Congrès des économistes allemands, le système des brevets est rejeté à une large majorité car jugé plus nuisible qu'utile. Bismarck lui-même, hostile aux monopoles industriels, manifeste son sentiment antibrevets devant la Confédération de l'Allemagne du Nord en 1868. Quatre ans plus tard, lorsque le Parlement du nouveau Reich discute pour la première fois de la question des brevets, le porte-parole du chancelier déclare de même qu'il serait souhaitable que « le Parlement profite de l'occasion de cette discussion pour s'exprimer en faveur de l'abolition complète de la protection par brevets[11] ».

Toutefois, le poids important des industriels dans la nouvelle Allemagne et les premières réflexions internationales sur la propriété industrielle ne permettent pas de trancher dans un sens négatif. En conséquence, une commission de 32 membres comportant des représentants des diverses industries, des économistes, des juristes et des fonctionnaires siège entre août et septembre 1876 et rassemble des avis sur la forme à donner à la question des brevets dans le nouvel Empire. Elle établit des conclusions qui sont à l'origine de la loi impériale de 1877 sur les brevets. Même si cette législation comporte certains points qui manifestent, outre un fort dirigisme, la volonté d'encadrer l'invention et l'inventeur, toujours est-il que l'Allemagne rejoint les grandes nations industrielles qui se sont dotées d'une législation protégeant par un monopole temporaire le brevet d'invention. Les hésitations de l'Allemagne impériale peuvent malgré tout se jauger au fait que Berlin ne rejoint l'union de Paris qu'en 1903.

La Suisse, quant à elle, rejette de nombreuses fois, entre 1849 et 1863, une loi confédérale qui aurait donné au pays une législation sur les brevets. En 1863, le principe des brevets est déclaré « pernicieux et indéfendable ». En réalité, les réticences de la Confédération helvétique viennent en grande partie des industriels de deux des secteurs majeurs de l'économie suisse : le textile et la chimie. « L'origine de cette attitude devait être recherchée dans la crainte de ne plus pouvoir copier les créations étrangères et de voir en revanche des monopoles étrangers se tailler des domaines protégés au bénéfice de leurs concurrents en Suisse. Si l'on considère qu'à cette époque les Suisses sont eux-mêmes les premiers déposants de brevets à l'étranger, on ne peut d'ailleurs qu'être frappé du tranquille cynisme d'une telle position[12]. » La

Le chancelier Bismarck.

position helvétique est d'ailleurs souvent critiquée à l'étranger, en particulier en France. Malgré tout, une enquête réalisée au sein de la Confédération de mars à juillet 1877 conclut qu'il faudrait adopter pour le pays une loi protégeant les inventeurs pour donner un nouvel élan aux forces productives de la nation. C'est en définitive la pression extérieure – surtout allemande – qui oblige Berne à se doter d'une législation sur les brevets en 1888, mais elle en exclut les produits chimiques et l'industrie de la teinture textile, qui auraient été fort menacés par les puissants *Konzern* allemands. La forte insistance germanique n'aboutit qu'en 1907. On constate d'ailleurs en cette fin de siècle que deux puissances montantes, l'Allemagne envers la Suisse ou les États-Unis envers la Chine (1903), font pression pour que ces pays se dotent d'une loi sur les brevets, moyen de tarir « à la source » les risques d'une concurrence déloyale dont Suisses et Chinois étaient régulièrement accusés.

Enfin, les Pays-Bas, nation libérale par excellence, vont plus loin dans le concert des nations européennes puisqu'ils abrogent leur législation sur les brevets. Ils disposaient d'une loi datant de 1817 (l'influence de l'occupation française encore toute récente est visible), loi qui est supprimée en 1869, non par négation du droit des inventeurs, mais du fait de la nature essentiellement commerçante du pays qui ne la pousse pas à s'intéresser à l'industrie : les Néerlandais ne déposent en effet que cinq à six brevets par an. À l'inverse, des centaines de brevets sont demandés par des étrangers aux Pays-Bas. En réalité, les chambres néerlandaises ne condamnent pas le principe d'une loi sur les brevets ni la protection des inventeurs ; les Pays-Bas ont simplement pensé qu'il leur était impossible d'avoir une législation propre à leur pays en ce domaine. D'ailleurs, en 1873, ils font savoir qu'ils ne refuseraient pas de participer à une loi internationale sur les brevets. Le contraste avec l'industrieuse Belgique, autrefois intégrée au même royaume, est assez frappant : Bruxelles suit de près l'exemple français de la loi de 1844. Les Pays-Bas sont en fait le dernier bastion historique qui résiste à la législation sur les brevets : ce n'est qu'en 1910 (avec une application en 1912) que La Haye rejoint le concert des nations. On peut ajouter que la Grèce et la Turquie, nations certes de moindre importance sur le plan international, vivent l'essentiel du XIXe siècle sans législation sur les brevets.

Le débat sur les brevets en France

Michel Chevalier, héraut de la liberté économique

La France suit avec attention le débat sur les brevets qui agite une bonne partie de l'Europe industrielle, même si son regard se tourne plus facilement vers Londres que vers Berlin. Les théoriciens libéraux français du XIXe siècle qui s'expriment sur la question des monopoles (et donc des brevets) occupent une place à part dans l'histoire des idées économiques. Si la défense du libre-échange provoque de nombreuses prises de position dans un pays médiocrement ouvert au commerce international (mais moins frileux qu'on ne le dit en général), le libéralisme français ne l'emporte que brièvement sous Napoléon III. La France reste marquée par un protectionnisme somme toute modéré si on le compare à celui de puissances montantes comme l'Allemagne ou les États-Unis. Certes, il existe un courant français ultralibéral peu préoccupé des questions sociales, à l'instar de Frédéric Bastiat. Mais il existe aussi un groupe de penseurs modérés qui intègrent la « question sociale » à leur réflexion (Paul Leroy-Beaulieu, par exemple). Enfin, des économistes dits hétérodoxes rejettent une partie de la vulgate libérale pour une raison ou une autre. C'est le cas de Michel Chevalier (1806-1879), qui pense que l'État doit sortir de son rôle de gendarme quand l'intérêt général est en jeu. Il se préoccupe également de l'amélioration du sort des travailleurs. Fortement influencé par le saint-simonisme, il enseigne au Collège de France et, avec Frédéric Le Play, se trouve être l'un des principaux conseillers économiques de Napoléon III (en particulier pour la signature du traité de libre-échange de 1860 avec la Grande-Bretagne, dont il est l'instigateur principal). Sa pensée, fort critiquée par ses contemporains, « le conduisit à imaginer un système économique qui éviterait à la fois les excès d'un système libéral pur et les dangers propres à tout système qui proposerait la socialisation des moyens de production[13] ». Malgré tout, il rejoint les libéraux « classiques » sur la plupart des questions fondamentales. C'est ainsi qu'il mène pendant des années –

Michel Chevalier.

après Simonde de Sismondi ou encore Charles Comte, qui, au début du XIXe siècle, dénonce dans *Le Siècle* les brevets comme une atteinte à la liberté de la concurrence et un frein à la diffusion des connaissances – une véritable croisade contre les brevets, qu'il rapproche du système douanier protectionniste : « L'un et l'autre partent de la même doctrine et se révèlent par les mêmes abus. L'un et l'autre supposent qu'il est licite dans nos sociétés libres de conférer à des individus une faculté d'ingérence dans l'activité industrieuse de leurs concitoyens ; l'un et l'autre oppriment la liberté du travail[14]. » La solution proposée par les libéraux est simple : c'est le suc-

Le pyréolophore de Niepce et Louis Daguerre.

cès industriel qui est le garant de la validité d'un brevet et non sa protection pendant quinze ans. Le marché plutôt que la loi.

Michel Chevalier dirige d'autre part la délégation française à l'Exposition universelle de Londres en 1862, et profite de cette tribune internationale pour lancer une agitation contre les brevets, sans grands résultats d'ailleurs. Il reprend les mêmes thèmes en 1863 dans son enseignement au Collège de France, en particulier dans une lettre ouverte souvent citée où il dénonce les brevets comme « un outrage à la liberté et à l'industrie ». Il fait de même à l'Académie des sciences morales et politiques. Après 1870 et la proclamation de la République, Michel Chevalier ne joue plus de rôle politique de premier plan ; il représente trop le Second Empire honni. Il prend cependant souvent la plume pour défendre les idées qui lui sont chères, en particulier en 1878 dans un long article du *Journal des économistes,* réquisitoire sans appel contre la pratique des brevets, et dans son dernier ouvrage, la même année, encore une fois contre les brevets[15].

Un argumentaire rodé

Michel Chevalier reprend en partie les thèmes développés par les libéraux britanniques, souvent de façon plus systématique, plus polémique. Il commence par l'usurpation du droit de propriété qui, selon lui, caractérise la notion de brevet : « Les inventions, pour parvenir à l'état pratique, se font par étapes successives, souvent dans des contrées différentes et, à plus forte raison, par les soins et l'initiative de plusieurs personnes. Pourquoi et de quel droit le dernier venu dans la série de ces esprits inventifs s'attribuerait-il le profit du labeur de tous les autres et recevrait un brevet qui lui en donnerait le monopole ? Les brevets d'invention sont donc fondés sur une méprise et résultent d'une réaction exagérée et un peu aveugle en faveur des droits de l'intelligence[16]. » À plusieurs reprises, Michel Chevalier prend comme contre-exemple le cas des inventeurs de la photographie, Daguerre et Niepce. L'invention de ces derniers est achetée par l'État en 1839 et les procédés sont donc rendus publics. Les deux inventeurs touchent en contrepartie une rente viagère de 6 000 francs pour Daguerre et de 4 000 francs pour Niepce fils. Il n'y a donc pas de dépôt de brevet, ce qui permet à Michel Chevalier de déclarer que ce dernier « n'a pas d'utilité sociale car il met obstacle aux nouvelles découvertes et nuit au progrès industriel au lieu de le favoriser. En l'absence d'un brevet, vingt personnes venant après Daguerre, et reprenant son idée, y ont apporté des améliorations considérables; le brevet d'invention aurait eu pour résultat d'immobiliser l'invention[17] ». On pourrait ajouter un autre exemple, celui de Samuel Morse, outre-Atlantique, pour la télégraphie électrique, qui a aussi « profité » de ce système des récompenses nationales.

Maniant un humour cinglant (et un rien de mauvaise foi…), Michel Chevalier s'étonne de même de la montagne de brevets pris en France depuis 1791, soit 6 000 par an dans les années 1870 pour un stock de 90 000. « Quelle avalanche de génie, grand Dieu! » s'exclame-t-il. En fait, tout cela ne serait qu'illusion : « Si l'insertion dans les gants d'un filament de caoutchouc afin qu'ils serrent mieux le poignet obtient la faveur d'un brevet, si de tels arrangements que le premier venu aurait trouvé en un quart d'heure sont l'objet de la même protection, avec la même sévérité contre les imitateurs, que l'invention de la machine à vapeur ou du métier Jacquart, on ne peut dire jusqu'où ira le débordement des brevets[18]. » L'auteur imagine donc à terme chaque industriel en possession d'une masse de brevets et se protégeant derrière cette muraille, la moitié du monde industriel étant en guerre contre l'autre, ce qui serait contraire à la nécessaire liberté de circulation des idées et des marchandises. Dans le même registre, il souligne la faible quantité de brevets qui enrichissent leur propriétaire : en France, sur 2755 brevets déposés depuis la loi de 1844, seuls 248 étaient vivants en 1854 , le reste s'étant éteint faute de paiement[19]. Enfin, comparant l'effet des brevets à celui de la révocation de l'édit de Nantes qui avait précipité l'industrieuse communauté protestante hors des frontières du royaume de France, Michel Chevalier donne l'exemple de l'industrie du rouge d'aniline[20], concentrée en France dans une seule main, forte de ses brevets d'exclusivité, ce qui a obligé les industriels à s'expatrier vers la Suisse, pays où d'ailleurs il n'existe pas alors de législation sur les brevets.

Michel Chevalier n'est pas seul

Dix ans après ce réquisitoire, la polémique contre les brevets en France ne s'est pas éteinte. Les mêmes arguments sont repris en rendant hommage à la plume de Michel Chevalier. Parfois, de nouveaux raisonnements se font jour. En 1889, F. Malapert, célèbre civiliste, reprend explicitement le flambeau de M. Chevalier et de C. Comte. Les arguments ne sont pas neufs : l'invention n'est pas une propriété, « le droit de consommer ou détruire est le signe réel et palpable qui caractérise le droit de propriété[21] ». L'imitation des anciens, les idées dans l'air du temps ne sont pas brevetables. Plus originalement, Malapert égratigne les conseils en propriété industrielle qui défendent leurs intérêts de façon corporatiste car la disparition des brevets ruinerait leur profession. Pour les véritables inventeurs, il existe des récompenses honorifiques, et pas seulement honorifiques. Mais comme ils sont rares! Donc, en conclusion, « il résulte de l'étude des faits que rien ne justifie l'énorme privilège qui permet à un homme d'empêcher les autres de travailler à leur guise [...]. Il faut savoir que tout monopole est une cause de démoralisation en même temps qu'un obstacle au progrès des arts et de l'industrie, en un mot à la marche de la civilisation[22] ».

Pourtant, en cette fin de XIXe siècle, le rapport de forces, tant en France qu'à l'étranger, a changé. Les défenseurs des brevets ont, depuis les années 1870, l'oreille des dirigeants et des législateurs. Les libéraux français, peu suivis, inquiets, trop divisés finalement, ont vite versé dans la polémique. La France n'est pas la terre d'Adam Smith...

Pourquoi il faut maintenir les brevets

La crise économique qui intervient à partir de 1873, connue sous le nom de Grande Dépression, remet en selle les partisans de la défense des brevets, un temps désarçonnés, d'autant qu'à partir de la même période se constitue une législation internationale qui donne davantage de poids aux défenseurs du système des brevets.

Une coalition d'intérêts

La fin du XIXe siècle est certes marquée par le protectionnisme mais aussi par le renversement du classement des nations industrielles au bénéfice des États-Unis et de l'Allemagne, qui ont des tarifs douaniers élevés et une véritable politique des brevets. On peut ici rappeler les enseignements de F. List (*Das nationale System der politischen Ökonomie,* 1840) sur le protectionnisme éducateur et le rôle de l'État. Il défend dans le même ouvrage les brevets comme moyens de stimuler les inventeurs grâce aux bénéfices attendus. Les Français ont été impressionnés par la construction d'une zone de libre-échange autour de la Prusse, le Zollverein, noyau de l'unité allemande. Paris a vainement tenté une union similaire avec la Belgique.

Face aux offensives libérales, les partisans des brevets en Europe réussissent une véritable mobilisation des esprits grâce à l'utilisation des médias et à la sensibilisation des responsables politiques et économiques. Ils inondent les journaux d'articles, écrivent de nombreux livres, prononcent maints discours, sont à l'origine de très nombreuses associations. Pétitions, congrès internationaux et interventions auprès des assemblées élues sont aussi de leur fait. Ils réussissent ainsi à répondre mot pour mot à leurs adversaires. Regroupés en 1846 dans un Comité pour la défense du travail national, leur organe de presse est *Le Moniteur industriel.* Leurs succès sont aussi dus à la dérive pamphlétaire des libéraux français, qui en oublient au passage la démonstration économique, surtout après la révolution de 1848. Ceux-ci ne voient face à eux que des « socialistes », ce qui est très exagéré : la France s'essaie progressivement à une synthèse entre libéralisme et dirigisme, à l'image du compromis que représentait la loi sur les brevets entre des intérêts initialement divergents. Passé la période du traité de libre-échange avec la Grande-Bretagne (1860), le courant protectionniste retrouve en définitive son importance ; les tarifs de 1881 commencent à saper les bases du traité de 1860, mais la véritable rupture vient de ceux de 1892. La France n'est pas la seule en cause : un climat de méfiance générale donne le vent en poupe aux protectionnistes. Les individualistes libéraux dénoncent chez List comme chez Méline une tentation collective, sinon collectiviste. Mais cette fin de siècle est dominée par les interventionnistes, qui défendent la protection des industries naissantes, l'indépendance nationale, la complémentarité des industries. Dans ce cadre, la défense des brevets peut trouver des alliés car ils représentent un moyen de conquérir et de se réserver des marchés.

L'invention est une propriété qui doit être protégée

Dès 1844, Jean-Baptiste Jobard, un auteur belge à la production littéraire impressionnante, se fait le défenseur des brevets à protection permanente. Dans un curieux ouvrage plutôt optimiste intitulé *Le Monotaupole*[23], il part du principe que la libre concurrence dans le domaine industriel et commercial mène immanquablement à la guerre (« Ne laissez pas tout faire, ne laissez pas tout passer[24] »). D'où la nécessité d'un monopole qui permettra de stimuler l'intérêt commun entre les inventeurs et les « perfectionneurs » afin de fournir à la société de bonnes marchandises. En 1864, Emile Barrault réplique directement à Michel Chevalier[25] : il faut concilier les droits de l'inventeur et de la société, ce qui est la base de toutes les législations des pays avancés. Si certains procédés peuvent rester secrets (comme Krupp pour l'acier ou Guimet[26] pour l'outremer), ce n'est pas le cas des machines. Barrault reprend en particulier l'exemple de Daguerre développé par Michel Chevalier. Pour l'auteur, la mise dans le domaine public d'une invention aurait plutôt pour effet de l'annihiler, soit par manque de débouchés, soit du fait d'une vulgarisation incomplète, soit par la concurrence avec des produits médiocres, etc. Si l'invention de Daguerre n'a pas été étouffée par sa mise dans le domaine public, c'est que le procédé pouvait donner immédiatement des produits commerciaux. Le grand savant Arago et l'Académie des sciences ont contribué à vulgariser cette invention qui était d'un genre très particulier, nécessitant des études et des travaux spéciaux pour son exportation. Elle créait une industrie nouvelle qui ne faisait concurrence qu'aux artistes et non aux industriels… D'autre part, ajoute Barrault, si l'invention a été mise dans le domaine public par le gouvernement français, en Angleterre, Daguerre a pris un brevet. Ce dernier, exploité pendant quatorze ans, donna lieu à une vulgarisation aussi grande qu'en France et à des progrès aussi rapides.

Après 1880, alors que le sort semble scellé en faveur du maintien des brevets, la polémique ne s'éteint pas complètement. Mais on n'entend plus guère en cette fin de siècle que la voix des défenseurs des lois de 1791 et 1844. La presse économique se fait encore l'écho de quelques échanges d'arguments, mais la presse nationale n'en rend compte que de façon étouffée. Certains défenseurs des brevets avancent ainsi que les libéraux aboutiraient à un résultat paradoxal, en tout cas par rapport à leurs principes. Nier que l'invention soit une propriété « mène en ligne directe au communisme[27] », déclare C.M. Limousin. Un peu plus tard, René Gonnard renchérit : « Si le collectivisme doit triompher un jour, il est permis de penser que l'inventeur restera le dernier et irréductible représentant de l'initiative individuelle[28]. »

C'est prendre à contre-pied les émules du laissez-faire. En cette fin de siècle où la « question sociale » est très présente (le risque d'une explosion ouvrière est dans tous les esprits), où l'industrie se concentre, Gonnard retourne les arguments en faveur du protectionnisme en montrant qu'il est plus démocratique que la seule loi du marché : « Ce monopole même n'est-il pas au fond une arme mise au service de la liberté industrielle sainement entendue ? Je veux dire pour la petite industrie, privée de capitaux, de lutter efficacement contre les forces capitalistes de la grande industrie[29] ? »

Claude Couhin, président de l'Association des inventeurs industriels – association fondée en 1849 et reconnue d'utilité publique en 1882 –, alimente également le débat au tournant du siècle (1901). Il prend l'exemple de deux inventeurs français, Louis Dulac et Désiré Legat, afin de réaffirmer que l'invention est bien une propriété. En ce sens, il estime que la loi de 1844 est en recul par rapport à celle de 1791, qui affirmait bien haut le droit de propriété dans son préambule et dans son article premier. La loi de 1844 n'évoque en effet qu'un droit exclusif d'exploitation. Claude Couhin cite à ce propos la déclaration de R. Dubouchage à la chambre des Pairs en 1844 : « Le mot de propriété à insérer n'est pas indifférent. Car les mots ont une grande influence sur les esprits. Ainsi un esprit superficiel respectera l'invention de son voisin s'il est persuadé que c'est une propriété, si la loi l'en avertit. Mais si la loi est muette sur ce point, si l'on dit au contraire que c'est un privilège dans un siècle où on ne les aime pas en France, si l'on dit que c'est un monopole, oh ! alors, le respect pour cette véritable propriété, bornée, limitée, il est vrai, mais propriété à mon sens, ne sera pas gardé par une foule d'envieux qui diront : "C'est un monopole, il faut le faire tomber."[30] » L'auteur déplore que l'objet ramassé par le chiffonnier ou le passant soit sa propriété mais pas l'invention… Le congrès international des associations d'inventeurs (Paris, 1900) affirme et réaffirme aussi que l'invention est « une véritable propriété ». La critique sur la loi de 1844 menée par les inventeurs porte sur d'autres points, mais la question centrale de la propriété revient au cœur du débat dans une période où l'acceptation de l'héritage révolutionnaire divise encore les esprits. Toutefois, malgré les efforts des inventeurs, on sait que la loi de 1844 ne fut pas modifiée dans la seconde moitié du XIXe siècle.

Existe-t-il d'autres solutions que le brevet ?

En dehors des débats philosophiques largement évoqués, un argument solide joue en faveur de la législation sur les brevets : l'absence de toute loi ouvrirait la porte à l'anarchie et à l'oppression du plus fort. « Demander la liberté de l'industrie par la suppression des brevets, c'est proposer la liberté de la contrefaçon et l'oppression de l'industrie par le monopole de la richesse et des positions acquises », déclare l'auteur de l'article « Brevet » du *Dictionnaire Lami*. Si la suppression des brevets demandée par les libéraux est écartée, ne peut-on malgré tout trouver une autre solution que celle du monopole temporaire ? Un certain nombre de textes évoquent ces possibilités, à dire vrai pour mieux les écarter.

Quatre possibilités peuvent être envisagées hors la suppression des brevets. L'une serait la protection légale des secrets, comme cela se pratique pour les secrets de fabrique. Personne n'y trouverait avantage car ces secrets présentent les inconvénients d'un monopole et celui d'être exposés à disparaître sans profiter à personne si le détenteur vient à périr sans les avoir transmis. Ce serait aussi le retour aux pratiques des corporations d'Ancien Régime, solution peu envisageable dans une époque d'ouverture. Le système des récompenses nationales (honorifiques ou pécuniaires) semble quant à lui plutôt adapté au cas des savants[31], et encore faut-il apprécier le montant de la somme à allouer. Quel jury assez téméraire (et assez omniscient) pourrait se prononcer dans un sens ou dans l'autre ?

La mise dans le domaine public moyennant un dédommagement est proposée au Congrès de la propriété industrielle en 1878. Les Allemands connaissent cette solution sous l'appellation « expropriation pour cause d'utilité publique ». Les auteurs français n'y croient guère car cette méthode ne serait pas conforme à nos traditions. Faudrait-il voir dans l'exemple germanique une certaine hostilité envers l'inventeur, ou encore un trait spécifiquement allemand ? (Depuis 1870, la France ne prend guère pour exemple ce qui vient d'outre-Rhin, quitte à habiller ce refus de scientisme pour masquer en réalité un nationalisme blessé.) C'est ainsi que Gonnard déclare de façon symptomatique, à propos de cette façon de faire des Allemands, que « peut-être faut-il [y voir] le résultat d'une influence ethnique, et du caractère allemand, plus propre à l'étude minutieuse et aux applications imitatives qu'à l'œuvre d'invention où excellent davantage les Français et les Anglais[32] »... En fait, l'article 11 de la loi allemande de 1891 permet de retirer le brevet après trois ans quand le breveté néglige d'exploiter en Allemagne, que la concession d'une licence peut être exigée par l'intérêt public, que le breveté refuse d'accorder une licence moyennant une redevance convenable et une garantie suffisante. Cette solution est rejetée par les défenseurs français des brevets, qui craignent que l'invention ne tombe «dans des mains brutales, malhabiles » et que le niveau de l'indemnité ne soit source de préjudices. « Je ne crains pas de dire que nos administrations n'ont pas toujours agi correctement avec les inventeurs comme ç'a été le cas pour M. Turpin, l'inventeur de la mélinite qui, mal conseillé, s'est vu enlever les avantages de son brevet pour un prix dérisoire relativement à l'importance de sa découverte[33]. » Cette solution est donc écartée même si elle retient l'attention de certains pays étrangers et des congrès internationaux sur la propriété industrielle.

En définitive il ne reste, pour concilier les droits de l'inventeur et de la société, que le monopole temporaire, où l'inventeur « pourra, en serre chaude, à l'abri du monopole, cultiver la plante délicate et soigner son développement jusqu'au jour où elle sera devenue assez robuste pour pouvoir supporter, à l'avantage de tous, le grand air de la concurrence et de la liberté[34] ». La France n'a donc pas réagi différemment du reste de l'Europe industrielle, mais, sans aucun doute, le poids du « lobby » libéral n'a pas atteint dans ce pays le degré d'influence visible outre-Manche, pas plus que l'hostilité aux brevets ne s'est assise sur une tradition historique comme en Allemagne.

Eugène Turpin dans son laboratoire.

Débats d'hier, débats d'aujourd'hui

La première moitié du XXe siècle n'est guère sujette à des débats sur la valeur et la nécessité des brevets. Les polémiques qui surgissent dans les années 1950 semblent nouvelles alors qu'elles reprennent des controverses anciennes mais oubliées. À partir des années 1950 (voir chapitre 12), dans les pays du tiers-monde nouvellement indépendants, la crainte s'exprime de devoir affronter les puissances industrialisées de façon inégale et de se voir imposer plus d'obligations que de bénéfices en matière de transfert technologique[35]. Le brevet, vu comme un instrument de domination économique et technique, essuie donc des critiques répétées de la part des « tiers-mondistes ». Au sein des pays avancés, les craintes sont d'un autre ordre. Les législations des pays occidentaux ne sont pas exemptes de doutes sur la question des brevets : « On a longtemps observé un mouvement d'hostilité contre le brevet d'invention, sous prétexte qu'à l'abri d'un brevet des ententes peuvent se nouer qui risquent d'aboutir à des abus de situations dominantes, grâce notamment à des contrats de licences croisées que se consentiraient certains industriels et qui leur permettraient d'acquérir un monopole de fait, au moins dans les techniques de pointe. La politique antitrust, la réglementation des ententes dans l'Union européenne sont imprégnées d'une certaine méfiance contre les brevets d'invention[36]. » La solution du maintien du secret est toutefois peu compatible avec la compétition technologique et l'internationalisation des connaissances, même si cette pratique n'a pas disparu.

Plus récemment, à partir des années 1980, dans un contexte de concurrence accrue mais aussi de nouvelle révolution industrielle, la question des brevets et de leur utilité se repose. Les technologies ne sont plus les mêmes, la circulation de l'information est faite « en temps réel », le capital immatériel est devenu stratégique dans la compétition internationale. Dans cette atmosphère où les définitions et les règles sont bouleversées, voici que réapparaissent la question éternelle de la *propriété* des idées et celle du libre accès aux brevets. Les affaires récentes dans les domaines génétique, pharmaceutique ou du divertissement musical remettent au premier plan certaines questions fondamentales. Certes, les interrogations sont plus globales aujourd'hui, mais les débats prennent souvent un air connu. « La propriété intellectuelle rompt avec le schéma de la propriété tout court. Une chanson ou une formule chimique ne s'achètent ni ne se consomment au sens usuel du terme. Elles sont des idées et non pas des objets et survivent aux usages privatifs qui en sont faits. Acheter une maison ou une paire de chaussures, c'est revendiquer le monopole légal de leur usage [...]. La propriété intellectuelle est d'une tout autre nature. Lorsqu'une idée a été trouvée, rien ne fait obstacle à son usage par tous, sinon la propriété intellectuelle elle-même[37]. » À cette déclaration, qui ouvre la voie à une certaine libéralisation, les tenants du droit peuvent répliquer en montrant que la législation sur la propriété industrielle – et intellectuelle plus globalement – sait s'adapter aux nouvelles questions de société, et que les biens ou services culturels doivent être tout aussi protégés que les autres[38].

Si la question des limites de la brevetabilité (sur le vivant, sur le logiciel, sur les méthodes de travail), qui est à la fois économique et éthique, agite fort les esprits, l'usage du brevet en tant qu'élément de surprotection un peu artificiel d'une industrie est lui aussi revenu au premier plan depuis quelques années. Ainsi, à propos du brevet sur le logiciel – « entrave à l'innovation pour certains, protection pour d'autres » –, « le débat est devenu idéologique. On assimile des processus qui relèvent du modèle de la recherche à la nécessité de partager la connaissance alors qu'aujourd'hui la création d'un logiciel est un processus industriel[39] ». La nature complexe du brevet est aujourd'hui encore enjeu de débat : « Un brevet est une épée à deux lames. Il incite à l'innovation mais peut aussi dissuader d'innovations subséquentes[40]. » La multiplicité des fonctions des brevets, destinés à l'expansion industrielle mais souvent perçus comme un moyen de se protéger des concurrents, fait écho aux enquêtes britanniques du XIXe siècle. Aujourd'hui, ce sont plutôt les Américains qui sont montrés du doigt pour leur utilisation systématique du brevet comme un moyen de conquérir ou de figer un marché. En définitive, le brevet est redevenu objet de débat, sinon de polémique, car son aspect stratégique apparaît en pleine lumière depuis une vingtaine d'années. S'il n'a pas disparu au XIXe siècle faute de solution alternative, c'est sans doute qu'il possédait quelque vertu ; que ses adversaires n'étaient pas assez nombreux, mais aussi que laisser libre cours au marché, sans garde-fous, sans règles, était un pari audacieux, sinon dangereux. La leçon n'est peut-être pas inutile pour aujourd'hui et pour demain.

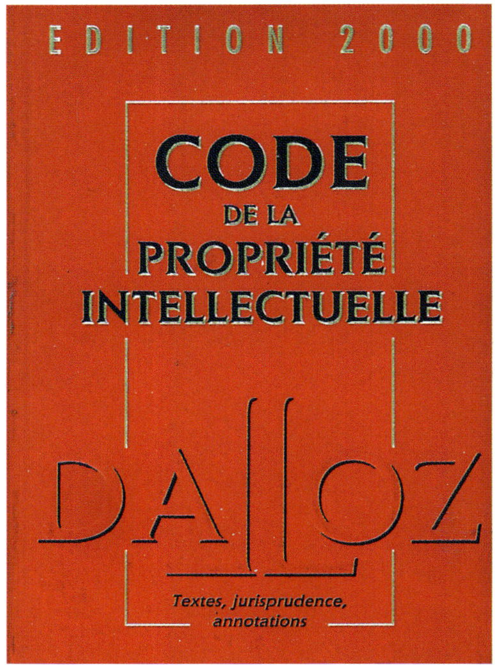

Code Dalloz.

1. Lettre publique de 1863 citée dans de nombreuses revues (*Revue d'économie politique*, *Journal des économistes*…).
2. Lami, « brevet d'invention », p. 946.
3. Lord Granville (1815-1891) est un politicien libéral, secrétaire des Affaires étrangères à de nombreuses reprises. Proche de Gladstone, il joue un rôle important dans l'intervention anglaise au Soudan (Khartoum, 1884).
4. Michel Chevalier, « Les brevets d'invention contraires à la liberté du travail », *Journal des économistes*, mai 1878, p. 188.
5. *The Economist*, 28 décembre 1850 : « Avant que les inventeurs puissent acquérir un droit de propriété sur les inventions, ils devraient abandonner tout le savoir et l'assistance qu'ils ont acquis des connaissances et des inventions d'autrui. Ceci est impossible et cette impossibilité même montre que leurs esprits et leurs inventions ne sont en fait que des segments du grand ensemble mental que constitue la société et qu'ils n'ont aucun droit de propriété sur leurs inventions […]. » Cité par Yves Plasseraud et François Savignon in *L'État et l'invention, histoire des brevets*, Paris, La Documentation française, 1986, p. 70.

6. Edward George Stanley (1799-1869), quatorzième comte de Derby, était un des leaders des conservateurs protectionnistes, bien qu'il eût évolué en fin de carrière.
7. *Journal des économistes, op. cit.*, p. 213.
8. 5 juin 1869.
9. Yves Plasseraud et François Savignon, *Paris 1883, Genèse du droit unioniste des brevets,* Paris, Litec, p. 50.
10. François Savignon, « Les législations européennes sur les brevets du milieu du XIXe siècle jusqu'à la convention d'Union de 1881 », *in* CNRS-Paris IV, *Les Brevets,* Editions du CNRS, 1984, p. 41-42.
11. Plasseraud et Savignon, *Paris 1883..., op. cit.*, p. 229.
12. Plasseraud et Savignon, *Paris 1883..., op. cit.*, p. 234.
13. Yves Breton et Michel Lutfalla (dir.), *L'Économie politique en France au XIXe siècle,* Paris, Economica, 1991, p. 248.
14. *Journal des économistes, op. cit.*, p. 187.
15. Michel Chevalier, *Les brevets d'invention examinés dans leurs rapports avec le principe de la liberté du travail et avec le principe de l'égalité des citoyens,* Paris, Guillaumin, 1878.
16. Cité par Pierre Larousse, *Grand Dictionnaire universel du XIXe siècle,* tome III, édition de 1866-1876, article « Brevet », p. 1246. Larousse se fait longuement l'écho de la polémique française autour des brevets.
17. *Ibid.*
18. *Journal des économistes, op. cit.*, p. 199.
19. Sur 2088 brevets déposés en 1846, 180 étaient valables en 1854.
20. Célèbre conflit des années 1860-1863 entre plusieurs industriels français : voir Hank van den Belt, « Comment décider de l'originalité d'une invention? A.W. Hofmann et le litige du rouge d'aniline en France », *Culture technique*, n° 18, p. 308-317.
21. F. Malapert, *Des lois sur les brevets d'invention dans leurs rapports avec les progrès de l'industrie,* Paris, Chamerot, 1889, p. 9.
22. F. Malapert, *op. cit.*, p. 56.
23. Jean-Baptiste Ambroise Marcellin Jobard, *Le Monotaupole ou Code complémentaire d'économie sociale, réglant les droits et les devoirs de l'inventeur, du fabricant, du marchand et de l'ouvrier,* présenté au Congrès scientifique de Reims, en réponse à sa première question d'industrie, Bruxelles, chez l'auteur, 1845.
24. Fritz Machlup, Edith Pensrose, « The Patent Controversy in the Nineteenth Century », *The Journal of Economic History,* mai 1950, p. 9. Cet article est essentiel sur le sujet. Voir aussi N. Batzel, « The Patent Controversy in mid-XIXth century », *Business History,* Londres, 1980, p. 189-202.
25. Emile Barrault, *Le Droit des inventeurs, réponse à M. Michel Chevalier,* Paris, 1864.
26. Jean-Baptiste Guimet (1795-1871) est l'inventeur de l'outremer artificiel, dit « bleu Guimet ». Son fils, qui lui succéda à la tête de l'usine de Fleurieux, est le célèbre connaisseur de l'Extrême-Orient.
27. C.M. Limousin, « Réponse à M. Michel Chevalier », *Journal des économistes,* mai 1878, p. 428.
28. René Gonnard, « Le droit de l'inventeur et le droit de la société », *Journal d'économie politique,* mai 1899, Larose, Paris, p. 7.
29. *Idem,* p. 8.
30. Claude Couhin, *Deux inventeurs et la loi française de 1844 sur les brevets d'invention,* Paris, Sirey, 1901, p. 55-56.
31. Certains savants ont renoncé d'eux-mêmes à déposer un brevet pour leur invention. C'est le cas des Curie avec le radium. Voir *Journal of the Patent Office Society,* décembre 1937, p. 967-968. Pasteur, au contraire, a protégé un grand nombre de ses découvertes.
32. René Gonnard, *op. cit.*, note 1 p. 10. Ce genre de propos sur les Allemands est assez commun à l'époque.
33. Armengaud Jeune, *Le rôle social des brevets d'invention,* conférence du 7 février 1904 à la société d'économie sociale, extrait de *La Réforme sociale,* 1er avril 1904, p. 26.
34. *Idem,* p. 12.
35. Voir par exemple l'article du professeur yougoslave Stojan Pretnar, « La protection internationale de la propriété industrielle et les différents stades de développement économique des états », *La Propriété Industrielle,* revue mensuelle du bureau international pour la protection de la propriété internationale, Berne, n° 12, 31 décembre 1953, p. 213 *et sq.* Stephen P. Ladas lui répond en avril 1954 (p. 93-97).
36. *Encyclopaedia Universalis,* édition 2000, article « Brevet d'invention ».
37. Daniel Cohen, « La propriété intellectuelle, c'est le vol », *Le Monde,* 8 septembre 2001.
38. Pierre-Yves Gautier, « Qu'est-ce que la propriété intellectuelle? », *Le Monde,* 11 avril 2001.
39. *Le Monde,* 15 novembre 2000.
40. *Le Monde,* 30 mai 2000.

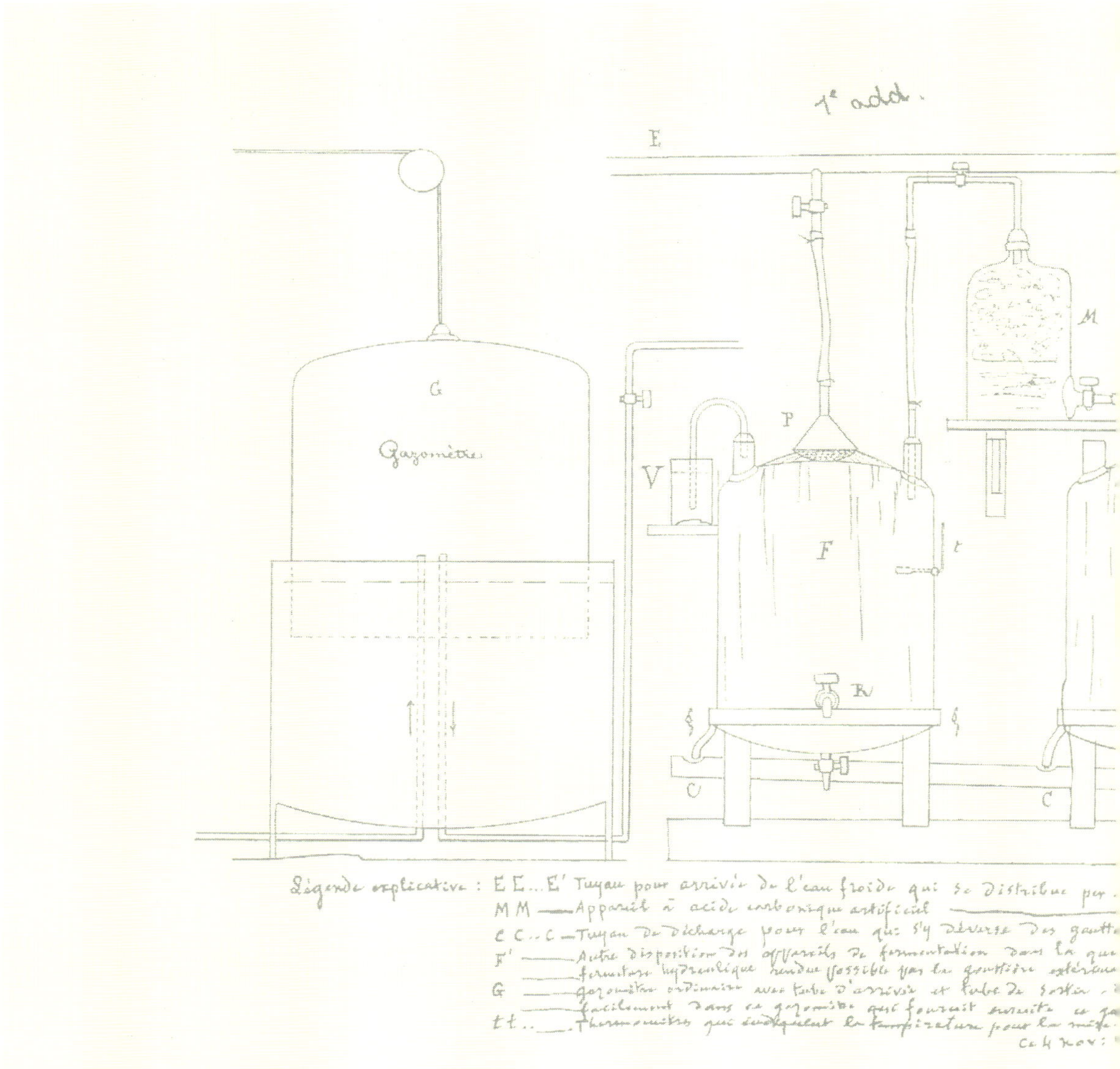

Brevet de Louis Pasteur pour un procédé de fermentation alcoolique, le 12 mars 1857.

Chapitre 10

La justice du brevet ou la propriété des inventions

Il n'est pas de vraies propriétés intellectuelles en dehors des sociétés libérales où existe un marché puisque ces droits, tels que conçus depuis [...] le XVIIIe *siècle, sont un moyen pour leur titulaire de se réserver un marché. Mais quand tout est prétexte à la réservation, quand le parcours est semé d'embûches et de péages, que reste-t-il de ce modèle libéral?*

Michel Vivant,
interview donnée au journal *Le Monde,* 19 septembre 2000

L'usage du brevet est à l'origine d'une jurisprudence abondante, tant en ce qui concerne les règles du dépôt et de la validité des brevets que les conditions de leur exploitation et la lutte contre les imitations frauduleuses. Cette jurisprudence permet d'appréhender les nombreuses questions soulevées par la protection de la propriété industrielle, renvoyant alors au problème de l'appropriation de l'invention et de l'innovation au bénéfice de son auteur et/ou exploitant.

Les procès mettant en cause les brevets imposent ainsi de s'interroger sur les limites de l'activité inventive et sur les droits conférés par l'appropriation d'une innovation. Le débat ne se limite pas à la critique d'un droit de monopole que peut fonder la détention de brevets. La nouveauté et l'antériorité des innovations sont aussi au cœur de nombreux litiges relatifs au brevet. De même, le caractère public de certaines innovations peut s'opposer à une appropriation privée par le brevet ; autrement dit se pose la question de la propriété des inventions au regard de leur utilité sociale.

La justice du brevet ne saurait être réduite à de simples questions de droit de la propriété industrielle. Ou plutôt, ce droit reflète les difficultés d'adaptation des outils de la propriété industrielle aux mutations technologiques, économiques, sociales, politiques et culturelles. Ces évolutions ne peuvent être ignorées, que le brevet soit conçu comme un droit privilégié d'accès au marché, un titre de propriété sur une innovation ou encore la revendication d'une activité inventive, mettant en jeu la nature même des innovations et la définition des règles de leur usage par la société.

Un droit d'accès au marché

L'utilisation du privilège sous l'Ancien Régime, puis du brevet à l'époque contemporaine, permet un aménagement des formes de la concurrence. Le détenteur du titre de propriété industrielle dispose d'une exclusivité pour l'exploitation de son invention ; de même, il est libre d'en concéder l'usage à des tiers selon un contrat de licence. Le titulaire du brevet considère que cet accès privilégié au marché est une garantie supplémentaire de la rémunération de son activité inventive. En revanche, les concurrents estiment parfois que les détenteurs de brevet s'arrogent un droit de monopole abusif.

Les libéraux ont certes critiqué l'existence des privilèges au nom de la liberté de commercer. La loi de 1791 a plutôt ignoré ce problème et envisagé la question du brevet sous l'angle premier de la propriété. En effet, le brevet est d'abord un titre de propriété : tout comme l'homme possède une nature intelligente et rationnelle – ce qui justifie aussi la suppression de la société d'ordres – il peut être propriétaire d'une terre, d'une œuvre ou d'une invention. La notion de privilège est alors diluée dans la proclamation de l'égalité et du droit de propriété pour tous. Pourtant, les litiges relatifs au brevet et mettant en cause les règles d'accès au marché ne sont pas sans rappeler les critiques des privilèges. Dès lors se pose la question de savoir dans quelle mesure les privilèges, puis les brevets, sont fondés ou non à recomposer les formes de la libre concurrence.

La règle d'accès au marché

La qualification du brevet comme droit d'accès privilégié au marché, à l'exclusion de celui désigné comme imitateur, n'est pas un simple effet de la création des brevets. C'est davantage un héritage des pratiques élaborées sous l'Ancien Régime, où les corporations et les privilèges produisent une organisation spécifique des marchés.

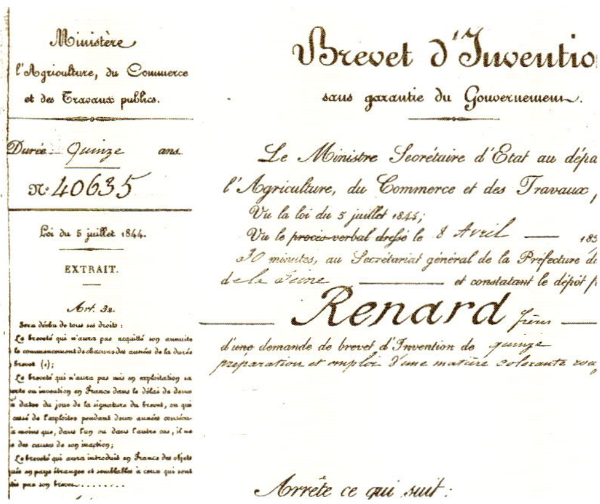
Ministère de l'Agriculture, du Commerce et des Travaux publics.

Durée quinze ans

N° 40635

Loi du 5 juillet 1844.

EXTRAIT.

Art. 32.

Brevet d'Inventio

sans garantie du Gouvernement.

Le Ministre Secrétaire d'État au dépa

l'Agriculture, du Commerce et des Travaux,

Vu la loi du 5 juillet 1844;

Vu le procès-verbal dressé le 8 Avril

10 minutes, au Secrétariat général de la Préfecture d

de la Seine et constatant le dépôt f

Renard frères

d'une demande de brevet d'Invention de quinze

préparation et emploi d'une matière colorante

Arrête ce qui suit :

Brevet de la fuchsine, 8 avril 1859.

Les corporations, à l'initiative de leurs membres, délimitent et réglementent le marché des produits et de l'emploi en définissant les caractères des biens mis sur le marché et les règles de leur fabrication. Elles disqualifient ceux qui proposent, en dehors d'elles et sans se soumettre à leurs règles, des produits identiques : ces concurrents « sans qualité[1] » se livrent à des pratiques déloyales, susceptibles d'atteindre la réputation même des corporations. Ces pratiques n'excluent pas des formes de concurrence, mais celle-ci est réglée et se déploie entre les corporations.

Avec les privilèges, la concurrence réglée s'infléchit de façon favorable à la diffusion des innovations. Le privilège est aussi une forme de promotion de la nouveauté, selon des règles particulières : son détenteur s'engage à fournir un produit ou à utiliser un procédé déjà définis. Les formes de la concurrence sont réaménagées de manière à encourager les entrepreneurs qui prennent le risque de fabriquer et de commercialiser des produits nouveaux. Tel est le sens des privilèges accordés à la manufacture de Saint-Gobain pour la fabrication des glaces à miroir dès 1665[2].

Ces usages sont contestés au XVIIIe siècle au nom des libertés. Le privilège est critiqué car il freine la mobilisation des capacités à innover et la libre exploitation des innovations. Cette contestation vise aussi les fonctions de l'État et les formes nouvelles du capitalisme[3]. L'aspiration à la libre concurrence et à la liberté d'entreprise, à l'encontre même des corporations et des privilèges, n'est pas pour autant exclusive de règles. Même en réduisant la compétition sur le marché aux qualités propres aux produits, des normes restent nécessaires. Celles-ci peuvent être déterminées par la sanction même des acheteurs et des consommateurs. Dès les premières années du XIXe siècle, certaines professions élaborent leurs propres normes de qualité par l'intermédiaire des conseils de prud'hommes[4].

Dans le cas des nouveautés, le besoin de protection s'impose à son tour afin que soient justement rémunérés les efforts d'innovation. Les dessins et modèles sont ainsi protégés à l'initiative des fabricants dans le cas de la Fabrique à Lyon. Les produits et procédés nouveaux bénéficient quant à eux de la protection offerte par le brevet. Les auteurs d'inventions ne mettent pas en avant la défense d'une position privilégiée sur le marché : dans les procès, ce ne sont pas tant les règles d'accès au marché qui sont débattues que le respect de la propriété d'une invention et le droit exclusif de la mettre en œuvre. En quelque sorte, le droit privilégié d'accès au marché est une incidente de la propriété de l'invention. Telle est l'une des interprétations possibles des procès intentés par les détenteurs de brevets à ceux qu'ils désignent comme des contrefacteurs.

Des biais dans le jeu de la concurrence

L'exclusivité conférée par le brevet est l'un des arguments majeurs avancés par les détenteurs du brevet sur la fuchsine, colorant artificiel dont le brevet est déposé en 1859, à l'encontre de leurs « imitateurs ». Les procès relatifs à ce colorant artificiel posent le problème du monopole que peut susciter l'exploitation exclusive d'une innovation. Cette affaire a bien d'autres conséquences, qu'il s'agisse de l'appropriation d'une invention ou des formes de concurrence dans l'industrie des produits chimiques organiques et artificiels.

Destinés à l'industrie textile, les colorants artificiels remplacent avantageusement les substances naturelles car ils sont d'un emploi plus commode et répondent mieux aux attentes de la clientèle[5]. Ils sont conçus au même moment en France, en Angleterre et en Allemagne. Le premier d'entre eux est fourni par des dérivés de la houille et fait l'objet d'un brevet pris par Perkin en 1856, après qu'a été mis au point le procédé de fabrication de l'aniline. À partir de l'aniline, le chimiste lyonnais Verguin élabore un colorant rouge baptisé « fuchsine » en 1859; le brevet est pris le 8 avril de la même année. Le principe de la fabrication de la fuchsine n'est pas inconnu à cette date : il a déjà fait l'objet d'une communication devant l'Académie de médecine de Londres, le 30 septembre 1858, présentée par un collègue de Perkin, Hofmann. Mais aucune application industrielle n'est encore envisagée.

Le brevet de Verguin est acquis par des teinturiers lyonnais, les frères Renard. Ceux-ci achètent aussi les brevets couvrant les améliorations apportées au procédé de Verguin et accordent des licences à d'autres teinturiers lyonnais. Dans le même temps, les frères Renard poursuivent systématiquement en justice ceux qu'ils soupçonnent d'« imiter » la fuchsine. Excipant de la loi de 1844 qui protège le produit fabriqué, ils font interdire toute fabrication de la fuchsine en France. Au cours des années 1860-1863, plusieurs entreprises chimiques sont condamnées alors qu'elles ont mis au point des procédés originaux[6] de fabrication de la fuchsine.

Les « imitateurs » se défendent de toute contrefaçon : la fuchsine était connue avant que les brevets de Verguin et des frères Renard ne soient pris, comme en témoignent plusieurs communications faites devant des sociétés savantes. Or la jurisprudence établit dans cette affaire une distinction entre la découverte scientifique et son application industrielle. Les savants, tel le chimiste Hofmann, ont observé un phénomène, tandis que « la découverte des auteurs du brevet Renard frères a eu une tout autre portée »; elle « a consisté à isoler et à fabriquer tout exprès le rouge d'aniline, en vue des précieuses propriétés qu'ils avaient été les premiers à y trouver comme matière tinctoriale[7] ». Grâce à cette découverte, « la société a été dotée d'une source nouvelle de création et de richesse, et [...] en rémunération de l'avantage acquis à la société, ceux qui le lui ont procuré doivent avoir, au moyen d'un brevet, la prérogative légale de l'inventeur[8] ». D'autre part, l'utilisation de procédés différents ne permet pas davantage d'échapper à l'accusation de contrefaçon : « Est suffisante la description d'un brevet ou d'un certificat d'addition qui fait connaître les procédés nouveaux pour l'obtention d'un produit industriel, lors même que le breveté n'aurait pas indiqué tous les procédés à l'aide desquels ce produit peut être obtenu. Lorsqu'un brevet porte tout à la fois sur un produit et sur les procédés de fabrication, et que ce produit est nouveau au point de vue de l'application nouvelle qu'en a faite le breveté, on ne saurait, sans se rendre coupable de contrefaçon, fabriquer le même produit à l'aide de moyens différents[9]. »

En vertu de telles conclusions, la victoire des frères Renard sur leurs « imitateurs » leur confère une position dominante, sinon le monopole de la fabrication du rouge d'aniline en France. La loi de 1844 n'établit pas de différence entre la découverte et l'invention[10], mais les juges distinguent la science et l'industrie. Pour ces derniers, les travaux d'Hofmann relèvent de la science et leur antériorité ne peut remettre en cause le brevet Renard, dont l'objet est « la production et la préparation industrielles » du rouge d'aniline[11]. La jurisprudence introduit ici un biais : le brevet protège une innovation et donne un accès privilégié au marché, dont l'exclusivité est renforcée par les certificats d'addition pris par les frères Renard. Cette jurisprudence favorise l'utilisation du brevet à des fins de monopole, au nom de la protection légale accordée à l'inventeur. Toutefois le monopole national obtenu par les frères Renard pour la fabrication de la fuchsine n'a pas fait le bonheur de leur entreprise : incapable de répondre dans de bonnes conditions à la demande, elle fait faillite en 1870.

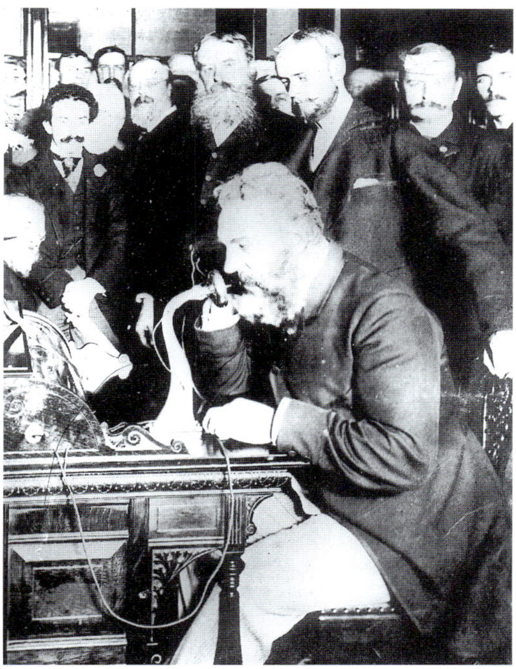

Graham Bell inaugurant la ligne téléphonique New York-Chicago en 1892.

Des monopoles temporaires

Même si le brevet peut être utilisé à des fins de monopole, cette pratique atteint des limites. Tout d'abord, il ne suffit pas de disposer d'une position de monopole : l'exemple de la fuchsine révèle que l'exclusivité d'une fabrication ne garantit pas le succès de l'entreprise. Par ailleurs, la durée de protection conférée par le brevet est définie dans le temps : à l'expiration du brevet, la position privilégiée de celui qui l'exploite ne peut être préservée que si d'autres stratégies ont été mises en œuvre. Certains inventeurs ne reculent devant aucun moyen pour défendre des positions de monopole, en particulier dans des activités nées à la faveur de la seconde révolution industrielle, dans les années 1880.

Thomas Edison ne revendique pas de monopole lorsqu'il défend ses droits sur ses brevets : il fonde toute son argumentation sur sa position de premier inventeur – « *first to invent* » –, qui lui confère aussi l'exclusivité de l'exploitation de ses inventions. Celle-ci est ménagée par une politique de licences conquérante, en particulier en Europe. L'argument du premier inventeur est aussi invoqué dans le procès qui oppose Thomas Edison à la Bell Company à propos des brevets couvrant le téléphone.

En mars 1876, Graham Bell prend un brevet pour son procédé de téléphone, qui est une amélioration du télégraphe. La Bell Company voit le jour en juillet 1877. Elle se heurte très vite à la concurrence de la Western Union, qui a choisi de développer le téléphone conçu par Thomas Edison et Elisha Gray. Bell remporte son procès à la fin de 1879 et, dès lors, impose sa suprématie sur le marché américain. Toutefois, les brevets ne sauraient suffire, par les droits qu'ils confèrent, à infléchir le jeu de la concurrence. La domination exercée par la Bell Company se fonde sur une politique de prix audacieuse et sur des choix techniques[12]. La société refuse ainsi de connecter ses propres lignes locales sur les lignes longues distances exploitées par des sociétés rivales, au profit de son propre système. L'intervention de l'État fédéral pour fixer les normes du service téléphonique ne menace pas davantage les positions de Bell. Protégée par ses brevets, l'entreprise élabore ses propres normes, et celles-ci prolongent la protection offerte par les brevets après leur expiration.

Ces pratiques limitent la portée des critiques sur le monopole que peut procurer l'exploitation exclusive des brevets. Non seulement celui-ci est limité dans le temps, en raison même de la durée de protection offerte par le brevet, mais ce biais introduit dans la concurrence n'est effectif que si le détenteur ou l'exploitant du brevet élabore des stratégies propres à garantir sa position dominante. C'est là toute la différence entre les frères Renard, défendant systématiquement en justice l'exclusivité de la fabrication de la fuchsine, et les firmes américaines de la seconde révolution industrielle, élaborant à partir de leurs innovations de véritables systèmes techniques qui consolident des positions monopolistiques.

La défense de l'innovation

La contrefaçon est l'une des accusations majeures dans les procès intentés par les détenteurs de brevets. Cette accusation est une désignation générique des litiges où sont mises en cause l'antériorité, la nouveauté ou l'originalité de produits et de procédés brevetés, autrement dit la propriété d'une invention. Les stratégies des détenteurs de brevets comme celles de leurs adversaires, aboutissent à des tentatives de redéfinition de ce que protège le brevet. Dans les procès est mise en jeu la validité des expertises qui légitiment le bien-fondé du brevet. La jurisprudence conforte ou non la légitimité du brevet à qualifier l'innovation.

De la nouveauté

Le brevet reconnaît la nouveauté d'un produit ou d'un procédé. Mais la définition de la nouveauté pose quelques problèmes : ainsi, des brevets de procédés sont souvent contestés au prétexte qu'une partie de la technique protégée est déjà connue. Cet écueil est inévitable lorsque l'innovation procède d'une accumulation de savoirs et de savoir-faire. La question de la nouveauté se trouve ainsi au cœur des procès sur les méthodes de dorure

Charles Christofle et la cafetière « Carrier-Belleuse » de 1880.

et d'argenture où Charles Christofle joue un rôle déterminant.

Les premiers procédés de dorure et d'argenture d'objets métalliques sans utilisation de mercure sont mis au point dans les années 1830 par Elkington, un Anglais. Ils sont protégés par des brevets et font l'objet de contrefaçons dès qu'ils sont connus. Un premier procès[13] oppose, en 1840, un émailleur parisien, Bédier, au représentant français d'Elkington. Bien que l'expertise établisse la nouveauté du procédé Elkington, Bédier ne renonce pas à demander la déchéance des brevets, prétextant que les procédés sont connus depuis près de cinquante ans. Le procès en contrefaçon est l'occasion de contester la validité des brevets. Des expertises complémentaires ne remettent pas en cause la nouveauté des procédés brevetés.

En 1842, Charles Christofle entre dans la bataille juridique en tant qu'exploitant des brevets d'Elkington. Les procédés de dorure et d'argenture font la fortune de son entreprise : à ce titre, il faut éviter la déchéance des brevets. Grâce à une distinction habile entre le procédé et ses usages et à la reconnaissance de la nouveauté du procédé, Bédier est finalement condamné en 1843 pour contrefaçon. Les procès continuent dans les années suivantes avec d'autres auteurs de contrefaçon, ces derniers attaquant toujours la nouveauté des procédés brevetés. Entre 1844 et 1848, Charles Christofle attaque en contrefaçon les brevets d'un autre doreur, Roseleur. Les expertises révèlent que ce dernier a repris de façon incomplète les brevets Elkington.

Christofle est attaché à la défense de la nouveauté des procédés qu'il utilise, car elle légitime le brevet lui-même et, partant, les droits exclusifs et temporaires de son exploitation. Néanmoins, le brevet ne suffit pas à asseoir la position de Christofle dans l'industrie de l'argenture ; seule la poursuite systématique des auteurs de contrefaçon garantit le respect de ces droits. En outre, Christofle ne se contente pas d'exploiter des brevets, il développe aussi une stratégie industrielle et commerciale. La contrefaçon crée alors une concurrence nouvelle pouvant nuire à l'image de marque des produits Christofle.

Mais Christofle s'attache aussi à réduire tous les risques de concurrence. Ainsi, en 1845, il rachète les brevets de Ruolz, un chimiste qu'il a embauché dès 1842, sur des procédés d'argenture et de dorure très proches de ceux d'Elkington. Ces brevets français tombent dans le domaine public dès 1850, et Ruolz s'estime libre d'exploiter ses procédés. Cette initiative se solde par un échec : Christofle parvient, grâce à de nouvelles expertises, à faire reconnaître l'antériorité des brevets Elkington, et Ruolz est condamné[14]. Dans cette lutte contre la contrefaçon et pour la reconnaissance de la nouveauté des procédés Elkington, Christofle sait aussi s'entourer des conseils de la communauté scientifique. Or celle-ci est intéressée par les techniques qu'il utilise, qui sont des usages nouveaux de l'électricité. Christofle n'hésite pas non plus à ouvrir son laboratoire aux savants.

Les procès intentés par Christofle aux auteurs de contrefaçon sont exemplaires des débats sur la nouveauté des procédés brevetés. La nouveauté est un des critères majeurs, en droit français, d'attribution du brevet. L'utilité n'entre pas en ligne de compte. Le brevet valorise le caractère innovant des procédés, et c'est sur ce point même que les droits liés à la propriété industrielle sont contestés. La justice doit alors recourir à une expertise complémentaire, souvent apportée par les hommes de science, dont l'indépendance n'est pas toujours garantie, comme le montrent les procès de Christofle. Ainsi la justice du brevet n'est jamais acquise.

Querelles d'inventeurs

Bien des litiges en contrefaçon opposent des inventeurs sur la paternité même de leurs innovations. Dans ces cas, la nouveauté du produit ou du procédé n'est pas mise en cause. Chacun revendique le fait d'être le premier à avoir conçu ce qui fait l'objet du brevet et estime que l'adversaire ne peut conserver l'exclusif conféré par la détention de ce dernier. De tels procès ne sont pas toujours spontanés : ils sont souvent suscités par la convoitise ou par la crainte de perdre une position privilégiée.

Dunlop. Affiche de Savignac, 1953.

Le procès opposant Michelin à Dunlop est exemplaire de ces querelles. Les frères Michelin ont mis au point des boyaux faciles à monter et à démonter sur les roues, qu'ils qualifient d'ailleurs de « démontables » dans le brevet pris en 1891. Ces boyaux sont gonflés d'air. Or, l'invention du pneumatique est due à John Boyd Dunlop et est protégée par des brevets. Lorsque Dunlop apprend que les frères Michelin ont breveté leurs pneus démontables, il leur intente un procès afin de garantir la protection de son invention en France.

Les frères Michelin sont défendus par un jeune avocat promis à la notoriété, qui n'est autre que Raymond Poincaré[15]. La défense de Michelin ne conteste pas les brevets Dunlop, pris en 1888, mais rappelle que, déjà en 1845, un ingénieur des chemins de fer britanniques a obtenu un brevet pour les « roues aériennes », des boyaux de caoutchouc remplis d'air de manière à obtenir un coussinet d'air au sol. Une fois fabriquées, elles ont équipé des cabriolets, mais l'invention a été un échec commercial en raison de son prix et de la difficulté à manier ces roues. La mise au jour de ce brevet ruine les prétentions de Dunlop contre Michelin et contre tout autre fabricant de pneumatiques. Ici encore, le brevet ne suffit pas à consacrer le succès de l'entreprise : Dunlop comme Michelin sont devenus de grands industriels du pneumatique, tant par leur capacité d'innovation que par leurs stratégies industrielles et commerciales.

L'essor des industries de la seconde révolution industrielle est marqué par de nombreux procès opposant des inventeurs. Ils s'intègrent parfois dans des stratégies plus complexes de conquête des marchés, comme en témoignent ceux intentés de façon systématique par Thomas Edison. Dans d'autres cas, le procédé breveté correspond à une innovation majeure dont l'exploitation permet de dépasser des blocages techniques. La défense du brevet est alors un préalable indispensable au succès futur de l'entreprise. Les procès sur la production par électrolyse de l'aluminium sont ici exemplaires.

Deux procédés se trouvent en concurrence à la fin des années 1880. Tous deux ont en commun d'abaisser considérablement les coûts de production : si l'aluminium devient un produit bon marché, ses usages pourraient se diversifier. Le procédé du Français Paul Héroult présente une supériorité technique peu discutable sur celui de l'Américain Charles M. Hall. Héroult utilise, comme solvant de l'alumine, de la cryolithe fondue. Le creuset où s'opère la réaction chimique sert aussi d'électrode et est maintenu à la température de 900 °C grâce à l'effet Joule du courant électrique circulant dans l'électrocryolithe. Hall, lui, utilise un système de chauffage extérieur et des sels plus complexes. Chaque procédé fait l'objet d'un brevet, pris la même année : le 23 avril 1886 pour Héroult, le 9 juillet 1886 pour Hall[16]. Mais Hall se voit opposer l'antériorité du brevet de Héroult par le bureau des brevets américains.

Le droit américain des brevets permet de discuter de l'antériorité des brevets, et surtout d'antidater un dépôt si la preuve est faite que l'invention est antérieure à la date du dépôt. Hall fait état d'une lettre adressée à un parent à propos de son procédé, lettre datée de février 1886. Il obtient ainsi la reconnaissance de l'antériorité de son invention. Héroult ne peut s'opposer à de tels arguments : pour obtenir que son brevet soit antidaté aux États-Unis, il faudrait qu'il ait procédé à des expériences sur le territoire américain. Le droit américain se révèle ici particulièrement défavorable à l'inventeur français, qui ne peut faire valoir ses droits aux États-Unis ni à l'occasion de procès, ni en exigeant le versement de redevances.

Paul Héroult.

En revanche, Héroult conserve tous ses droits en France et en Europe, où il n'est pas possible de faire antidater une invention. Avec les années, les relations entre les deux inventeurs s'améliorent mais Héroult, qui rencontre bien des difficultés pour faire exploiter ses brevets par des industriels français, s'oppose fortement au développement des procédés Hall en France.

Dans cette querelle d'inventeurs, les spécificités du droit sont déterminantes pour l'issue des procès. Les deux procédés concurrents sont contemporains, comme ceux du téléphone dans les années 1870, et la priorité reconnue à l'un n'est permise que par les artifices du droit. L'absence du principe de « premier inventeur » dans le droit français rétablit alors la justice et aboutit à ce résultat : le développement parallèle de deux technologies de l'aluminium en Europe et aux États-Unis.

Marcel Desprez.

Le brevet ne constitue pas toujours une protection suffisante dans les rivalités qui opposent les inventeurs. Lucien Gaulard et John Dixon Gibbs prennent un brevet le 7 octobre 1882 pour la transmission à distance de la force électrique. Le procédé repose sur l'emploi d'un courant alternatif généré par des bobines d'induction, c'est-à-dire un transformateur. Le succès du procédé est démontré, l'usage du courant alternatif s'impose contre celui du courant continu pour le transport de l'électricité dans de nombreux pays européens, sauf en France. Lucien Gaulard se heurte en effet à l'hostilité d'un autre électricien, Marcel Desprez, qui défend l'utilisation du courant continu et qui, soutenu par l'Académie des sciences, s'efforce de discréditer le brevet de Gaulard[17]. Dans ce cas, le brevet s'avère insuffisant pour défendre l'innovation : la preuve de l'efficacité des procédés est confiée aux scientifiques, et ces derniers ne se montrent pas toujours objectifs dans leur jugement.

Une jurisprudence mieux adaptée aux enjeux de la propriété industrielle ?

Jusqu'à une période très récente, les procès intentés en contrefaçon de brevets par les entreprises ont conservé les traits dominants déjà évoqués. La lutte contre la contrefaçon permet de défendre la nouveauté d'un produit ou d'un procédé et de faire reconnaître des droits spécifiques en matière de concurrence.

Toutefois, les transformations contemporaines du droit de la propriété industrielle, en particulier aux États-Unis, ont contribué à accentuer l'usage du brevet comme un outil stratégique pour gagner et défendre des marchés. La création, en 1982 aux États-Unis, d'une cour d'appel au niveau fédéral pour les litiges relatifs aux brevets a permis d'améliorer la défense des droits des détenteurs de brevets en aggravant les peines infligées aux auteurs de contrefaçon. De la sorte a été renforcée la protection offerte par le brevet. Le montant des dommages et intérêts exigés en cas de contrefaçon – jusqu'à plusieurs centaines de millions de dollars – est dissuasif pour les contrefacteurs, à moins qu'ils n'espèrent obtenir la déchéance des brevets incriminés.

L'affaire Kodak-Polaroïd est exemplaire de la dimension stratégique prise par les brevets et de ses effets sur la jurisprudence[18]. Au début des années 1960, Kodak engage un projet de recherche pour concevoir des appareils et des films pour la photographie à développement instantané – produits dont le marché est dominé par la firme Polaroïd. Concurrente peu redoutable, Polaroïd accroît ses ventes au cours des années 1960 et contrôle 15 % du marché des appareils photographiques aux États-Unis à la fin de cette décennie. À ce moment-là, Kodak réoriente sa recherche vers des produits et des techniques voisins de ceux de Polaroïd dans l'espoir d'y apporter des améliorations. Dans le cadre d'une *joint-venture*, Kodak prend connaissance de quelques éléments techniques de la nouvelle génération de films et appareils que Polaroïd est sur le point de commercialiser. Les services de recherche de Kodak s'efforcent à la fois de briser le secret des brevets de Polaroïd et de s'en inspirer, et prennent le risque de la contrefaçon.

Le 20 avril 1976, Kodak commercialise sa propre ligne d'appareils et de films à développement instantané et lance l'une des plus grandes campagnes publicitaires jamais connues. Une semaine plus tard, Polaroïd accuse Kodak de contrefaire plusieurs de ses brevets. Au terme d'une procédure de plus de dix ans, cette contrefaçon est reconnue par le jugement de l'affaire Kodak-Polaroïd et Kodak condamné à verser 925 millions de dollars au titre des dommages et intérêts, pour compenser les pertes de profits de Polaroïd. Mais l'affaire coûte bien plus cher à Kodak – environ 3 milliards de dollars – si l'on prend en compte le coût des poursuites et les frais pour l'entreprise.

Au-delà des chiffres, ce procès révèle le rôle central du brevet pour défendre une innovation indépendamment des stratégies commerciales de l'entreprise. Les procès sur les brevets sont également importants car les expertises nécessaires à l'établissement du droit s'ajoutent à la reconnaissance de l'innovation conférée par le brevet, élargissant même les critères de la brevetabilité.

Ces critères nés de la jurisprudence sont finalement intégrés à la définition juridique du brevet. La contagion des législations étrangères joue aussi lorsque les enjeux de la protection de la propriété industrielle dépassent le cadre national. Ainsi, en France, la loi du 2 janvier 1968 impose un avis documentaire pour tous les brevets et ajoute aux critères de brevetabilité que sont la nouveauté et l'application industrielle la notion d'activité inventive. Ces nouvelles dispositions sont complétées par la loi de 1978 qui précise les exigences de nouveauté absolue pour l'invention et l'éventualité d'une application industrielle. Ces adaptations ponctuelles du droit permettent en principe de prendre en considération les évolutions techniques les plus récentes, non sans difficultés en raison des différences entre les législations nationales. Toutefois, les débats contemporains sur le brevet logiciel et la brevetabilité du vivant marquent un retour sur soi remarquable des questions de propriété industrielle : la propriété de l'invention est ainsi mise en cause au regard de l'intérêt collectif.

La propriété de l'invention

Depuis vingt ans, le développement des technologies de l'information et des biotechnologies ont révélé les limites du droit de la propriété industrielle. La brevetabilité des logiciels comme celle du vivant sont des problèmes d'ordre juridique qui sont débattus en usant d'arguments économiques, sociaux ou politiques. L'enjeu semble être la traduction en droit de réalités non juridiques *a priori.*

La protection de l'innovation thérapeutique

L'actualité la plus récente montre une fois de plus que l'utilisation du brevet pour des produits à usage thérapeutique reste controversée. Le procès intenté par 39 laboratoires au gouvernement d'Afrique du Sud pose plusieurs problèmes : d'une part ceux liés à l'utilisation de la propriété industrielle dans les échanges entre pays industrialisés et pays en voie de développement ; d'autre part ceux ayant trait à la protection par brevet des médicaments. Ces questions sont ici étroitement liées au sens où les brevets sur les médicaments sont considérés comme un instrument de domination des pays les plus riches sur les plus pauvres, et où cette pratique de la propriété industrielle va à l'encontre de l'intérêt général en ne permettant pas aux populations malades des pays sous-développés d'accéder à des soins peu onéreux.

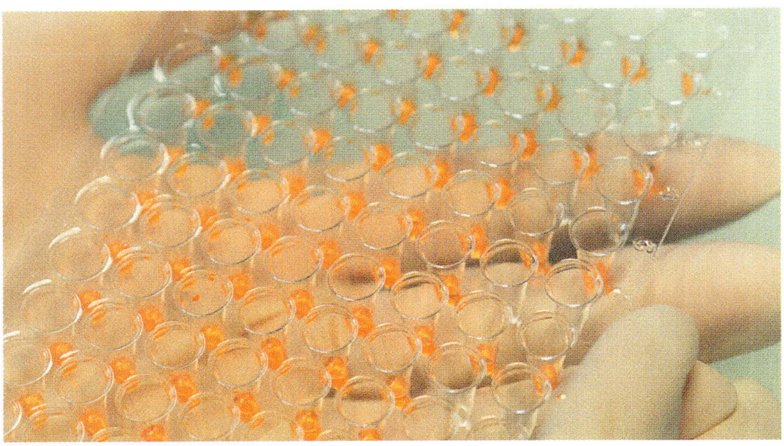

Laboratoire pharmaceutique Aventis.

Le gouvernement de l'Afrique du Sud a adopté le 31 octobre 1997 le texte « Medicines and related substances control amendment », qui pose les principes suivants : toutes les molécules dont le brevet a expiré sont remplaçables par des génériques ; un comité est institué pour fixer le prix des médicaments dans la transparence ; les importations parallèles sont autorisées, autrement dit il est possible d'importer de l'étranger des médicaments sous licence vendus moins chers que par la firme qui en détient le brevet en Afrique du Sud ; l'État sud-africain se réserve le droit de lancer des appels d'offres internationaux pour son approvisionnement en médicaments. En raison de la plainte déposée le 18 février 1998 par la PMASA (Association de l'industrie pharmaceutique d'Afrique du Sud) et par 39 laboratoires, cette loi n'a jamais été appliquée[19].

Les plaignants se défendent de faire passer leurs intérêts et leurs profits avant la vie des malades, et en particulier des séropositifs. Face à eux, les organisations humanitaires estiment que les traitements mis à la disposition des malades sont trop chers et souhaitent faire appliquer les règles prévues par les accords ADPIC, en particulier celles relatives à la licence obligatoire. Celle-ci permet à un État d'autoriser une entreprise à fabriquer à moindre coût un médicament onéreux, toujours couvert par un brevet, dans le cas où le détenteur du brevet abuse de sa situation de monopole ou dans une situation d'urgence médicale[20].

Laboratoires de l'institut Mérieux.

Au mois d'avril 2001, les entreprises pharmaceutiques ont renoncé à leurs poursuites contre le gouvernement sud-africain. Cette décision a été jugée comme une victoire par les organisations humanitaires. D'un autre côté, les laboratoires semblent renoncer à la défense des droits attachés à la propriété industrielle et s'inclineraient sous la pression de l'opinion publique défendant le droit d'accès à la santé pour les plus démunis[21]. La défaite n'est peut-être que superficielle. Le brevet de médicament accorde une exclusivité sur le marché pour une durée limitée mais permettant de financer la recherche et le développement des nouveaux médicaments. Le marché africain ne représentant que 2 % du marché mondial, cela explique peut-être que les laboratoires pharmaceutiques ne considèrent pas qu'ils y soient menacés par la vente de génériques.

Au-delà des péripéties de ce procès, la question du brevet pour les innovations thérapeutiques reste posée. Le brevet des médicaments n'a pas été adopté dans tous les pays jusqu'à une période récente, au prétexte que cette protection allait à l'encontre de l'intérêt général. En France, le brevet pour les médicaments apparaît en 1960 comme un cas spécifique et n'est assimilé aux autres brevets qu'en 1968 – une harmonisation qui s'opère en raison de la volonté publique d'encourager l'innovation thérapeutique et sous la pression d'une directive européenne de 1965 visant à la création d'une réglementation communautaire en matière de médicaments[22]. Plus récemment, les accords ADPIC permettent de breveter les médicaments nouveaux. La durée des brevets est portée à 20 ans : en effet, entre la prise de brevet et la commercialisation du médicament, il peut s'écouler plusieurs années. Une longue protection offre alors davantage de garanties pour la rémunération de l'effort de recherche.

Les attaques contre les brevets de médicaments traduisent une conception du brevet opposant l'appropriation d'une invention à des fins privées à l'intérêt général – ici l'accès à la santé. Cette analyse s'exprime aussi à propos de la brevetabilité du vivant. D'autres considérations d'ordre éthique s'y ajoutent et imposent d'élargir la réflexion à la propriété même de l'invention.

Les débats sur la brevetabilité du vivant

Les difficultés juridiques rencontrées pour la transposition en droit français de la directive européenne du 6 juillet 1998 sont en partie à l'origine des controverses actuelles sur la « brevetabilité du vivant ». En juin

Les clones de Dolly.

2000, l'annonce du décryptage complet du génome humain relance le débat, d'autant plus que plusieurs brevets ont déjà été demandés aux Etats-Unis et en Europe.

La question de la « brevetabilité du vivant » est posée en des termes étroits, au sens où le vivant considéré ici est entre autres le corps humain. En revanche, la protection des espèces végétales ne soulève pas de telles difficultés : des règles spécifiques, comme « le certificat d'obtention végétale » en France, sous le contrôle du ministère de l'Agriculture, coexistent avec la protection par brevet. De même, les micro-organismes font depuis longtemps l'objet de brevets : dès 1871, Louis Pasteur dépose des brevets pour la fabrication et la conservation de la bière incluant la protection des levures nécessaires à sa préparation[23]. En revanche, les nouvelles races animales sont restées exclues du brevet.

Depuis les années 1970, l'essor des biotechnologies rend nécessaire une adaptation de la législation sur les brevets afin de définir dans quelles conditions les inventions biotechnologiques faisant intervenir des organismes vivants peuvent être protégées par des brevets. Le brevet ne peut être éludé en raison du potentiel industriel des biotechnologies. Il peut garantir à l'inventeur une rémunération de ses recherches. La description attachée au brevet contribue aussi à stimuler la recherche. Cette conception du brevet est-elle compatible avec le principe selon lequel le corps humain ou ses éléments ne peuvent faire l'objet d'une appropriation ?

La question est apparue au fur et à mesure des avancées des biotechnologies. Dès la fin des années 1980, l'Office américain des brevets a accordé un brevet à un laboratoire américain pour des souris génétiquement modifiées afin de développer des sarcomes, permettant d'accélérer les recherches en cancérologie. Cette première brèche conduit à accepter les brevets pour des animaux transgéniques, d'abord aux États-Unis puis en Europe, l'Office européen des brevets ayant suivi l'Office américain[24]. Dans un second temps s'est posée la question des brevets pour des éléments du corps humain, en particulier pour les séquences génétiques.

Dès 1991, Craig Venter, un chercheur américain des National Institutes of Health – l'équivalent de l'INSERM –, qui a par la suite fondé sa propre entreprise, Celera Genomics, dépose une demande de brevet portant sur des séquences génétiques, dont la/les fonction(s) n'étai(en)t pas connue(s). Selon C. Venter, la découverte de fragments de gènes dénués de fonction biologique pourrait être assimilée à une invention. Cette demande de brevet – retirée par les NIH avant d'être rejetée par le Patent Office – est un révélateur des intérêts économiques en jeu dans le développement des biotechnologies. Les critères d'examen des brevets sont dès lors appelés à être précisés lorsque sont utilisés des éléments du vivant.

L'Office américain ne s'oppose pas à l'octroi de brevets lorsque sont établis la nouveauté, l'inventivité et l'utilisation industrielle de l'invention. Il exige la description de la meilleure mise en pratique de l'invention revendiquée par le brevet. Ainsi un médicament lié à la découverte de la fonction d'un gène peut être breveté, même si ce médicament est le gène lui-même. Ce qui importe là n'est pas le gène, mais la fonction que lui apporte l'innovation. L'objet du brevet est en quelque sorte déplacé, du produit à la valeur ajoutée conférée par la découverte de ses usages, ce qui n'est d'ailleurs pas propre aux biotechnologies.

Le recours au brevet traduit aussi le bouleversement des liens entre la recherche et l'industrie dans le cas des biotechnologies[25]. En raison même de l'objet des recherches dans les biotechnologies, touchant au vivant et à sa compréhension et au traitement des grandes pathologies, le clivage entre la recherche fondamentale et la recherche appliquée tend à disparaître. L'organisation même des entreprises de biotechnologies et leurs liens avec les grandes firmes pharmaceutiques mondiales témoigne de cette absence de rupture entre l'amont et l'aval dans la conception des thérapeutiques fondées sur les biotechnologies et marque l'émergence d'une industrie nouvelle, où le brevet est destiné à jouer un rôle décisif.

La possibilité de breveter des produits issus du vivant soulève à la fois le problème de la propriété de l'invention et celui du contenu de l'invention. Les controverses actuelles reflètent ce double questionnement. Ainsi, en France, de nombreuses personnalités estiment qu'il n'est pas envisageable, pour des raisons d'éthique, d'appliquer les dispositions réglementaires européennes. La directive européenne 98/44/CE de juillet 1998 rappelle dans un premier temps que le corps humain et ses gènes ne peuvent faire l'objet de brevets. Mais elle confirme aussi la possibilité de déposer des brevets pour le vivant : « Un élément isolé du corps humain ou autrement produit par un procédé technique, y compris la séquence ou la séquence partielle d'un gène, peut constituer une invention brevetable, même si la structure de cet élément est identique à celle d'un élément naturel[26] ». En France, l'application de cette directive ne peut se faire sans revenir sur la loi du 29 juillet 1994, dite « loi Bioéthique » relative au respect du corps humain qui exclut du brevet le corps humain, ses éléments et ses produits ainsi que la connaissance totale ou partielle d'un gène humain en tant que tel. Les opposants aux brevets dans le domaine du vivant s'en tiennent à l'idée que le brevet permettrait à son détenteur de s'approprier des gènes. Cette thèse restreint le contenu du brevet au gène seul, alors que la directive européenne fait du gène un élément de l'innovation brevetée. À l'opposé, les défenseurs du brevet établissent une différence entre le gène et l'invention à laquelle il est associé. « Un brevet sur une invention obtenue à partir d'un gène n'implique nullement l'appropriation matérielle et la patrimonialité du gène qui a été à l'origine de l'invention. Un brevet confère à son titulaire un droit sur l'invention et non pas un droit d'appropriation matérielle sur le gène. […] Il donne un droit exclusif d'exploitation de l'invention mais n'empêche pas l'utilisation de celle-ci pour faire de la recherche. Un brevet ne constitue ni une appropriation matérielle ni une appropriation intellectuelle et ne fait donc pas obstacle au libre accès à la connaissance[27]. »

Cette conception de la propriété industrielle permettrait peut-être de répondre aux questions sur la nature de l'invention et la possibilité de se l'approprier. Ainsi les brevets accordés aux innovations dans le domaine des biotechnologies ne sont pas des titres de propriété sur le vivant, mais sur des valeurs ajoutées. Cela renvoie alors à la question de la propriété de l'invention. Dans la mesure où l'innovation résulte de processus cumulatifs de connaissances et de savoir-faire, il convient d'établir ce que le brevet protège ou plutôt quel droit de propriété il confère. Cette dernière question est au cœur des débats sur les brevets logiciels.

L'innovation immatérielle

La question des brevets pour les logiciels et pour les méthodes commerciales et intellectuelles (« *business methods* ») est un des aspects des controverses actuelles sur les domaines de brevetabilité mettant en cause des innovations immatérielles. Par innovation immatérielle, il faut entendre des procédés indépendants de tout support matériel même s'ils se présentent la forme d'un CD-Rom, par exemple.

Le problème des droits de propriété industrielle en matière de logiciel se pose depuis le début des années 1980. L'intervention des partisans du logiciel libre dans ces débats, depuis 1999[28], a un double effet. D'une part, la médiatisation de la question du brevet pour le logiciel rend plus que jamais nécessaires une adaptation et une précision des règles du jeu. D'autre part, la défense du logiciel libre met en cause la notion même de propriété industrielle. Cette position aboutit alors à une conception manichéenne des usages de la propriété industrielle et à des malentendus similaires à ceux déjà observés dans les débats sur les usages du brevet dans le commerce mondial, et en particulier avec les pays du Tiers-Monde.

Des brevets pour les logiciels ont été délivrés dès le début des années 1980 aux États-Unis. Les demandes de brevet pour les logiciels représentent aujourd'hui 6% des demandes faites aux États-Unis et 2% en Europe. La plupart des acteurs du secteur sont présents : IBM, Microsoft, Cisco, Intel et Dell détiennent tous, aux États-Unis seulement, des brevets pour des logiciels ou des *business methods*[29]. Ces brevets participent du dynamisme des technologies de l'information.

Dans les années 1970, les logiciels n'étaient pas couverts par les brevets car ils étaient le plus souvent inséparables de leur support matériel. Il est cependant apparu peu rationnel de refuser le brevet pour une invention au prétexte qu'elle s'appuie sur du logiciel, ce qui est de plus en plus fréquent pour le traitement de l'image et du son ou la communication. Ainsi ce sont les applications techniques des logiciels qui ont légitimé l'attribution de brevets. L'affaire Schlumberger, en 1981, a été décisive de ce point de vue. Le brevet est requis pour « un procédé d'obtention indirecte pour reconstituer des caractères physiques de formation d'un terrain, présentées sous la forme de l'enregistrement graphique de signaux de mesure, afin de déterminer l'existence et l'importance de gisements pétroliers dans le terrain ». La cour d'appel de Paris a estimé que ce procédé ne peut être écarté du brevet du fait que plusieurs étapes sont réalisées par un programme.

Les divergences entre le droit américain des brevets et le droit européen sont à l'origine des controverses actuelles[30]. L'article 27.1 de l'accord ADPIC signé en 1994 ne permet pas d'exclure du brevet un domaine technologique, mais il n'harmonise pas totalement les critères de la brevetabilité. Aux États-Unis, il suffit que l'invention soit

Ventes de logiciels en grande surface.

« utile » tandis que, en Europe, la tradition juridique veut qu'une invention ait un caractère technique. Les méthodes commerciales peuvent donc être brevetées aux États-Unis à condition, bien entendu, d'être nouvelles et non évidentes. Cela a été confirmé par le jugement rendu dans l'affaire State Street Bank & Trust contre Signature Corp. en 1998 : le brevet incriminé, pour une méthode d'évaluation d'actions utilisée pour la mutualisation de fonds dans un portefeuille d'investissements, a été confirmé car la méthode a été jugée comme une application pratique d'un algorithme produisant des résultats « utiles, concrets et tangibles ».

En Europe, l'OEB défend l'idée de l'invention comme étant une création dans le domaine technique. L'invention ne peut être réduite à une interaction entre un ordinateur et un programme, il faut qu'elle ait un effet technique. En 1985, une décision de la chambre de recours de l'OEB a précisé que l'invention est brevetable dès lors que « l'invention apporte une contribution technique réelle à l'état de la technique ». Il n'est pas possible de protéger un logiciel en tant que tel, mais son application pour résoudre un problème technique particulier dans un environnement technique particulier est justiciable du brevet.

Cette position est toujours défendue par l'OEB, sans ignorer les dérives possibles de la jurisprudence américaine. En défendant le brevet sous réserve d'une application technique, l'OEB entend contribuer à une saine émulation de l'innovation en matière de logiciel et au dynamisme de cette industrie face à la concurrence américaine. Il est aussi nécessaire d'unifier les législations nationales et de promouvoir ces brevets pour donner toutes leurs chances aux inventeurs, qu'ils soient indépendants ou qu'il s'agisse de PME, moins bien informées en matière de propriété industrielle. D'autres difficultés proviennent aussi du laxisme dans la délivrance des brevets aux États-Unis, mais de tels excès peuvent être corrigés par la jurisprudence.

Les débats actuels sur les brevets de logiciel et de biotechnologies posent le problème de la protection des informations et des connaissances liées à l'innovation et celui des droits offerts par le brevet. Si celui-ci permet une appropriation de l'innovation, il ne s'agit pas d'un droit de propriété naturel, même si la jurisprudence tend souvent à interpréter ainsi le brevet, mais d'une forme de privilège accordé dans l'intérêt général, à savoir la possibilité d'évaluer un effort de recherche, de diffuser des informations sur une innovation et ainsi de contribuer au progrès scientifique et technique. Ceci revient à définir, en matière de propriété industrielle, un équilibre complexe et acceptable entre un outil juridique et la prise en compte de réalités économiques et sociales.

La justice du brevet met en jeu les critères même d'octroi du brevet et les droits qu'il garantit à son détenteur. La nouveauté de l'invention, son antériorité et le monopole conféré à l'inventeur sont au cœur de la jurisprudence des brevets. Celle-ci reflète cependant les transformations des économies et des sociétés et doit s'adapter à la transformation même de la nature et du contenu des innovations. La dématérialisation de l'innovation, particulière au logiciel et dans une certaine mesure aux biotechnologies, rappelle que la propriété industrielle est une des formes de la propriété intellectuelle. La définition de la propriété industrielle pour les innovations immatérielles doit satisfaire aux exigences établies par les accords ADPIC, à savoir, la diffusion de l'innovation dans l'intérêt de tous, inventeurs et utilisateurs, et le respect des droits de chacun[31]. De tels principes font de la justice du brevet un enjeu politique.

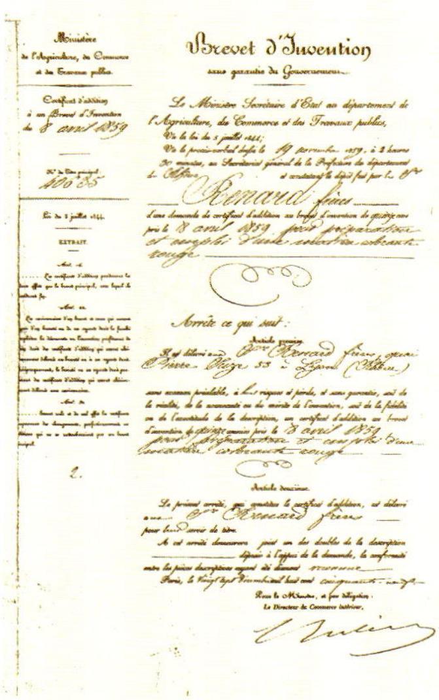
Brevet d'Invention
sans garantie du Gouvernement
Arrête ce qui suit :

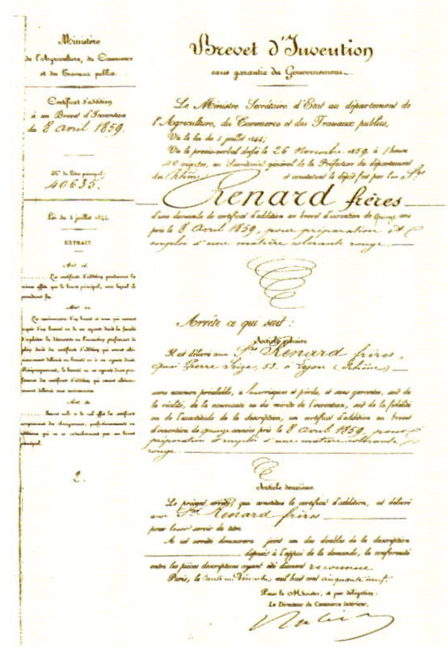
Brevet d'Invention
sans garantie du Gouvernement
Arrête ce qui suit :

Brevet de la fuchsine, additifs des 19 et 26 novembre 1859.

1. S.L. Kaplan, *La Fin des corporations*, Paris, Fayard, 2001, p. 166-178 (en particulier).
2. J.-P. Daviet, *Une multinationale à la française, Saint-Gobain 1665-1989*, Paris, Fayard, 1989, p. 9-56.
3. P. Minard, *La Fortune du colbertisme, État et industrie dans la France des Lumières*, Paris, Fayard, 1998, et S.L. Kaplan, *op. cit.*, p. 11-31.
4. A. Cottereau, « The fate of collective manufactures in the industrial world : the silk industries of Lyon and London, 1800-1850 », *in World of possibilities. Flexibility and mass production in Western Industrialisation*, C.F. Sabel et J. Zeitlin (éd.), Cambridge, CUP, 1997, p. 75-152 ; Chaptal, *De l'industrie française*, Paris, 1819, nouvelle édition, Paris, Imprimerie Nationale « Acteurs de l'histoire », 1993, p. 442.
5. P. Cayez, *L'Industrialisation lyonnaise au* XIXe *siècle. Du grand commerce à la grande industrie*, thèse, université de Lyon II, 1977, p. 853-861.
6. Renard contre Monnet et Dury, Cour de Paris, 1er février 1861, *Annales de la propriété industrielle*, 1863, p. 293 *et sq.*
7. Renard contre Depoully *et alii*, 13 octobre 1861, *ibid.*
8. Renard contre Depoully *et alii*, 13 octobre 1861, *ibid.*
9. Brevets Renard et Franc, Rouge d'aniline ou fuchsine. Validité. Contrefaçon. Résumé, *Annales de la propriété industrielle*, 1863, p. 290
10. L'article 2 de la loi de 1844 parle « d'inventions ou de découvertes nouvelles ».
11. H. van den Belt, « Comment décider de l'originalité d'une invention ? A. W. Hofmann et le litige du rouge d'aniline en France (1860-1863) », *Culture technique*, n° 18, mars 1988, p. 308-317.
12. C.S. Fischer, *America calling. A social history of the telephone to 1940*, Berkeley-Los Angeles-Oxford, University of California Press, 1992, p. 34-50.
13. M. de Ferrière le Vayer, *Christofle, deux siècles d'aventure industrielle, 1793-1993*, Paris, Le Monde éditions, 1995, p. 74-94.
14. *Ibid.*
15. H. Lottman, *Michelin, 100 ans d'aventure*, Paris, Flammarion, 1998, p. 43.
16. M. Caron, « Paul Héroult (1863-1914), un grand inventeur original », *Cahiers d'histoire de l'aluminium*, n° 4, p. 68-81.
17. *Histoire générale de l'électricité en France*, tome I : *Espoirs et conquêtes, 1881-1918*, Paris, Fayard, 1991, p. 308-350.
18. K. G. Rivette et D. Kline, *Rembrandt in the attic. Unlocking the hidden value of patents*, Boston, Harvard Business School Press, 2000, p. 93-96.
19. *Le Monde*, 7 mars 2001.
20. *Le Monde*, 7 mars 2001.
21. *Le Monde*, 21 avril 2001.
22. S. Chauveau, *L'Invention pharmaceutique*, Paris, Les empêcheurs de penser en rond, 1999, p. 480-484.
23. Brevets déposés par Louis Pasteur les 28 juin et 21 août 1871 et le 13 mars 1873.
24. F. et J.-M. Wagret, *Brevets d'invention, marques et propriété industrielle*, Paris, PUF, 1998 (6e édition), p. 27.
25. *Le Figaro*, 24 août 2000.
26. Directive européenne du 6 juillet 1998, 98/44/CE, article 5, deuxième alinéa.
27. R.-G. Schwartzenberg cité in *Le Monde*, 27 juin 2000.
28. Cette intervention s'est manifestée par plusieurs prises de position dans la presse, en particulier dans *Libération, Le Monde* ou encore *Télérama*.
29. OEB, *Official Journal*, n° 4, 1999, p. 183-244.
30. Documents internes à l'INPI sur les brevets pour les logiciels et les *business methods*.
31. Accords ADPIC, article 7.

Fausses montres Rolex, saisie du service des Douanes.

Chapitre 11

Concurrence et propriété industrielle : quelles règles du jeu ?

Monsieur César Birotteau, pour éviter toutes les contrefaçons, prévient le public que la Pâte est enveloppée d'un papier portant sa signature, et que les bouteilles ont un cachet incrusté dans le verre.

Honoré de Balzac, *César Birotteau*

Le brevet, la marque, le dessin et le modèle constituent des instruments de la propriété industrielle. Ils confèrent à leur détenteur un droit de propriété, qui est revendiqué s'il y a contrefaçon. Autrement dit, les outils de la propriété industrielle ne servent pas seulement à promouvoir un produit nouveau ou original, ils offrent une protection qui est un aménagement des règles de la concurrence. De ce point de vue, la contrefaçon est une forme de concurrence déloyale. Elle est considérée comme un vol dont la qualification a longtemps posé problème car il s'agit du vol d'un bien immatériel.

La contrefaçon est une pratique aussi ancienne que l'usage des marques et des brevets. Elle a été réprimée, mais ce n'est qu'au XIXe siècle que la lutte contre elle s'est organisée. Pendant longtemps, la contrefaçon a privilégié les produits de luxe. Elle s'est banalisée depuis une trentaine d'années, touchant l'ensemble des biens industriels et des biens de consommation, et elle est un véritable problème à l'échelle de l'économie mondiale. Aujourd'hui, la lutte contre la contrefaçon requiert une adaptation des législations en vigueur, une accentuation de la coopération internationale et une sensibilisation des consommateurs.

La contrefaçon, un vol immatériel

La contrefaçon n'existe pas et ne peut être qualifiée de vol sans la reconnaissance du droit de propriété industrielle ou intellectuelle. L'adoption de la législation sur les brevets et les marques permet de la définir comme une forme de vol et de poser le problème en des termes juridiques. Toutefois la jurisprudence ne prend pas en compte l'ensemble des questions soulevées par la contrefaçon. Les initiatives des victimes de copies et d'imitations frauduleuses, dès la fin du XIXe siècle, révèlent les dimensions économiques du problème.

Qu'est-ce que la contrefaçon ?

La forme de contrefaçon la plus familière est celle qui vise les marques. La contrefaçon concerne aussi les brevets, dessins et modèles car elle est d'abord une atteinte à la propriété d'une invention ou d'une création. Dans le cas des brevets, la qualification de la contrefaçon est plus délicate car il s'y mêle souvent des questions d'antériorité, des discussions sur la nouveauté du procédé ou les améliorations éventuelles apportées par la copie du brevet. Quelle que soit la forme de propriété industrielle qu'elle vise, la contrefaçon est une atteinte à un droit de propriété et porte préjudice à la rémunération d'une invention ou d'une création.

Du crime au délit

La contrefaçon est une pratique aussi ancienne que l'usage des marques. Dès le premier siècle avant notre ère, des potiers des provinces belges de l'Empire romain apposent des marques contrefaites sur des amphores de vin afin de faire croire que celles-ci contiennent du vin provenant du Sud de l'Italie. Ces contrefaçons sont réprimées par le droit romain. La contrefaçon des marques à l'époque moderne, en particulier celle qui vise les marques des corporations, est punie de mort en France au XVIe siècle. De même, en 1544, un édit de Charles Quint condamne l'auteur d'une contrefaçon à avoir le poignet coupé.

La copie des marques est d'ailleurs considérée comme une tromperie pour le peuple, comme en témoignent les coutumes de l'Anjou au XVIIIe siècle. « Quant aux marchands et artisans, la doctrine est constante qu'ils ne peuvent prendre les enseignes ni les marques des uns des autres, quand même on les déguiserait par quelque addition, le corps principal demeurant. Ainsi fut-il jugé au profit de celui qui avait le cœur pour enseigne contre celui qui leva le cœur navré ajoutant une flèche. Et de cela, pour les marchands et artisans, les docteurs rendent tous cette raison que c'est l'intérêt du public afin que le peuple, par l'usurpation de l'enseigne ou de la marque, ne soit trompé, achetant chèrement de mauvaises marchandises au lieu de la bonne que débitaient ceux qui avaient la première enseigne ou marque[1]. » Cependant, les peines réprimant la contrefaçon, très sévères, restent peu appliquées dans les faits.

Au cours de la période révolutionnaire, les règlements et les marques de fabrique sont supprimés. La loi de 1791 sur les brevets ne définit pas la contrefaçon. Les marques se multiplient dès les premières années du XIXe siècle. Elles sont apposées sur des objets d'usage courant tels que les aiguilles, les fils, les bougies, les boissons ou les médicaments. Ces marques particulières ne font l'objet d'aucune disposition juridique. Leur succès attire les « frelons de l'industrie[2] », c'est-à-dire des fabricants et des marchands peu honnêtes qui les usurpent, et cette concurrence déloyale est une menace pour leur renommée.

La loi du 22 germinal an XI[3] réprime la contrefaçon en donnant droit à des dommages et intérêts à la personne qui en est victime et en prévoyant l'application des peines prononcées pour les faux en écritures privées. La loi considère la contrefaçon comme un crime, mais elle la définit de façon peu satisfaisante : « La marque sera considérée comme contrefaite quand on y aura inséré ces mots : *façon de...* et à la suite le nom d'un fabricant ou d'une autre ville[4]. » Cela laisse toute liberté aux fraudeurs de se garder d'employer les mots « façon de... » et de poursuivre leurs pratiques de concurrence déloyale. Le caractère criminel de la contrefaçon est conservé au Code pénal promulgué en 1810.

Vraies et fausses amphores au musée de la Contrefaçon.

Consacrée pour l'essentiel à la contrefaçon, la loi du 18 juillet 1824 permet d'organiser une répression plus efficace. Elle protège les noms des fabricants et des lieux de fabrication, à l'exception des marques de fabrique et de commerce, celles-ci n'apparaissant que dans la loi du 23 juin 1857. Avec cette dernière, les marques, garantes de la qualité du produit auxquelles elles sont apposées, sont considérées comme une propriété privée. Désormais, la contrefaçon est le vol de cette propriété immatérielle, qui est la renommée attachée à une marque. La loi de 1857 décrit différentes formes de contrefaçon : la copie d'une marque dans l'intérêt d'un tiers, l'imitation frauduleuse, sans être parfaite, l'usage frauduleux de la marque. Ces définitions sont inspirées par la jurisprudence.

La contrefaçon devant les tribunaux

La contrefaçon permet de capter la notoriété acquise par une marque. Elle est une entreprise rentable à peu de frais, puisque son auteur détourne dans son intérêt la renommée d'un produit ou d'un nom. Il n'est donc pas très étonnant que la contrefaçon vise soit des biens de consommation courante, soit des articles revêtus de marques prestigieuses, à commencer par celles du luxe. Ces formes de contrefaçon se rencontrent dès la première moitié du XIXe siècle.

Avant même la loi de 1857, des actions en justice pour contrefaçon ont été intentées. Les pharmaciens exploitant des spécialités figurent en bonne place parmi ces plaignants. Les spécialités pharmaceutiques sont, au XIXe siècle, des médicaments dont la formule s'inspire plus ou moins de celles inscrites au Codex, parfois revêtus d'un nom de fantaisie et « signés » du pharmacien qui les exploite. Les pharmaciens font connaître ces spécialités par la publicité et bénéficient des pratiques d'automédication très répandues au sein de la population. Le succès de plusieurs de ces spécialités suscite des imitations et des copies. Certains des auteurs de ces contrefaçons organisent en outre la diffusion des produits.

Tel est le cas de la contrefaçon qui est faite, à la fin des années 1840, pour les « pilules ferrugineuses de Vallet[5] ». Gabriel Vallet, pharmacien à Paris, est l'« inventeur » de pilules ferrugineuses, dont le nom est déposé au greffe du tribunal de commerce de la Seine par son associé, Louis Frère. Le 2 décembre 1848, Vallet et Frère portent plainte pour contrefaçon à Lyon. Ils font saisir dans cette ville une caisse contenant 25 flacons de pilules, revêtus de la marque contrefaite. La caisse provient de l'officine d'un pharmacien, Ayot, établi à Villefranche-sur-Saône, et elle a été déposée chez Bruny, droguiste à Lyon, afin qu'il place les flacons dans plusieurs officines lyonnaises. Ces pilules de contrefaçon doivent être vendues à un prix inférieur à celui des pilules originales. Le pharmacien Ayot est aussi poursuivi pour la contrefaçon d'une autre spécialité, le « sirop de Lamouroux ». Ce sirop est vendu dans des flacons de forme spéciale, portant des étiquettes et des cachets où figurent les noms et signatures de Lamouroux, lui aussi pharmacien à Paris. La contrefaçon porte sur le sirop et son flacon ainsi que sur les prospectus qui en font la réclame. Outre le pharmacien Ayot, des imprimeurs lyonnais sont poursuivis.

Le jugement de cette affaire de contrefaçon est rendu en avril 1849[6] par le tribunal correctionnel de Lyon. La contrefaçon est qualifiée en vertu de la loi de 1824 et du Code pénal, c'est-à-dire que l'on poursuit l'usurpation de noms propres. Les accusés tentent bien de faire échouer la procédure en arguant de la nécessité de déposer et de déclarer les noms au préalable, mais le tribunal considère que ce dépôt et cette déclaration sont sans objet dans ce cas précis s'il s'agit d'empêcher l'usurpation d'un nom et la fausse déclaration d'un lieu de fabrication. Les prévenus sont finalement condamnés à payer une amende et à procéder à des insertions dans la presse.

De telles affaires sont assez courantes dans la première moitié du XIXe siècle. La preuve de la contrefaçon est apportée par la saisie des articles incriminés, et les plaignants peuvent argumenter sur l'usurpation d'un nom propre ou du nom d'un lieu de fabrication. Avec la promulgation de la loi de 1857, les poursuites peuvent être engagées avec succès pour la contrefaçon des marques de fabrique et de commerce, qui sont parfois des noms de fantaisie.

La lutte contre la contrefaçon : de la jurisprudence à la prévention

À partir des années 1860, la jurisprudence relative aux affaires de contrefaçon de marques se développe sans pour autant faire disparaître ces pratiques. La contrefaçon est en effet encouragée par la multiplication des marques et la demande croissante de biens de consommation. Plutôt que de multiplier les actions en justice, qui ont peu d'effet dissuasif, certains fabricants décident de s'organiser, à la fois pour préparer leur défense mais aussi pour combattre plus efficacement cette concurrence déloyale.

Les limites des poursuites judiciaires

Certes, la loi de 1857 offre la possibilité d'élargir les poursuites judiciaires pour contrefaçon. En effet, toute marque de fabrique ou de commerce régulièrement déposée est protégée par la loi, qui en garantit la propriété privée. Dans le même temps, la jurisprudence permet de mieux cerner les formes de la contrefaçon.

La contrefaçon, comme en témoignent certaines affaires, ne suppose pas toujours une reproduction à l'identique de la marque. Il suffit qu'il y ait eu l'intention de tromper l'acheteur. « Il y a imitation frauduleuse de marque dans le fait de reproduire le nom, la disposition et les emblèmes d'une marque dans le but d'établir une confusion entre les produits et de tromper les acheteurs, encore bien que l'on aurait associé à cette fraude une personne portant le même nom, et que l'on aurait substitué son prénom à celui de la marque imitée[7]. » Cet avis est rendu à l'appui d'une affaire de contrefaçon de la marque de champagne Heidsieck jugée en 1867. Les auteurs de la contrefaçon ont reproduit le bouchon et l'emblème de Charles Heidsieck en changeant le prénom – Hermann au lieu de Charles –, mais n'ont modifié aucun autre élément de la marque. Les bouteilles étaient emballées dans les mêmes caisses rouges que les bouteilles originales. Cette affaire, où le plaignant a eu gain de cause, est aussi originale car la contrefaçon

Savon Le Chat. Affiche anonyme, 1890.

de cette marque prestigieuse s'effectue sur le marché américain et annonce à bien des égards les formes de la contrefaçon contemporaine.

D'autres marques apparaissent comme des victimes désignées de la contrefaçon. C'est le cas du chocolat Menier, régulièrement imité dans la seconde moitié du XIXe siècle et bien au-delà. Depuis 1835,

Chocolat Menier. Affiche de Firmin Bouisset.

Menier a adopté une forme de tablette de chocolat, une enveloppe et une étiquette avec fac-similé de médailles « pour faire distinguer d'une manière complète les produits sortant de sa fabrique[8] ». La tablette originale de chocolat Menier est demi-cylindrique, la couleur de son enveloppe dépend de la qualité du chocolat et cette enveloppe porte une étiquette rectangulaire sur fond blanc où sont reproduites les médailles obtenues en 1832, 1834, 1839 et 1844. La qualité de chocolat dite « fine santé », emballée en jaune, est la plus appréciée du public et la plus copiée.

Dès 1850, le chocolat Menier est imité, et le fabricant de Noisiel engage de nombreuses poursuites. Après 1870, les contrefaçons se multiplient sous les noms de Murier, Mercier, Merien, Meiner, Miener, Nemier, Merier, etc., présentées sous des enveloppes jaunes portant les étiquettes blanches. En vertu de la loi de 1857, Menier attaque ces imitateurs. Mais les détaillants qui vendent ces tablettes de contrefaçon à des prix inférieurs à ceux des tablettes originales sont aussi fautifs. « Les imitateurs, vendant au public meilleur marché que la maison Menier, obligés de consentir aux débitants des remises plus fortes, livrent par cela même à la consommation des produits de qualité inférieure. Le public qui a cru acheter du chocolat Menier ne se méprend pas sur l'infériorité de la qualité du chocolat et ne veut plus acheter de vrai Menier. [...] Ce fait est arrivé maintes et maintes fois. C'est évidemment un élément de dommages et intérêts[9]. » Si les poursuites ne découragent guère les contrefaçons, Menier s'attache de plus en plus à faire reconnaître le dommage économique dont il est victime. Dans les années 1890, c'est par la publicité qu'il met en garde les consommateurs. Une affiche du dessinateur Firmin Bouisset représente une petite fille écrivant sur un tableau noir qu'il faut se méfier des contrefaçons. Cet usage bien particulier de la publicité révèle aussi les limites des actions judiciaires entreprises pour lutter contre les contrefaçons.

L'Union des fabricants

Conscients des limites des procédures judiciaires pour lutter contre la contrefaçon, certains industriels décident de s'organiser pour se défendre ensemble contre cette concurrence déloyale. Les premiers sont les pharmaciens, victimes de copies de leurs spécialités, dont plusieurs sont le fait d'industriels allemands depuis 1870. En 1872, quatorze pharmaciens signent la charte fondatrice de l'Union des fabricants[10]. Avec l'aide d'un conseil juridique, l'Union se propose de rechercher les lieux de fabrication et de vente de produits contrefaits qui se sont multipliés sur le territoire français. Très vite, le réseau de cette contrefaçon des spécialités pharmaceutiques françaises est identifié : les fraudeurs sont établis à Hambourg, et ce ne sont pas des pharmaciens mais des imprimeurs. « Les contrefacteurs en question laissent de côté le médicament et les ennuis de sa préparation. Pour eux, l'étiquette ou la marque de

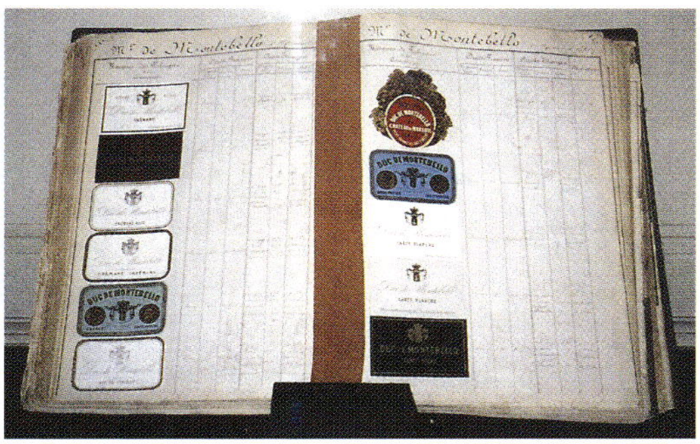

Répertoire des marques créé en 1872
par l'Union des fabricants.

fabrique est tout; ils se bornent à confectionner tous les imprimés qui sont en quelque sorte le pavillon de nos spécialités [...]. La marque de fabrique est parfois si bien contrefaite qu'elle ne se distingue de la marque authentique que par une plus grande perfection du dessin[11]. » Grâce à la collaboration des pouvoirs publics en Allemagne, l'Union des fabricants parvient à mettre fin à cette contrefaçon.

Dès ses débuts, l'Union des fabricants ne limite pas son action au seul marché national. Des accords bilatéraux sont ainsi signés avec l'Allemagne, puis la Russie, les États-Unis, la Grèce, le Portugal, le Pérou et l'Autriche. Ces pays sont des marchés d'exportation pour les spécialités pharmaceutiques françaises. En 1873, l'Union des fabricants obtient du ministère des Affaires étrangères la création d'un service permanent de chancellerie pour le dépôt des marques de fabrique françaises à l'étranger.

En 1877, l'Union des fabricants est reconnue d'utilité publique. Ses missions – la défense des marques de ses adhérents et la protection de la propriété industrielle – comblent l'absence d'un service chargé de promouvoir la propriété industrielle. L'Union propose, lors du congrès du Trocadéro en 1878, diverses mesures pour améliorer la protection des marques au niveau international : la création d'un délai de priorité et la protection du nom commercial. Ces propositions sont adoptées lors de la signature de la convention de Paris en 1883. Par ailleurs, les marques pourraient bénéficier d'un dépôt unique dans l'un des pays signataires des conventions internationales sur les marques. Cette suggestion est adoptée lors de la négociation de l'arrangement de Madrid en 1891.

Sous l'impulsion de son président de 1884 à 1888, le sénateur Dietz-Monnin, l'Union des fabricants propose au gouvernement de doter la France d'une organisation moderne de la propriété industrielle, et, dans ce but, de refondre les lois de 1824 et de 1857. Il est ainsi suggéré de créer un office français autonome de la propriété industrielle, disposant d'une section réservée aux marques, avec un service de dépôt, de publication et de recherche en antériorité des marques. Cet office ne voit le jour qu'en 1901 mais, dès 1890, une loi prévoit la publication des marques déposées. Grâce aux souscriptions des sociétaires de l'Union des fabricants, un répertoire des marques peut être constitué, en collaboration avec d'autres instances internationales.

L'Union des fabricants se soucie en effet de sensibiliser les commerçants et les industriels aux questions relatives à la propriété industrielle. Elle accueille dès la fin de 1872 les industriels qui utilisent des marques pour leurs produits, quel que soit leur secteur d'activité. Ses adhérents sont informés par des circulaires, à l'origine du *Bulletin mensuel de l'Union des fabricants*. À la veille de la Première Guerre mondiale, l'Union compte 670 adhérents ; ils sont 1 000 en 1922[12].

La création de l'Union des fabricants n'est pas une initiative isolée. Dans les années 1880, les pharmaciens se sont dotés d'autres organismes pour la défense de leurs marques, comme la Société des marques françaises, non dénuée d'esprit chauvin. De même, en 1913, une quarantaine de grandes maisons dont Menier, Ripolin, Ricqlès, Phoscao, Pernod, Amieux, Byrrh, les sociétés des eaux de Vichy, d'Évian et de Vittel se sont organisées dans une Alliance commerciale des grandes marques afin de défendre leurs marques contre la contrefaçon et la pratique de la substitution dans le commerce de détail[13].

Ces initiatives provenant des industriels révèlent les difficultés auxquelles se heurte l'application des lois sur la propriété industrielle. Ces organismes peuvent faire pression sur les pouvoirs publics, mais ce n'est pas leur seule fonction. Ils permettent aussi aux industriels de prendre en main les problèmes de propriété industrielle et d'élaborer des solutions pratiques, complémentaires des dispositions réglementaires. Une fois encore, l'organisation du marché et de la concurrence procède de l'initiative publique et de celle des entrepreneurs. La contrefaçon n'est pas seulement le vol de la propriété industrielle, c'est aussi un problème économique.

La contrefaçon, une industrie protéiforme

En dépit de la législation et des initiatives prises par l'Union des fabricants, la contrefaçon est devenue au XXe siècle une activité à part entière. Elle vise principalement le secteur du luxe – ce qui explique aussi l'attention portée au problème en France, où l'industrie du luxe est très présente – mais elle s'est élargie à de très nombreuses activités. En quelque sorte, le développement et la banalisation des pratiques de contrefaçon sont le reflet de l'émergence et de l'affirmation des sociétés de consommation.

Des contrefaçons de toutes sortes

Au XIXe siècle, la contrefaçon concerne des biens de consommation courante, comme les boissons, les produits alimentaires et les spécialités pharmaceutiques. Les marques prestigieuses sont aussi copiées. Avec l'essor de la publicité et la multiplication des marques, des pratiques nouvelles apparaissent.

Les marques notoires

Parmi les marques, certaines sont qualifiées de notoires par l'Union des fabricants à la fin du XIXe siècle. La marque notoire est celle qui jouit d'une renommée et, souvent, d'une popularité particulières. Aucune définition juridique n'existe alors[14], mais la notoriété est appréciée en fonction de l'ancienneté de la marque, de la publicité dont elle fait l'objet, de la qualité qu'elle symbolise, de son degré d'identification avec l'entreprise qui en est propriétaire. Les marques notoires sont particulièrement exposées à la contrefaçon, et surtout à leur usage pour distinguer des produits auxquels elles ne sont pas associées par leur titulaire.

Lacoste, la « vraie » marque,
et une copie de produit au musée de la Contrefaçon.

La contrefaçon de la marque notoire permet à son auteur de s'approprier sa valeur publicitaire. Ainsi, à la fin des années 1930, le journal *Paris-Soir* attaque le fabricant d'un apéritif car celui-ci a donné le nom de « Paris-Soir » à sa boisson. Pour le journal, « la priorité d'usage de ce titre lui confère en tout cas le droit d'interdire à autrui l'emploi abusif et dommageable qui en est fait, même pour un commerce différent ; un tel abus, s'il est établi, constituant son auteur en faute[15] ». L'argument du plaignant repose ici sur l'antériorité de sa marque. Pour Waterman, c'est surtout le préjudice commercial qui est à prendre en considération. « Aucun motif n'explique le choix de la société X d'un nom déjà utilisé et aussi différent du sien, la présentation sous ce nom de lames de rasoir est de nature, bien que les produits soient différents, à créer une confusion [...] et causer un trouble commercial appréciable[16]. » En effet, si les lames de rasoir sont de piètre qualité, ce seraient l'ensemble des produits de Waterman qui pourraient se trouver ainsi dévalorisés dans l'esprit du public.

L'usurpation de la marque notoire constitue une forme d'usage abusif et parasitaire de la marque. C'est la valeur même de la marque qui est atteinte et c'est pour cette raison que de telles pratiques sont condamnées. Une telle utilisation illicite de la marque montre aussi la dimension immatérielle de la marque de fabrique ou de commerce. Il n'en reste pas moins que ces pratiques constituent le vol d'un droit de propriété.

La banalisation de la contrefaçon

Plus les marques sont nombreuses, plus les risques de contrefaçon se multiplient. Longtemps, la contrefaçon a été perçue comme propre au secteur du luxe, où la notoriété des marques offre la perspective de gains faciles et élevés. L'industrie du luxe en France est particulièrement visée. Au début des années 1990, les articles de luxe français représentent 47 % du marché mondial. Soixante-dix pour cent des copies et imitations touchent des marques françaises dans le secteur du luxe[17]. Le préjudice subi est considérable en termes d'image. Dans les pays de l'Est, il est fréquent de découvrir les articles du luxe français par la contrefaçon.

Les marques les plus touchées sont celles qui suscitent la demande la plus forte. Cartier, Chanel, Louis Vuitton et Christian Dior sont les plus atteints par les copies et les imitations. Celles-ci sont faites en France comme à l'étranger. Toutefois, la contrefaçon n'est pas exclusive aux industries du luxe. Elle concerne toutes les grandes marques pour lesquelles il existe une demande et qui présentent une forte valeur ajoutée. Ainsi, les articles de sport Adidas, les jeans Levi Strauss et les chemises Lacoste, dans le secteur du vêtement, sont des cibles privilégiées. Les boissons ne sont pas épargnées, à commencer par Coca-Cola. Toutes les marques de produits de grande consommation sont exposées à la contrefaçon, et les conséquences de ces copies sont lourdes, tant en termes d'image de marque que de marchés et d'emploi.

Copies de chaussures Adidas (saisie du service des Douanes), et copie de t-shirt Levi's au musée de la Contrefaçon.

Mais la banalisation de la contrefaçon ne repose pas seulement sur l'appât du gain. L'attitude des consommateurs est aussi à prendre en considération. La contrefaçon profite des rapports complexes entre les marques et les consommateurs, parfois de façon peu rationnelle. L'acheteur d'un article de luxe contrefait est quelque peu complice. Dans des sociétés dominées par le désir d'accéder au plaisir, l'acquisition d'un article de luxe est recherchée par chacun. Le consommateur ne peut se dire abusé lorsqu'il paie une montre Rolex ou une chemise Lacoste en dessous de son prix. Il se prête à la contrefaçon et l'encourage par de tels comportements, il participe à la confusion de l'image des marques[18]. Or le pouvoir du consommateur est d'abord de sanctionner, par l'achat de produits de marque, la qualité des produits qui lui sont offerts.

Ces comportements sont aussi très sensibles à la conjoncture économique. Les années 1980, dominées par le culte de l'argent, ont été très profitables aux industries de contrefaçon. La guerre du Golfe puis la récession de 1993 ont provoqué une désaffection à l'égard des marques. Celles-ci sont à nouveau courtisées depuis peu, avec la reprise de la croissance. Pour un certain nombre de produits, le consommateur cherche d'abord une marque : une Swatch et non une montre, un Montblanc et non un stylo, une paire de Nike et non une paire de chaussures. Ces évolutions récentes ont d'ailleurs été prises en compte dans les nouveaux dispositifs de lutte contre la contrefaçon : ne considère-t-on pas en France, depuis 1994, que celui qui achète des produits de contrefaçon est lui-même complice et passible de sanctions ?

Une contrefaçon contemporaine : les contremarques

Si la contrefaçon se présente sous des formes très diverses, elle n'en est pas moins représentative de l'évolution des comporte-

Byrrh et ses contremarques au musée de la Contrefaçon.

ments des consommateurs. Pour qu'il y ait une offre de produits contrefaits, il faut une demande correspondante. Mais, dans le même temps, ce sont aussi les consommateurs qui peuvent sanctionner certains types de contrefaçon. L'essor des contremarques dans la distribution en France[19], puis leur relatif déclin sont exemplaires de ces liens entre contrefaçon et consommation.

La création de marques par les distributeurs est une pratique ancienne. Jusqu'au milieu des années 1980, ces marques sont distinctes des grandes marques de produits alimentaires ou de produits d'hygiène et d'entretien. Les premières d'entre elles, comme celle de Casino, rivalisent avec celles des industriels de l'alimentation. Avec la crise des années 1970, un nouveau type de marque de distributeur se développe. Les produits « libres » de Carrefour ou les produits « orange » chez Euromarché s'opposent aux produits de grande marque par une présentation sobre. Ces marques constituent une forme de contestation de la grande marque en proposant au consommateur de ne payer que le produit. Leur image de produit de crise est assez forte, et concurrencée dans les années 1980 par les premières marques de *hard discount*.

Au milieu des années 1980, une nouvelle génération de produits de distributeurs appelée « contremarques » apparaît dans les grandes surfaces[20]. Ces contremarques rompent avec l'austérité des produits précédents, de qualité minimum. Ce sont des imitations plus ou moins fidèles des grandes marques, parfois même de véritables contrefaçons. Ce phénomène prend de l'ampleur et, à la fin des années 1980, la plupart des distributeurs proposent de telles contremarques. La copie concerne surtout l'emballage. Il arrive aussi que le nom de la marque soit visé – Vivian pour Evian, Fortini pour Martini – ou que deux noms de marque soient confondus – Timodoux est la réunion de Timotée et d'Ultra Doux. Ces pratiques n'ont suscité aucune réaction de la part des pouvoirs publics et des organisations de consommateurs, jusqu'à ce que la revue de l'Institut national de la consommation (INC),

La Vache qui rit et La Vache sérieuse.

50 Millions de consommateurs, dénonce le phénomène dans un article paru en avril 1989. Cette prise de position est relayée par la presse professionnelle *(La Tribune, Les Échos)*, la grande presse et la télévision.

En dépit de la réaction des médias, les procès intentés aux distributeurs de ces contremarques sont assez peu nombreux. Les industriels détenteurs de grandes marques redoutent de perdre des parts de marché – une perte pouvant atteindre 10 à 15 % – à la suite d'un conflit avec l'un de leurs clients et distributeurs. La contremarque est certes néfaste, mais ses effets ne sont pas comparables à ceux des représailles éventuelles d'un distributeur. La plupart des industriels préfèrent négocier et s'efforcent de différencier leurs propres marques.

Les contremarques causent un préjudice commercial en provoquant des transferts d'achat et, souvent, le discrédit de la marque copiée. Mais les effets néfastes sont bien plus importants dans les faits, dès lors que la frontière entre les vraies marques et les autres s'efface, les premières inventant maintenant ce que les contremarques imiteront demain à moindre coût. En outre, ces copies vulgarisent les grandes marques tant en ce qui concerne leur image que les qualités des produits, et la multiplication des copies affaiblit l'idée même de marque.

À la fin des années 1990, le phénomène des contremarques est en perte de vitesse. Les distributeurs se sont engagés sur un code de bonne conduite et développent aujourd'hui une vraie politique d'enseigne. Mais ce sont surtout les consommateurs qui, par leur comportement, ont sanctionné ces pratiques. Si les marques sont de plus en plus appréciées et même valorisées par les acheteurs, la contremarque et la copie de mauvaise qualité sont dénigrées.

Des économies de la contrefaçon?

Du point de vue des pays industrialisés, la contrefaçon est d'abord une pratique répandue dans les pays en voie de développement. Cette vision est assez caricaturale : en réalité, aucun pays n'est épargné par le phénomène.

Des contrefaçons à la française

En France, la contrefaçon est assez courante dans les secteurs de la confection et de la parfumerie. Dans la confection, la copie de modèles de couturiers est restée un délit jusqu'à la Seconde Guerre mondiale. L'interdiction de copier les modèles de couturiers a d'ailleurs gêné l'essor d'une industrie de la confection, et ce d'autant plus que cette copie était tolérée et même encouragée à l'étranger. Les couturiers français avaient pour habitude de vendre leurs modèles aux États-Unis[21].

Depuis les années 1960, la copie est devenue une pratique courante dans le secteur de la mode. Cette copie ne peut être toujours confondue avec la contrefaçon : il faut qu'il y ait imitation de la marque ou d'un modèle déposés pour que le confectionneur tombe dans la contrefaçon. Les fabricants du Sentier, à Paris, s'inspirent très souvent de modèles de couturiers, mais ils sont loin de pratiquer une copie à l'identique et plusieurs d'entre eux conçoivent aussi leurs propres modèles. D'autres ont acheté les modèles de couturiers dans les années 1960 et 1970, et sont parfois devenus des sous-traitants de ces couturiers. Il arrive qu'une telle démarche apporte des surprises. À la fin des années 1960, Guy Vasseur, fabricant du Sentier, achète des modèles à un styliste stagiaire chez

Ted Lapidus. Or ce styliste n'est pas autorisé à vendre ces modèles, qui sont la propriété de la maison pour laquelle il travaille. Très vite, le fabricant reçoit la visite des services de la répression des fraudes. Cette affaire connaît un heureux dénouement : la qualité des copies est telle que Ted Lapidus prend sous licence ce fabricant de 1970 à 1983[22].

Dans les années 1980, la contrefaçon dans la confection prend une tout autre ampleur. Certains fabricants n'hésitent pas à acheter dans un magasin le modèle qu'ils souhaitent copier, puis à le démonter pour le reproduire à l'identique et le vendre à un prix très inférieur. Ils sont souvent condamnés pour contrefaçon. La multiplication de ces affaires a aussi pour effet de pousser d'autres

Peugeot, vraie et fausse marque, au musée de la Contrefaçon.

fabricants du Sentier à déposer leurs marques et certains de leurs modèles : tel est le cas de Naf-Naf, suivi de Kookaï, Morgan, Chevignon puis Irène Van Ryb[23].

Dans la parfumerie, ce sont d'autres pratiques qui sont utilisées pour tromper les acheteurs. La plus connue est celle des tableaux de concordance, une forme de contrefaçon particulièrement élaborée. Les fraudeurs, en effet, présentent leurs parfums dans des flacons sans originalité et sous leur propre marque. En revanche, la note de tête de ces parfums est très proche de celle de parfums renommés et prisés. Il n'est pas possible de copier à l'identique un parfum car les formules sont tenues secrètes et les matières premières sont souvent très coûteuses. Les auteurs de contrefaçon présentent leurs parfums comme des dégriffés de grande marque ou encore comme des fonds de cuve, autrement dit comme des produits authentiques dans des conditionnements banalisés.

La fédération de la parfumerie est parvenue à faire qualifier l'usage de ces tableaux de concordance comme une forme de contrefaçon. « L'usage d'une liste de concordance a entraîné une dépréciation des marques citées sur ladite liste et donc une perte de leur valeur patrimoniale d'autant plus importante que ces marques sont notoirement connues dans le domaine de la parfumerie et que les produits présentés comme équivalents étaient de qualité inférieure. L'usage de références aux grandes marques cause aux titulaires de ces marques une perte de clientèle en décourageant les acheteurs d'acquérir leurs parfums sous des noms ainsi discrédités[24]. » Cette forme de contrefaçon avilit les marques les plus prestigieuses en les vulgarisant. Elle témoigne aussi de la crédulité, plus ou moins sincère, des consommateurs. Ces derniers ne peuvent pas ignorer, dans nombre de cas, qu'ils achètent un produit de contrefaçon. Ce sont ces mêmes comportements qui font la fortune des produits de contrefaçon fabriqués dans les pays en voie de développement.

La contrefaçon au niveau international

À l'étranger, la contrefaçon pose de nombreux problèmes[25]. Elle concerne aussi bien les produits des marques de luxe que les biens de consommation courante, les pièces détachées pour les automobiles que les médicaments.

Dans les pays en voie de développement, l'activité de contrefaçon est souvent défendue au prétexte qu'elle offre des emplois. C'est un argument très discutable. Beaucoup d'enfants sont exploités, les emplois, le plus souvent, ne sont pas déclarés et ces entreprises échappent au fisc. Le développement de ces activités de contrefaçon s'explique par les lacunes de la réglementation internationale en matière de propriété industrielle, ce qui en rend la répression difficile. Certains pays du Tiers-Monde ont même longtemps refusé que les règles internationales soient renforcées car la contrefaçon leur procurait des recettes non négligeables. Mais, de plus en plus, un accord se dégage sur la nécessité de réprimer les activités de contrefaçon au niveau international tant le préjudice est important. Or la tâche est complexe, en raison de la dimension acquise par ces activités.

En effet, depuis les années 1960, la contrefaçon s'est remarquablement bien organisée au niveau international. La fraude n'est pas le fait d'individus isolés, mais plutôt celui de réseaux structurés et informés, disposant de moyens financiers et de relais commerciaux. Cette organisation a d'ailleurs favorisé l'émergence de spécialités régionales. En Asie, la contrefaçon des montres, des ordinateurs et des cosmétiques s'opère à Taiwan, celle des textiles et des cuirs en Corée, celle des ordinateurs, des jouets et des outils de précision à Hong Kong et au Japon, celle des produits pharmaceutiques enfin en Inde, en Indonésie et au Pakistan. Les pays méditerranéens pratiquent la contrefaçon de la maroquinerie, des bagages et des textiles (Maroc, Grèce, Turquie). En Italie, la copie des articles en soie et en cuir est importante ; la marque Louis Vuitton y est la plus copiée. Très souvent, les auteurs de ces contrefaçons sont soit déjà liés au milieu du banditisme, soit des licenciés de grandes marques peu scrupuleux.

Ces activités sont organisées en véritables filières, ce qui en rend difficile le démantèlement. Les produits contrefaits sont transportés de manière anonyme et la marque n'est apposée qu'au dernier moment, avant la vente, comme c'est le cas pour les chemises Lacoste. La vente elle-même se présente sous des formes très diverses : à la sauvette sur les lieux touristiques, sur les marchés aux puces, mais aussi à domicile ou dans les bureaux. Aux États-Unis, en Asie et en Afrique du Nord, ces produits de contrefaçon sont écoulés dans des magasins de seconde zone.

Louis Vuitton, le vrai sac *Speedy* et sa contrefaçon.

Ce type de contrefaçon pose aussi des problèmes de sécurité. Plusieurs affaires ont ainsi éclaté à propos de jouets dangereux, de pièces détachées défectueuses ou encore de médicaments inefficaces ou toxiques. Sur ces questions, il est possible de sensibiliser les consommateurs. Mais les nouvelles formes de lutte contre la répression ne peuvent être efficaces que si elles visent également les producteurs.

Contrefaçon et concurrence, le besoin de règles

La mondialisation de l'économie depuis les années 1980 s'est opérée grâce à la libéralisation des échanges. Ce bouleversement des économies suscite de nombreuses inquiétudes. Certains dénoncent ainsi l'affirmation d'un ultralibéralisme et le retour à des formes de capitalisme sauvage au détriment des pays les moins développés. Cette critique est aujourd'hui la plus courante, mais elle est aussi un discours assez caricatural et manichéen sur l'ouverture des économies nationales et régionales aux échanges internationaux.

Les difficultés rencontrées à l'échelle mondiale pour faire appliquer les règles de la protection de la propriété industrielle, en utilisant par exemple l'Organisation mondiale du commerce, montrent que les enjeux de la mondialisation de l'économie sont plus complexes. L'accroissement des échanges ne peut s'opérer sans que soient définies de nouvelles règles du jeu pour l'exercice de la concurrence. D'une certaine manière, la similitude avec la période révolutionnaire est assez frappante : aussitôt supprimées les règles de l'Ancien Régime, les négociants et les fabricants ont exigé de nouveaux règlements. Aujourd'hui, après la suppression des barrières douanières, ce sont bien des accords, dont ceux sur la protection de la propriété industrielle, qui sont demandés par les États, les financiers, les responsables des multinationales pour que le marché mondial fonctionne dans le respect de la libre et juste concurrence.

La mondialisation favorise-t-elle la contrefaçon ?

Depuis les années 1980, l'ampleur prise par la contrefaçon en fait l'un des problèmes majeurs de la régulation du commerce mondial. Dans les années 1990, le chiffre d'affaires de la contrefaçon représente sans doute près de 5 % du commerce mondial, soit un peu plus de 500 milliards de francs. Ces activités entraîneraient, par le jeu des achats de substitution, la disparition de 100 000 emplois dans l'Union européenne, dont 30 000 en France. Au milieu des années 1990, une entreprise française sur cinq employant plus de 50 salariés se déclare victime de contrefaçons[26]. La moitié de ces copies viennent de pays de l'Union européenne, dont un quart de la France. La contrefaçon n'est pas seulement préjudiciable aux entreprises qui en sont victimes, bien qu'elle puisse entraîner la perte de marchés à l'exportation. Elle ne nuit pas exclusivement à l'image de marque de nombreux produits, en particulier dans le secteur du luxe. Elle affecte aussi des économies entières : ainsi, certains pays en voie de développement sont considérés comme des territoires d'élection pour la fabrication de produits contrefaits ou pour leur commercialisation.

Plusieurs facteurs expliquent l'augmentation des pratiques de contrefaçon. Il est tout d'abord tentant d'usurper des marques notoires et de les utiliser pour des produits auxquels elles sont étrangères. Les marques de parfums et du luxe sont particulièrement visées. Le nom de Louis Vuitton a ainsi été utilisé pour des vêtements bien avant que la marque ne développe une ligne de vêtements propre[27]. Ces mêmes marques du luxe sont, selon les pays, commercialisées dans des réseaux de distribution sélective ou non. Or la sélection est une forme de protection supplémentaire de la marque.

Des contraintes au niveau de la production peuvent aussi favoriser la contrefaçon. Certains États interdisent l'importation de produits étrangers, ce qui laisse toute latitude aux industriels locaux pour se livrer à la contrefaçon. Les effets néfastes de la prohibition sont pourtant connus : dans l'Amérique de la Prohibition, les whiskies contrefaits s'étaient déjà multipliés et... enrichissaient les mafiosi. Tout aussi perverses sont les conséquences des obligations de fabrication locale. Les titulaires de licences ne sont pas toujours très scrupuleux et, selon les cas, tolèrent les contrefaçons ou s'y adonnent eux-mêmes. Cette pratique est assez courante au Brésil.

Le phénomène n'a pas forcément été accentué par la libéralisation des échanges, mais il est devenu plus visible. D'autre part, c'est davantage l'absence de règles internationales de protection de la propriété industrielle qui favorise l'expansion de la contrefaçon que l'ouverture même des frontières. En effet, la contrefaçon est déjà un commerce international puisque les produits incriminés sont souvent fabriqués pour être vendus sur d'autres marchés. Les auteurs de contrefaçon profitent plutôt des différences entre les législations nationales. De ce point de vue, la création de nouvelles instances au sein de l'Organisation mondiale du commerce pourrait être une opportunité pour mettre sur pied des règles internationales en matière de propriété industrielle.

Une répression plus sévère et plus efficace ?

Même si les problèmes soulevés par le développement de la contrefaçon concernent le commerce mondial, il appartient à chaque État de prendre les mesures nécessaires pour freiner ces pratiques[28].

La loi Longuet (5 février 1994)

En France, la loi du 5 février 1994 ou loi Longuet a aggravé la répression de la contrefaçon. Les sanctions sont désormais pénales, ce qui se traduit par des amendes plus lourdes et, dans certains cas, des peines d'emprisonnement. La contrefaçon est désormais considérée comme un délit douanier et les marchandises contrefaites peuvent être saisies. Le délit de contrefaçon n'est plus seulement rattaché au Code de la propriété industrielle, il est aussi considéré comme une infraction aux règles de la concurrence. En cas de récidive, l'établissement producteur peut être fermé, ce qui est plus efficace, semble-t-il, que la condamnation d'un homme de paille. Enfin, les consommateurs sont désormais concernés par la lutte contre la contrefaçon : c'est parce qu'une demande existe qu'une offre, même délictueuse, est possible.

La mise en œuvre de cette loi a permis aussitôt une augmentation du nombre des saisies tandis qu'a été créé, au ministère de l'Économie, un comité national anticontrefaçon. Au cours de l'été 1994, une grande campagne publicitaire a été lancée pour sensibiliser le grand public, en insistant sur le fait qu'acheter un produit de contrefaçon c'est être complice de ces pratiques et s'exposer à des sanctions.

Affiche de sensibilisation
du grand public au problème de la contrefaçon.

Protéger la propriété industrielle au niveau international

À l'heure de la mondialisation, la lutte contre la contrefaçon requiert la coopération des différents États. Certes, il existe depuis longtemps des accords internationaux posant pour principe la protection des marques sur les marchés étrangers, et ce dès la signature de la convention de Paris en 1883. Toutefois, des protections s'avèrent plus que jamais nécessaires et adaptées aux économies régionales[29].

Au niveau européen, le problème de la contrefaçon est d'autant plus grave que le marché de l'Union européenne est particulièrement attractif en raison du niveau de vie des populations. En 1986, un règlement communautaire est entré en vigueur : il prévoit l'interdiction de la mise en vente de marchandises reconnues comme des contrefaçons. Cette décision est un premier pas vers une politique plus ambitieuse, mais qui s'est longtemps heurtée à l'absence d'une qualification juridique de la contrefaçon par le droit pénal européen. Le texte de 1986 permet cependant de priver l'importateur de produits contrefaits des profits escomptés. Ce règlement ne concerne que les marques de fabrique et de commerce, oubliant les droits relatifs aux brevets et aux dessins et modèles. Il est en outre facile d'importer dans l'Union européenne des produits sans marque pour y apposer par la suite une marque contrefaite. Enfin, seuls les titulaires de marques peuvent engager les poursuites, et les procédures demeurent très complexes.

C'est pourquoi de nouvelles dispositions ont été prises en 1994. La protection a été élargie aux brevets, dessins et modèles, droits d'auteur et droits voisins. La procédure de saisie a été simplifiée et elle peut être ordonnée sans délai. Mais, en dépit de ces règles communautaires, la lutte contre la contrefaçon reste insuffisante en Europe. Les mesures prévues à l'encontre des auteurs de contrefaçon sont très disparates selon les États. Les règles communautaires sur la propriété industrielle présentent encore des lacunes, bien que la marque communautaire soit désormais reconnue. Enfin, la contrefaçon réalisée dans les pays membres semble poursuivie non sans un certain laxisme. Ainsi, la lutte contre la contrefaçon dans l'Union européenne se heurte encore à de nombreux obstacles.

Au niveau mondial, la situation reste très peu satisfaisante. Certes, dès 1883, la convention de Paris a permis la reconnaissance de la marque notoire – encore que celle-ci n'ait pas été clairement définie – et la saisie des produits contrefaits à l'importation. Aujourd'hui, les mesures de répression de la contrefaçon s'intègrent dans les dispositifs de régulation du commerce mondial. L'adoption de règles est donc aussi soumise à la capacité de négociation de l'Organisation mondiale du commerce.

En 1994, les accords de Marrakech, ou Accord sur les aspects des droits de propriété intellectuelle qui touchent au commerce (ADPIC), prévoient, dans les règles d'organisation du commerce mondial, des mesures de lutte contre la contrefaçon. Les États qui ne se soumettraient pas à ces nouvelles règles pourraient être sanctionnés, et c'est pourquoi un délai de cinq ans a été ménagé pour laisser chaque État adapter sa propre réglementation. L'efficacité de l'ADPIC est néanmoins soumise au pouvoir de décision de l'OMC.

Par ailleurs, l'attitude des pays en voie de développement à l'égard de la contrefaçon connaît des changements décisifs. Longtemps, ces derniers ont répugné à agir contre ces pratiques d'usurpation, sous différents prétextes : la sauvegarde d'emplois et de rentrées de devises, le coût des licences, le poids écrasant des multinationales. À mesure que l'économie de ces pays se développe, les gouvernements deviennent plus sensibles aux questions de propriété industrielle et à la nécessité de la préserver. La répression de la contrefaçon semble s'imposer avec le développement économique des nations. Ainsi, la lutte contre la contrefaçon pourrait dépendre à la fois de l'adoption de règles communes et d'un partage des richesses selon ces mêmes règles.

La contrefaçon accompagne l'essor des activités industrielles, commerciales et de services. Elle est aussi le reflet des comportements des consommateurs et témoigne de l'attractivité exercée par les marques. Le caractère préjudiciable de la contrefaçon, tant pour les entreprises que pour les consommateurs, est certes connu et la sensibilisation des opinions publiques à ces problèmes impose d'y revenir et de responsabiliser tous les acteurs du marché. Toutefois, le combat paraît ne pas avoir de fin : la répression de la contrefaçon s'est aggravée récemment dans de nombreux pays, mais les pratiques frauduleuses ne cessent de s'accroître en dépit de leur condamnation.

La contrefaçon montre surtout que la reconnaissance et le respect de la propriété industrielle ne sont jamais acquis. Cela peut se comprendre en raison du caractère de bien immatériel propre à la propriété industrielle, et aussi parce que les domaines concernés par la propriété industrielle ont des limites toujours remises en cause. Toutefois, des opportunités sont à saisir. La contrefaçon est une activité internationale et peut être combattue par la coopération entre les États. La recherche actuelle d'accords sur la régulation des échanges mondiaux par les acteurs de l'économie mondiale est peut-être une chance décisive.

1. *Coutumes du pays et duché d'Anjou,* 1725, citée *in* P. Brunot, *La Contrefaçon,* Paris, PUF, 1986, p. 10.
2. J. Bédaridde, *Commentaire des lois sur les brevets d'invention, sur les noms des fabricants et des lieux de fabrication, sur les marques de fabrique et de commerce, suivi d'un appendice contenant les actes et documents officiels et législatifs,* Paris, Ernest Thorin, 1869, tome II, p. 270-280.
3. Ou loi du 12 avril 1803.
4. Loi du 22 germinal an XI (1803), article 17.
5. *Instruction judiciaire de l'affaire Vallet et Lamouroux,* Paris, chez Gendré, 1849.
6. Instruction judiciaire, *op. cit.*
7. « Heidsieck contre Souris, Dresel et autres », C. de Paris, 11 décembre 1867, cité in *Annales de la propriété industrielle,* 1868, p. 95.
8. *Mémoire à l'appui des poursuites exercées par M. Menier, fabricant à Paris, contre les imitateurs,* Paris, Plon, 1872, p. 2.
9. *Mémoire..., op. cit.,* p. 12.
10. *1872-1972. Union des fabricants pour la protection internationale de la propriété industrielle et artistique,* Paris, Union des fabricants, 1972.
11. Procès-verbal du conseil d'administration du 24 décembre 1972, cité in *1872-1972. Union des fabricants..., op. cit.,* p. 14.
12. *1872-1972. Union des fabricants..., op. cit.*
13. M. Martin, *Trois Siècles de publicité en France,* Paris, Odile Jacob, 1992, p. 157.
14. La convention de Paris en 1883 révèle les difficultés à s'entendre sur la notion de marque notoire.
15. Paris, 23 novembre 1937, cité in *Annales de la propriété industrielle,* 1939, p. 269.
16. Tribunal civil de la Seine, 5 janvier 1940, *Annales de la propriété industrielle,* 1940-1948, p. 289.
17. H. McKay, « Contrefaçon et imitation, les raisons de la colère », *Prodimarques,* juillet 1995, n° 11, p. 6.
18. Ministère de l'Économie et des Finances, *Marques et contrefaçons, journée d'étude et d'information,* Paris, 1991, p. 180 *et sq.*
19. G. Pernès, « Faux semblants », *Prodimarques,* juillet 1995, n° 11, p. 31-34.
20. *Ibid.*
21. N. Green, *La mode en production : la confection et les immigrés, Paris New York 1880-1980,* thèse d'État, université de Paris VII, 1996, p. 451-452.
22. N. Vasseur, *Il était une fois le Sentier,* Paris, Liana Levi, 2000, p. 143-146.
23. *Ibid.,* p. 349-342.
24. Affaire Guerlain CNP Hermès contre Romain d'Honville, TGI de Paris, 7 juin 1982, cour d'appel de Paris, 29 novembre 1983, rejet du pourvoi, 17 décembre 1985, cité *in* Ministère de l'Économie et des Finances, *op. cit.,* p. 143.
25. P. Brunot, *La Contrefaçon,* Paris, PUF, 1986 ; D. Brodbeck et J.-F. Mongibeaux, *Faux ou vrais, les grandes marques et leurs copies,* Paris, Presses de la Cité, 1993.
26. H. McKay, « Contrefaçon et imitation... », *op. cit.*
27. D. Brodbeck et J.-F. Mongibeaux, *op. cit.*
28. *Le Nouveau Droit des marques en France,* Paris, Librairies techniques, 1991 ; A. Blanchot et D. Hangard, « La contrefaçon : état du droit et enjeux économiques », *Universalia 1997,* Paris, Encyclopedia Universalis, 1997, p. 122-128.
29. A. Blanchot et D. Hangard, *op. cit.*

Opération de destruction du service des Douanes.

Machine inventée par Jacquard, pour suppléer aux tireurs de lace.
Brevet du 13 Messidor An 8.

Chapitre 12

Propriété industrielle et richesse des nations

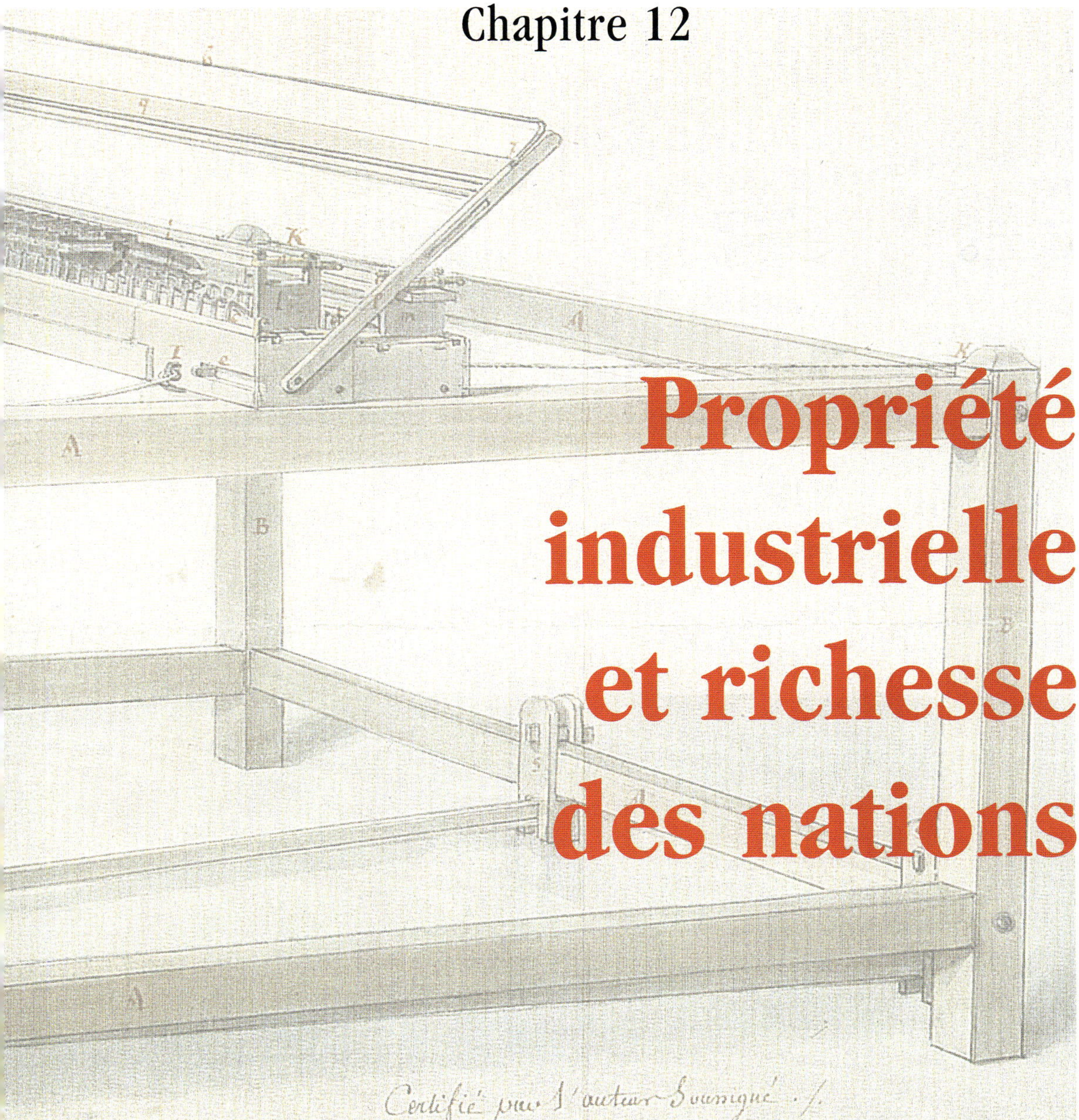

Ils cherchèrent à leur bien faire voir quelles étaient la nature et les causes de la richesse des nations pour leur enseigner à la partager sans la détruire. »

Simonde de Sismondi, *Nouveaux principes d'économie politique*, 1827

La richesse des nations est souvent interprétée comme le produit de la liberté d'entreprendre et de commercer et comme le résultat de l'usage de technologies innovantes et adaptées permettant d'accroître les productions à l'échelle industrielle. Cette conception se dégage à partir du modèle britannique construit aux XVIIe et XVIIIe siècles. L'accès aux technologies les plus récentes, par le biais notamment des transferts et des échanges de technologies, apparaît comme une des conditions de la croissance et de la richesse d'une économie.

Les outils de la propriété industrielle peuvent toutefois être considérés comme des obstacles aux transferts et aux échanges de technologie entre les nations, une telle conception rendant compte des inégalités de développement entre les pays. Mais ces instruments permettent aussi de définir les règles du jeu des échanges de technologies, l'accès aux technologies procédant d'une capacité à les manier. Cela n'exclut pas pour autant les autres problèmes liés à l'acquisition des technologies en fonction des ressources nationales, tant matérielles qu'intellectuelles (tissu industriel, organisation de la recherche et de la formation).

Cette réflexion à propos de la relation entre la richesse des nations et l'accès aux technologies peut être approfondie. Jusqu'à la Seconde Guerre mondiale, les pays industrialisés fondent leur dynamisme sur leur capacité à exploiter des innovations. La complexité croissante des techniques et des mécanismes économiques rend la richesse de plus en plus dépendante non seulement de l'exploitation des inventions et des techniques les plus récentes, mais aussi de la capacité à générer un véritable système national d'innovation. En ce sens, la richesse des nations n'est plus uniquement déterminée par l'acquisition de technologies étrangères, mais aussi par l'adoption de traits dominants propres à des systèmes économiques. Ainsi peut se lire l'« américanisation » relative des économies d'Europe occidentale après 1945[1]. Une telle analyse du développement industriel impose de ne pas se restreindre à la seule étude des capacités à manier les outils de la propriété industrielle, et de décrire l'insertion du système de protection de la propriété industrielle au sein des économies nationales et internationale.

Pour comprendre les questions soulevées par les liens entre la propriété industrielle et la richesse des nations, il semble utile de raisonner à des échelles différentes. Ainsi peut-on s'attacher aux formes des échanges de technologies entre des industries nationales à l'époque moderne. Sur des périodes plus récentes, la réflexion peut privilégier des espaces et des tissus plus étendus mais aussi plus complexes.

L'invention des formes des échanges

Avant même l'adoption de législations relatives au brevet et à la propriété industrielle, les techniques et les savoirs font l'objet d'échanges au même titre que les marchandises. Mais cette pratique souvent prend des formes qualifiées d'« illicites », par référence à leur interdiction par les États et par comparaison avec les règles ultérieures de transferts de technologies. Toutefois, les progrès de l'industrialisation et l'essor du commerce international ainsi que l'adoption de législations nationales sur la propriété industrielle conduisent à l'élaboration de règles formelles régissant les transferts de technologies, le plus souvent sous une forme contractuelle. Ces règles peuvent aussi être détournées de leur fonction pour restreindre les possibilités d'échange de techniques et de savoirs.

Espionnage et industrialisation

Aux XVIIIe et XIXe siècles, les échanges de technologies entre les pays qui s'industrialisent sont permis par l'espionnage et, plus encore, par la mise en commun d'améliorations ponctuelles apportées aux techniques disponibles. Les déplacements des ouvriers qualifiés et des ingénieurs sont ici décisifs. L'industrie textile est particulièrement favorisée. L'espionnage y est une pratique connue, plusieurs ouvriers et ingénieurs français se rendant en Angleterre dans l'espoir d'y dérober les plans et dessins des métiers mécaniques afin de les introduire en France, ce que l'Angleterre interdit.

Néanmoins, des transferts s'opèrent dès la seconde moitié du XVIIIe siècle grâce à l'immigration de techniciens et d'ingénieurs anglais. Ceux-ci quittent leur île natale pour des raisons confessionnelles mais aussi le plus souvent dans l'espoir de faire fortune en acclimatant ailleurs leurs mécaniques. En contrepartie de l'installation en France des techniques britanniques, ces importateurs recherchent souvent la protection de la monarchie. Dans les années 1780, la famille Milne fait ainsi pression sur le contrôle général des Finances et menace, si la monarchie ne subventionne pas ses entreprises, de faire profiter à d'autres ses métiers. Calonne consent en 1786 à accorder à James Milne et à ses fils un traitement annuel, ainsi que des gratifications pour chacun des moulins à filer qu'ils construiront. Les Milne équipent différentes filatures et participent à leur direction à Orléans, Montargis ou encore Montivilliers.

Les bienfaits des importations de technologies étrangères, et principalement britanniques, n'échappent pas aux gouvernements révolutionnaires. Grâce aux concours, ces acquisitions sont vivement encouragées. Ainsi, le jury de l'exposition industrielle de 1806 estime que « l'une des conquêtes les plus utiles que nous ayons faites pendant la Révolution est d'avoir naturalisé parmi nous les machines à filer le coton[2] ». Au même moment, les cours de filature du Conservatoire des arts et des métiers sont confiés aux Anglais Thomas Ferguson puis Edmond Milne. Sous l'Empire, les importations de techniques se poursuivent. Le « petit Manchester » – la vallée du Cailly près de Rouen – est le lieu d'élection de nouvelles filatures et de tissages installés par des mécaniciens anglais[3]. Mais cela ne va pas sans provoquer des réactions de la part des manufacturiers français : le directeur de la manufacture de Saint-Sever rappelle ainsi à Chaptal, au moment où est promue la navette volante anglaise, que celle-ci est connue à Saint-Sever depuis près de quarante ans et qu'on y fait même travailler « deux navettes à la fois [...], seul moyen efficace de rivaliser avec l'industrie étrangère et de repousser l'introduction des étoffes anglaises[4] ». En dépit de ces critiques, l'essor de l'industrie cotonnière en France doit beaucoup au modèle britannique et à la quête de profit de la part de certains industriels anglais.

Dans le cas du textile cotonnier, le transfert de technologies est plutôt le biais d'un modèle d'industrialisation. Ainsi, ce sont moins les techniques qui sont ici en jeu que l'implantation et le développement en France d'une activité textile spécialisée dans les étoffes légères[5]. Le transfert de technologies est alors le vecteur d'importation de ces fabrications nouvelles.

Des obstacles institutionnels aux transferts

Si la contribution des transferts de technologie à l'industrialisation est réelle, cette pratique n'a guère été favorisée avant le XIXe siècle. Ainsi la monarchie britannique interdit-elle à ses ouvriers qualifiés du textile d'émigrer et prohibe-t-elle toute installation de machines à l'étranger. Ce protectionnisme peut témoigner d'une volonté de préserver une avance sur les autres pays européens et explique aussi que des ouvriers et des entrepreneurs anglais aient cherché à tirer profit de cet avantage technique en émigrant. Dans le même temps, des États, comme la France, ont déployé les moyens nécessaires pour attirer sur leur territoire des techniciens étrangers afin de substituer aux importations une industrie nationale.

Le frein aux transferts de technologies ne se manifeste pas seulement au niveau des États. Il apparaît aussi à des échelles plus réduites et s'exprime alors au travers de l'organisation locale d'une industrie et des liens éventuels qu'elle entretient avec les institutions publiques. Par ailleurs, le succès du transfert de technologie apparaît déterminé par la perception même de la nouvelle technique.

L'importation du métier Jacquard en Angleterre dans les années 1820 en est un excellent exemple. Utilisé pour le tissage de la soie, ce métier a été conçu dans des conditions assez originales. Jacquard a réalisé la synthèse de deux innovations du XVIIIe siècle : les cartons perforés de Falcon et le cylindre de Vaucanson. Son métier a ensuite subi de multiples améliorations grâce à l'émulation suscitée par les sociétés savantes lyonnaises et les sociétés des négociants et fabricants. Enfin ce métier est en quelque sorte une propriété collective : c'est à la municipalité que Jacquard cède ses droits sur son invention, ce qui en a permis le perfectionnement et la diffusion. Le Jacquard est une mécanique dotée d'automatismes qui permet de diversifier les modèles d'étoffes sans en altérer la qualité. Son utilisation dans les ateliers de tisseurs n'induit pas une nouvelle organisation du travail, et en particulier n'impose pas de regrouper les métiers dans des usines.

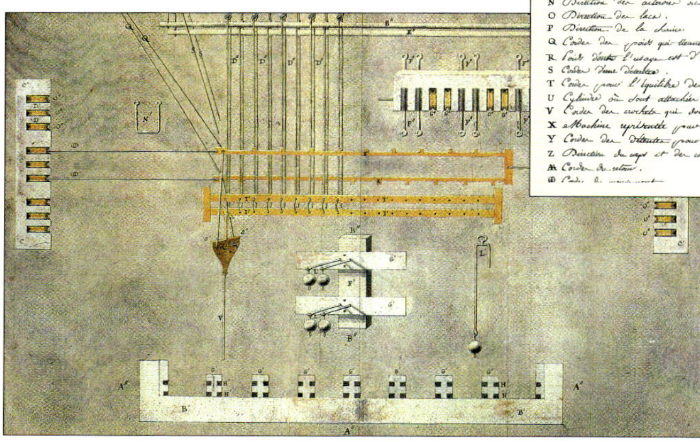

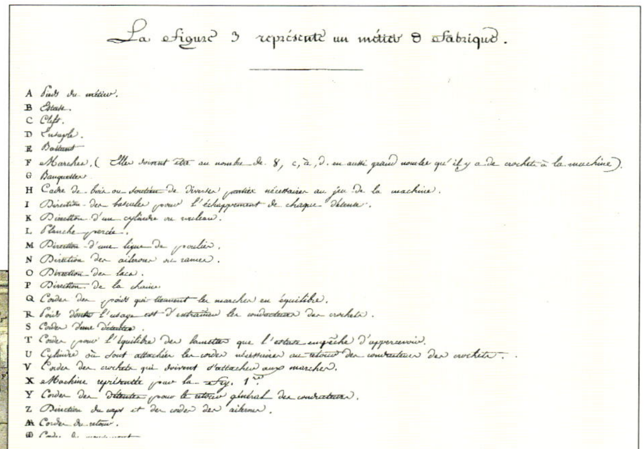
La figure 3 représente un métier de fabrique.

A Pieds du métier.
B Estate.
C Clefs.
D Ensuple.
E Battant
F Marches. (Elles doivent être au nombre de 8, c, à, d. en aussi grand nombre qu'il y a de crochets à la machine).
G Banquettes
H Cadre de bois ou soutien de diverses parties nécessaires au jeu de la machine.
I Direction des bascules pour l'échappement de chaque détente.
K Direction d'un cylindre ou rouleau.
L Planche percée.
M Direction d'une ligne de poulies.
N Direction des ailerons ou rames.
O Direction des lacs.
P Direction de la chaise.
Q Cordes des poids qui tiennent les marches en équilibre.
R Poids dont l'usage est d'entraîner les conducteurs des crochets.
S Cordes d'une détente.
T Cordes pour l'équilibre des lamettes que l'estate empêche d'appercevoir.
U Cylindre où sont attachées les cordes nécessaires au retour des conducteurs des crochets.
V Cordes des crochets qui doivent s'attacher aux marches.
X Machine représentée pour la fig. 1re.
Y Cordes des détentes pour le retour général des conducteurs.
Z Direction du cops et des cordes des ailerons.
AA Cordes de retour.

Le « métier » de Jacquard.

Ce métier est importé en Angleterre au

début des années 1820 afin d'être installé chez les tisseurs de soie de Spitalfields[6]. Alors que le Jacquard est une sorte de bien public à Lyon, il est protégé par un brevet par son importateur anglais. D'autre part, les industriels britanniques de la soie espèrent que ce métier à tisser présente les mêmes avantages que ceux qui équipent déjà les manufactures de toile de coton, qu'il permet des gains de main-d'œuvre et une production massive. Ainsi, l'appropriation de l'innovation en Angleterre s'opère sur des modes différents : la protection par brevet rend plus difficiles les améliorations éventuelles et fait du métier la propriété des entrepreneurs, alors qu'il est un bien patrimonial de l'ensemble des tisseurs lyonnais. En outre, l'idée prévaut à Spitalfields que le tissage de la soie est appelé à connaître des changements similaires à ceux du textile cotonnier, et donc à s'industrialiser. Or les étoffes de coton et les étoffes de soie ne sont pas des produits comparables : si les cotonnades sont déjà de consommation courante, les tissus de soie restent des articles de luxe. D'autre part, la créativité de la manufacture collective de Lyon (ou Fabrique) ne se limite pas aux seules techniques de tissage; elle englobe l'ensemble des fabrications, du dessin des tissus à leur teinture et à leur apprêt. Cette manufacture se distingue par une organisation originale où les ateliers de tisseurs et ceux de teinture, les dessinateurs, les marchands et les fabricants sont autant d'unités de production autonomes qui s'agencent entre elles grâce à leur polyvalence[7] en fonction des besoins de la production. Cette polyvalence est d'ailleurs inscrite dans la mécanique même du Jacquard : il suffit de démonter les cartons pour chaque modèle de tissu. Cette organisation est totalement étrangère aux industriels de Spitalfields et cela permet de comprendre que le Jacquard n'ait pas répondu à leurs attentes. Ce métier à tisser n'est pas un simple objet technique, il reflète aussi une forme d'organisation industrielle à l'échelle d'une ville. Cette dimension non technique est ici un frein décisif au transfert de technologie et n'est pas propre au XIXe siècle, mais serait bien davantage une interprétation possible des destinées surprenantes des transferts de technologie à l'époque contemporaine.

Des échanges de plus en plus formalisés

Dans la seconde moitié du XIXe siècle, les règles régissant les transferts de technologie deviennent de plus en plus formelles. Ce changement est permis par l'adoption dans la plupart des pays industrialisés de législations relatives au brevet. Par ailleurs, les premières conventions internationales (voir *supra*, chapitre 3) précisent les conditions dans lesquelles sont reconnus les brevets étrangers dans les pays signataires. Désormais, les transferts de technologie s'opèrent dans un cadre formel qui garantit en principe les droits attachés à la propriété industrielle, et en particulier les règles de sa rémunération grâce aux contrats de licence.

Il devient aussi envisageable, pour les détenteurs de brevets, d'élaborer de véritables stratégies visant à la diffusion de leurs inventions à l'étranger. En effet, la cession de licences procure des revenus supplémentaires au propriétaire d'un brevet. Certains, à l'image de Thomas Edison, entreprennent de faire connaître leurs innovations en s'appuyant sur des licences concédées à des industriels nationaux. L'électrification des pays d'Europe occidentale, dès les années 1880, repose ainsi en grande partie sur l'exploitation des brevets d'Edison. La reconnaissance des droits attachés aux brevets dans de nombreux pays renforce aussi les pratiques d'exclusivité dans les industries de la seconde révolution industrielle. Toutefois, les brevets seuls ne suffisent pas à créer ces situations à caractère monopolistique : c'est l'usage qu'en font les entreprises qui favorise éventuellement le jeu des concurrences commerciales et technologiques.

L'exemple de la chimie organique mérite d'être signalé ici. La France se trouve en effet dans une situation de dépendance à l'égard de l'Allemagne à la veille de la Première Guerre mondiale. Cela s'explique par le dynamisme des entreprises chimiques allemandes et par les efforts d'organisation de la recherche scientifique et technique qu'elles ont consentis, permettant l'innovation. Mais cette dépendance résulte aussi du désintérêt des chimistes français pour la chimie organique dans la seconde moitié du XIXe siècle, faute de compétences et de moyens. La chimie organique française a été gênée dans son essor par le départ de nombreux ingénieurs pour la région de Bâle au moment de l'affaire de la fuchsine. La jurisprudence a en effet reconnu un droit de monopole pour les fabricants de ce colorant artificiel. Ce précédent a incité des chimistes français à partir pour l'étranger où ils espéraient être plus libres d'entreprendre, sans être accusés de contrefaçon. L'attitude des milieux scientifiques français a aussi été décisive, en ce sens qu'elle a freiné le développement des recherches en chimie organique. Enfin, les firmes allemandes ont montré leur maîtrise des stratégies de propriété industrielle. Dans la mesure où seuls les procédés peuvent bénéficier d'une protection[8], il est impératif, pour éviter d'être rattrapé dans la mise au point de produits et de procédés nouveaux, de multiplier les dépôts de brevets de façon à s'assurer la maîtrise complète d'une filière de produits tout en entourant de secret le véritable objet des recherches. Il ne s'agit pas forcément de dissimulation, car la chimie procède aussi par valorisation de coproduits, par la quête de la rentabilité maximale d'un ensemble de travaux. La suprématie allemande est ainsi renforcée par l'usage que font les entreprises des brevets, et ne laisse d'autre solution que l'acquisition de licences par les industriels français qui souhaitent fabriquer certains produits de la chimie organique.

Enfin, la reconnaissance au niveau international des droits liés aux brevets permet d'organiser de façon délibérée des transferts de technologie. Ainsi, c'est au titre des réparations que les entreprises françaises vont bénéficier des brevets allemands dans le domaine des matières colorantes et des produits de synthèse dans les années 1920. Ces transferts trouvent cependant leurs limites dans la capacité des entreprises françaises à exploiter ces brevets : seules celles qui sont déjà spécialisées dans les produits de la chimie organique sont à même d'en tirer tout le profit, car l'information fournie par le brevet n'est pas suffisante. Ainsi, si le transfert de technologie peut autoriser, à terme, l'affirmation d'une indépendance nouvelle dans certaines industries, dans un premier temps se créent des liens de dépendance imposés par l'apprentissage de ces techniques.

Transferts de technologies et interdépendances

L'échange de technologies entre les nations a pour effet de rendre publics des savoirs et des techniques et de créer des liens de dépendance, qui se concrétisent le plus souvent par le versement de redevances ou par des accords sur la répartition des marchés. L'accès ainsi permis aux technologies peut inciter certains États à asseoir leur développement et leur prospérité sur l'utilisation des résultats de la recherche étrangère. Le Japon, l'Allemagne, la France ou encore la Grande-Bretagne ainsi, après 1945, compensent leur déficit technologique en obtenant des licences américaines, qui sont ensuite, le cas échéant, « naturalisées ». Cette pratique des transferts de technologie offre des avantages sur le plan économique, mais implique de renoncer dans un premier temps à une certaine indépendance nationale. Les conséquences de ces transferts de technologie apparaissent en outre déterminées par les conditions structurelles et conjoncturelles dans lesquelles ils s'opèrent. Ainsi, à la fin du XIXe siècle, l'importation des technologies américaines dans la construction électrique française a créé des liens de dépendance durables. À l'inverse, après 1945, la plupart des pays industrialisés qui bénéficient de transferts de technologie parviennent à se les approprier et à les naturaliser, regagnant alors une certaine indépendance ou créant des autonomies dans une économie mondiale où les interdépendances sont de plus en plus nettes.

De la dépendance technologique…

L'émergence de dépendances technologiques n'est pas le simple effet de rapports de forces entre les nations. Les structures des économies nationales et les rythmes conjoncturels auxquels elles sont soumises sont aussi importants, de même que les stratégies de diffusion des technologies nouvelles.

Le cas de la France dans les dernières années du XIXe siècle est exemplaire de ces formes de dépendance. Elles se sont manifestées dans des industries issues de la seconde révolution industrielle, par exemple l'électricité.

La contribution des scientifiques français aux découvertes en matière d'électricité est loin d'être négligeable. Pourtant, dès l'Exposition universelle de 1889, l'industrie électrique française se trouve sous la domination des entreprises américaines[9]. L'implantation de ces dernières commence en 1881, avec l'exposition d'électricité qui se tient à Paris et célèbre, de façon discutable[10], les inventions de Thomas Edison. L'Industrielle Edison,

Exposition de l'électricité à Paris en 1881, le pavillon des Postes et Télégraphes.

pour la fabrication des lampes à incandescence, l'Électrique Edison, pour le matériel de production de fluide à partir de petites centrales, et la Continentale Edison, société financière détentrice des brevets pour l'Europe, sont les trois sociétés à partir desquelles doit être conquis le marché français, voire européen. En 1883, Thomson Houston s'installe à son tour en France. Au début des années 1890, alors que de nombreux brevets Edison sont tombés dans le domaine public, les entreprises de Thomas Edison et la compagnie Thomson Houston fusionnent. Cela se traduit en France par la réorganisation des intérêts des deux firmes au sein de la Compagnie française Thomson Houston. Par le biais d'une stratégie financière habile – prises de participations dans les entreprises de production et de distribution d'électricité en France – et de la gestion du portefeuille de brevets, la CFTH exerce une domination importante dans l'industrie électrique française : elle contrôle 40 % de la production d'électricité et produit 60 % du matériel électrique en 1902. Les entreprises françaises, telle la Compagnie générale d'électricité créée en 1898, peuvent difficilement se faire une place sur le marché national et sont gênées à l'exportation par les accords de partage des brevets entre Thomson Houston et les compagnies électriques allemandes (AEG).

Exposition de l'électricité à Paris en 1881, le stand de Thomas Edison.

La situation des industriels français dans le secteur de l'électricité n'est cependant pas le résultat d'une infériorité technique : des brevets sont déposés, mais les entreprises n'ont pas les moyens de les exploiter. En effet, le marché français n'est pas assez important pour asseoir la prospérité des entreprises nationales, qui se heurtent en outre à la présence de multinationales. Il en va de même à l'exportation, où les marchés sont certes importants mais déjà tenus par ces mêmes multinationales, qui les ont organisés en cartels tout en se partageant l'exploitation des brevets. Enfin, ces entreprises américaines ont profité de la dépression des années 1880 pour s'implanter en France, au moment où les industriels français peinaient à réunir les ressources financières nécessaires à leurs entreprises.

Ainsi, le transfert de technologie ne saurait être synonyme d'une faiblesse technologique de la part du pays qui en bénéficie. D'autres facteurs sont tout aussi importants et signalent que l'innovation ne peut être détachée d'un environnement économique et social. Enfin, bien plus que la conception de produits nouveaux, ce sont les pratiques de propriété industrielle et la défense des droits qui y sont liés qui comptent ici dans la manifestation des dépendances technologiques.

… à l'appropriation technologique…

Tous les transferts de technologie ne génèrent pas des situations de dépendance telles qu'elles viennent d'être décrites. Les dernières décennies du XIXe siècle et le XXe siècle sont riches en exemples de transferts ayant permis aux pays bénéficiaires de construire leurs propres savoir-faire, adaptés à la demande et aux structures de production nationales. Ces cas de figure se rencontrent d'abord dans des pays ayant atteint le même niveau de développement économique et technique, ou, plus exactement, disposant d'un système national d'innovation. L'industrie électrique est ici encore exemplaire.

Cette appropriation des technologies par le biais des transferts n'est pas toujours couronnée de succès. Ainsi, le système de distribution et d'éclairage conçu par Edison ne parvient pas à s'implanter en Angleterre. Cet échec relatif – l'Angleterre connaît son électrification simultanément aux autres pays industrialisés – tient essentiellement à des causes politiques, à savoir la répartition des pouvoirs entre autorités locales et nationales en matière de services publics. Tandis qu'aux États-Unis les municipalités bénéficient d'une grande autonomie et sont libres de s'entendre avec les compagnies électriques, en Angleterre, les entreprises électriques doivent se soumettre à la loi adoptée en 1882. Le gouvernement britannique cherche à empêcher la formation de monopoles dans la gestion des services urbains[11]. L'existence de systèmes concurrents, conçus entre autres par Sebastian de Ferranti, a finalement un impact assez secondaire[12]. Le cas anglais mérite d'être signalé car il révèle l'intrication décisive de l'économique, du technologique et du politique dans les destinées des transferts de technologie. De même, le succès de l'implantation du système Edison en Allemagne confirme le rôle décisif des institutions politiques dans la gestion des nouvelles technologies[13] : à l'inverse de l'Angleterre, les municipalités disposent d'une grande liberté de gestion des services publics.

La diffusion du système Edison en Allemagne ne constitue en réalité qu'une première étape dans la diffusion des technologies liées à la production et à la distribution de l'électricité. Au tournant des années 1890, les promoteurs des procédés et des techniques de Thomas Edison, au premier rang desquels se trouve Emil Rathenau, entreprennent une « naturalisation » de la technologie promue par Edison. Sans renoncer à l'architecture générale du système Edison, ils apportent quelques modifications, par exemple pour les centrales génératrices d'électricité. En outre, ils abandonnent le nom d'Edison dans la désignation de leurs entreprises. Certes, cette attitude irrite Thomas Edison, mais au début des années 1890 sa position est affaiblie, tant en raison de l'expiration de plusieurs de ses brevets que de la fusion avec Thomson Houston, provoquant la réorganisation de l'ensemble des sociétés européennes Edison.

L'industrie électrique dans ses premiers développements offre l'exemple de transferts de technologie unilatéraux et de phénomènes d'apprentissage. Ceux-ci aboutissent à une véritable « naturalisation » de la technologie étrangère au fil des années. Cette évolution apparaît impérative dans le cas de secteurs d'activité considérés comme stratégiques, à l'image de la production d'électricité d'origine nucléaire dans les années 1960 en France. Plusieurs brevets sont déposés en 1939 et 1940 par Francis Perrin, Frédéric Joliot et leurs collaborateurs, brevets qui présentent les principes d'un réacteur nucléaire producteur d'énergie[14]. Dès les années 1950, le Commissariat à l'énergie atomique (CEA) se consacre à des recherches à fins tant militaires que civiles. Au milieu des années 1960, différentes filières de production d'électricité d'origine nucléaire sont en concurrence : la filière à uranium naturel graphite gaz

(UNGG), les filières à eau légère et à uranium enrichi, soit sous licence Westinghouse, soit sous licence General Electric. Les filières à eau légère présentent un intérêt économique indéniable, mais elles obligent la France à dépendre d'une technologie étrangère pour la production de son électricité, ainsi que de fournisseurs étrangers, à commencer par les États-Unis, pour l'uranium enrichi.

À la fin des années 1960, le gouvernement français choisit néanmoins de relever le défi[15]. Tout d'abord, les deux filières américaines sont mises en concurrence par les appels d'offre pour la construction des centrales françaises. Jeumont-Schneider, licencié de Westinghouse, remporte les premiers marchés sur son rival, la Compagnie générale d'électricité (CGE), licenciée de General Electric. Dans le même temps est développé un procédé français d'enrichissement de l'uranium, d'abord utilisé à des fins militaires dans l'usine de Pierrelatte, puis à des fins civiles dans l'usine du Tricastin construite par le groupement européen Eurodif. Enfin, grâce à la maîtrise technologique acquise par Framatome (ex-Jeumont-Schneider) et à une série d'accords avec Westinghouse, la filière à eau pressurisée est totalement « francisée » à la fin des années 1970. Cette appropriation de la technologie étrangère est rendue possible par la décision prise par le gouvernement français de devenir totalement indépendant en matière de nucléaire civil, autrement dit de contrôler la production d'énergie d'origine nucléaire depuis l'enrichissement de l'uranium jusqu'à la construction des centrales et au retraitement du combustible.

Dans le cas de l'énergie nucléaire, le transfert de technologie met en question l'indépendance nationale. Ce problème n'est pas nouveau : l'acquisition de technologies étrangères répond à une volonté d'accroître la puissance économique et est conditionnée par des contreparties, telles que le versement de redevances ou des contraintes d'approvisionnement. L'acceptation de ces règles est alors fonction des rapports de forces entre le pays qui offre la technologie et celui qui la reçoit, et des capacités de ce dernier à acquérir au fil du temps une plus grande autonomie. Ces défis ont d'abord été relevés par les pays industrialisés, et ils s'imposent de plus en plus souvent aux pays en voie de développement.

... et aux échanges

Les transferts de technologie ne produisent pas seulement des liens de dépendance auxquels il faudrait à tout prix s'efforcer de se soustraire ; ils contribuent aussi à l'enrichissement des savoirs et des techniques spécifiques à certaines industries, et permettent dans certains cas de favoriser l'émergence de nouvelles technologies par le biais d'échanges de « cross-fertilization ».

L'essor de la pétrochimie après 1945 aux États-Unis et en Europe occidentale procède de ce type d'échanges de technologie. Ceux-ci sont d'abord générés par le règlement du second conflit mondial, et en particulier par les conditions de la reconstruction de l'industrie allemande. La chimie est particulièrement visée : outre le démantèlement de l'IG Farben[16], il s'agit d'empêcher les entreprises allemandes de reprendre des fabrications pouvant avoir des fins militaires. Tandis que les Russes démontent les usines à l'est, Américains, Anglais et Français se soucient davantage d'acquérir les connaissances et les procédés des chimistes allemands pour la fabrication des hydrocarbures et du caoutchouc de synthèse et pour les usages de l'acétylène[17].

Ce transfert contraint des technologies allemandes ne va pas sans difficultés. En effet, les informations fournies par les brevets ne suffisent pas pour reproduire les procédés conçus par les ingénieurs chimistes allemands. Il faut alors se rendre sur place, ou encore inviter ces ingénieurs à se rendre aux États-Unis. L'acquisition de ces procédés doit permettre d'accroître les connaissances en matière de synthèse, mais aussi de traitement des hydrocarbures. Les Allemands ont certes

Le siège du groupe Aventis.

privilégié les produits dérivés de la houille, mais ce sont les mêmes hydrocarbures que ceux fournis par le craquage du pétrole.

La montée des tensions internationales, dans un contexte de guerre froide, conduit néanmoins les Occidentaux à infléchir leur politique en permettant la reconstruction rapide de l'économie allemande. Pour les entreprises allemandes de la chimie, il est alors impératif de réussir la reconquête des marchés extérieurs et le rattrapage des standards de qualité sur le plan technique. À ces fins, les voyages d'ingénieurs et de responsables d'entreprises chimiques se multiplient au début des années 1950. Ces missions permettent de découvrir les premières installations pétrochimiques américaines et de mieux évaluer les enjeux de la conversion du charbon au pétrole, à savoir la nécessité d'un changement d'échelle dans l'organisation de la production et l'adoption de nombreux automatismes. De leur côté, les Américains s'intéressent toujours aux technologies allemandes sur le craquage des hydrocarbures et les procédés de synthèse en vue de les adapter aux besoins propres à la pétrochimie.

Ces échanges de technologie acquièrent une dimension stratégique lorsqu'ils concernent des procédés déterminant la compétitivité et la position des entreprises chimiques, et conditionnent leur capacité à fabriquer et à commercialiser les matières plastiques les plus demandées. Le cas du polyéthylène est exemplaire de ces rivalités[18]. Dès 1936, Imperial Chemical Industry (ICI), le premier chimiste anglais, prend un brevet sur la fabrication du polyéthylène haute densité ou PEhd. Ce plastique, très utilisé dans l'emballage et la confection des câbles, connaît une demande de plus en plus soutenue après la guerre. En outre, les technologies concurrentes, telle celle de BASF, ne parviennent pas à s'imposer. En 1952, la cour de New York décide, au nom de la législation antitrust, que ICI ne peut pas négocier de licences exclusives avec les entreprises américaines qui solliciteront la licence du PEhd.

La situation est sensiblement différente en Allemagne, où l'exclusivité des licences concédées par ICI n'est pas remise en cause. Ainsi, les entreprises chimiques allemandes sont contraintes soit de solliciter une licence, soit de concevoir leur propre procédé. BASF ne parvient pas à obtenir de licence auprès d'ICI car le chimiste anglais dispose déjà d'un licencié en Allemagne, une ancienne filiale de l'IG Farben. Bayer préfère négocier une licence non exclusive. Cette compétition autour des licences a des résultats inattendus. Tout d'abord, BASF obtient en 1952 une licence non exclusive tandis que Bayer reste exclu de cette production. L'entreprise s'intéresse alors aux travaux de Karl Ziegler, qui vient de concevoir un polyéthylène selon un procédé très différent, dit « à basse pression » ou « à basse densité » (PEbd). Les deux matériaux, contrairement à ce que redoutaient les entreprises chimiques, ne sont pas réellement en concurrence : leurs caractéristiques techniques sont différentes et induisent des usages spécifiques. D'autre part, la technologie du PEbd n'est pas figée dans la mesure où les licences concédées par Ziegler laissent le bénéficiaire libre d'aménager le procédé, Ziegler s'étant assez peu intéressé au développement de son produit. Cependant, le brevet de Ziegler est très vite menacé par le procédé du chimiste Phillips, qui prend en licence BASF, puis par celui de Bayer, développé dès 1956. Ainsi les rivalités autour des échanges de technologie ont, dans le cas de la chimie allemande et compte tenu des cultures scientifiques et techniques des entreprises, plutôt contribué à la diversification des procédés. Enfin, les entreprises allemandes révèlent ici leur capacité à négocier et à diversifier les sources des technologies les plus innovantes, ce qui oblige à nuancer l'impression d'une « américanisation » de cette activité à la faveur de la reconstruction après 1945. De fait, ce sont bien les échanges de technologie qui s'imposent plutôt qu'une véritable domination exercée par les chimistes américains.

Ainsi, entre les pays industrialisés, les transferts de technologie stimulent le progrès scientifique et technique et l'accroissement des richesses. Les formes de domination sont exceptionnelles et surtout provisoires, en raison même du caractère continu du changement technique. Par ailleurs, les similitudes entre les économies des pays industrialisés et l'existence de règles de protection de la propriété industrielle facilitent ces transactions. Mais, depuis le début des années 1970, l'internationalisation croissante des économies, l'affirmation des multinationales et les revendications des pays du Tiers-Monde ont imposé la recomposition des formes de ces échanges.

Mythes et réalités de l'inégalité des nations face aux transferts de technologie

Les transferts de technologie favorisent l'enrichissement des nations, mais leur succès reste déterminé par la capacité de l'acquéreur à utiliser et à valoriser ces technologies. Ainsi, les problèmes soulevés par ces transactions entre les pays industrialisés et les pays en voie de développement concernent à la fois les ressources humaines, intellectuelles et matérielles permettant la maîtrise des technologies et les institutions destinées à consolider et à valoriser ces acquis, autrement dit les organismes chargés de mettre en œuvre des dispositifs de protection de la propriété industrielle.

Dans une telle perspective, le développement des coopérations scientifiques et techniques entre les pays, et en particulier les collaborations instituées au sein des multinationales, mérite d'être analysé avant même de revenir sur les termes des débats concernant les transferts de technologie et leur solution provisoire.

Coopérations techniques et scientifiques

Au lendemain de la Seconde Guerre mondiale, diverses formes de coopération scientifique et technique voient le jour. Les entreprises américaines apportent ainsi leur concours au redressement de l'économie japo-

Centrale nucléaire de Creys-Malville.

naise, favorisant un processus d'appropriation des technologies étrangères à partir desquelles le Japon construit sa puissance industrielle. De même, conformément, entre autres, au modèle américain, les liens entre recherche publique et recherche privée dans le cadre des économies nationales se multiplient. Ce sont là autant d'occasions d'échanges de savoirs et de techniques. Ces formes de collaboration adoptent des cadres plus formels au niveau international : groupement d'intérêt dans le cas d'Airbus ou d'Eurodif, programmes gérés au niveau communautaire en Europe (Eureka)...

Dans le cadre de ces coopérations, la protection de la propriété industrielle est un enjeu important. Il convient de formaliser les échanges de savoirs et de techniques – et, de

Centrale nucléaire de Cruas-Meysse.

ce point de vue, le gouvernement américain estime qu'il a parfois été imprudent à l'égard des techniciens et ingénieurs japonais –, et de définir les règles de la valorisation des résultats de ces recherches communes.

Dans le cas des collaborations entre recherche publique et recherche privée, le dépôt d'un brevet reste délicat : il faut ménager la rentabilité de l'exploitation d'une innovation sans empêcher la poursuite éventuelle des recherches par l'un des partenaires de l'association. Dans le cas de coopérations entre différentes firmes, le brevet est déposé par plusieurs acteurs et induit une forme de partage des marchés, accompagnée d'un transfert extensif de technologie. De tels brevets peuvent être accusés de générer des situations de monopole et de constituer des entraves à des transferts de technologie, alors qu'ils en sont eux-mêmes le résultat. Ces critiques sont encore plus prononcées si le brevet est déposé par des entreprises appartenant à un même groupe. Soit ces brevets sont considérés comme des pratiques déloyales à l'égard de la concurrence, les filiales d'un même groupe se partageant un marché selon les dispositions prévues par ces codépôts ; soit ils permettent d'optimiser la valorisation d'une recherche menée au niveau central de la multinationale en confiant à différentes filiales l'exploitation des produits issus de cette recherche[19].

Depuis les années 1980, ces coopérations internationales se multiplient comme en témoigne l'accroissement du nombre des accords et des dépôts conjoints de brevets par des ressortissants de différents pays[20]. Cette évolution résulte à la fois de la mondialisation des entreprises et de l'essor des activités de haute technologie. Dans le contexte d'un marché mondial, la concurrence est multiforme et concerne aussi bien les produits et les procédés que l'organisation même de la production et les stratégies de vente. Cette concurrence exacerbée exige de savoir choisir entre l'acquisition de technologies à l'extérieur et le développement de savoirs propres. Les concessions de licence entre les multinationales ne sont pas seulement un moyen d'accès aux savoirs, elles font partie intégrante de leur compétitivité.

Cette situation se rencontre plus particulièrement dans les activités de haute technologie comme l'électronique ou la pharmacie, où les formes de coopération technique[21] entre entreprises ont favorisé les échanges. L'accès à l'innovation y est de plus en plus coûteux et exige une masse critique, atteinte par quelques multinationales seulement. Les activités de recherche se trouvent concentrées au profit de quelques acteurs, tout comme l'appropriation de ces innovations[22]. Cette monopolisation *de facto* de l'activité inventive présente quelques paradoxes. Dans l'industrie pharmaceutique, les acteurs de la recherche sont aujourd'hui dispersés : entreprises pharmaceutiques, institutions publiques de recherche, sociétés de biotechnologie, pour ne citer que les principaux intervenants, tandis que l'appropriation des innovations par le brevet est réalisée au profit de quelques multinationales. Ce changement s'accompagne d'une concentration accrue du marché : pour la première fois, un laboratoire – Clarx-Wellcome – parvient à détenir plus de 5 % du marché mondial des médicaments, réussite d'autant plus remarquable sur un marché structurellement éclaté. Ces comportements nouveaux ne manquent pas de susciter des inquiétudes quant aux usages possibles des instruments de la propriété industrielle et en confortent certains, à commencer par les pays en voie de développement, dans l'idée que les brevets servent à créer des situations de monopole. Le problème est peut-être moins celui du monopole que celui de la signification du brevet à l'heure de la mondialisation : s'agit-il encore de la récompense accordée à un inventeur, ou ne faut-il pas plutôt y voir une convention relative à la divulgation et à la diffusion des savoirs ?

La critique marxiste et tiers-mondiste des transferts de technologie

L'attitude des multinationales à l'égard des pays en voie de développement a suscité dès les années 1970 de nombreuses critiques. Pendant longtemps, les dirigeants des pays du Tiers-Monde ne se sont pas souciés de la maîtrise des apports techniques, et ont plutôt veillé à l'accroissement des ressources nationales par les échanges commerciaux et les investissements. La prise de conscience du rôle des technologies dans le développement de ces pays n'est intervenue qu'après le second choc pétrolier[23]. Les attaques contre les multinationales, au cours des années 1960 et 1970, ne concernaient la technologie que de façon indirecte : étaient ainsi dénoncées les importations de biens d'équipement jugés dépassés et générant un déséquilibre des échanges extérieurs. Les brevets étaient alors considérés comme nécessaires et comme le prix à payer pour accéder au développement. L'adoption de législations sur la propriété industrielle dans les pays du Tiers-Monde était vivement encouragée.

Les débats accompagnant la constitution de l'OMPI révèlent, au milieu des années 1970, un renversement complet des positions des pays du Tiers-Monde[24]. Les multinationales sont vivement attaquées. Le groupe des 77, dirigé par le Brésil, réunit la plupart des pays en voie de développement et conteste les pratiques de propriété industrielle des multinationales, accusées d'exercer une exploitation impérialiste et une domination sans partage. Ce discours ne saurait dissimuler des situations très différentes. Ainsi, les pays les plus avancés – le Brésil, le Mexique

Airbus A3XX-100 (380).

ou l'Argentine – ont tiré les leçons de leur première industrialisation, réalisée au cours des années 1960. Conscients de la nécessité de densifier leur tissu industriel, ils souhaitent bénéficier des technologies étrangères

Conférence de Nairobi en 1981.

et les intégrer à leur processus de développement. Ils refusent les implantations de multinationales qui se réduisent à des enclaves industrielles inadaptées aux besoins nationaux et dévastatrices pour le tissu industriel et artisanal original. Ces pays désirent constituer leur propre patrimoine industriel et technologique. Dans un premier temps, les pays andins (Venezuela, Colombie, Équateur, Pérou et Bolivie) signent l'accord de Carthagène qui prévoit de « délimiter les effets négatifs que peut exercer une introduction sans contrôle de technologies étrangères[25] ». Ces positions contestataires se manifestent de nouveau à la conférence de Nairobi en 1981.

Cette critique s'infléchit dans les années 1980 au profit d'une « opposition réfléchie ». Les multinationales et les dirigeants des pays industrialisés refusent la contestation de certains aspects du système de protection de la propriété industrielle tandis que les pays en voie de développement réévaluent l'apport des multinationales. Pour ces dernières, l'activité dans les pays du Tiers-Monde reste marginale, à l'exception des industries alimentaires et de l'exploitation des ressources du sous-sol (minerais, pétrole). En outre, dans les transactions avec les pays en voie de développement, les échanges commerciaux et les investissements directs pèsent bien plus que les transferts de technologie. Cela s'explique aussi par la faiblesse des dépenses de ces pays en recherche-développement et par la très faible quantité de dépôts de brevets.

L'attitude des multinationales n'est pas dénuée d'ambiguïté. Si, dans la plupart des pays du Tiers-Monde, ces firmes recherchent d'abord des recettes commerciales, à moyen et long terme leur présence peut être décisive pour conserver des positions concurrentielles face à des pays susceptibles de s'affirmer comme de futures puissances, tels que l'Inde, le Brésil ou la Corée du Sud. Pour ces pays, l'acquisition de technologies est essentielle et le coût de ces apprentissages ne peut être que compensé par leur essor industriel. Pour ces raisons, ils critiquent l'utilisation des brevets qui renchérit l'accès aux technologies les plus récentes. En effet, non seulement l'acquisition des licences est onéreuse, mais ces contrats sont souvent contraignants et comportent parfois des restrictions aux exportations. Toutefois, le respect des règles de la propriété industrielle est aussi dans l'intérêt des pays en voie de développement. Le brevet garantit l'offre technologique car il en valide l'intérêt ; autrement dit, les technologies brevetées ainsi offertes ont une valeur confirmée.

Les transferts de technologie à l'épreuve de la mondialisation

Le comportement de certains pays du Tiers-Monde en matière de propriété industrielle n'est pas moins discutable. Ainsi, au Brésil, le dépôt de brevets est une procédure lourde et contraignante ; il en va de même pour le règlement des litiges. D'autres pays s'efforcent de décourager les transferts de technologie qu'ils estiment peu importants pour leur développement. Ces obstacles relèvent autant d'une volonté d'équilibrer les échanges extérieurs que de choix d'orientation industrielle. Leurs effets ont été néfastes car les multinationales ont renoncé à des implantations au profit de ventes directes, tandis que les pays les plus restrictifs en matière de transferts de technologie ont plutôt accentué leur retard technologique.

Les débats sur les usages de la propriété industrielle se sont renouvelés au cours des années 1980. Les pays industrialisés et les pays en voie de développement s'affrontent davantage sur les conditions de déchéance du brevet, sur l'octroi de licences obligatoires à un autre producteur que le détenteur du brevet, sur les importations de produits protégés par les brevets. Ce qui est mis en cause désormais n'est plus tant l'accès aux technologies les plus récentes que l'organisation générale du marché et sa capacité à permettre une exploitation rentable d'innovations brevetées. Il n'est dès lors plus très surprenant que ces questions aient été débattues au moment de la mise en place de l'Organisation mondiale du commerce.

Réunion de l'OMC à Genève en 1999.

En 1993-1994, les États-Unis prennent l'initiative de préciser de nouveau les règles du jeu en matière de propriété intellectuelle grâce aux accords sur les « aspects des droits de propriété intellectuelle qui touchent au commerce » (ADPIC). Ces accords établissent les engagements minima que doivent respecter les pays signataires et organisent un système de règlement des litiges. Ils n'ont pas pour seule finalité de lutter contre la contrefaçon ; le but est aussi de créer un cadre qui permette, dans une économie mondialisée, de ménager la capacité des États à valoriser et à consolider leurs acquis scientifiques et techniques, éléments constitutifs de leur compétitivité[26].

Entrés en vigueur le 1er janvier 1996, les accords ADPIC prévoient l'extension du domaine du brevet à toutes les technologies, y compris la pharmacie et l'agrochimie, la couverture par le brevet tant du procédé que du produit qu'il permet d'obtenir, l'interdiction des discriminations relatives au lieu de l'invention ou au site de production, l'octroi de la licence obligatoire avec justifications et compensations. La durée de protection est portée à 20 ans. Ces dispositions doivent répondre à la nécessité de mieux protéger la propriété industrielle et de faciliter les échanges de technologie entre des économies de plus en plus ouvertes.

Les formes des transferts de technologie reflètent les rapports de puissance entre les nations et signalent la diversité des processus d'apprentissage, et par là même de développement. L'acquisition d'une technologie en autorise l'imitation, puis l'adaptation à des besoins spécifiques. Ces transferts sont limités par les capacités mêmes des acquéreurs et par les usages des instruments de la propriété industrielle. Le brevet permet d'offrir des garanties sur la validité de la technologie qu'il couvre et la valorise, justifiant alors des contreparties à l'offre de technologie. La reconnaissance de la valeur du brevet est donc un préalable à l'organisation réglée de transferts de technologie, autorisant la récompense de l'inventeur tout en ménageant la diffusion de l'innovation.

La mondialisation et l'essor des industries de haute technologie, où l'information joue un rôle essentiel, imposent sans doute de repenser les formes de la protection de la propriété industrielle. Si le brevet est conçu comme un compromis entre la reconnaissance de l'inventeur et un instrument de diffusion de l'innovation[27], des équilibres nouveaux restent à définir afin qu'il ne serve pas seulement à l'identification des innovations dans les pays industrialisés et à l'aménagement des conditions de diffusion de l'innovation dans les pays du Sud. Autrement dit, il s'agit de faire de la propriété industrielle un véritable instrument de la richesse des nations.

1. *Americanization and its Limits. Reworking US Technology and Management in Postwar Europe and Japan*, ed. by J. Zeitlin and G. Herrigel, Oxford, Oxford UP, 2000, p. 1-50.
2. S. Chassagne, Le *coton et ses patrons, France 1760-1840*, Paris, EHESS, 1991, p. 250.
3. *Idem*, p. 251-252.
4. *Idem*, p. 258.
5. J.R. Harris, *Industrial Espionage and Technological Transfer. Britain and France in the Eighteenth Century*, Ashgate, Aldershot, 1998, p. 527-565.
6. A. Cottereau, « The fate of collective manufactures in the industrial world : the silk industries of Lyon and London, 1800-1850 », in *World of possibilities. Flexibility and Mass Production in Western Industrialization*, ed. by Charles F. Sabel and Jonathan Zeitlin, Cambridge, CUP, 1997, p. 139-147.
7. A. Cottereau, *ibid.*
8. Raymond G. Stokes, *Opting for oil. The Political Economy of Technological Change in the West German Chemical Industry, 1945-1961*, Cambridge, CUP, 1994, p. 19. L'auteur explique ainsi que la loi allemande sur les brevets, entrée en vigueur en 1877, « avait été conçue avec l'aide des fabricants de colorants et s'était avérée être l'outil légal le plus efficace au monde pour la protection des inventions chimiques » (traduit par l'auteur).
9. A. Broder, « La multinationalisation de l'industrie électrique française, 1880-1931. Causes et pratiques d'une dépendance », *Annales ESC*, 1984, n° 5, p. 1020-1043.
10. Il est en effet avéré que Thomas Edison a fait « acheter » quelques journalistes français pour qu'ils fassent la publicité de ses inventions.
11. Thomas P. Hughes, *Networks of Power. Electrification in Western Society, 1880-1930*, Baltimore and London, The John Hopkins Press, 1983, p. 47-78.
12. *Ibid.*
13. *Ibid.*
14. *Histoire de l'électricité en France, tome III, 1946-1987*, sous la direction d'Henri Morsel, Paris, Fayard, 1996, p. 696-783.
15. B. Esambert, *Georges Pompidou, capitaine d'industrie*, Paris, Odile Jacob, p. 196-202.
16. Ce démantèlement est justifié par le rôle joué par l'IG Farben pendant la période nazie et la Seconde Guerre mondiale.
17. Raymond G. Stokes, *op. cit.*, p. 67-130.
18. Raymond G. Stokes, *op. cit.*, p. 67-130.
19. J.P. François et I. Kabla, « Les enjeux économiques du brevet », *Économie et Statistiques*, vol. 5/6, n°275-276, 1994, p. 52-53.
20. OCDE, *Innovations, brevets et stratégies technologiques*, Paris, OCDE, 1996, p. 38-55.
21. E. Duguet, « La coopération technique au travers des brevets européens », *Économie et Statistiques*, vol. 5/6, n°275-276, 1994, p. 135-148.
22. Gilles Y. Bertin et Sally Wyatt, *Multinationales et propriété industrielle. Le contrôle de la technologie mondiale*, Paris, PUF, 1986, p. 167-171.
23. *Idem*, p. 138-139.
24. *Idem*, p. 140-141.
25. *Ibid.*
26. Direction générale des stratégies industrielles, sous la dir. de D. Lombard, *Rapport sur la propriété industrielle. Le brevet pour l'innovation*, ministère de l'Économie et des Finances, secrétariat d'État à l'Industrie, février 1998, p. 7-23.
27. OCDE, *op. cit.*, p. 38-55.

Conclusion

La propriété industrielle à l'heure de la mondialisation

Ainsi s'achève cet historique – plus exactement ce survol, tant il y aurait encore à dire – des attitudes, des politiques, des expériences des différentes nations face à ce concept complexe que l'on nomme la propriété industrielle. De la Venise jalouse de ses métiers d'art aux accords internationaux de Marrakech, des signes distinctifs des ateliers de la Rome antique aux marques commerciales d'aujourd'hui, du *Statute of monopolies* à la difficile affirmation du brevet communautaire, le chemin parcouru est long, la diversité toujours réelle. Certes, on peut trouver et dessiner des lignes de force. Le brevet est allé du national à l'universel, du privilège royal à la protection égalitaire de la loi. La marque a acquis un statut et une valeur qui vont bien au-delà de sa simple notoriété. Les dessins et modèles, loin du secret traditionnel, ont également conquis un espace stratégique. Toutes ces évolutions s'inscrivent dans la durée : en conséquence, les multiples traditions nationales ne se sont pas toutes effacées. Seul un détour par l'histoire permet de comprendre ici telle résistance, là tel accord. Car la propriété industrielle est une construction permanente, un débat toujours renouvelé. En ce sens, les questions d'hier ne sont pas uniquement des vestiges historiques. Les discussions qui agitaient Francis Bacon, Thomas Jefferson, le chevalier de Boufflers ou Michel Chevalier rencontrent des échos dans les questions épistémologiques actuelles et dans les rivalités économiques de ces dernières années. Les médias évoquent d'ailleurs, souvent en termes dramatiques, les enjeux de la propriété industrielle : « guerre de brevets » ou « fin des marques », « bataille » ou « épreuve de force ». Au-delà des effets de style, il est clair que la fin du XXe siècle a intégré, comme la seconde moitié du XIXe siècle, le caractère stratégique des brevets. Sans doute est-ce un retour à des questions anciennes, mais toutefois dans un contexte nouveau où les frontières nationales et les limites du brevetable ont connu des modifications substantielles. Le contexte de mondialisation et la croissance rapide des moyens d'information imposent de nouveaux défis.

L'exception française ?

La France, parmi d'autres, est au diapason de ces problématiques renouvelées, mais avec une inquiétude qui lui est propre. En effet ce pays, plus d'une fois dans son histoire, a craint de décrocher, d'être distancé par ses voisins. Aussi est-il soucieux de son rang technologique : souvent, la moindre menace pesant sur ce dernier a conduit à de vigoureuses politiques nationales au moyen de grands programmes d'équipement. La question des brevets ne peut donc qu'agiter les observateurs et les responsables. Certes, la France peut mettre en avant un effort important dans le domaine de la recherche-développement, en particulier du côté des entreprises du secteur pharmaceutique (+ 35 % entre 1992 et 1997), entraînant *de facto* des recrutements importants. Près de 350 000 brevets sont en vigueur dans notre pays avec de gros déposants comme la chimie, l'électronique ou l'automobile, sans compter le poids croissant des nouvelles technologies. Ces mêmes entreprises françaises semblent avoir compris l'intérêt de protéger leurs inventions car le nombre de brevets demandés est en régulière augmentation depuis la fin des années 1990.

Pourtant, par bien des points, la situation peut paraître préoccupante, et la presse s'en fait assez régulièrement l'écho. En effet, le nombre de brevets demandés reste faible par rapport aux pays voisins, comme l'Allemagne. Un rapport récent du Conseil économique et social résumait : « S'il ne faut, probablement, pas idéaliser la situation qui prévaut en Allemagne, la situation française dans le domaine des brevets semble présenter quatre dysfonctionnements majeurs :

– l'insuffisance de l'interface entre la recherche fondamentale et la recherche appliquée ;

– une perception par trop d'entrepreneurs encore du brevet d'invention comme un coût superflu plutôt que comme un investissement pour l'avenir de l'entreprise, alors que l'inventeur salarié n'est pas assez considéré comme une ressource rare et une chance pour l'entreprise ;

– une insuffisance de dynamisme collectif dans le domaine des brevets ;

– le cantonnement des brevets et de leurs responsables dans la sphère juridique et/ou technique de l'entreprise, ainsi que l'absence de vision stratégique liant systématiquement les brevets aux marchés à défendre et/ou à conquérir[1]. »

L'un des éléments susceptibles d'expliquer cette situation somme toute paradoxale est fourni par Jean-François Lebesnerais à l'INPI : « Un vieux réflexe culturel… Une PME allemande qui se monte prend toujours un conseil en brevets dès sa création. On recense outre-Rhin 2 200 conseillers en brevets, soit quatre fois plus qu'en France[2]. » Est-ce l'une des raisons pour lesquelles l'Allemagne est à l'origine de 20 % des brevets déposés en Europe, soit trois fois plus que la France ? De même, une entreprise française sur quatre a déposé un brevet au cours de son existence contre une sur deux aux États-Unis. La question ne concerne pas seulement nos voisins immédiats – le Japon ou la Corée du Sud déposent un nombre impressionnant de brevets –, mais il faudrait également tenir compte des stratégies, des législations locales, des modes de comptabilité, des secteurs... En additionnant les brevets européens et internationaux (sous forme PCT), le total pour la France est proche de 140 000, mais les trois quarts sont d'origine étrangère[3].

Les entreprises françaises ont-elles suffisamment intégré l'idée que le brevet est un « passeport pour l'international » et le moyen de ne pas être « doublé » par des concurrents étrangers grâce à des licences bien négociées qui deviendraient incontournables ? Certains regrettent que les Français « pensent encore beaucoup trop qu'ils peuvent tout protéger par le secret[4] ». Les spécialistes déplorent régulièrement « une culture de la propriété industrielle insuffisante [qui] constitue l'un des obstacles majeurs à l'innovation dans les entreprises françaises[5] ». Toutefois, il faudrait dépasser le seul aspect quantitatif. Le fait que de nombreux inventeurs en France trouvent des partenaires industriels prouve que la qualité des innovations hexagonales n'est pas en cause. Mais il reste que les entreprises françaises n'ont pas encore pris toute la mesure des avantages qu'offre le passage par le brevet.

C'est ici que le rôle de l'Institut national de la propriété industrielle (INPI) devient essentiel, allant bien au-delà de ses seules fonctions administratives. En 1998, dans le rapport cité plus haut, le Conseil économique et social souhaitait élargir les missions de l'INPI – missions d'ailleurs bien remplies au regard des rares litiges importants, que ce soit en matière de brevets ou de marques. L'institut de la rue de Saint-Pétersbourg doit rester un conseiller mais aussi mobiliser, motiver, orienter. Le souhait de l'INPI serait d'être partenaire de l'entreprise le plus en amont possible. Dès le lancement d'un produit, il serait alors possible d'éviter tout risque de litige ou de mauvaise orientation. Pour être plus proche des innovateurs, l'INPI se régionalise depuis quelques années (douze délégations régionales existent au côté de celle de Nantes créée en 2000). Il décerne les trophées de l'Innovation, qui font une large place aux PME-PMI ainsi que, depuis peu, à la recherche publique[6]. Cette dernière est souvent montrée du doigt dans un pays où, traditionnellement, le poids de l'effort public est et demeure important. Ici aussi, des changements notables sont perceptibles. Le CNRS (Centre national de la recherche scientifique), par exemple, demande à être propriétaire ou copropriétaire des brevets issus des recherches des laboratoires publics, ce qui a dégagé une centaine de millions de francs de redevances en 1998. Toutefois, les relations entre la recherche publique, qui joue encore un rôle primordial en France, et les entreprises restent complexes. Probablement, des principes clairs et simples font défaut, qui éviteraient toute diminution d'énergie et surtout des pertes de temps préjudiciables. La récente législation française pour la création d'entreprises innovantes issues de la recherche publique tente de dépasser ces blocages (le nombre de dossiers retenus est de l'ordre d'une centaine pour l'an 2000). Des réseaux de recherche associant public et privé sont mis en place dans des secteurs clés de la recherche[7]. Il reste malgré tout au secteur public à intégrer les préoccupations industrielles de la recherche privée, et à cette dernière à comprendre les spécificités de sa consœur.

L'Europe et ses brevets

Toutefois, au-delà des changements et des réformes nécessaires au plan national, les enjeux se déplacent depuis quelques années, comme on l'a vu précédemment, pour la France comme pour ses voisins, à un niveau européen. Bien que de nombreuses avancées aient été réalisées, la coordination des institutions européennes dans le domaine de la propriété industrielle reste partielle : le brevet européen offre une procédure unifiée du dépôt jusqu'à la délivrance mais, par la suite, les litiges éventuels sont traités indépendamment dans chaque pays, sans aucune harmonisation des procédures ni des sanctions. Certaines questions épineuses, comme celle du choix de la ou des langue(s) de travail pour le brevet européen, ont traîné en longueur. Elles ne sont pas anecdotiques car elles influent directement sur l'efficacité de la diffusion de l'information. La France a finalement signé fin juin 2001 l'accord de Londres, qui abandonne la traduction obligatoire moyennant quelques garanties concernant une documentation en français pour les brevets en provenance de l'étranger. Laurent Fabius, ministre de l'Économie et des Finances, a alors précisé que le sens de la signature de Paris était de « réformer un système lent, onéreux et inadapté dans lequel les traductions peuvent prendre jusqu'à cinq ou six ans de retard[8] ». En fait, la place n'est pas *de facto* laissée à l'anglais, même si 7 % seulement des brevets sont rédigés en français. La partie « revendication » (contenu et portée du brevet) sera obligatoirement traduite, seule la partie descriptive restant dans la langue d'origine. Les entrepreneurs français qui souhaitent déposer un brevet dans plusieurs pays pourront utiliser leur langue maternelle à tous les stades de la procédure. Thierry Sueur, directeur du Service de la propriété industrielle à L'Air liquide et président du Comité de propriété intellectuelle au MEDEF, y voit un moyen d'abaisser le coût du brevet européen, ce qui ne peut être qu'un encouragement à une politique plus offensive au sein de l'Union européenne.

Quant au brevet communautaire, projet sans doute plus ambitieux lancé parallèlement au brevet européen, il n'avance guère depuis quelques années. Sa création, à la suite du traité de Luxembourg, date de 1975 mais un certain nombre de ratifications nationales ont ensuite fait défaut – car des litiges de fond subsistaient – pour qu'il entre pleinement en action. La relance est venue du Livre vert sur le brevet communautaire (1997) et de la conférence de Lisbonne (1999). Car les avantages du brevet communautaire ne sont pas imaginaires : il serait moins onéreux, plus centralisé d'un point de vue juridictionnel et valable dans tous les pays de l'Union européenne (UE). L'atout le plus attractif de ce projet communautaire serait son coût, inférieur à celui du brevet européen, « dont le montant est trois à cinq fois supérieur à celui d'un brevet américain ou japonais[9] ». Toutefois, la question de l'utilisation d'une langue de travail se pose également. Et un système communautaire de gestion des litiges doit être mis en place, ce qui suppose une modification des traités fondateurs de l'UE. Le temps nécessaire à l'adaptation de la législation européenne – surtout quand l'UE ira en s'élargissant – risque de provoquer un décalage sensible face à l'accélération des techniques et aux modifications des frontières de la propriété industrielle. Toutefois, le processus du brevet communautaire semble relancé, ce qui était la condition indispensable à toute évolution ultérieure.

L'offensive américaine dans le domaine des brevets

Toutes ces questions ne sont pas seulement juridiques, car la compétition entre nations pour la conquête et la défense des brevets est montée d'un cran. Nombreux sont ceux qui pensent que la suprématie américaine ne doit pas devenir écrasante, non seulement du seul point de vue technologique mais aussi sous l'angle juridico-stratégique. Le nombre des brevets déposés aux États-Unis par des nationaux a triplé en une vingtaine d'années : est-ce le signe d'une vitalité technologique retrouvée après le doute un moment éprouvé face aux Japonais, ou bien le résultat d'une nouvelle stratégie de protection ? La réalité des faits est sans doute située quelque part entre ces deux hypothèses, mais il est clair que les Américains ont redécouvert l'importance stratégique des brevets. Depuis 1981, la plus grande attention est accordée aux inventeurs et les mesures légales en faveur des dépôts de brevets se sont multipliées outre-Atlantique : procédures accélérées, extension de la durée de protection pour les produits chimiques et pharmaceutiques, création d'une cour d'appel fédérale unique pour le règlement des litiges... La loi Le Bayh-Dole du 12 décembre 1980 – et les amendements qui ont suivi – encourage les établissements de recherche à devenir propriétaires des brevets résultant d'innovations issues de leurs centres s'ils ont bénéficié de subventions du gouvernement : les universités sont ainsi devenues des acteurs majeurs du système. La législation américaine s'est donc renforcée et, avant les accords de Marrakech, apparaissait comme peu favorable aux non-Américains. Les pressions européennes, même par le biais de l'Organisation mondiale du commerce (OMC), semblent peu capables de modifier cet état de fait, et les Américains restent attachés à certaines spécificités, comme la règle du premier inventeur[10], pourtant source de bien des litiges.

On a vu que le domaine brevetable aux États-Unis n'a cessé de s'élargir. De plus, les Américains sont passés maîtres dans l'utilisation des brevets à des fins d'intimidation, ce qui était déjà vrai à la fin du XIXe siècle, c'est-à-dire qu'ils n'hésitent pas à se lancer dans des procès interminables pour décourager la concurrence ou, autre hypothèse, réaliser facilement des profits. Ainsi, « trois brevets en poche, un obscur ingénieur californien, Allan Konrad, poursuit actuellement une douzaine de grands groupes comme Ford, General Motors, Boeing… et se voit déjà millionnaire[11] ». Les grandes entreprises américaines ont aujourd'hui un message clair : « breveter autant que possible[12] », comme le déclare Bill Gates. Microsoft ne possédait qu'un brevet en 1991, mais 800 fin 2000[13]. « Mon cheval de bataille, déclare le PDG de Xerox Corporation, c'est la propriété intellectuelle. Je suis convaincu que c'est par elle que Xerox pourra créer de la valeur, les autres groupes aussi, d'ailleurs. De plus en plus, seules gagneront les entreprises qui sauront la gérer. Les autres sont vouées à l'échec[14]. » En 1999, IBM a tiré le cinquième de ses résultats nets de sa seule politique de licences, soit un milliard de dollars contre 30 millions au début des années 1990… Une entreprise comme Gillette – la stratégie n'est pas l'apanage des États-Unis – a dressé un « mur de brevets » pour protéger son rasoir Sensor. C'est surtout dans le domaine des technologies de l'information que les États-Unis sont devenus très largement exportateurs en termes de licences. Seul le Japon peut se présenter en rival – bien qu'il ne faille pas se fier au nombre impressionnant de brevets déposés –, ce qui n'est pas le cas, sauf exception, de l'Europe. Enfin, les États-Unis consacrent à la recherche-développement des sommes égales aux efforts additionnés des Européens et des Japonais. En bref, les Américains ont non seulement découvert que les brevets sont comme des Rembrandt oubliés dans un grenier[15], mais que ce sont aussi des armes redoutables. Vu d'en face, c'est-à-dire d'Europe essentiellement, cette façon d'intégrer les brevets dans une stratégie d'entreprise ne cesse d'inquiéter : « L'agressivité américaine qui redéploie la nouvelle économie à travers la propriété intellectuelle en fait un terrain d'affrontements comme le furent les guerres coloniales[16]. » L'image nous ramène une nouvelle fois à la fin du XIXe siècle, et Lénine pourrait écrire : « l'impérialisme par les brevets, stade suprême du capitalisme »…

Les champs du brevet

Instrument majeur de la propriété industrielle, le brevet se signale par l'équivoque des lois qui en codifient l'usage. À cette équivoque répond la pluralité des buts poursuivis par les détenteurs de brevets : appropriation d'une innovation, diffusion, monopole temporaire. Le brevet procure un titre de propriété sur une innovation dans la mesure où est reconnue la dimension inventive d'un produit ou d'un procédé.

La conception du brevet comme un titre de propriété est sans doute la plus manifeste dans le droit français, en raison même des circonstances dans lesquelles est élaborée la loi de 1791. Le contexte révolutionnaire a pesé, tant dans la reconnaissance de l'individu que dans l'affirmation du droit de propriété et de l'égalité. Cette intention du droit est confirmée par la pratique et par les litiges qui ont opposé les détenteurs de brevets entre eux ou aux auteurs de contrefaçon. Le brevet est aussi la récompense de l'inventeur, à condition qu'il soit le premier inventeur aux États-Unis, le premier déposant dans tous les autres pays.

Si le brevet symbolise l'appropriation d'une innovation, elle n'est que temporaire, et cette précarité témoigne du compromis entre les intérêts de l'inventeur et ceux de la société. Pour un temps limité – 20 ans de nos jours –, l'inventeur occupe une position privilégiée dans le jeu de la concurrence, se rémunérant ainsi de son activité inventive. Au-delà de cette période de protection, la compétition et le perfectionnement des innovations sont sanctionnés par le marché, autorisant alors le développement des nations. Les tenants du libéralisme, au XIXe siècle, ont cependant attaqué le brevet au nom du monopole temporaire qu'il procure, et les plus radicaux ont même contesté l'idée qu'une invention puisse être la propriété d'un individu, au prétexte que cela freinerait le progrès des sciences et des techniques. Les partisans du brevet, à l'opposé, estiment qu'il offre une protection nécessaire à l'épanouissement et au développement des industries les plus nouvelles.

Toutefois, cette capacité du brevet à accompagner l'essor des activités nouvelles rend nécessaire une adaptation constante du droit au changement scientifique et technique, prenant en considération les comportements sociaux. Ces questions sont aujourd'hui posées par les controverses sur la « brevetabilité du vivant » et le brevet de logiciel. Dans ce second cas, la controverse reprend des thèmes anciens, notamment la possibilité de créer des monopoles et d'utiliser le brevet à des fins stratégiques. Ces questions ne sont pas propres au brevet de logiciel. Le problème vient plutôt ici de ce que le brevet est attaché, historiquement, à des objets techniques. Cette dimension est moins nette dans le cas du logiciel, qui assure le développement d'innovations tant dans le domaine technique que dans celui des services et des organisations. Ce débat sur le brevet de logiciel ne peut non plus être dissocié des différents critères de brevetabilité utilisés à l'échelle de chaque nation. Ainsi, les États-Unis mettent l'accent sur l'utilité, la nouveauté et la démonstration des résultats concrets obtenus par l'utilisation de l'innovation, tandis que l'Europe reste très attachée aux applications techniques[17].

La peur du monopole n'est pas non plus absente des débats sur la « brevetabilité du vivant ». Le terme le plus manifeste de cette opposition est la défense du principe selon lequel le vivant constitue un bien commun pour l'humanité tout entière et demeure inaliénable. Mais le développement des biotechnologies a aussi induit un changement de nature de l'activité inventive elle-même. Les premiers brevets[18] des biotechnologies concernent des techniques destinées à isoler des gènes. Les brevets les plus récents couvrent une ou des fonction(s) associée(s) à un gène ou à une séquence de gènes. La promotion de la dimension technique de ces inventions prévaut lorsque l'attribution du brevet est soumise non seulement à l'identification d'une fonction mais aussi à la description de ses applications industrielles.

Ces deux controverses révèlent des aspects nouveaux des discours critiques tenus sur la propriété industrielle. La question du monopole perdure, mais elle est de plus en plus liée à des interrogations sur les formes de l'invention. Il est nécessaire que le droit propose une définition précise et souple de l'activité inventive afin d'éviter des excès dans l'attribution des brevets sans entraver l'essor de nouvelles activités et la diffusion des innovations.

Cette adaptation nécessaire et constante du droit au changement scientifique et technique suppose dans l'idéal une certaine anticipation des nouvelles formes de l'invention... ce qui semble impossible à réaliser. Mais cela pose aussi le problème des critères de la brevetabilité qui sont la nouveauté, l'inventivité et les applications concrètes. Le caractère cumulatif de l'innovation rend de plus en plus délicate l'appréciation de l'activité inventive dans un produit ou un procédé nouveau. De même, la notion d'application concrète ne peut être circonscrite aux seuls aspects techniques et industriels.

Cette adaptation du droit ne peut non plus être envisagée dans l'absolu. L'innovation n'est pas en effet seulement reconnue par le brevet. Le jeu du marché, en plaçant en concurrence les produits, peut désigner les produits les plus innovants, au sens de ceux qui répondent le mieux à des problèmes d'ordre technique. Ce ne sont pas forcément les plus inventifs, ce sont plus souvent les plus adaptés.

Comme le montrent de nombreux exemples d'utilisation des brevets par les entreprises, hier et aujourd'hui, la reconnaissance de l'innovation garantie par le brevet en favorise aussi la diffusion. D'une part le produit ou le procédé breveté bénéficie d'une publicité, d'autre part le brevet institue des règles d'exploitation telles que les licences, qui peuvent assurer la diffusion la plus large de l'innovation. Dès lors, le brevet ne sert pas seulement à identifier et à faire connaître les innovations, il assure, dans le respect de règles établies par la loi, la divulgation de ces dernières et contribue alors à l'intérêt général.

Cette vocation du brevet ne peut être remplie qu'à la condition que le droit s'adapte au progrès scientifique et technique à l'origine de nouvelles activités. Cette confrontation du droit au changement technique et scientifique ne se limite pas à des questions purement économiques, c'est aussi un problème politique, une interrogation sur la capacité des sociétés à penser, à se représenter et à organiser le monde dans lequel elles vivent.

Le temps des logos

Depuis la fin des années 1970, de très nombreuses marques ont acquis une dimension mondiale. Elles se signalent de plus en plus souvent par des logos, qui sont des symboles formés de signes graphiques représentant la marque. Ces logos rendent la marque immédiatement reconnaissable partout dans le monde. Leur usage peut être interprété comme le signe d'une domination exercée par les marques, par les images et leur capacité à exprimer des réalités plus concrètes : un produit, une qualité. L'usage du logo ne signifie pas pour autant une uniformisation des messages des marques. Les stratégies de marque des entreprises répondent à des finalités qui leur sont propres, en fonction de leurs marchés, de leurs activités et de leur propre histoire.

Les logos sont très critiqués par les adversaires de la mondialisation, pour qui ils attestent de « l'étrange cohabitation d'un océan de produits avec la perte de choix réels[19] ». Pourtant, ce sont des outils nécessaires à l'adaptation des pratiques commerciales et publicitaires dans un marché mondial de plus en plus ouvert. À l'origine, les marques sont un signe distinctif, attestant une fabrication originale ou une qualité particulière. Aux marques de fabrique se sont ajoutées les marques de commerce et les marques industrielles.

La distinction conférée par la marque est un support essentiel des pratiques publicitaires : la publicité et le marketing doivent expliquer ce qui différencie le produit ou le service de marque de biens identiques. Cette distinction se répercute aussi sur le prix. Celui-ci est plus élevé car il symbolise une différence qualitative ou une originalité, recherchée par les consommateurs, qui acceptent de payer plus cher.

Mais les marques ne désignent pas seulement des produits. Elles sont aussi l'identité de l'entreprise qui les détient, elles rappellent les valeurs de cette entreprise, parfois ancrées dans un long passé, et l'affirmation de ces valeurs est aussi une projection dans l'avenir. Cette spécificité de la marque se traduit aujourd'hui par la reconnaissance du « good will », qui est à la fois sa réputation et la valeur financière qui s'y attache. Celle-ci peut atteindre plusieurs milliards de dollars lorsque le capital de l'entreprise est évalué : c'est le cas de Coca-Cola, Microsoft-Windows, IBM, Intel, McDonald's, Mercedes, Gillette, Nescafé ou encore Gap et Nike[20].

La valeur financière de la marque est corrélée à la dimension mondiale qu'elle a acquise. Cette situation pose de nombreux problèmes. Elle expose d'abord les marques aux critiques des adversaires de la mondialisation, qui y voient des instruments de domination culturelle et économique en raison des pratiques de certaines entreprises. Plus graves sont les contrefaçons dont sont victimes ces marques tant elles sont populaires et attisent la convoitise. Cette contrefaçon reste endémique et difficile à combattre, malgré les efforts des gouvernements pour définir des règles communes et sensibiliser les consommateurs au problème[21]. La défense des marques est en outre rendue plus difficile aujourd'hui avec le développement d'Internet : de nombreuses marques se trouvent ainsi usurpées, comme le furent déjà les marques notoires, pour servir de noms de domaine – pratique qui rejoint les infractions au droit de la propriété intellectuelle[22].

L'accroissement des échanges internationaux et la diffusion des marques dans de très nombreux pays pose enfin le problème de l'épuisement du droit des marques. Pour des raisons commerciales, un produit identique d'une même marque n'est pas vendu à un prix unique dans le monde entier. Le prix de vente prend aussi en compte les spécificités des économies nationales. Il est alors tentant, par des importations parallèles, d'introduire le produit à un prix inférieur sur un marché donné. Pour les entreprises, ces importations sont une menace pour la valeur de leurs marques, et elles doivent envisager des stratégies alternatives, qui sont aussi sources de problèmes, comme dans le cas d'une délocalisation des fabrications.

Les nouvelles règles du commerce international, écrites ou tacites, sont elles aussi un nouveau défi pour les marques. Comme dans le cas des brevets, ce sont les fonctions des marques mais aussi leur définition juridique qui doivent s'adapter à un environnement plus complexe, sans rien perdre de leur finalité distinctive.

Une nouvelle « frontière » ?

Brevets et marques doivent aujourd'hui répondre au défi de l'internationalisation des échanges permise par la suppression des barrières douanières et organisée par le GATT, puis par l'OMC. Les règles relatives à la propriété industrielle, dans ce contexte, doivent être harmonisées afin de garantir leur respect et de favoriser les échanges, plutôt que de constituer un nouvel obstacle à la mondialisation. Cette harmonisation, qui inclut aussi une adaptation au changement scientifique et technique, peut s'opérer selon des modalités variées : principe de réciprocité, rapprochement des droits nationaux, création d'instances supranationales.

L'internationalisation des règles en matière de propriété industrielle remonte à la fin du XIXe siècle en ce qui concerne le droit mais, dans la pratique, le besoin de règles est antérieur et contemporain de l'industrialisation des économies. L'espionnage industriel aux XVIIe et XVIIIe siècles révèle une reconnaissance tacite de droits en matière de propriété industrielle. Mais le transfert de technologies d'un pays à l'autre reste mal organisé, d'autant plus que la propriété industrielle est mal définie.

L'adoption simultanée de lois sur les brevets dans plusieurs pays industrialisés et l'accroissement des échanges favorise l'élaboration de règles après 1850, à commencer par la reconnaissance des brevets nationaux à l'étranger. Celle-ci est cependant limitée par la faible diffusion du droit de la propriété industrielle : il est difficile de faire respecter des brevets dans un pays qui n'a pas de lois spécifiques. Cette difficulté a perduré dans les pays les moins développés au XXe siècle. À un autre niveau, l'harmonisation des législations nationales est aussi nécessaire, tant pour les champs couverts par les brevets que pour les critères d'attribution et les procédures.

Si la nécessité d'harmoniser les législations nationales et de garantir le respect des droits attachés au brevet est admise par les instances internationales comme l'OMC, la mise en œuvre de ces principes se heurte à de très nombreuses difficultés. Aux échelles régionales, comme dans le cas de l'Europe, le consensus sur l'harmonisation des procédures et des règles de validation existe, même si subsistent encore de nombreux obstacles comme les règles des poursuites pour contrefaçon. La mise en place d'une législation adaptée est aussi un moyen de faire face à la domination américaine en matière de brevet.

Les difficultés sont plus difficiles à surmonter au niveau mondial. La procédure PCT permet certes de protéger une invention dans plusieurs pays à la fois, mais il ne s'agit pas d'un brevet international. La reconnaissance des droits attachés à la propriété industrielle reste un véritable défi. Les accords ADPIC, signés en 1994, sont une garantie minimale en matière de droit et ont pour objectif de faciliter les échanges. Mais ces buts ne peuvent être atteints que si les législations nationales se calquent sur un modèle commun minimal et, dans certains cas, si les États se dotent d'une législation sur la propriété industrielle.

Or de nombreux pays en voie de développement ne disposent pas encore de législation relative à la propriété industrielle, ou bien cette réglementation est très restrictive à l'égard des technologies étrangères. Dans les années 1970, plusieurs pays du Tiers-Monde ont dénoncé les brevets comme étant des instruments de la domination des pays riches sur les pays pauvres et ont, pour cette raison, refusé de reconnaître les droits attachés à la propriété industrielle. Ces positions sont aujourd'hui dépassées : au même titre que les investissements ou que l'effort de formation, le droit de la propriété industrielle contribue au développement des économies.

Les accords ADPIC prévoient aussi des procédures de licence obligatoire destinées à empêcher les abus de monopole dans l'exploitation des brevets. Cette licence obligatoire est particulièrement intéressante dans le cas des médicaments : elle permet d'organiser la fabrication, pour un prix de vente moindre, de médicaments couverts par des brevets et coûteux, dans le cas où le détenteur du brevet abuserait de sa position de monopole et dans des cas d'urgence sanitaire. Cette procédure pourrait être appliquée pour certains traitements contre le sida. En tout état de cause, à la nécessité de faire reconnaître les droits liés à la propriété industrielle s'ajoute désormais l'objectif d'équilibrer les droits et les obligations des détenteurs et des utilisateurs de brevets.

Les accords internationaux relatifs à la propriété intellectuelle, et, partant, à la propriété industrielle sont appelés à être constamment remaniés et négociés pour répondre au mieux aux besoins des États et des économies. Toutefois, le recours à ces accords n'est pas le plus satisfaisant car il exige du temps pour trouver un modus vivendi, auquel s'ajoutent les délais de transposition dans les droits nationaux de la propriété industrielle. La création d'un véritable brevet mondial rencontre encore bien des difficultés, même si les procédures de PCT fonctionnent. L'harmonisation du droit de la propriété industrielle n'est pas seulement un problème d'élaboration du droit, c'est aussi une question politique. En se soumettant à des directives édictées par des instances supranationales, c'est le principe même de sa souveraineté nationale qu'un pays met en cause, ce qui explique bien des résistances. Dès lors, les accords internationaux à l'échelle « régionale », comme ceux qui ont donné naissance au brevet européen, peuvent être des solutions alternatives.

La propriété intellectuelle et la propriété industrielle sont des catégories juridiques dont les normes sont toujours remises en question par les progrès scientifiques et techniques. L'apparition de nouvelles technologies, y compris celles dont les applications techniques menacent la propriété intellectuelle[23], ne sauraient justifier la contestation radicale de la propriété intellectuelle. Elles sont au contraire des incitations à élaborer des normes nouvelles, respectueuses des principes pérennes de la propriété intellectuelle, de la protection de l'invention et des règles de sa diffusion et de son exploitation.

L'histoire montre en effet que les outils de la propriété industrielle permettent de reconnaître le génie inventif, indissociable des progrès scientifiques et techniques, et en autorisent dès lors le plein épanouissement dans l'intérêt général.

1. Conseil économique et social, rapport présenté par Christian Ramphft, *Le Rôle des brevets et des normes dans l'innovation et l'emploi*, Paris, 1998.
2. *Courrier cadres*, 3 et 9 mai 2001. Les éditions des journaux officiels, 1998.
3. *Le Progrès*, 27 janvier 2001, p. 17.
4. *Le Monde*, 30 mai 2000.
5. *Arts et Métiers Magazine*, n° 240, 2000.
6. En 2001, l'INPI récompense ainsi l'unité de génétique microbienne de l'Institut national de la recherche agronomique (INRA).
7. *Le Monde*, 20 juillet 2000.
8. *La Tribune*, 2 juillet 2001.
9. *La Tribune*, 5 juillet 2000.
10. *Les Échos*, 28 septembre 1999.
11. *Libération*, 8 septembre 2000.
12. *Le Figaro*, 29 juin 2000.
13. *Les Échos*, 27 novembre 2000.
14. « La puissance cachée des brevets », *L'Expansion Management Review*, septembre 2000, p. 19.
15. Référence à l'ouvrage récent de Kevin G. Rivette et David Kline, *Rembrandt in the Attic. Unlocking the Hidden Value of Patents*, Harvard Business School Press, 2000.
16. Propos de Rémi Barré, directeur de l'Observatoire des sciences et des techniques, *Le Monde*, 30 mai 2000 (« Les entreprises américaines dominent le marché des brevets »).
17. Sur ces débats, voir « Le brevet européen de logiciel recalé », *Influx*, janvier 2001.
18. Dossier consacré aux brevets, *Biofutur*, octobre 2000.
19. N. Klein, *No Logo*, Paris, Actes Sud et Liméac, 2001, p. 101.
20. D'après Interbrand's Annual Survey 2000.
21. Ces principes sont à l'origine de la loi Longuet en France adoptée en 1994.
22. Cf. *01 Informatique*, 16 février 2001.
23. C'est le cas des graveurs de CD, des logiciels MP 3 par exemple.

Bibliographie indicative

Les orientations bibliographiques qui suivent résultent d'un choix effectué par les auteurs et reflètent donc leur problématique. À côté d'ouvrages portant sur des thèmes spécifiques à la propriété industrielle sont signalés des travaux d'histoire économique et d'histoire des entreprises où sont illustrés certains aspects de la propriété industrielle.

Allart H., *Traité des brevets d'invention,* tome 1 : *Des inventions brevetables,* Paris, Arthur Rousseau, 1889.

Americanization and its Limits. Reworking US Technology and Management in Post War Europe and Japan, ed. by Zeitlin, Jonathan and Herrigel, Garry, Oxford, Oxford UP, 2000.

Amiot E. et Azizollah J.-L., *Les marques françaises/French Trademarks, 150 ans de graphisme 1824-1974,* Saint-Cloud, INPI-Historicom, 1990.

Armengaud E., *Instructions pratiques à l'usage des inventeurs, commentaire raisonné des lois qui régissent actuellement les brevets d'invention dans les principaux pays industriels,* Paris, publié par l'auteur, 1879.

Armengaud J., *Le rôle social des brevets d'invention,* conférence du 7 février 1904 à la société d'économie sociale, extrait de La *Réforme sociale,* 1er avril 1904.

Association internationale pour la protection de la propriété industrielle (AIPPI), *Édition du centenaire,* AIPPI, Bâle, 1997.

Basle M. (dir.), *Changement institutionnel et changement technologique : évaluation, droits de propriété, système national d'évaluation,* Paris, CNRS, 1995.

Batzel N., « The Patent controversy in mid-XIXth century », *Business History,* Londres, 1980.

Baudant A., *Pont-à-Mousson, 1919-1939 : stratégies industrielles d'une dynastie lorraine,* Paris, Publications de la Sorbonne, 1980.

Bédarride J., *Commentaire des lois sur les brevets d'invention, sur les noms des fabricants et des lieux de fabrication, sur les marques de fabrique et de commerce suivi d'un appendice contenant les actes et documents officiels et législatifs,* Paris, Maresq Aîné, 1869, trois volumes.

Beier F.K., « The development of Trademark Law in the last 25 years », *International Review of Industrial Property and Copyright Law (IIC),* Max Planck Institute for Foreign and International Patent, Copyright and Competition Law, Munich, décembre 1995, p. 769-781.

Belt H. van den, « Comment décider de l'originalité d'une invention ? A.W. Hofmann et le litige du rouge d'aniline en France 1860-1863 », *Culture technique,* n° 18, p. 308-317.

Bergmans B., *La Protection des innovations biologiques : une étude de droit comparé,* Bruxelles, Larcier, 1991.

Bertin G.Y. et Wyatt S., *Multinationales et Propriété industrielle. Le contrôle de la technologie mondiale,* Paris, PUF, 1986.

Bertrand A., *La Mode et la Loi,* Paris, Cedat, 1998.

Birembaut A., « Les caractères originaux de l'Académie royale des sciences de 1666 à 1698 », *Actes du 100e Congrès national des sociétés savantes,* Paris, 1975, Bibliothèque nationale, 1976.

Blackeney M., *Legal Aspects of the Transfer of Technology to Developing Countries,* Oxford, ESC, 1989.

Blake J.L., « The British Patent System », *Journal of the Patent Office Society,* avril 1938, p. 337 *et sq.*

Blanc E., *L'Inventeur breveté,* Paris, De Cosse, 1852.

Blanchot A. et Hangard D., « La contrefaçon : état du droit et enjeux économiques », *Universalia 1997,* Paris, Encyclopedia Universalis, 1997, p. 122-128.

Boehm K., *The British Patent System,* Cambridge University Press, 1967.

Boyer R., Didier M., *Innovation et Croissance,* Paris, La Documentation française, 1998.

Brodbeck D. et Mongibeaux J.-F., *Chic et Toc : le vrai livre des contrefaçons,* Paris, Balland, 1990.

Brodbeck D. et Mongibeaux J.-F., *Faux ou Vrais, les grandes marques et leurs copies,* Paris, Presses de la Cité, 1993.

Brunot P., *La Contrefaçon,* Paris, PUF, 1986.

Bulletin du syndicat des ingénieurs-conseils en matière de propriété industrielle.

Burrell R., « International Conventions on Industrial Property », *Journal of the Patent Office Society* (JPOS), mars 1950.

Cabinet Plasseraud, *Entreprise et propriété industrielle. Cent ans après la signature de la Convention d'Union de Paris,* Paris, Europrotection, 1983.

Callon M., « L'innovation technologique et ses mythes », *Annales des Mines, Gérer et comprendre,* mars 1994, p. 5-17.

Calvès S., *Intérêt général et Brevet d'invention,* DESS de propriété industrielle de l'Université de Paris II (sous la direction du prof. Jean Foyer), 1996.

Caron F., *Les Deux Révolutions industrielles du XXe siècle,* Paris, Albin Michel, 1997.

Caron M., « Paul Héroult (1863-1914), un grand inventeur original », *Cahiers d'histoire de l'aluminium,* n° 4, p. 68-81.

Cayez P., « Brevets et conjoncture économique », in *Les Entreprises et leurs réseaux : hommes, capitaux, techniques et pouvoirs, XIXe-XXe siècles. Mélanges en l'honneur de François Caron,* Paris, Presses de l'Université de Paris-Sorbonne, 1998.

Centre d'économie industrielle de l'École des Mines de Paris, *L'Industrie du luxe dans l'économie française,* Paris, Ministère de l'Industrie et Comité Colbert, 1995.

Centre Georges Pompidou et Centre de création industrielle, *Dessins et modèles déposés,* Paris, 1981.

Centre national de la recherche scientifique (IHMC)-Université de Paris IV-Sorbonne, *Les Brevets, leur utilisation en histoire des techniques et de l'économie,* table ronde tenue au CNRS à Gif-sur-Yvette les 6 et 7 décembre 1984, éditions du CNRS, sd.

Chabaud G., *La Propriété industrielle, littéraire et artistique et les traités de paix,* Paris, Berger-Levrault, 1921.

Champetier de Ribes A., *Notes adressées au comité d'organisation de la propriété industrielle,* Paris, Renou Maulde et Cock, 1878.

Chaptal J.-A., *De l'industrie françoise,* Paris, Antoine-Auguste Renouard, 1819, deux tomes.

Chassagne S., *Le Coton et ses patrons, France 1760-1840,* Paris, EHESS, 1991.

Chessel M.-E., « Une méthode publicitaire américaine ? Cadum dans la France de l'entre-deux-guerres », *Entreprises et Histoire,* 1996, n° 11, p. 61-76.

Chessel M.-E., *La Publicité, naissance d'une profession 1900-1940,* Paris, CNRS Éditions, 1998.

Chevalier M., « Les brevets d'invention contraires à la liberté du travail », *Journal des économistes,* mai 1878, p. 169-225.

Chevalier M., *Les Brevets d'invention examinés dans leurs rapports avec le principe de la liberté du travail et avec le principe de l'égalité des citoyens,* Paris, Guillaumin, 1878.

Cohen D. et Bonet G., *La Protection internationale des dessins et modèles,* Paris, Economica, 1999.

Combaldieu J.-C., « L'organisation administrative de la propriété industrielle en France au cours du XXe siècle », in *Mélanges dédiés à Paul Mathély,* 1990, p. 121 *et sq.*

Compain-Mefray A., « L'innovation », in *Renault Histoire,* n° 10, juin 1998, p.16-26.

Conseil économique et social, rapport présenté par Christian Ramphft, *Le Rôle des brevets et des normes dans l'innovation et l'emploi,* Paris, 1998.

Cordin L., *Stratégies gagnantes : soixante réussites exemplaires,* Paris, Dunod, 1992.

Côte S., « De Ricard à Pernod-Ricard », *Performances,* mars 1998, p. 48-58.

Cottereau A., « The fate of collective manufactures in the industrial world : the silk industries of Lyons and London, 1800-1850 », in *World of Possibilities. Flexibility and Mass Production in Western Industrialisation,* ed. by C.F. Sabel and J. Zeitlin, Cambridge, CUP, 1997, p. 75-152.

Couhin C., *Rapport sur le fonctionnement de l'Office national de la propriété industrielle,* Paris, 1908.

Couhin C., *Deux Inventeurs et la loi française de 1844 sur les brevets d'invention,* Paris, Sirey, 1901.

Daviet J.-P., *Un destin international. La compagnie de Saint-Gobain de 1830 à 1939,* Paris, Éditions des Archives Contemporaines, 1988.

Daviet J.-P., *Une multinationale à la française, Saint-Gobain 1665-1989,* Paris, Fayard, 1989.

Delagrange J., *De l'examen préalable en matière de brevets d'invention,* Paris, Giard et Brière, 1912.

Delorme J., *Anthologie des brevets sur les matières plastiques : fabrication et transformation,* Paris, Amphora, 1956.

Demptos H. et Roussel I., *La Protection juridique des innovations génétiques humaines,* DESS, Paris-Assas, 1995.

Desbois H., « Le brevet européen », *Cahiers de l'ISEA, Les brevets d'invention dans l'économie,* série T, n° 9, 1972, p. 2089 *et sq.*

Desbordes M., « Le management de l'innovation dans l'industrie du sport », *Annales des Mines, Gérer et comprendre,* décembre 1998, p. 15-25.

Desvals H., *La Veille technologique,* Paris, Dunod, 1992.

Direction des Affaires culturelles de Paris, *Objets 1860-1910, dessins et modèles de fabrique déposés à Paris,* Paris, 1993.

Direction générale des stratégies industrielles, sous la direction de Lombard D., *Rapport sur la propriété industrielle. Le brevet pour l'innovation,* Ministère de l'Économie et des Finances, Secrétariat d'État à l'Industrie, février 1998.

Dobyns K.W., *The Patent Office Pony. A History of the Early Patent Office,* Fredericksburg (Virginie), Sergeant Kirkland's Museum and Historical Society, 1997.

Doge W.C., « The origin, nature and effects of the Patents », *Proceedings of the Congress Celebration of the Beginning of the Second Century of the American Patent System,* avril 1881, Commemoration Edition, Clark Boardman Company Ltd, New York, 1990.

Doi T., *The Intellectual Property Law in Japan,* Sijthoff and Noordhoff, Pays-Bas et États-Unis, 1980.

Ducreux C., *Traité des dessins et modèles de fabrique : législation, jurisprudence, droit international, législations étrangères,* Paris, A. Rousseau, 1898.

Duguet E., « La coopération technique au travers des brevets européens », *Économie et Statistiques,* n° 275-276, 5/6, 1994, p. 135-148.

Dujardin Carpentier C., *Économie du brevet : nouveaux apports théoriques et empiriques,* Paris, EHESS, 1998.

Dujeux J.-J.B.C., *Recueil des lois et des règlements en vigueur sur les brevets d'invention chez les différents peuples précédés des rapports qui ont déterminé la législation française,* Bruxelles, Weissenbuch père, 1846.

Durand C., *Les Enjeux des transferts internationaux de technologie pour les entreprises françaises,* Paris, Aditech, 1991.

Federico P.J., « Operation of the Patent Act of 1790 », *Journal of the Patent and Trademark Office Society,* mai 1990 (reprise d'un article du même mensuel d'avril 1936), p. 373-385.

Ferrière le Vayer M. de, *Christofle, Deux siècles d'aventure industrielle,* Paris, Le Monde éditions, 1995.

Foyer J., « Avenir et finalité du droit des brevets », *in Mélanges offerts à Jean-Jacques Burst,* Paris, LITEC, 1997.

Franck R., *Recherche, Invention et Innovation,* Paris, Economica, 1998.

François J.-P. et Kabla I., « Les enjeux économiques du brevet », *Économie et Statistiques,* 275-276, 5/6, 1994.

Françon A. (dir), *Journée d'étude relative à la loi du 13 juillet 1978 sur les brevets d'invention,* Paris, Economica, 1979.

Freeman C., « L'industrie des matières plastiques : une analyse comparative de l'innovation et de la recherche », étude faite pour l'OCDE et citée par J. Echard *in* « L'innovation technique dans la chimie », *Revue d'économie politique,* 1965, n° 2, p. 295-317.

Gall G., *European and International Patent Applications : Questions and Answers,* London, Longman Group, 1989.

Gaston-Breton T. et Defever-Kapferer P., *La Magie Moulinex,* Paris, Le Cherche-Midi Éditeur, 1999.

Gaston-Breton T., *Lesieur, une marque dans l'histoire, 1908-1998,* Paris, Perrin, 1998.

Goldsmith H., « Abraham Lincoln, Invention and Patents », *Journal of Patent Office Society,* janvier 1938, XX-1, p. 5 *et sq.*

Gonnard R., « Le droit de l'inventeur et le droit de la société », *Journal d'économie politique,* mai 1899, Larose, Paris.

Greenberg A.S., « The Ancient Lineage of Trade-Marks », *Journal of the Patent Office Society,* décembre 1951, XXXIII-12, p. 877-887.

Guellec D., *Économie de l'innovation,* Paris, La Découverte, 1999.

Guéry A., « Industrie et colbertisme : origines de la forme française de la politique industrielle ? », *Histoire Économie Société,* troisième trimestre 1989, p. 297-312.

Guillaume H., *La Technologie et l'Innovation,* Paris, La Documentation française, 1998.

Guyot Y., *L'Inventeur,* Paris, Librairie Armand Le Chevalier, 1867.

Guyot Y. et Raffalovich A. (dir.), *Dictionnaire du commerce, de l'industrie et de la banque,* Paris, Guillaumin et Cie, vers 1902.

Haas M. de, *Brevet et Médicament en droit français et en droit européen,* Paris, Litec, 1981.

Haas M. de, « Originalité de l'invention pharmaceutique », in *Mélanges en l'honneur de Daniel Bastian,* Paris, Librairies techniques, 1974, deux tomes, p. 237 *et sq.*

Hahn R., *L'Anatomie d'une institution scientifique, l'Académie des sciences de Paris, 1666-1803,* Paris, Éditions des Archives contemporaines, 1993.

Haicour P., *La Brevetabilité des produits chimiques,* Paris, Université de Panthéon-Assas (DESS), 1992.

Harris J.R., *Industrial Espionage and Technological Transfer. Britain and France in the Eighteenth Century,* Ashgate, Aldershot, 1998.

Helfgott S., « Cultural differences between US and Japanese Patent systems », *Journal of the Patent and Trademark Office Society,* mars 1990, p. 231 *et sq.*

Hermitte M.A., « Deux siècles d'évolution des droits intellectuels : du modèle de la propriété foncière au modèle du marché », *in* Centre national de la recherche scientifique (IHMC)-Université de Paris IV-Sorbonne, *Les Brevets, leur utilisation en histoire des techniques et de l'économie,* table ronde tenue au CNRS à Gif-sur-Yvette les 6 et 7 décembre 1984, éditions du CNRS, p. 21-36.

Hilaire-Pérez L., « Invention and the State in 18th-Century France », *Technology and Culture,* octobre 1991, 32-4, The University of Chicago Press, p. 911-931.

Hilaire-Pérez L., *L'Invention technique au siècle des Lumières,* Paris, Albin Michel, 2000.

Hirsch J.-P., « À propos des brevets d'invention dans les entreprises du Nord au XIXe siècle », *Revue du*

Nord, 1985, n° 265, p. 447-459.

Hoseh M., « Patents of the USSR », *Journal of the Patent Office Society,* avril 1958, p. 241 *et sq.*

Huard et Pelletier, *Répertoire de législation et de jurisprudence en matière de brevets d'invention,* Paris, 1885.

Hughes T.P., *American Genesis, a Century of Invention and Technological Enthusiasm, 1870-1970,* New York, Penguin Books, 1989.

Hughes T.P., *Networks of Power. Electrification in Western Society, 1880-1930,* Baltimore and London, The John Hopkins Press, 1983.

Les Idées nouvelles, Bulletin trimestriel de la Société « l'Union des inventeurs et des artistes industriels de la Loire ».

INSERM, *Protéger l'invention ? Éléments d'information et de réflexion pour mieux protéger les résultats de la recherche obtenus à l'INSERM,* Paris, INSERM, 1986.

Institut national de la propriété industrielle, *Images de marques,* Paris, INPI, 1977.

Institut national de la propriété industrielle, *Les Brevets d'invention : instruments d'expansion... ou risques d'asservissement,* Paris, INPI, 1992.

Institut national de la propriété industrielle, *Les Conditions de protection des inventions dans les entreprises françaises,* Paris, DF, 1980.

Institut national de la propriété industrielle, *Protéger la forme,* Paris, INPI, 1991.

Isoré J., « De l'existence des brevets d'invention en droit français avant 1791 », *Revue historique de droit français et étranger,* n° 4-16, 1937, p. 94-130.

Jeanclos Y., « Les brevets d'invention en France à l'époque révolutionnaire : recherches sur l'objet brevetable », in *Mélanges offerts à Jean-Jacques Burst,* Paris, Litec, 1997, p. 19-37.

Jobard J.-B. A.M., *Le Monotaupole ou Code complémentaire d'économie sociale, réglant les droits et les devoirs de l'inventeur, du fabricant, du marchand et de l'ouvrier,* présenté au Congrès scientifique de Reims, en réponse à sa première question d'industrie, Bruxelles, chez l'auteur, 1845.

Jones G. (éd.), *Adding Values : Brands and Marketing in Food and Drink,* London, Routledge, 1994.

Kapferer J.-N. et Thoenig J.-C., *La Marque : moteur de la compétitivité des entreprises et de la croissance des entreprises,* Paris, MacGraw Hill, 1989.

Kapferer J.-N., *Les Marques, capital de l'entreprise. Les chemins de la reconquête,* Paris, Les Éditions d'organisation, 1995.

Klein N., *No Logo,* Paris, Actes Sud-Limeac, 2001.

Klitzke R.A., « Historical Background of the English Patent Law », *Journal of the Patent Office Society,* septembre 1959, n° 9, p. 615-650.

Krasser R., « Developments in Utility Model Law », *International Review of Industrial Property and Copyright Law (IIC),* Max Planck Institute for Foreign and International Patent, Copyright and Competition Law, Munich, décembre 1995, n° 6, p. 950-963.

L'Entreprise – Institut national de la propriété industrielle, *Innover et se protéger dans une économie mondialisée : quelles stratégies face à la concurrence,* conférence du 23 janvier 1998.

Lainel G., *Nouveau Manuel pratique des brevets d'invention,* Paris-Nancy, Berger-Levrault, 1905.

Lami E.-O., *Dictionnaire encyclopédique et biographique de l'industrie et des arts industriels,* Paris, Librairie des Encyclopédies, 1883 (huit tomes et supplément).

Le Möel M., Saint-Paul R. (éds.), *1794-1994, le Conservatoire national des arts et métiers au cœur de Paris,* Paris, CNAM – Délégation à l'action artistique de la Ville de Paris, 1994.

Le Roux-Calas M., « Les premiers laboratoires d'Alais, Froges et Camargue 1886-1931 : deux stratégies », *Cahiers de l'histoire de l'aluminium,* n° 5, 1989.

Lecouteux P., *La Société industrielle de Rouen (1872-1939) : une sociabilité spécifique ?,* thèse de doctorat sous la direction d'Y. Chassagne, université de Lyon II, 1996.

Lefèvre S., *Les Relations économiques franco-allemandes de 1945 à 1955,* Paris, CHEFF.

Lepêtre J.-P., *Le Brevet européen et les problèmes de l'unification des législations nationales en matière de propriété industrielle,* thèse, Paris, 1971.

Les Échos Conférence – Compagnie nationale des conseils en propriété industrielle, *Brevets, Marques et Mondialisation : nouveaux instruments juridiques et nouvelles stratégies de protection de la propriété industrielle,* Paris, CNIT La Défense, conférence plénière du 16 septembre 1997.

Lewi G., *Sale temps pour les marques,* Paris, Albin Michel, 1996.

Liddy Sylvester J., « The Lanham Act-An Analysis », *The Trademark Reporter,* juillet-août 1996 (cinquantième anniversaire de la loi Lanham).

Limousin C.M., « Réponse à M. Michel Chevalier », *Journal des économistes,* mai 1878.

Long P.O., « Invention, authorship, intellectual property, and the origin of Patents : Notes toward a conceptual history », *Technology and Culture,* octobre 1991, volume 32, n° 4, p. 846-884.

Long P.O., « The openess of knowledge : an ideal and its context in 16th-century writings on mining and metallurgy », *Technology and Culture,* avril 1991, volume 32, n° 2.

Ludmann-Obier M.F., « Le problème de la propriété industrielle en Allemagne après la deuxième guerre mondiale », *Revue d'Allemagne,* janvier-mars 1991, p. 41-53.

Machlup F., Pensrose E., « The Patent Controversy in the Nineteenth Century », *The Journal of Economic History,* mai 1950, p.1-29.

Mainié F., *Nouveau Traité des brevets d'invention,* Paris, Chevallier-Marescq, deux tomes, 1896.

Malapert F., *Des lois sur les brevets d'invention dans leurs rapports avec les progrès de l'industrie,* Paris, Chamerot, 1889.

Malaval P., *Stratégies et Gestion de la marque industrielle : produits et services, business to business,* Paris, Publi Union, 1998.

Martin M., *Trois Siècles de publicité en France,* Paris, Odile Jacob, 1992.

Matignon J., *L'Influence de la protection légale des inventeurs sur le développement de l'industrie,* Paris, Rousseau, 1915.

Maxey D.W., « Inventing history : the holder of the first US Patent », *JPOS,* mars 1998, p. 155 *et sq.*

McKay H., « Contrefaçon et imitation, les raisons de la colère », *Prodimarques,* juillet 1995, n° 11.

Meuleau M., « De la distribution au marketing (1880-1939). Une réponse à l'évolution du marché », *Entreprises et Histoire,* mai 1993, p. 61-74.

Meuleau M., « L'introduction du marketing dans l'entreprise en France (1880-1973) », *Revue française de gestion,* septembre-octobre 1988.

Minard P., « L'inspection des manufactures et la réglementation industrielle à la fin du XVIIIe siècle », *in* A. Plessis (dir.), *Naissance des libertés économiques (le décret d'Allarde et la loi Le Chapelier),* Paris, IDHI, 1993.

Minard P., « Les savants et l'expertise manufacturière au XVIIe siècle », in *Histoire et Mémoire de l'Académie des sciences, Guide de recherches,* Paris, Tec et Doc, 1996.

Minard P., *La Fortune du colbertisme, État et industrie dans la France des Lumières,* Paris, Fayard, 1998.

Ministère de l'Économie et des Finances, *Marques et Contrefaçons, journée d'étude et d'information,* Paris, 1991.

Ministère de l'Industrie et du Commerce, *Brevets d'invention français 1791-1902, Un siècle de progrès technique,* Paris, 1958.

Ministère de l'Industrie-INPI, *175e anniversaire : le brevet de 1791* (avant-propos de François Savignon).

Mossinghoff G.J., Kuo V.S., « World Patent circa 20XX, A.D. », *Journal of the Patent and Trademark Office Society,* août 1998, p. 523-554.

Mustar P. (dir.), *Les Chiffres Clés de la science et de la technologie,* Paris, Economica, 1998.

Le Nouveau Droit des marques en France, Paris, Librairies techniques, 1991.

OCDE, *Innovations, Brevets et Stratégies technologiques,* Paris, OCDE, 1996.

OCDE, *Propriété intellectuelle, Transfert de technologie et Ressources génétiques : une étude de l'OCDE sur les pratiques et politiques actuelles,* Paris, OCDE, 1996.

Pascaud C., Piotraut J.-L. et Burst J.-J., *Protéger et valoriser l'innovation industrielle : brevets et savoir-faire : de la théorie à la pratique,* Paris, Tec et Doc, 1994.

Patishall B.W., « The constitutional foundations of american Trademark Law », *The Trademark reporter (the official Journal of the United States Trademark Association),* juillet-août 1988, 78-4, p. 456 *et sq.*

Pernès G., « Faux semblants », *Prodimarques,* juillet 1995, n° 11, p. 31-34.

Philips J., *Charles Dickens ans the 'Poor Man's Tale of a Patent',* ESC Publishing, 1984.

Pinson M., « La coopération internationale en matière de brevets et le traité de Washington du 19 juin 1970 (P.C.T.) » *in* Cahiers de l'ISEA (Institut de science économique appliquée), *Les brevets d'invention dans l'économie : la coopération internationale en matière de brevets,* série T, n° 9, volume III, 1972, p. 2043 *et sq.*

Pinson, Monique, « La sidérurgie française » et « Les brevets dans la sidérurgie française », *in* « Sidérurgie et croissance économique en France et en Grande-Bretagne (1735-1913) », *Cahiers de l'ISEA,* février 1965, n° 158.

Plasseraud Y., Savignon F., *L'Etat et l'Invention, histoire des brevets,* Paris, La Documentation française, 1986.

Plasseraud Y. et Savignon F., *Paris 1883. Genèse du droit unioniste des brevets,* Paris, Litec, 1980.

Prager F.D., « The early growth and influence of intellectual property », *Journal of the Patent Office Society,* février 1952, XXXIV-2, p. 106 *et sq.*

Pretnar S., « La protection internationale de la propriété industrielle et les différents stades de développement économique des états », in *La Propriété industrielle,* Revue mensuelle du bureau international pour la protection de la propriété internationale, Berne, n° 12, 31 décembre 1953, p. 213 *et sq.*

Revue lyonnaise des inventions. Bulletin mensuel de la Société des inventeurs réunis.

Ribeill G., « Inventer au XIXe siècle. Ingénieurs et ouvriers inventeurs au XIXe siècle », *Culture technique,* 1982, n° 8, p. 217-243.

Rivette K.G., Kline D., *Rembrandts in the Attic. Unlocking the Hidden Value of Patents,* Harvard Business School Press, 2000.

Robert D., « Commentary on the Lanham Trade-Mark Act », *The Trademark Reporter,* juillet-août 1996 (cinquantième anniversaire de la loi Lanham), p. 373 *et sq.*

Rochat D., *Inventions et Brevets,* Genève, Georg, 1989.

Rouach D., *Management du transfert de technologie : l'art de coopérer, innover, veiller,* Paris, PUF, 1999.

Roulan L., *L'État et la Science : la politique publique de la science et de la technologie,* Paris, CNRS, 1998.

Sabatès F. et Schweitzer S., *André Citroën, les chevrons de la gloire,* Paris, EPA, 1980.

Safarian A. et Bertin Y., *Multinationals, Governments and International Technology Transfer,* London, Croomhelm, 1987.

Savignon F., « La Révolution française et les brevets d'invention », *La Propriété industrielle,* Genève, n° 11, novembre 1989, p. 415-424.

Savignon F. « Les législations européennes sur les brevets du milieu du XIXe siècle jusqu'à la Convention d'Union de 1883 », *in* CNRS-Paris IV, *Les brevets, leur utilisation en histoire des techniques et de l'économie,* Editions du CNRS, 1984, p. 41-49.

Schmookler J., *Patents, Invention and Economic Change : Data and Selected Essays,* Cambridge (Mass.), Harvard University Press, 1972.

Schweitzer S., *André Citroën, 1878-1935, Le risque et le défi,* Paris, Fayard, 1992.

Semprini A., *La Marque,* Paris, PUF, coll. « Que sais-je ? » n° 2982.

Sharp M., « Japanese Patent practice and the impact thereof upon american commerce », *JPOS,* novembre 1973, p. 712 *et sq.*

Signore R., « Bicentenaire de la loi américaine sur les brevets », Paris, Brevatome, 1990 (article paru dans *Échanges ASPI,* n° 42, 1990).

Stokes R.G., *Opting for Oil. The Political Economy of Technological Change in the West German Chemical Industry,* 1945-1961, Cambridge, CUP, 1994.

Stolte K.M., « How early did anglo-american Trademark Law begin ? », *The Trademark Reporter (Offical Journal of the International Trademark Association),* 6-88, novembre-décembre 1998, n° 6, p. 564-602.

Tatham D. « Times past. Early registrations in the United Kingdom », *Trade Mark World,* octobre 1992, n° 51, p. 24-32.

Truchon I., *La Convention de Paris pour la protection de la propriété industrielle : heurs et malheurs d'une convention à vocation universelle,* 1995, thèse de doctorat de l'Université de Paris II, trois volumes.

Union des fabricants pour la protection internationale de la propriété industrielle et artistique (UNIFAB), *Édition du centenaire,* 1972.

Vaughan F.L., « Important differences in US and UK Patent Systems », *Journal of the Patent Office Society,* novembre 1951, p. 779 *et sq.*

Villemus P., *La Fin des marques ?,* Paris, Éditions d'organisation, 1996.

Volckringer J., « Les problèmes de propriété scientifique au Centre national de la recherche scientifique », *Cahiers de l'ISEA,* août 1961, n° 116, p. 83-96.

Wagret F. et Wagret J.-M., *Brevets d'invention, marques et propriété industrielle,* Paris, PUF, coll. « Que sais-je ? », n° 1143, 1998.

Ward J.J., « The United States Patent System », *Journal of the Patent Office Society,* novembre et décembre 1953, p. 789-821 et 850-882.

Watin-Augouard J. *et al.*, *Le Dictionnaire des marques,* Paris, Éditions JV&DS-Sediac, 1997.

White C.M., « Why a Seventeen year patent ? », *Journal of the Patent Office Society,* décembre 1956, p. 839 *et sq.*

WIPO (World Intellectual Property Organization), *The 25 first years of the WIPO,* Genève, 1992.

Woronoff D., *L'Industrie sidérurgique en France pendant la Révolution et l'Empire,* Paris, EHESS, 1984.

Zhang S., *De l'OMPI au GATT. La protection internationale des droits de la propriété intellectuelle (évolution et actualité),* Paris, LITEC, 1994.

Index des noms de personnes

Crédits photographiques et copyrights :

ADAGP : p. 230 – Paris, 2001.
Archives de Saint-Gobain : p. 156, p. 167, p. 168 g, p. 169 h.
Aventis – ph. Michael Dannemann : p. 39, p. 94 (logo), p. 234, p. 273.
Bibliothèque Forney de la Ville de Paris : p. 91 g, d, p. 94 haut, p. 183, p. 230, p. 247.
Bridgeman Giraudon : p. 48, p. 208 – City of Bristol Museum and Art Gallery.
Bridgeman Lauros-Giraudon : p. 27, p. 89, p. 96.
Jean-Paul Caron : p. 163.
Jean-Loup Charmet : P. 33, p. 56, p. 59, p. 60, p. 68, p. 73, p. 122, p. 175, p. 188, p. 191 g.
Christofle : p. 172, p. 173, p. 229 d, g.
Citroën : p. 187 g (logos).
CNRS photothèque : p. 123 d, g, p. 124 – ph. Nicole Tiget.
Dalloz : p. 220.
G. Dagli Orti : p. 44, p. 101, p. 158.
Douanes, photothèque – ph. Francis Roche : p. 242-243, p. 252 b, p. 261.
DR : p. 21d, p. 26, p. 32, p. 92, p. 93 d, p. 143, p. 161, p. 212, p. 232,p. 269.
Édimédia : p.95 h, p. 137, p. 171, p. 186.
Fnac : p. 94 bas g.
Gamma : p. 85 – ph. Noël Quidu, p. 126, p. 131 – ph. Patrick Aventurier, p. 147 – ph. Marc Deville, p. 148 – ph. Vioujard, p. 235 – ph. Vioujard, p. 275 d – ph. Psaila, g – ph. Adamini.
Inpi : p.30-31, p.35, p. 41, p.42-43, p. 66-67, p. 78, p. 86-87, p. 110-111, p. 134-135, p. 139, p. 150, p. 152, p. 154-155, p. 204-205, p. 213 g, p. 222-223, p. 225, p. 240, p. 262-263, p. 266.
Photothèque Hachette : p. 18/19, p.21g, p. 24, p.29, p. 34, p. 36, p. 45, p. 46, p. 47, p. 49, p. 51, p. 62, p. 69, p. 70, p. 72, p. 74, p. 90, p. 93 d, p. 98, p. 112, p. 113, p. 121 d, p. 166, p. 177, p. 187 d, p. 206, p. 207, p. 209 d, p. 211, p. 213 d, p. 248, p. 253 m, d, p. 270.
Centre Jeanne d'Arc à Orléans : p. 136.
Lacoste – La chemise Lacoste : p. 251 h (logo).
Louis Vuitton-Malletier : p. 103, p. 256.
Office des brevets de Munich : p. 81.
OMPI : p. 77.
Josseline Rivière : p. 65, p. 94 bas d, p. 95 b, p. 128, p. 168 d, p. 178-179, p. 181, p. 184, p. 190, p. 191 d, p. 193, p. 245, p. 249, p. 251 b, p. 252 h, p. 253 h, p. 255, p. 259.
RMN : p. 165.
Roger Viollet : p. 37, p. 50,p. 52, p. 55, p. 116 - ND, p. 118, p. 119 – Boyer, p. 121 g, p. 125, p. 138 – Boyer, p. 141 – Harlingue, p. 157, p. 160, p. 209 g, p. 218 – Harlingue, p. 227 – Boyer, p. 231 – Harlingue.
Salomon : p. 146.
Sipa Press : p. 76 – ph. Berman Nina, p. 82 – ph. Isopress, p. 127 – ph. Eclair Mondial, p. 149 – ph. Sichov, p. 196 – ph. Christrensen Jeff, p. 198 – ph. Fayolle, p. 236 – ph. Sipa, p. 239 – ph. Florence Durand, p. 277 – ph. AAR, p. 278, p. 279 – ph. Abensur/Neco.
Vloo : p. 169 – ph. Globe.

(d = droit, g = gauche, h = haut, b = bas)

Table des matières

Alain Beltran a rédigé les chapitres 1, 2, 3, 4 et 9, Sophie Chauveau les chapitres 7, 8, 10, 11 et 12, et Gabriel Galvez-Behar les chapitres 5 et 6.
L'introduction et la conclusion ont été rédigées par Alain Beltran et Sophie Chauveau.

Troisième partie
Débats et controverses autour de la propriété industrielle

Conception graphique et mise en pages :
Josseline Rivière

Photogravure :
Alain Renouf – I-Média

Cet ouvrage a été achevé d'imprimer
sur les presses de l'imprimerie Stige
à San Mauro (Italie)
pour le compte
de la Librairie Arthème Fayard
75 rue des Saints-Pères, 75006 Paris

Dépôt légal : décembre 2001
ISBN : 2-213-61011-8
35-57-1211-01/8
Numéro d'éditeur : 17033
Imprimé en Italie.

Directoire d'Invention
N.° 1.

Départem.t de Paris
N.° 1.

27. Juillet 1791.
Brevet de quinze années
Pour la fabrication 1.° de la terre noire Angloise, 2.° de la terre bambou 3.° de Camées en porcelaine 4.° des poëles imitant la porcelaine 5.° de la terre blanche. 6.° de la terre imitant le bronze antique; — 7.° de Carreaux propres à lambrisser. 8.° de la terre imitant le marbre
au S.r Ollivier citoyen de Paris.
Inventeur

Louis, par la Grâce de Dieu et par la Loi Constitutionnelle de l'Etat Roi des François: à tous présens et à venir; Salut.

Le sieur Louis François Ollivier, citoyen de Paris, nous ayant fait exposer qu'il désire jouir des Droits de propriété assurés par la Loi du 7 Janvier 1791. aux auteurs des découvertes et inventions en tout genre d'industrie, et en conséquence obtenir un Brevet d'invention, qui durera l'espace de Quinze années, pour fabriquer vendre et débiter dans tout le Royaume, les objets suivans, savoir 1.° La terre noire à l'imitation de celle des Anglois. 2.° La terre bambou, sur la quelle il applique des Camées. 3.° Des Camées en porcelaine de différentes couleurs. 4.° des poëles de fayance imitant la porcelaine. 5.° La terre blanche à l'instar de celle d'Angleterre. 6.° Une couverte qui imite le bronze antique. 7.° Des Carreaux propres à servir de lambris. 8.° La terre marbrée; desquels objets ledit sieur Ollivier, a déclaré être l'inventeur, ainsi qu'il résulte du procès Verbal dressé lors du Dépôt fait au secrétariat du Directoire du Département de Paris, en date du Dixième jour du mois de Juin dernier, mil sept cent quatre vingt Onze. Vû la requête dudit sieur Ollivier, ensemble le mémoire descriptif